全国城市轨道交通专业高职高专规划教材

Guidao Shigong Jishu

轨道施工技术

朱庆新　刘见见　主　编
彭涌涛　何淑娟　王心明　副主编
高虎艳[西安市地下铁道有限责任公司]　主　审

人民交通出版社

内容提要

本书是全国城市轨道交通专业高职高专规划教材。本书分为十一章,内容包括轨道结构、直线与曲线轨道、轨枕及轨道板预制、有砟轨道铺设、城市轨道交通无砟轨道施工、高速铁路无砟轨道施工、钢轨及钢轨接头施工、扣件施工、道岔施工、无缝线路的施工和轨道检测。

本书可作为高等职业院校城市轨道交通工程技术专业教材,也可作为从事城市轨道交通与铁路工程轨道施工工作的职工培训和技术人员与经营管理人员参考。

图书在版编目(CIP)数据

轨道施工技术 / 朱庆新, 刘见见主编. —北京 : 人民交通出版社, 2013.8

全国城市轨道交通专业高职高专规划教材

ISBN 978-7-114-10724-5

Ⅰ. ①轨… Ⅱ. ①朱… ②刘… Ⅲ. ①城市铁路—轨道(铁路)—工程施工—高等职业教育—教材 Ⅳ. ①U239.5

中国版本图书馆 CIP 数据核字(2013)第 128437 号

全国城市轨道交通专业高职高专规划教材

书　　名: 轨道施工技术
著 作 者: 朱庆新　刘见见
责任编辑: 袁　方　胡娟娟
出版发行: 人民交通出版社股份有限公司
地　　址: (100011) 北京市朝阳区安定门外外馆斜街 3 号
网　　址: http://www.ccpress.com.cn
销售电话: (010) 59757973
总 经 销: 人民交通出版社股份有限公司发行部
经　　销: 各地新华书店
印　　刷: 北京市密东印刷有限公司
开　　本: 787×1092　1/16
印　　张: 18
字　　数: 431 千
版　　次: 2013 年 8 月　第 1 版
印　　次: 2019 年 1 月　第 5 次印刷
书　　号: ISBN 978-7-114-10724-5
定　　价: 49.00 元

全国城市轨道交通专业高职高专规划教材
编 审 委 员 会

出版说明

我国轨道交通正处于快速发展阶段,目前已有30个城市的轨道交通建设规划获批,预计至2020年,我国城市轨道交通累计营业里程将达到7395km,而我国有发展轨道交通潜力的城市更是多达229个,预计2050年规划的线路将增加到289条,总里程数将达到11700km。

面临这一大好形势,各地职业院校纷纷开设了城市轨道交通相关专业。为了适应我国城市轨道交通专业高职高专教育对教材建设的需要,我们在2012年推出城市轨道交通运营管理专业高职高专规划教材之后,广泛征求了各职业院校的意见,规划了全国城市轨道交通工程技术专业高职高专规划教材。

为保证教材出版质量,我们从开设城市轨道交通工程技术专业的优秀院校中遴选了一批骨干教师,组建成教材的编写团队;同时,在高等院校、施工企业、科研院所聘请一流的行业专家,组建成教材的审定团队,初期推出以下13种:

《工程地质》

《工程制图及CAD》

《工程力学》

《土力学与地基基础》

《轨道交通概论》

《轨道工程测量》

《桥梁工程技术》

《轨道施工组织与概预算》

《轨道工程材料》

《轨道养护与维修技术》

《轨道施工技术》

《路基施工技术》

《隧道及地下工程技术》

本套教材具有以下特点:

1. 体现了工学结合的优势。教材编写过程努力做到了校企结合,聘请地铁施工企业参与编写、审稿,并提供了大量的施工案例。

2. 突出了职业教育的特色。教材内容的组织围绕职业能力的形成,侧重于实际工作岗位操作技能的培养。

3. 遵循了形式服务于内容的原则。教材对理论的阐述以应用为目的,以够用为尺度。语言简洁明了、通俗易懂;版式生动活泼、图文并茂。

4. 整套教材配有教学课件,读者可于人民交通出版社网站免费下载;每章后附有复习思考题,部分章节还附有实训内容。

希望该套教材的出版对全国职业院校城市轨道交通专业教材体系建设有所裨益。

全国城市轨道交通专业高职高专规划教材
编审委员会
2013 年 5 月

前　言

我国轨道交通正处于快速发展阶段，目前已有30个城市的轨道交通建设规划获批，预计至2020年，我国城市轨道交通累计营业里程将达到7395km，而我国有发展轨道交通潜力的城市更是多达229个，预计2050年规划的线路将增加到289条，总里程数将达到11700km。同时，城际间轨道交通也得到了快速发展，时速高达300~350km的京津、沪宁、广珠、昌九等城际铁路在区域城市群的一体化和同城化中发挥了重要的基础作用，更多的城际间轨道交通已经开始规划或建设。

轨道是列车运行的基础，轨道交通的大发展带动了轨道施工技术的发展，各种新工艺、新技术、新材料、新设备层出不穷，也对轨道建设人才提出了更高的要求。为满足轨道交通建设对人才培养的迫切需要，全国城市轨道交通专业高职高专规划教材编审委员会组织编写了本教材。

本书编写时注重高职学生的培养目标，以城市轨道交通和高速铁路轨道施工技术为主，注重新工艺、新技术的学习。考虑到轨道结构的复杂性，教材的内容组织采用先整体介绍，再根据轨道施工任务实施中的技能需求依次展开，同时向理论方向寻求界定相关知识的外延和内涵，避免出现"遗漏"或者"过多、过深、过难"。本书可作为高等职业院校城市轨道交通工程技术专业教材，也可作为从事城市轨道交通与铁路工程轨道施工工作的职工培训和技术人员与经营管理人员参考。本教材授课时数约80学时。

本书由南京交通职业技术学院朱庆新和上海交通职业技术学院刘见见主编，西安市地下铁道有限责任公司高虎艳主审。南京交通职业技术学院彭涌涛、何淑娟，上海交通职业技术学院王心明担任副主编。全书共十一章，具体编写分工如下：第一章、第三章第四、第六节、第六章第一、第三节由朱庆新编写，第二章、第十章第三、第四节由何淑娟编写，第三章第一、第二节、第五章、第十一章由刘见见编写，第三章第三、第五节、第六章第二节、第七章由彭涌涛编写，第四章、第十章第一、第二节由南京交通职业技术学院万瑾编写，第八章第一节由上海交通职业技术学院钟鸣编写，第八章第二节由上海交通职业技术学院王心明编写，第九章由湖北交通职业技术学院李和平编写。

本书在编写过程中得到了南京地铁、西安地铁、苏州地铁、上海铁路局、中铁一局、中铁四局、中铁十九局、中交二公局等单位有关专家的大力支持和帮助,并参考、借鉴了相关作者的文献,在此一并表示衷心的感谢和敬意。

由于编者水平有限,且编写时间仓促,教材中难免存在许多不足甚至错误之处,恳请各位专家、读者批评指正。最后,我们对所有为本书的完成和出版给予支持和帮助的相关人员表示最衷心的谢意。

编　者

2013年5月

目　录

第一章　轨道结构 …… 1
第一节　概述 …… 1
第二节　有砟轨道结构 …… 2
第三节　无砟轨道结构 …… 19
复习思考题 …… 27
第二章　直线与曲线轨道 …… 28
第一节　机车车辆走行部分构造特点及轮轨间作用关系 …… 28
第二节　直线地段轨道几何形位及标准 …… 32
第三节　曲线地段轨道 …… 35
复习思考题 …… 52
第三章　轨枕及轨道板预制 …… 53
第一节　轨枕的类型与技术特点 …… 53
第二节　普通预应力混凝土轨枕的预制 …… 59
第三节　双块式预应力混凝土枕的预制 …… 65
第四节　轨道板的类型与技术特点 …… 68
第五节　单元轨道板的预制 …… 70
第六节　纵连式轨道板的预制 …… 73
复习思考题 …… 80
第四章　有砟轨道铺设 …… 81
第一节　铺轨准备工作 …… 81
第二节　轨排组装 …… 84
第三节　轨排运输 …… 91
第四节　轨排铺设 …… 93
第五节　铺砟整道 …… 96
复习思考题 …… 102
第五章　城市轨道交通无砟轨道施工 …… 103
第一节　弹性支承块式无砟轨道施工 …… 105
第二节　长枕埋入式无砟轨道施工 …… 113
第三节　浮置板式无砟轨道施工 …… 119
复习思考题 …… 130

第六章　高速铁路无砟轨道施工 …… 131
第一节　单元板式无砟轨道施工 …… 132
第二节　纵连板式无砟轨道施工 …… 144
第三节　双块式无砟轨道施工 …… 150
复习思考题 …… 157
第七章　钢轨及钢轨接头施工 …… 158
第一节　钢轨 …… 158
第二节　钢轨接头施工 …… 160
第三节　钢轨的焊接与加工 …… 162
第四节　长钢轨铺设与锁定(以京沪高铁某段为例) …… 169
复习思考题 …… 172
第八章　扣件施工 …… 173
第一节　扣件类型与技术特点 …… 173
第二节　扣件安装铺设 …… 181
复习思考题 …… 201
第九章　道岔施工 …… 202
第一节　道岔类型与技术特点 …… 202
第二节　普通单开道岔 …… 204
第三节　道岔的铺设 …… 219
复习思考题 …… 223
第十章　无缝线路的施工 …… 224
第一节　概述 …… 224
第二节　无缝线路工作原理 …… 225
第三节　轨排换铺法施工无缝线路 …… 235
第四节　有砟轨道一次铺设无缝线路技术 …… 238
复习思考题 …… 248
第十一章　轨道检测 …… 249
第一节　轨道质量静态检测 …… 249
第二节　轨道质量动态检测 …… 263
第三节　无缝线路检测 …… 273
复习思考题 …… 276
参考文献 …… 277

第一章　轨道结构

教学目标

1. 掌握有砟轨道和典型无砟轨道的结构组成。

2. 能够描述轨道结构各组成部分的作用。

3. 掌握有砟轨道与无砟轨道的优缺点。

第一节　概　　述

轨道是铁路、地铁的主要技术装备之一，是列车行驶的基础，属于线路的上部结构，但狭义的线路就是指轨道。轨道的作用是引导机车车辆安全平稳的运行，直接承受由车轮传来的荷载，并把荷载传布给路基或桥隧建筑物。

轨道结构要确保列车车辆安全运行和乘客舒适，应具有足够的强度、稳定性和耐久性等基本特征，同时还须满足以下要求：

(1)具有适量的弹性，使列车运行所引起的振动与噪声控制在容许范围内。

(2)具有一定的绝缘性能，以减少迷散电流对周围金属构件的电腐蚀。

(3)轨道维修工作量小，具有合理的维修周期。

(4)尽可能选用通用件，减少轨道结构零部件的非标品种，以降低工程造价和养护费用。

近年来，随着我国城市轨道交通建设、铁路既有线提速改造和高速铁路等不断发展，轨道新技术、新工艺和新型轨道结构不断出现。根据道床结构的不同，采用轮轨技术的轨道结构主要有两大类，分别是传统的有砟轨道结构和新型的无砟轨道结构，如图 1-1 所示。传统的有砟轨道结构由钢轨、轨枕、连接零件、道床、道岔及轨道加强设备等组成。新型的无砟轨道用整体性较好的沥青或混凝土道床代替传统有砟轨道中的轨枕和散粒道砟道床，轨道的累积变形小，可持久保持轨道几何形位，大幅减少养护维修工作量，因此在高速铁路和城市轨道交通中应用较为广泛。

钢轨是轨道结构的主要部件，它为车轮的滚动提供阻力最小的接触面，用于引导机车车辆行驶，直接承受列车荷载并将所承受的荷载传递给轨枕或其他支承结构。

轨枕是轨道结构的重要部件，一般横向铺设在钢轨下的道床上，承受来自钢轨的压力，并把它传递至道床；同时，利用扣件有效地保持钢轨的相对位置。

连接零件分为接头连接零件和中间连接零件。接头连接零件用于钢轨与钢轨的可靠连接，尽可能地保持钢轨的连续性与整体性；中间连接零件，又称扣件，用于连接钢轨和轨枕，其作用是固定钢轨位置，阻止钢轨相对于轨枕的纵、横向移动，确保轨距正常，并防止钢轨翻转。

道床是轨枕的基础，有砟道床由碎石和筛选卵石等道砟材料组成，在其上以规定的间隔布置一定数量的轨枕，用以增加轨道的弹性和防止轨枕纵、横向位移，并把承受的压力分布传递给线下的路基或桥隧建筑物，同时起到排水的作用。无砟轨道道床通常由现浇的道床板或预制的轨道板及混凝土底座（支承层）构成。

图1-1　有砟轨道和无砟轨道结构

道岔是机车车辆从一股轨道转入或越过另一股轨道时必不可少的线路设备，在铁路站场及城市轨道交通车站布置中应用极为广泛，也是轨道结构的重要组成部分。

轨道加强设备主要有防爬设备、轨距杆、轨撑等，主要用于坡道和曲线地段线路。防爬设备用于加强钢轨与轨枕间的连接，能有效地防止钢轨与轨枕之间发生纵向的相对移动；轨距杆和轨撑一般安装于曲线线路上，可提高钢轨横向稳定性，防止轨距扩大。

第二节　有砟轨道结构

有砟轨道是传统的轨道结构，主要由钢轨、轨枕、连接零件、道床、道岔及轨道加强设备等组成，已有上百年的历史。它具有投资小、弹性好、易于养护维修等突出的优点，且其适应性比较强，不但可用在一般运营条件下，通过适当优化加强后，也可用在重载和高速运营条件下，因此，尽管有砟轨道有容易变形、养护维修频繁、维修条件差等缺点，在轨道交通地面线中和时速不超过300km的高速铁路中仍大量采用。有砟轨道线路一般断面结构如图1-2所示。

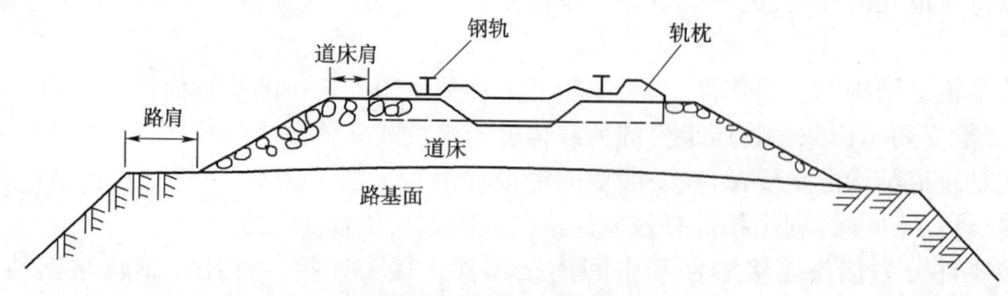

图1-2　有砟轨道一般断面结构

一、钢轨

1. 钢轨的功用、性能和断面

1）钢轨的功用

轮轨结构的轨道线路中，无论采用何种类型、何种形式的轨道结构，钢轨都是轨道结构的主要组成部件。钢轨的功用在于引导机车车辆的车轮前进，承受来自车轮的垂直力、横向水平力和纵向水平力，并将力传递到轨枕或其他支承上。钢轨必须为车轮提供连续、平顺和阻力最小的滚动表面。在电气化铁道或自动闭塞区段，钢轨还兼做轨道电路之用。

2）钢轨的性能

为使列车能够安全、平稳和不间断地运行，钢轨除必须充分发挥上述诸功用外，还应保证在轮载和轨温变化作用下，应力和变形均不超过规定的限值。这就要求钢轨具有足够的强度、韧性和耐磨性，同时要有一定的塑性、刚度、可挠性；钢轨与车轮接触的踏面应粗糙，以增加轮轨间黏着力，又要光滑，以减少行车阻力。

3）钢轨的断面

作用于钢轨上的力主要是竖直力，其结果是使钢轨挠曲。钢轨可视为弹性基础上的连续长梁，而梁抵抗挠曲的最佳断面形状为工字形。因此，钢轨采用由轨头、轨腰和轨底三部分组成的宽底式工字形断面，其四个主要参数分别是轨头宽度 b、轨腰厚度 c、轨身高度 H 及轨底宽度 B，如图 1-3 所示。钢轨断面应满足下列要求。

（1）轨头提供车轮滚动的接触面，其几何形状应与车轮踏面相匹配，且能抵抗压陷和耐磨，轨头宜大而厚，并有足够的面积以备磨耗。

（2）为使钢轨有较大的承载能力和抗弯能力，钢轨腰部必须有足够的厚度和高度。轨腰与钢轨头部及底部的连接，必须保证夹板能有足够的支承面，并使断面的变化不至于太突然，以免产生过大的应力集中。

（3）钢轨底部直接支承在轨枕顶面上，应有足够的宽度以保持钢轨稳定，同时具有一定的厚度，以增加刚度和抵抗锈蚀的能力。

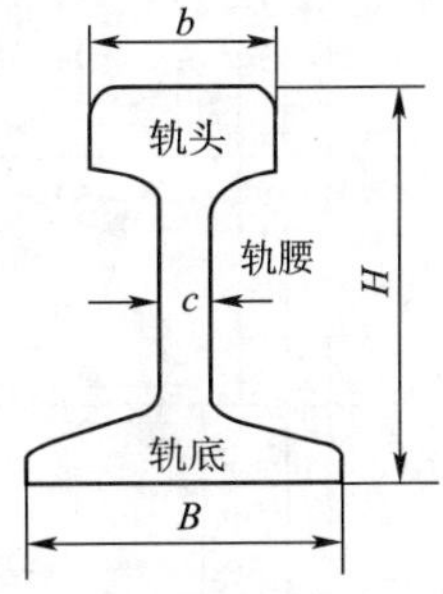

图 1-3　钢轨断面形状

（4）钢轨轨身高度应尽可能大一些，以保证有足够的惯性矩及断面系数来承受竖直动荷载作用。但钢轨愈高，其在横向水平力作用下的稳定性愈差，故轨身高与轨底宽之间应有一个适当的比例，一般采用 $H/B = 1.15 \sim 1.20$。

2. 钢轨的类型

钢轨的类型以每米长度钢轨的质量（kg/m）来表示。目前，我国使用的标准钢轨类型主要有 75kg/m、60kg/m、50kg/m、43kg/m 等，其断面尺寸及几何特性如表 1-1 所示。

43kg/m 钢轨国内已基本停产，新建铁路及城市轨道交通正线大都采用 60kg/m 钢轨，车场线内一般车速较低，可选用 50kg/m 钢轨，75kg/m 钢轨一般用于重载铁路和特别繁忙的区间铁路。钢轨重型化和强韧化也是目前各国的发展方向。75kg/m、60kg/m 钢轨的断面形状如图 1-4 所示。

此外，为了适应道岔、特大桥和无缝线路等结构的需要，我国铁路还采用了与中轴线不对称的特种断面钢轨，采用较多的为矮型特种断面钢轨（简称 AT 轨）。

常用钢轨断面尺寸及几何特性　　表 1-1

项　目	单　位	类　型(kg/m)			
		75	60	50	43
每米质量	kg	74.414	60.640	51.514	44.653
断面积 F	cm^2	95.037	77.45	65.8	57.0
钢轨高度 H	mm	192	176	152	140
轨头宽度 b	mm	75	73	70	70
轨底宽度 B	mm	150	150	132	114
轨腰厚度 c	mm	20	16.5	15.5	14.5
螺栓孔直径	mm	31	31	31	29
垂直轴的惯性矩 I_y	cm^4	665	524	377	260
水平轴的惯性矩 I_x	cm^4	4489	3217	2037	1489
轨头断面系数 $w_{头}$	cm^3	432	339	251	208
轨底断面系数 $w_{底}$	cm^3	509	396	287	217

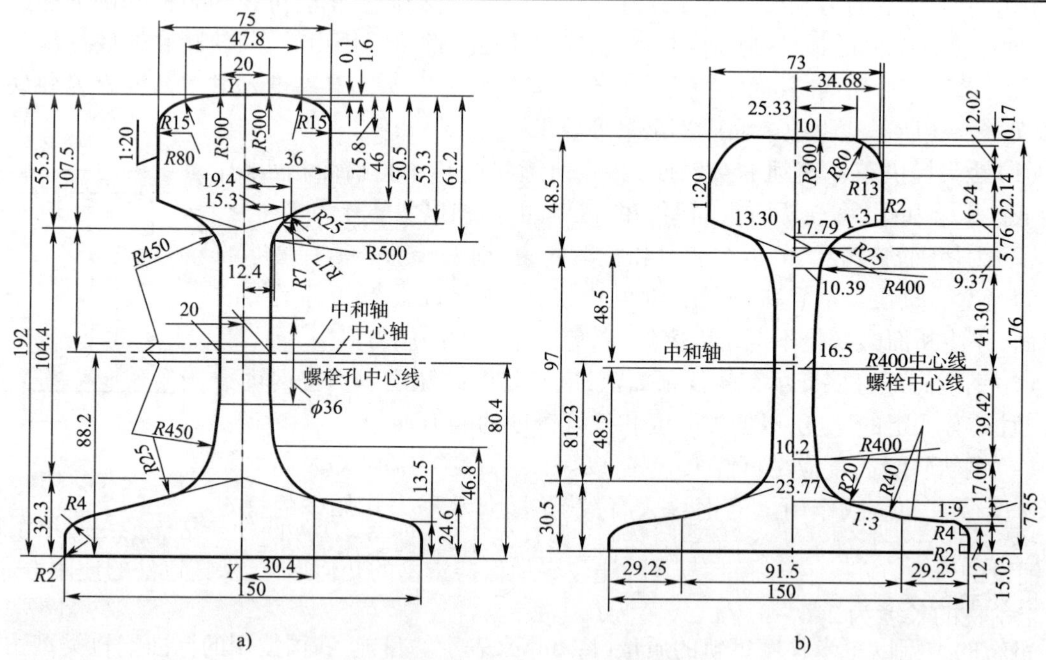

图 1-4　我国钢轨断面尺寸图(尺寸单位:mm)

a)75kg/m 钢轨;b)60kg/m 钢轨

从长度的角度看,我国有缝线路使用的标准轨长度有 25m 和 12.5m 两种(对于 75kg/m 钢轨只有 25m 长一种)。另外,还有用于曲线轨道内股比 12.5m 标准轨分别缩短 40mm、80mm、120mm 和比 25m 标准轨分别缩短 40mm、80mm、160mm 的六种标准缩短轨。为适应无缝线路和高速铁路建设的需要,目前已开始研制生产 50m、100m 的长定尺钢轨。

从材质上来看,钢轨的主要成分是铁(Fe),其次是碳(C),并根据强度和硬度的需要增加其他化学元素,如锰(Mn)、硅(Si)、钒(V)等,同时限制磷(P)、硫(S)等含量。

钢的含碳量高,可提高其抗拉强度、硬度和耐磨性。但含碳量过高,也会使钢轨的塑性和韧性明显下降,还会使钢轨内部产生白点形成极微小裂纹,诱发钢轨断裂,危及行车安全。目前,普遍认为钢含碳量的极限值为0.82%。

为了进一步提高钢轨的耐磨性能和强度,可对钢轨进行全长淬火或采用合金钢轨。淬火是采用电感应加热的方法,以局部改变轨头钢的组织,从而提高钢轨的强度和韧性。而在钢轨的化学成分中增加铬(Cr)、镍(Ni)、钼(Mo)、铌(Nb)、钒(V)、钛(Ti)和铜(Cu)等元素,制成合金钢轨,可提高钢轨的抗拉和疲劳强度,以及耐磨和耐腐蚀的性能。锰可以提高钢的强度和韧性。锰含量一般为0.6%~1.0%。锰含量为1.1%~1.5%时称为中锰钢,有较高的抗磨性能。硅易与氧化合,能除去钢中气泡而使钢轨材质致密,其含量一般为0.15%~0.3%。提高钢的含硅量,能提高钢轨的耐磨性能。磷、硫都是有害成分。磷含量大于0.1%时,会使钢轨具有冷脆性,在寒冷地区易突然断裂;硫会使金属在800~1200℃时发脆,在轧制及热加工时易出现裂纹,所以,磷、硫的含量必须严格加以控制。

按钢轨材质划分,常见种类有U71、U74、U71Mn、U71MnSi、U75V(PD3)等,U为表示钢轨的符号,71、74表示钢轨含碳量为0.71%、0.74%,其他Mn、Si、V等都表示这种钢轨钢的合金成分,如U75V为高碳微钒低合金钢轨(PD3钢轨)。

二、轨枕

1. 轨枕的功能与特点

轨枕是轨下基础的部件之一。它的功能是支承钢轨,保持轨距和方向,并把钢轨传递的各个方向的力传递给道床。因此,轨枕应具有必要的坚固性、弹性和耐久性,并能方便地固定钢轨,有抵抗纵向和横向位移的能力,并应具有价格低廉、制造简单、易于铺设养护的特点。

2. 轨枕的分类

(1)轨枕按材料分为木枕、钢枕、塑料枕和混凝土枕等类型,我国轨道线路上实际应用的主要是木枕和混凝土枕。木枕由于要消耗大量优质木材,且易腐朽、磨损,使用寿命短,目前已逐渐被混凝土枕所取代。

(2)轨枕按铺设部位分为普通轨枕、岔枕和桥枕等。

线路上一般地段铺设的为普通轨枕,长度主要有2.5m与2.6m两种。岔枕是专门用于道岔区铺设的轨枕,应具有较高的稳定性,能较好地保持道岔的几何形位,保证道岔的使用寿命。混凝土岔枕的长度为2.6~4.9m,级差为0.1m。岔枕应与道岔图号相配合使用,道岔图号不同时,即使长度相同的岔枕也不能替代使用。桥枕是用于有砟桥梁上,由于桥上需要设置护轮轨(图1-5),所以桥枕上除应设置基本轨的承轨槽外,还必须设置护轮轨的承轨槽。

图1-5 桥上护轮轨

(3)轨枕按构造及铺设方法分为横向轨枕、纵向轨枕、短轨枕及双块式轨枕等。

横向轨枕与钢轨垂直、等间隔铺设,是一种最常用的铺设方法。纵向轨枕沿钢轨方向铺设,一般仅用于特殊需要的地段。短轨枕是在左右两股钢轨下分开铺设的轨枕，常用于混凝土整体道床。双块式轨枕是在左右两块短轨枕之间采用了钢筋桁架连接，用于无砟道床内可加强预制轨枕与现浇道床板之间的连接，并提高其抗疲劳耐久性能。

3. 混凝土枕外形尺寸

混凝土枕截面为梯形，上窄下宽，这样既可节省混凝土用量，也便于脱模，同时可增大轨枕与道床的接触面积，减小对道床的压力。轨枕顶面宽度应结合轨枕抗弯强度、钢轨支承面积、轨下衬垫宽度、中间扣件尺寸等因素进行综合考虑加以确定。轨枕顶面支承钢轨的部分称为承轨槽，应做成倾向轨枕中部的1:40 斜面以适应轨底坡的要求。轨枕底面宽度应同时满足减少道床压力和便于捣固两方面的要求，轨枕底面一般还应作出各种花纹或凹槽，以增加轨枕与道床间的摩阻力。

4. 轨枕受力与支承条件的关系

轨枕为支承在弹性基础上的短梁，在钢轨传来的荷载作用下，道床顶面对轨枕产生反力，轨枕的受力状况与道床支承条件有密切关系。轨枕按道床支承情况可分为全支承、中间部分支承和中间不支承三种情况，在不同支承情况下，轨枕承受弯矩的情况是不同的，如图 1-6 所示。由图中可以看出，轨下截面正弯矩以中间部分不支承时为最大，而枕中截面负弯矩则以全支承时为最大。

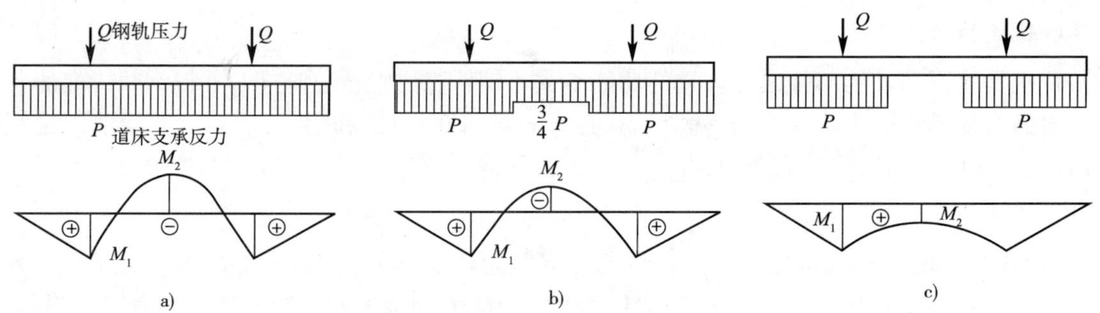

图 1-6　轨枕弯矩与支承条件的关系

a）全支承；b）中间部分支承；c）中间不支承

进行混凝土枕结构设计时，一般按较不利情况进行检算。计算枕下截面正弯矩时，按轨枕下部完全掏空考虑，此时轨下截面正弯矩最大；而计算中间截面负弯矩时，是假设轨枕中部为部分支承，其反力为全支承的 3/4。据此设计出混凝土枕的高度在其纵向长度范围内是不一致的，轨下部分高些，中间部分矮些，图 1-7 是我国Ⅲa 型（有挡肩）混凝土枕设计图。

三、连接零件

钢轨连接零件分为连接钢轨与钢轨的接头连接零件，以及钢轨连接与轨枕的中间连接零件（又称扣件）。

1. 钢轨接头连接零件

1）钢轨接头的类型

钢轨由于受到轧制、运输和铺设等条件的制约，出厂时长度受到限制。普通轨道上钢轨铺设后，应保证相邻钢轨连接处的连续与整体性，传递和承受弯矩与横向力，同时满足钢轨伸缩的要求，因此钢轨与钢轨之间一般需采用夹板和螺栓连接，称为钢轨接头。接头处钢轨与钢轨之间的预留缝隙，称为轨缝。普通线路上由于轨缝的存在，列车通过时车轮对钢轨接头存在动力冲击作用，容易出现钢轨接头低塌、鞍形磨耗、螺栓孔裂纹、轨枕开裂和道床翻浆等，使线路养护工作量增大。因此，钢轨接头是轨道结构的薄弱环节之一。

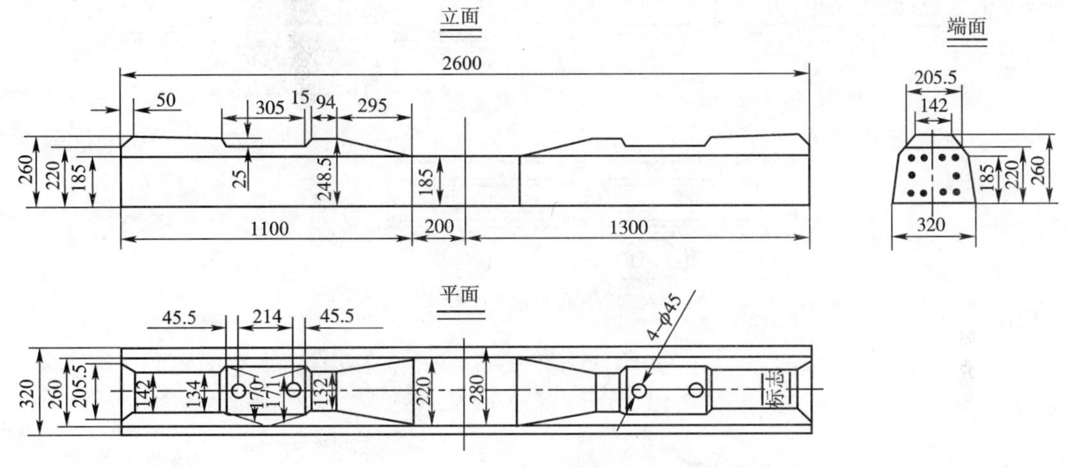

图 1-7　Ⅲa 型混凝土枕外形和截面尺寸（尺寸单位：mm）

（1）按左右两股钢轨接头的相对位置分为相对式接头和相错式接头，如图 1-8 所示。

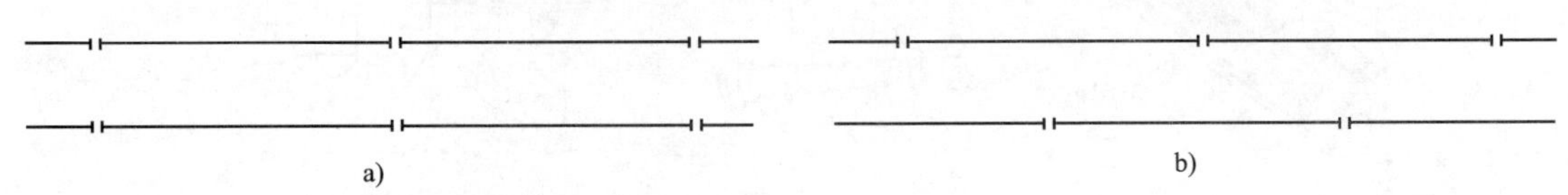

图 1-8　钢轨接头的相对位置

a）相对式接头；b）相错式接头

相错式接头由于左右两股钢轨接头错开，车辆通过时车轮交替冲击左右两股钢轨，增加了对钢轨的冲击次数，还会使车辆左右摇摆，使左右两股钢轨受力不均，也不利于机械化铺轨作业，因而只在一些等级较低、行车速度较小的地段利用非标轨或旧轨时采用。而相对式接头可有效克服相错式接头的缺点，因而为世界各国广泛采用。

（2）按轨枕对接头的承垫方式可分为单枕承垫式、双枕承垫式和悬空式三种，如图 1-9 所示。

①当车轮通过单枕承垫式接头时，车轮先后单独作用于接头前后的钢轨上，造成轨枕前后摇摆，使接头病害加剧，因而不宜在线路上使用。

②双枕承垫式接头刚度大，可有效保证接头稳定性，但枕下道砟不易捣固密实，也不利于大型机械布枕、捣固作业，一般只在采用木枕的绝缘接头处使用。

③悬空式接头将轨缝设于两轨枕之间，其结构简单，且受力条件较好，便于维修和养护，是我国线路上广泛采用的接头形式。

（3）按接头连接的用途及工作性能分为普通接头和特种接头，特种接头又包括异形接头、导电接头、绝缘接头、伸缩接头、减振接头及焊接接头等。

2)普通接头

普通接头是用于两种同型号钢轨的一般连接,普通接头连接零件由接头夹板(鱼尾板)、接头螺栓、螺母和垫圈等组成,如图1-10所示。

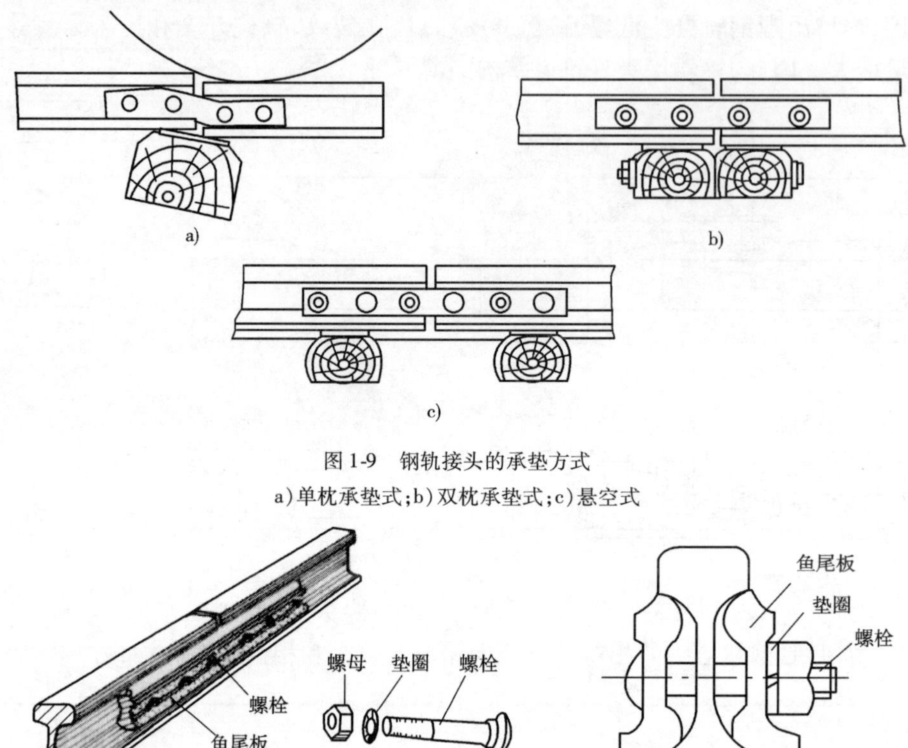

图1-9 钢轨接头的承垫方式

a)单枕承垫式;b)双枕承垫式;c)悬空式

图1-10 普通接头的结构组成

(1)接头夹板:夹板是承受弯矩、传递纵向力、阻止钢轨伸缩的重要部件,要求有一定的垂直和水平刚度及足够的强度。夹板的形式很多,我国主要采用斜坡支承双头对称型夹板,简称双头式夹板。图1-11为我国60kg/m钢轨用夹板图。

双头式夹板的优点是在竖直荷载作用下,具有较大的抵抗挠曲和横向位移的能力。夹板的上下两面均有斜坡,使能楔入轨腰空间,但不贴住轨腰。这样,当夹板稍有磨耗,以致连接松弛时,仍可重新旋紧螺栓,保持接头连接的牢固。每块夹板上设螺栓孔6个,圆形孔与长圆形孔相间。圆形螺形孔的直径,较螺栓直径略大,长圆形螺栓孔的长径较螺栓头下突出部分的长径略大。依靠钢轨圆形螺栓孔直径与螺栓直径之差,以及夹板圆形螺栓孔直径与螺栓直径之差,就可以得到所需要的预留轨缝值。

(2)接头螺栓、螺母及弹簧垫圈:接头螺栓、螺母是用来夹紧夹板和钢轨的配件,垫圈是为了防止螺栓松动。接头螺栓由头、颈、杆组成,如图1-12所示,颈为长圆形,与夹板长圆形孔相配合,拧螺母时螺栓不会转动。螺杆长度与直径应与钢轨型号相匹配,且每对夹板上的6个螺栓头部交替布置,如图1-13所示。

我国接头螺栓根据其机械性能划分为8.8和10.9两个等级,其抗拉强度相应为830MPa和1040MPa。螺母由Q275钢材制成,对应直径有22mm和24mm两种。接头螺栓紧固时,其扭矩应达到表 1-2 的规定，扭矩不得低于规定值 100N·m 以上。普通线路上垫圈采用弹簧垫圈（单圈），断面形状有圆形和矩形两种。无缝线路伸缩区的钢轨接头应加设高强度平垫圈。

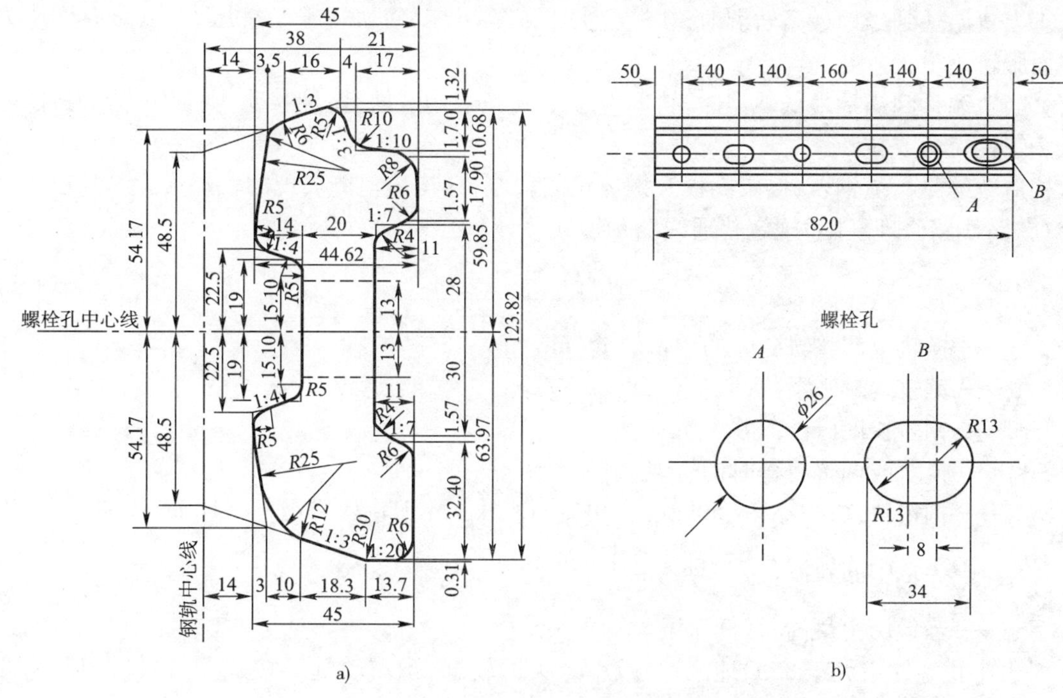

图 1-11　60kg/m 钢轨用夹板图（尺寸单位：mm）

a）夹板断面图；b）夹板立面图及螺栓孔大样图

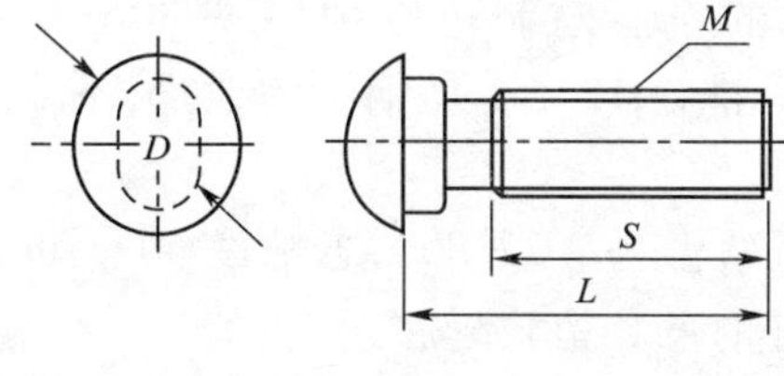

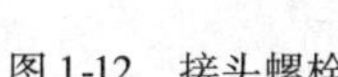

图 1-12　接头螺栓

图 1-13　接头螺栓布置

普通线路钢轨接头螺栓扭矩标准　　表 1-2

项　目	单　位	25m 钢轨						12.5m 钢轨	
		最高、最低轨温差 >85℃			最高、最低轨温差 ≤85℃				
钢轨类型	kg/m	≥60	50	43	≥60	50	43	50	43
螺栓等级	—	10.9	10.9	8.8	10.9	8.8	8.8	8.8	8.8
扭矩	N·m	700	600	600	500	400	400	400	400
c 值	mm	6			4			2	

注：①*c* 值为接头阻力及道床阻力限制钢轨自由伸缩的数值；

②高强度绝缘接头螺栓扭矩不小于 700N·m。

(3)预留轨缝:为适应钢轨热胀冷缩的需要,在钢轨接头处要预留轨缝。

预留轨缝应满足如下条件:

①当轨温达到当地最高轨温时,轨缝应大于或等于零,使轨端不受挤压力,以防温度压力太大而胀轨跑道;

②当轨温达到当地最低轨温时,轨缝应小于或等于构造轨缝,使接头螺栓不受剪力,以防止接头螺栓拉弯或拉断。

构造轨缝是指受钢轨、接头夹板及螺栓尺寸限制,在构造上能实现的轨端最大缝隙值。

《铁路线路修理规则》规定普通线路预留轨缝计算公式为:

$$a_0 = \alpha L(t_z - t_0) + \frac{1}{2}a_g \tag{1-1}$$

式中:a_0——换轨或调整轨缝时的预留轨缝(mm);

α——钢轨线膨胀系数,取0.0118mm/m℃;

L——钢轨长度(m);

t_0——换轨或调整轨缝时的轨温;

a_g——构造轨缝,43kg/m、50kg/m、60kg/m、75kg/m 钢轨均采用 $a_g = 18$mm;

t_z——当地中间轨温(℃),即 $t_z = \frac{1}{2}(T_{max} + T_{min})$

T_{max}、T_{min}——当地历史最高、最低轨温(℃)。

对于年轨温差不大于85℃地区,为减小冬天的轨缝,预留轨缝可按式(1-1)计算以后,根据具体情况将轨缝值减小1~2mm。

由于构造轨缝以及接头和道床阻力的限制,铺设25m长钢轨时,只能在年轨温差不超过100℃的地区铺设,且更换钢轨或调整轨缝作业时的轨温限制范围为(t_z - 30℃)~(t_z + 30℃);对于年轨温差大于100℃的地区应个别设计。铺设12.5m长钢轨的地段,不受年轨温差限制。

【例1-1】 某地区历史最高轨温为59.7℃,最低轨温为-25.5℃,若铺设60kg/m的25m长标准轨,采用10.9级螺栓,试计算在20℃铺轨作业时的预留轨缝。

解:

$$t_z = \frac{1}{2}(T_{max} + T_{min}) = \frac{1}{2}(59.7 - 25.5) = 17.1℃$$

$$a_0 = \alpha L(t_z - t_0) + \frac{1}{2}a_g = 0.0118 \times 25 \times (17.1 - 20) + \frac{1}{2} \times 18 = 8.1\text{mm}$$

$$T_{max} - T_{min} = 59.7 - (-25.5) = 85.2℃ > 85℃$$

故取 $a_0 = 8$mm。

3)特种接头

(1)异形接头:异形接头用于两种不同型号钢轨的连接,又称过渡接头。由于不同型号钢轨的高度、轨腰高度都不一致,常规连接方式有异形夹板连接和异形钢轨连接两种,如图1-14所示。异形夹板接头较易损坏,因此正线轨道不同类型钢轨必须采用异形钢轨连接。

(2)导电接头:导电接头用于将钢轨作为导电体的自动闭塞区段的钢轨连接。由于钢轨表面和夹板表面生锈,会导致接头电阻增大,为减少轨道电路的电流损失,加强导电性,必须在钢轨接头处设置增强导电装置,主要有塞钉式和焊接式两种,如图1-15所示。塞钉式由于需在轨腰钻孔影响钢轨的疲劳强度，现在一般多采用在轨头喷焊连接导线的方式。

a)

b)

图 1-14 钢轨异形接头

a）异形夹板连接；b）异形钢板连接

a)

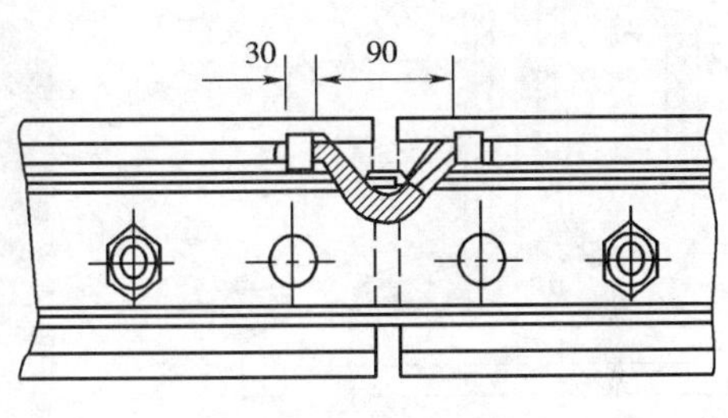

b)

图 1-15 钢轨导电接头（尺寸单位：mm）

a）塞钉式；b）焊接式

（3）绝缘接头：绝缘接头用于两个自动闭塞区间交界处，以确保轨道信号电流不能从一个闭塞分区传到另一个闭塞分区，主要有普通高强绝缘接头和胶接绝缘接头两种。普通高强绝缘接头在钢轨与夹板之间、夹板与螺栓之间及轨缝内都用尼龙绝缘材料隔离，以达到严格绝缘的目的，如图 1-16 所示。但这种结构形式的绝缘接头，由于尼龙绝缘层的存在，在列车冲击轮载作用下，接头螺栓容易松动。近年来，由于高分子胶接技术的发展和铺设跨区间无缝线路的需要，普通高强绝缘接头已逐渐被胶接绝缘接头所取代。胶接绝缘接头既保留了绝缘层与接头夹板及螺栓，又使用高分子胶黏剂把钢轨与夹板胶接在一起，如图 1-17 所示。其夹板采用特制的大接触面积夹板，同时采用高强度接头螺栓，使胶黏剂加压固化，增强绝缘接头夹板抗剥离性能，保证了钢轨接头冻结，可达到与无缝线路相同的养护条件。

（4）伸缩接头：伸缩接头又称温度调节器。伸缩接头由基本轨与尖轨相贴组成，二者共同安装于一块通长垫板上，温度发生变化时，尖轨位置不变，而基本轨向钢轨外侧伸缩，如图 1-18 所示。其伸缩量一般可达 150 ~ 1200mm，适用于普通钢轨接头难以满足钢轨伸缩要求的地段，如城市轨道交通高架桥上和跨区间无缝线路的桥梁活动端等。伸缩接头能自动放散钢轨应力，有利于无缝线路的稳定，但其结构复杂，基本轨伸缩时会影响轨道的几何形位，也影响到列车运行的平稳性，所以我国在设计高速铁路时尽量不使用伸缩接头。

（5）减振接头：减振接头又称承越式接头，是指在钢轨接头处线路外侧夹板中间部分加高至与钢轨头部持平，当车轮通过轨缝时，减振夹板的顶面与钢轨顶面同时接触车轮，减振夹板的刚度大，可减小车轮通过轨缝的折角和台阶，减缓车轮的冲击振动，使车轮能平顺过渡，达到减振的效果，如图 1-19 所示。

(6)焊接接头:焊接接头是在工厂或现场用焊接方法(如闪光接触焊、气压焊和铝热焊等)将钢轨焊接成整体,再使用焊瘤推凸机、钢轨打磨机等进行修整,使焊缝断面具有与钢轨标准断面一致的几何外形。焊接接头由于消灭了轨缝,不仅可以提高行车平稳性,降低牵引阻力,减少养护维修工作量,而且大大减少了钢轨接头破损,是无缝线路接头技术中不可替代的钢轨连接技术。

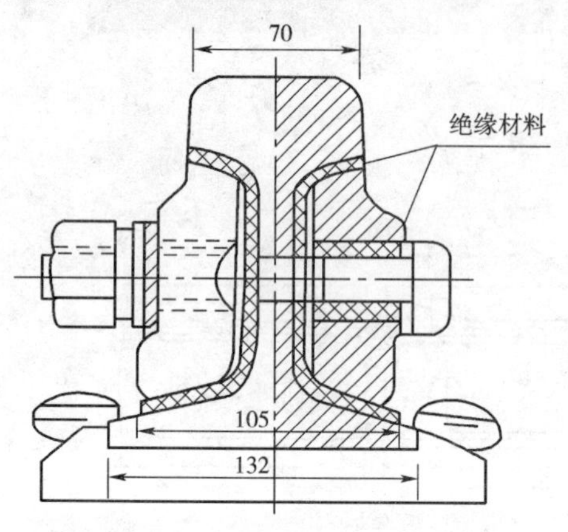

图 1-16　普通高强绝缘接头(尺寸单位:mm)

图 1-17　胶接绝缘接头

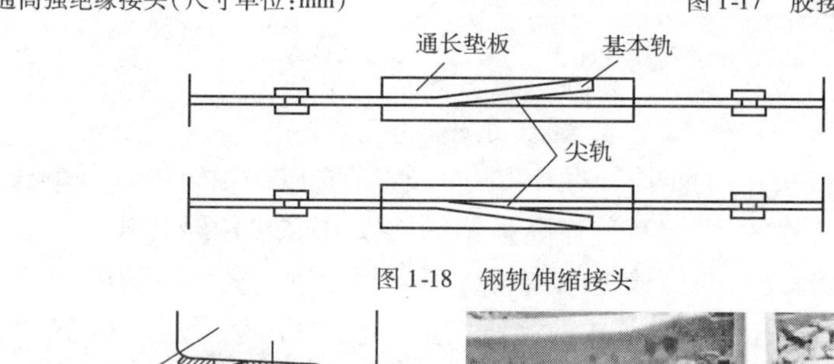

图 1-18　钢轨伸缩接头

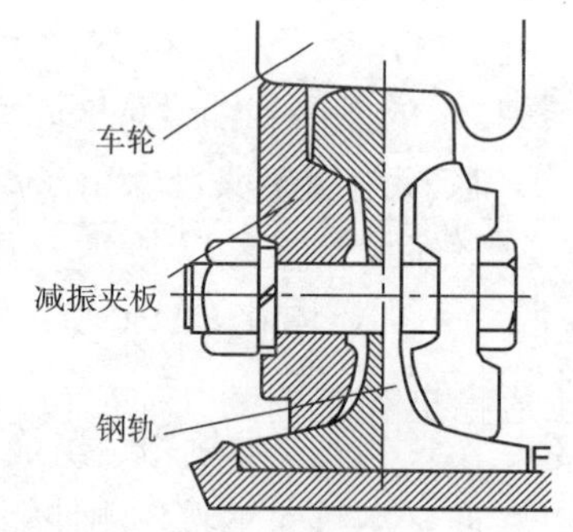

图 1-19　钢轨减振接头

2. 中间连接零件

中间连接零件又称扣件(图 1-20),用于连接钢轨和轨枕,其作用是固定钢轨位置,阻止钢轨相对于轨枕的纵、横向移动,确保轨距正常,防止钢轨翻转,并能在动力作用下充分发挥其缓冲减振性能,延缓轨道残余变形积累。

扣件应具备如下性能:

(1)足够的扣压力和阻力。足够的扣压力是钢轨和轨枕连接的重要保证,以达到固定钢轨、保持轨距的目的。足够的阻力是指当钢轨弯曲或受到制动力、温度力等纵向力作用时,不致使钢轨沿垫板发生纵向位移,即要求扣件的纵向阻力大于道床的纵向阻力。当然扣件扣压力也不宜太大,否则会使扣件弹性急剧下降,影响扣件使用寿命。而特大桥上的钢轨扣件,为减小桥梁伸缩力和挠曲力对无缝线路长钢轨纵向力的影响,对扣件阻力的要求也更加严格。

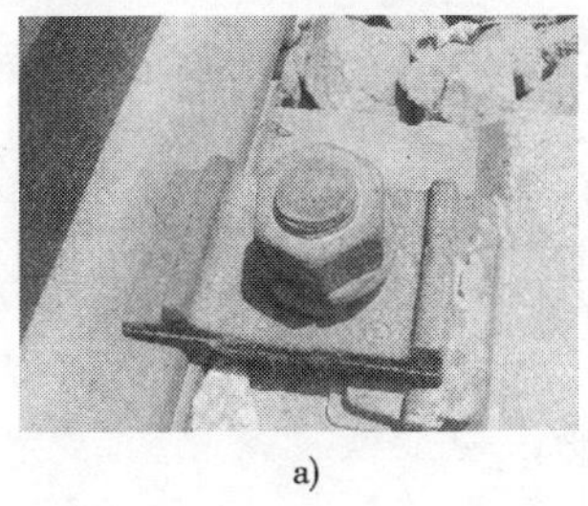

a)

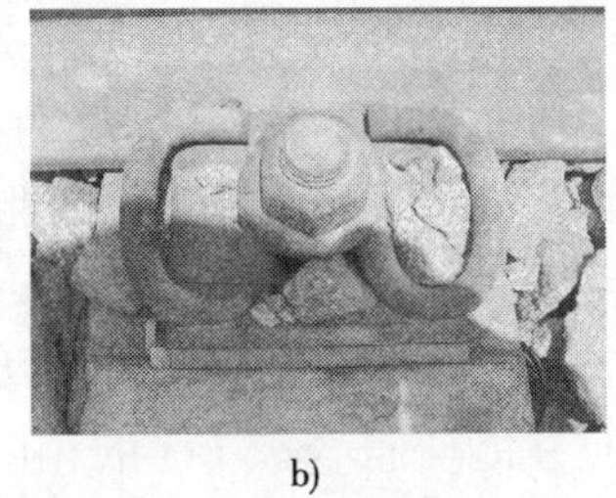

b)

c)

图1-20 几种常用扣件形式

a)扣板式扣件;b)Ⅱ型弹条扣件;c)Ⅲ型弹条扣件

(2)适当的弹性。扣件弹性主要由轨下橡胶垫板和弹条等部件提供。适当的弹性可起到缓冲减振作用,以延长部件使用寿命。对于无砟轨道,由于无砟道床板弹性较有砟轨道弹性差许多,因而扣件的性能对无砟轨道寿命的影响更不容忽视。

(3)具有一定的水平向和竖向调整量。为适应轨距变化和轨面高程调整的需要,钢轨扣件应在水平向和竖向具有一定的调整量。尤其在无砟轨道中,道床结构的整体性好,扣件的调整量问题更为突出。

此外,钢轨扣件应构造简单,便于装卸与维修,并具有足够的耐久性和良好的绝缘性能。

扣件按连接对象不同可分为木枕扣件、混凝土枕扣件和无砟轨道扣件。有关扣件的详细分类与技术特点等将在第八章详细讲述。

四、道床

1.道床的主要功用

道床是指铺设在路基或桥隧之上,轨枕之下的道砟层,是轨枕的基础,它的主要功用包括以下方面:

(1)直接承受轨枕传来的压力,并把这个压力扩散,均匀地传布于路基面,对路基面起到保护作用。

(2)提供阻止轨道框架纵、横向位移的阻力,保持轨道稳定和正确的几何形位,保证行车安全。

(3)便于排水,使路基面和轨道保持干燥,起到提高路基承载能力,减少翻浆冒泥和冻害等基床病害的作用。

(4)增加轨道弹性,起到缓冲和减振的作用。

(5)便于轨道养护维修作业,校正线路的平、纵断面。

2.道床的材料

由于道床应具备以上功能,因此,要求作为有砟道床组成部分的道砟材料应具有下列性能:

(1)质地坚韧,有足够的强度。

(2)排水性好,吸水度小,不易风化,不易压碎、捣碎和磨碎。

(3)在外力作用下不易被风吹动和被雨水冲走。

我国铁路的道砟分为面砟和底砟，一般所说的道砟指的就是面砟，材料有碎石（花岗岩、大理石、石灰岩）、天然级配卵石、筛选级配卵石、粗砂、中砂及熔炉矿渣等。我国新建和改建的线路道床绝大部分采用碎石道砟，其技术要求主要包括三方面。

1)道砟性能

道砟材质的性能指标有抗磨耗、抗冲击性能，抗压碎性能、渗水性、抗大气腐蚀性、稳定性和等，并以此作为道砟材质的分级依据，将道砟分为特级、一级道砟[原道砟分类标准中为一、二级道砟，《铁路碎石道砟》(TB/T 2140—2008)中删除了二级道砟，增加了高速铁路和客运专线用特级道砟]。各级碎石道砟材质性能应符合表1-3的相应规定。

道砟材质性能 表1-3

性能	项目号	参数	特级道砟	一级道砟	评定方法	
					单项评定	综合评定
抗磨耗、抗冲击性能	1	洛杉矶磨耗率 LLA(%)	≤18	18 < LLA < 27	—	道砟的最终等级以项目号1、2、3、4中的最低等级为准。特级、一级道砟均应满足5、6、7、8项目号的要求
	2	标准集料冲击韧度 IP	≥110	95 < IP < 110	若两项指标不在同一等级，以高等级为准	
		石料耐磨硬度系数 $K_{干磨}$	>18.3	18 < $K_{干磨}$ ≤18.3		
抗压碎性能	3	标准集料压碎率 CA(%)	<8	8≤CA<9	—	
	4	道砟集料压碎率 CB(%)	<19	19≤CB<22	—	
渗水性	5	渗透系数 P_m(10^{-6}cm/s)	>4.5		至少有两项满足要求	
		石粉试模件抗压强度 σ(MPa)	<0.4			
		石粉液限 LL(%)	>20			
		石粉塑液限 PL(%)	>11			
抗大气腐蚀性	6	硫酸钠溶液浸泡损失率 L(%)	<10			
稳定性能	7	密度 ρ(g/cm^3)	>2.55			
	8	重度 R(g/cm^3)	>2.50			

目前，我国高速铁路（客运专线）要求使用特级道砟，其余标准的国家铁路、合资铁路、地方铁路应使用一级道砟。

2)道砟级配

道砟的级配是指道砟中不同大小粒径颗粒的分布。碎石道砟属于散粒体，其级配对道床的物理力学性能、养护维修工作量有重要影响。现行道砟级配标准是按级配要求，保证道砟产品有最佳的颗粒组成，使得道砟有更好的强度和稳定性，也有利于道床作业。特级碎石道砟粒径级配如表1-4所示，新建铁路用一级碎石道砟与既有线大修、维修用一级碎石道砟粒径级配应分别符合表1-5、表1-6的规定（检验用方孔筛系指金属丝编制的标准方孔筛）。

3)道砟颗粒形状及清洁度

道砟的形状及表面状态对道床的性能有重要影响。一般棱角分明、表面粗糙的颗粒，对集料具有较高的强度和稳定性。近于正方体的颗粒比扁平、长方体的颗粒具有更高的抗破碎、抗变形和抗粉化能力。针状、片状颗粒容易破碎，使道床强度和稳定性下降。颗粒长度大于平均粒径1.8倍的称为针状颗粒；厚度小于平均粒径0.6倍的称为片状颗粒。道砟材料中，针状颗粒和片状颗粒所占的质量百分率分别称为针状指数和片状指数。我国道砟标准规定针状指数和片状指数均不大于20%。

特级碎石道砟粒径级配 表1-4

方孔筛孔边长(mm)		22.5	31.5	40	50	63
过筛质量百分率(%)		0~3	1~25	30~65	70~99	100
颗粒分布	方孔筛孔边长(mm)	31.5~53				
	颗粒质量百分率(%)	≥50				

新建铁路用一级碎石道砟粒径级配 表1-5

方孔筛孔边长(mm)	16	25	35.5	45	56	63
过筛质量百分率(%)	0~5	5~15	25~40	55~75	92~97	100

既有线一级碎石道砟粒径级配 表1-6

方孔筛孔边长(mm)	25	35.5	45	56	63
过筛质量百分率(%)	0~5	25~40	55~75	92~97	100

道砟中污脏物,如污泥、土团或其他杂质、粉末等都直接影响道床强度及排水,并导致道床加速板结,因此要求特级道砟中风化颗粒和其他杂石含量不应大于2%,一级道砟中风化颗粒和其他杂石含量不应大于5%。道砟产品须水洗,其颗粒表面洁净度不应大于0.17%,未经水洗的一级道砟中,粒径0.1mm以下的粉末含量不应大于1%。

3.道床底砟材料

底砟是非渗水土质路基地段铁路碎石道床的重要组成部分,位于碎石道床道砟层和路基基床表层之间,起到传递、分布列车荷载,防止面砟和路基基床表层颗粒之间的相互渗透,具有渗水过渡和防冻保温等作用。底砟材料可取自天然砂砾材料,也可由开山块石或天然卵石、砾石经破碎、筛选而成。底砟材料的粒径级配应符合表1-7的规定,且0.5mm筛以下的细集料中通过0.075mm筛的颗粒含量应小于或等于66%。

底砟粒径级配 表1-7

方孔筛边长(mm)	0.075	0.1	0.5	1.7	7.1	16	25	45
过筛质量百分率(%)	0~7	0~11	7~32	13~46	41~75	67~91	82~100	100

在粒径大于16mm的粗颗粒中带有破碎面的颗粒所占的质量百分率不少于30%。粒径大于1.7mm的集料的洛杉矶磨耗率不大于50%,其硫酸钠溶液浸泡损失率不大于12%;粒径小于0.5mm的细集料的液限不大于25%,其塑性指数小于6%;黏土团及其他杂质含量的质量百分率小于或等于0.5%。

4.道床断面

道床断面包括道床厚度、顶面宽度及边坡坡度等三个主要特征,如图1-21所示。

1)道床厚度

道床厚度是指直线上钢轨或曲线上内股钢轨中轴线下轨枕底面至路基顶面的距离。

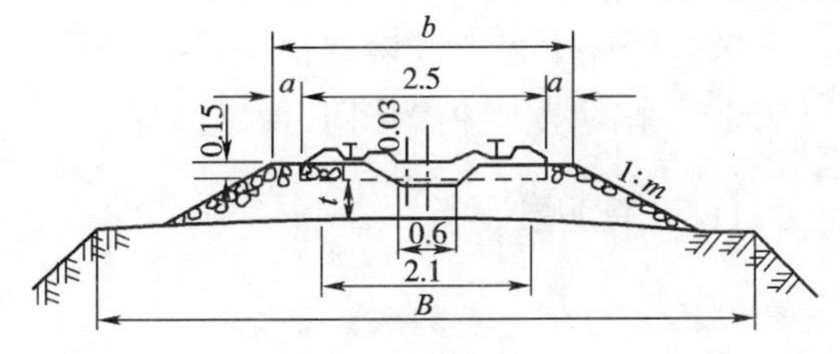

图1-21 直线地段道床断面(尺寸单位:m)

道床厚度应根据运量、轴重、行车速度等运营条件和道砟质量、路基强度及轨枕间距等轨道条件确定。道床厚度应以满足压力传布不超过路基面上容许的最大压力为度,道床过厚既有碍作业,也不经济。渗水性土质路基及岩石路基地段采用单层道床结构时,碎石道床厚度一般采用35cm,非渗水土质路基地段采用双层道床时面砟厚度一般为30cm,底砟厚度20cm。在运量较小、行车速度较低的线路上,在隧道、车站范围内,以及受其他条件限制时,可以酌情降低道床厚度。

2)道床顶面宽度

道床顶面宽度与轨枕长度、轨道类型及设计时速有关,数值上等于轨枕长度加上两倍道床肩宽。道床宽出轨枕两端的部分称为道砟肩,其宽度称为道床肩宽。在一定范围内肩宽增大可提供更大的横向阻力,有利于保持道床的稳定,但肩宽在45~50cm已能满足要求,再宽则作用不大。我国普通线路肩宽一般为25~30cm,无缝线路肩宽要求不小于45cm,道床顶宽应大于3.3m,为了提高道床的横向阻力,还需将砟肩堆高150mm,以保持线路的稳定性,防止胀轨跑道现象发生。此外,单线铁路无缝线路设计速度为200km/h以上的线路,其正线道床顶面宽度不得小于3.5m。

3)道床边坡坡度

道床边坡是指自道床顶面引向路基顶面的斜边,其坡度大小是保证道床坚固稳定的重要因素。道床边坡的稳定取决于道砟材料的内摩擦角与黏聚力,也与道床肩宽有一定的联系。增大肩宽可采用较陡的边坡,而减小肩宽则必须采用较缓的边坡。国内外的运营实践表明,边坡坡度为1:1.5时不能长期保持道床稳定,因此我国铁路规定正线区间边坡坡度均为1:1.75。

5.道床的变形

碎石道床作为散粒体结构,本身具有弹塑性,在外荷载作用下将产生弹塑性变形。道床的塑性变形主要是道床的下沉,是轨道变形的主要原因,会引起轨道的不平顺,增加列车对轨道结构的动力冲击作用。

道床下沉有一定的规律,可分为初期急剧下沉和后期缓慢下沉两个阶段。初期急剧下沉是指新铺的道砟或起道捣固作业后,道砟处于不稳定的松散状态,在冲击振动作用下,道砟形成稳定组合及间隙被压密过程中造成的下沉。后期缓慢下沉是由于列车荷载反复作用,压力和振动力以及养护捣固时捣镐的打击使碎石破损、磨损和道砟产生流动引起的下沉,在振动加速度较大的轨枕范围内较明显。此外,雨水的渗透进一步减小了颗粒间的摩擦系数,加速道床下沉。

为减小轨道的变形,在新建轨道交通时,道砟道床应采用优质道砟,并采用分层铺设、分层捣固、多次动力稳定的作业方式。一次动力稳定下沉量可达8~10mm,相当于完成10万t的运量产生的下沉,可有效减小通车后的后期不均匀下沉。但也应认识到,道床变形是不断发生发展的,后期缓慢下沉阶段是道床的正常工作阶段,因此,控制道床变形是长期的、持续的过程。运营过程中要注意做好道床排水,加强道床养护维修,及时补充道砟,保持线路的平顺性,以减小列车的动力冲击作用,保证线路的质量,确保运营的安全。

五、轨道加强设备

1.轨道的爬行与防爬设备

列车车轮沿钢轨运行时,除产生竖直力和横向力外,还有纵向力。由于纵向力的作用,在钢轨扣件阻力不足以抵抗这一纵向力时,会引起钢轨纵向位移;在扣件阻力大,而道床阻力不足的条件下,还会带动轨枕一起沿着道床顶面纵向移动,这种现象称为轨道的爬行,其纵向力称为爬行力。

轨道爬行的一般规律如下:

(1)在双线地段爬行方向与列车运行方向基本相同,列车运行方向在下坡道时爬行量较大。

(2)两个方向运量大致相等的单线地段,其两个方向都发生爬行,且易向下坡道方向爬行。

(3)两个方向的运量显著不同的单线地段,其运量大的方向爬行量较大,在运量大的下坡道方向爬行量更大。

(4)双线或单线的制动地段,均易向制动方向爬行。

线路爬行对轨道的危害很大,钢轨爬行后使一端接头挤成连续瞎缝,可能诱发胀轨跑道;另一端则拉大轨缝,易造成钢轨、夹板、螺栓伤损或拉弯、拉断螺栓,拉弯中间扣件,拉裂木枕或拉斜轨枕,造成轨道不平顺,增加维修工作量。在明桥上的钢轨爬行时,使桥枕间距扩大,甚至会带动钢梁造成支座损坏,严重时使墩台发生裂纹。在道岔上的钢轨产生爬行时,将影响尖轨的正确位置或转辙器扳动的灵活性。轨道爬行往往使轨枕离开捣固坚实的道床,造成轨道沉落,轨枕吊板增多,产生和加大轨面坑洼。由此可见,爬行不仅影响线路质量,降低轨道各组成部件的使用寿命,严重时甚至危及到行车安全。

防止轨道爬行的根本措施,在于提高轨道的纵向阻力:一是提高扣件阻力,采用弹性扣件,加大螺栓扭矩,防止扣件松动,保持扣件对钢轨的扣压力;二是加强道床的捣固、夯实,以提高道床纵向阻力。必要时应增设足够的防爬设备,以加大轨道抵抗纵向移动的阻力。

我国铁路目前采用的防爬设备,主要是穿销式防爬器和防爬撑相结合的方式,如图1-22所示。穿销式防爬器由轨卡、挡板及穿销等组成,如图1-23所示。轨卡的一边紧密地卡住轨底,另一边用楔形穿销将相应轨底间的空隙楔紧,使之牢固地卡住轨底,而挡板与轨枕之间须设置木制承力板,这样,当钢轨爬行时,带动防爬器及轨枕一起位移,起到一定的防爬作用。但每对穿销式防爬器的防爬阻力为30~40kN,而每根木枕或Ⅰ型混凝土枕的枕下道床阻力只有7~10kN,不能充分发挥防爬器的作用。因此,为了充分发挥防爬器和道床防爬阻力的作用,在碎石道床地段,一般用一对防爬器和三对防爬撑组成一个防爬组,将四根轨枕连成一个防爬整体,这种形式称为单方向锁定组;如在反方向也安装一对防爬器时,则称为双方向锁定组。防爬支撑可用木制,亦可用石料、混凝土制造,一般采用12cm×12cm的断面。

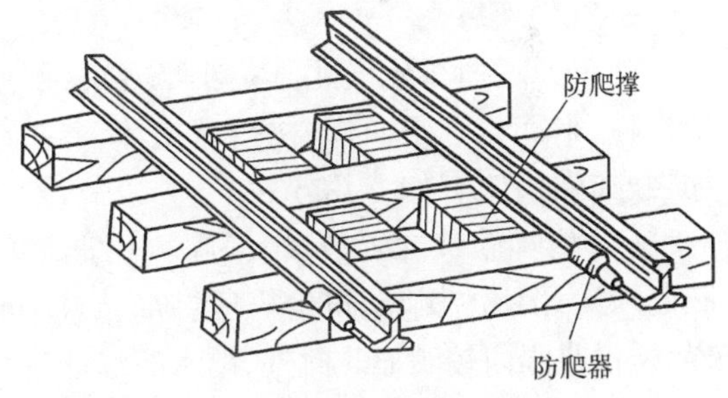

图1-22 穿销式防爬器和防爬撑

为使两股钢轨上的防爬阻力相等,穿销式防爬器应成对安装。无论是单方向锁定组或双方向锁定组,相邻两组不宜连接在一起,以免互相影响。防爬设备应安装在钢轨中部,在防爬锁定组较多时,亦应距钢轨接头远一些,尽量减少对钢轨两端伸缩的影响。防爬支撑一般安装在钢轨底下,在不使用大型养路机械的木枕地段,为了在捣固作业时不取出支撑,则需保持距钢轨中心有400mm的捣固范围,故规定可将支撑安装在离轨底边净距为350mm的道心内。

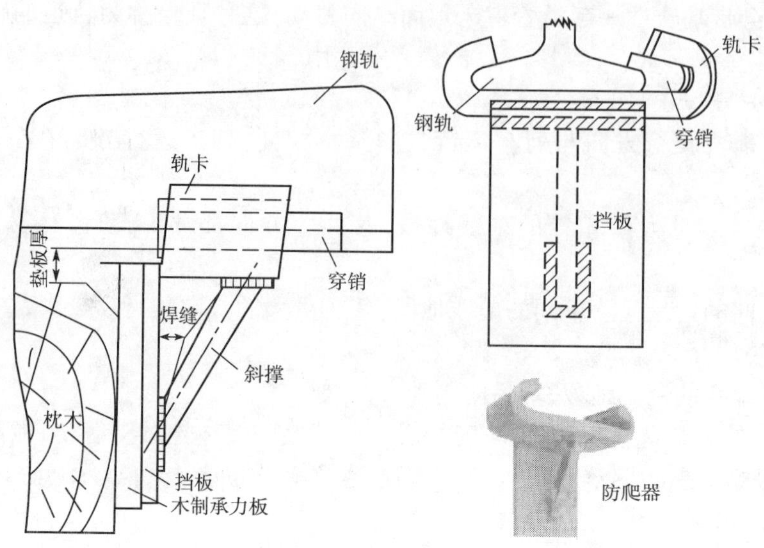

图1-23　穿销式防爬器

铺设混凝土轨枕的线路、道岔,使用弹条扣件,纵坡不大于6‰时,因扣件技术性能好,能保持较大的防爬阻力,故可不安装防爬设备。使用其他扣件时,对线路坡度大于6‰的地段,制动地段,驼峰线路,位于正线到发线的道岔、绝缘接头、桥梁(明桥面)前后各75m地段,可根据具体情况适当安装防爬设备,安装数量可比木枕线路适当减少,以能够防止爬行锁定线路为原则。

2. 曲线加强

列车通过曲线地段尤其是小半径曲线地段时,因横向水平力作用会导致轨距扩大,轨道框架横移,平面位置歪曲,轨枕挡肩损坏,养护维修工作量增加,因此必须对小半径曲线地段进行加强,加强措施有如下几方面。

(1)增加轨枕配置数量,提高轨道框架横向稳定性。对于半径$R \leqslant 800$m的曲线(包括缓和曲线),采用木枕时,每公里应增加轨枕160根,采用Ⅱ型混凝土枕时,每公里应增加轨枕80根,铺设Ⅲ型混凝土枕时不需要增加。

图1-24　轨撑及轨距杆

(2)安装轨撑及轨距杆(图1-24),提高钢轨水平方向稳定性,防止轨距扩大。

轨撑安装在钢轨外侧以顶住钢轨下颚和轨腰,防止钢轨外倾或发生横向位移。除小半径曲线地段轨道,大多数道岔的尖轨部位,在基本轨外侧也应安装轨撑,以提高钢轨的横向刚度。

轨距杆是一端扣在外轨轨底,另一端扣住里轨轨底的拉杆,可防止钢轨位移,保持轨距。轨距杆有普通轨距杆和绝缘轨距杆两种,在有轨道电路的线路上,应当采用绝缘轨距杆。

(3)堆高曲线外侧砟肩,以增加道床横向阻力,保持线路稳定。

第三节　无砟轨道结构

传统有砟轨道采用碎石道砟作为道床,具有铺设简便、增弹减振、排水性好、易于养护维修、造价低廉等突出的优点,长期以来是世界各国普通轨道的主要结构形式。但在高速行车的条件下,轨道振动加剧,道床变形较快,易造成轨道的不平顺,影响高速行车的舒适性和安全性。其次,高速行车时产生的强大的列车风会卷起道砟,使道床形状难以保持,若采用措施对其表面封闭又会丧失维修方便的优势。此外,在长大隧道及城市地铁中,因为维修不方便,也不宜采用变形快、维修工作量大的有砟轨道。

在这种背景下,世界各国争相发展无砟轨道技术。无砟轨道是用整体性较好的沥青或混凝土道床代替传统有砟轨道中轨枕和散粒道砟道床,其种类较多,但一般都具有以下特点:

(1)整体性强,纵向、横向稳定性好,具有较高的可靠性,有利于高速行车。

(2)具有稳定的轨道几何尺寸,其高平顺性和均匀的轨道弹性使旅客乘坐更舒适。

(3)使用寿命长、维修工作量少,虽然初期造价比有砟轨道高,但可大幅度减少维修工作量和维修成本,综合经济效益好。

(4)结构高度比有砟轨道低,可有效减轻桥梁上恒载和节约空间,减小线下结构的土建工程量。

(5)无砟轨道上的无缝线路不会发生胀轨跑道、高速行车时不会有石砟飞溅造成伤害。

(6)施工精度要求较高,需采用特殊的施工方法。

(7)对基础稳定性有特殊要求,一旦基础变形超出容许范围或出现轨道结构损坏等病害,维修整治非常困难。

(8)轨道弹性差,振动噪声相对较大,在对噪声控制要求严格地区使用需采取特殊措施。

无砟轨道类型较多,我国城市轨道交通目前使用的主要类型有:整体灌注式无砟轨道、支承块式无砟轨道、长枕埋入式无砟轨道等,另外为进一步减小噪声和振动,还发展了弹性支承块式和浮置板式无砟轨道等结构类型。

高速铁路方面,我国铁路系统近年来通过对高铁引进技术的消化吸收及再创新,已形成了具有自主知识产权的CRTS(China Railway Track System)无砟轨道技术系列,该系列包括双块式和板式两大系列五种形式,分别为CRTS Ⅰ型双块式无砟轨道(CRTS Ⅰb)、CRTS Ⅱ型双块式无砟轨道(CRTS Ⅱb)、CRTS Ⅰ型板式无砟轨道(CRTS Ⅰs)、CRTS Ⅱ型板式无砟轨道(CRTS Ⅱs)、CRTS Ⅲ型板式无砟轨道(CRTS Ⅲs)。

一、整体灌注式无砟轨道

整体灌注式无砟轨道又称无枕式整体道床,其道床混凝土强度等级为C30,全部采用现浇混凝土,整体性强,如图1-25所示。施工时自下而上进行,不架设钢轨,而用施工机具把连接扣件的玻璃钢套管按设计位置预埋在道床内,上面做成承轨台,然后再安装钢轨和扣件。其混凝土现浇量大,施工方法较繁琐,机具复杂,进度较慢,同时由于承轨台现场制作,承轨台精度不易保证,较难达到设计要求。我国北京地铁一期工程中运用了这种道床形式,经几十年的运营使用，技术状态良好。

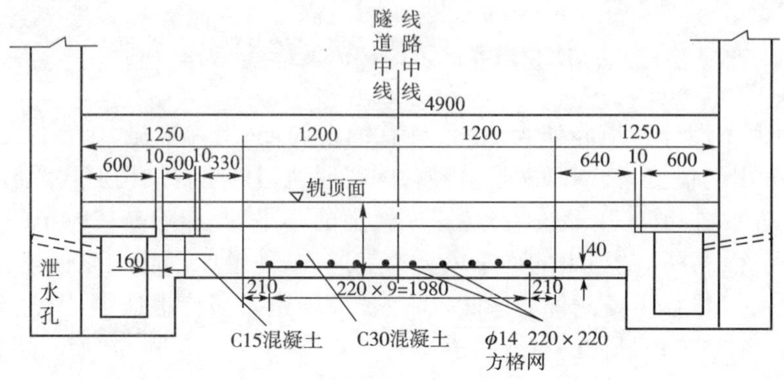

图 1-25 整体灌注式无砟轨道（尺寸单位：mm）

二、支承块式无砟轨道

支承块式无砟轨道是世界上许多国家整体道床大量采用的一种形式，在我国铁路隧道和城市地铁也广为应用。它是将支承块与混凝土道床浇筑成一体，构成整体道床。根据铺设位置不同，包括铺设于隧道内的支承块式整体道床，以及铺设于高架桥上的支承块承轨台式（短枕承台式）无砟轨道，如图 1-26 所示。隧道内根据排水沟设置的位置不同，又可分为中心水沟式、单侧沟式和双侧沟式。根据支承块的材料不同，有短木枕和钢筋混凝土支承块等。

图 1-26 支承块式无砟道床

a）隧道内支承块式整体道床；b）桥上支承块承轨台式无砟轨道

在钢轨扣件技术未较好解决以前，采用短木枕铺设的支承块式无砟轨道较多，我国 1968 年以前在线路上铺设整体道床时，基本上都采用这种形式。它具有一定的弹性，易于调整轨距和水平，扣件也较简单。但短木枕使用寿命较短，且更换困难，因此在正线上已基本不再使用。

现在多采用在工厂预制的钢筋混凝土支承块，混凝土强度等级为 C40 ~ C50，尺寸约为 500mm × 200mm × 200mm 上小下大的块体，每块重约 40 ~ 50kg。支承块上的承轨槽根据所采用的扣件类型进行设计。为了使支承块与道床混凝土能紧密连接，支承块底面有预埋钢筋伸出，块底面一般呈倒三角形，其设计图如图 1-27 所示。道床混凝土一般采用 C30 钢筋混凝土，厚度约为300~400mm，宽度约2400mm，道床内钢筋按构造和工程经验布置，通常在道床底部按220mm间距双向布设$\phi14$钢筋或按200mm间距双向布设$\phi10$钢筋。

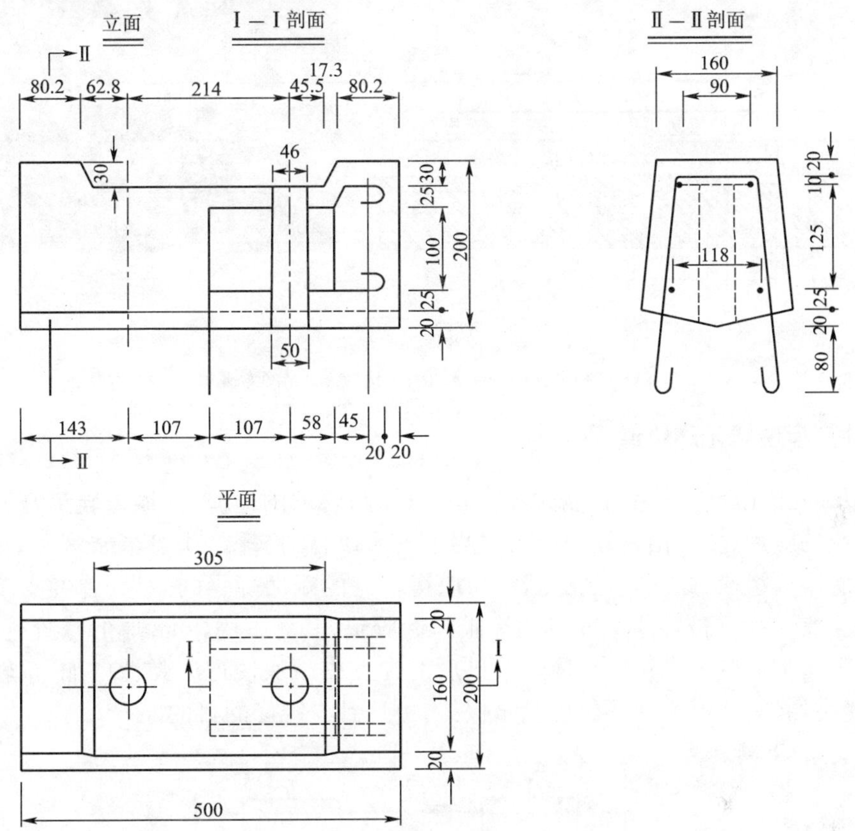

图1-27 混凝土支承块设计图(尺寸单位:mm)

混凝土支承块式无砟轨道成本较低，但整体性及减振性能较差，可采用架轨法施工，即用钢轨支承架将钢轨架起，安装扣件并挂好支承块，然后绑扎道床板(承轨台)钢筋，调整好轨道的几何形位后灌注混凝土形成整体，这种施工方法也较简便，机具轻便，也是一种成熟的施工方法。另外，也可采用轨排法施工，只需将左右两根标准轨用钢轨支承架横梁连接成轨排。由此可见，混凝土支承块式无砟轨道施工较无枕式整体道床简单，而比长枕埋入式无砟轨道复杂，施工精度较易保证。

三、长枕埋入式无砟轨道

长枕埋入式无砟轨道(图1-28)由钢轨、扣件、穿孔混凝土轨枕、混凝土道床板、隔离层(或橡胶垫层)、混凝土底座等组成，隧道内可不设混凝土底座。其混凝土道床由穿孔混凝土轨枕和混凝土道床板组成，为保证轨枕与混凝土道床连接牢固，在轨枕侧面设有5个预留孔穴，穿入纵向钢筋并与现场灌注的混凝土道床板牢固连接。一个道床板单元可设置7~8根穿孔混凝土枕，轨枕间距60cm。在穿孔混凝土枕之间的道床板顶面设置2%的人字坡，以利于排水。

长枕埋入式无砟轨道轨枕可在工厂内提前预制，现场可采用较为成熟的轨排法施工，施工方法简单，机具较轻便，施工进度快、干扰小，精度也容易保证。

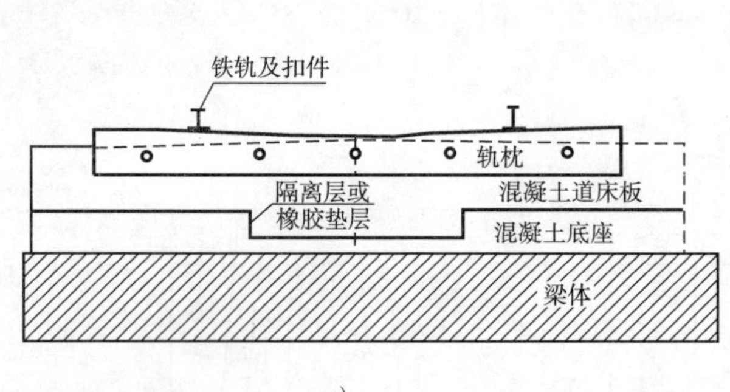

a)

b)

图 1-28　长枕埋入式无砟轨道

a）桥上结构形式；b）隧道内长枕埋入式无砟轨道

四、弹性支承块式无砟轨道

弹性支承块式无砟轨道适用于对振动和噪声控制要求的地段，在城市轨道交通与高速铁路都有着广泛的应用，主要由钢轨、扣件、混凝土支承块、橡胶靴套、块下橡胶胶垫、混凝土道床板及混凝土底座等组成，如图 1-29 所示。为取得良好的减振降噪的效果，弹性支承块式无砟轨道在混凝土支承块底部设 12mm 厚的橡胶弹性胶垫，其周围用 7mm 厚的橡胶靴套包裹，并在周围及底下灌筑混凝土浇筑成整体。改进后的弹性支承块使道床弹性增加、钢轨支承刚度一致、部件受力均匀，轨道几何形位更易于保持，可达到少维修的目的。

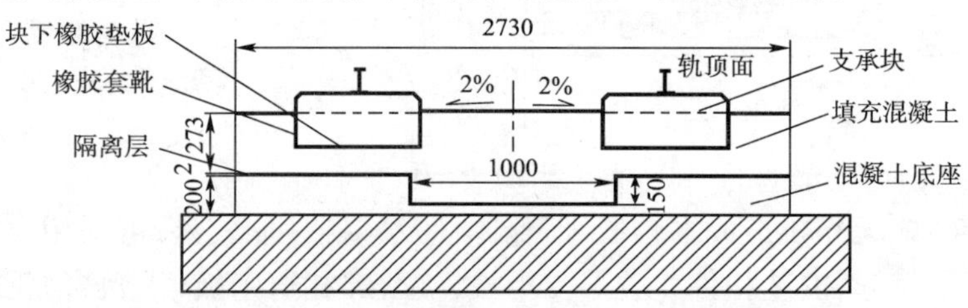

图 1-29　弹性支承块式无砟轨道结构（尺寸单位：mm）

支承块采用普通钢筋混凝土结构，混凝土强度等级为 C50 级，顶面尺寸为 624mm × 324mm，底面尺寸为 600mm × 290mm，轨下截面高度为 200mm，支承块内设两个绝缘套管。

橡胶弹性胶垫放置在支承块下，平面尺寸为 596mm × 284mm，略小于支承块底面，厚度为 12mm，上下表面均设置平行槽纹，以提供较好的竖向变形空间和弹性，静刚度要求为 95 ~ 110kN/mm。

橡胶靴套包裹支承块及块下橡胶胶垫，其外形尺寸要求严格，靴套的周边和底层厚度均为 7mm，在横向端面上设置平行槽纹，以列车荷载的横向冲击作用，而在底部不设槽纹，主要起到隔离的作用，达到方便修复的目的。

混凝土道床板由混凝土支承块、橡胶靴套和块下橡胶胶垫组成的弹性支承块和 C40 道床填充混凝土组成。支承块纵向间距 600mm，每 7 ~ 8 个支承间距作为一个道床板单元。道床板截面按设计要求配筋，顶面应设置 2% 人字形排水坡。

混凝土底座截面尺寸为 2730mm × 200mm，应与隧道仰拱或桥面的预留钢轨连接，并用混凝土灌注成一整体结构。在混凝土底座中部设置凹槽,以防止其纵横向移动。混凝土底座还可用于设置曲线超高。另外,底座与道床板之间一般需设置隔离层,以便道床板损坏后进行修复。

五、浮置板式无砟轨道

浮置板式无砟轨道由钢轨、扣件、浮置板、弹性支座、混凝土底座等组成。它是将钢轨通过扣件固定在浮置板(浮置板为 C30 级普通钢筋混凝土结构,有现浇和预制两类)上,浮置板又通过可调的弹性支座(橡胶或钢弹簧)及侧向胶垫浮置于混凝土底座或其他基础上,如图 1-30 所示。这大大削弱了振动向基础的传递,具有非常好的减振效果,同时也具有较好的降噪作用,因此适用于对振动和噪声控制要求较高的地段,缺点是造价高昂。

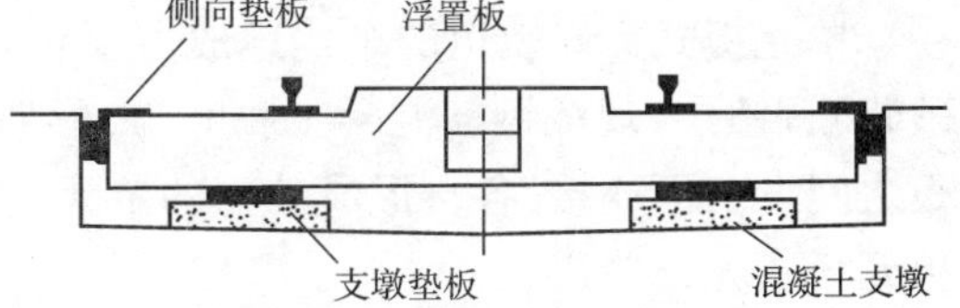

图 1-30 浮置板式无砟轨道结构

六、双块式无砟轨道

双块式无砟轨道主要由钢轨、扣件、双块式轨枕、混凝土道床板和下部支承体系(底座或水硬性支承层)等组成,与长枕埋入式无砟轨道一样,都属于轨枕埋入式无砟轨道,只是埋入的轨枕为带有桁架钢筋的双块式轨枕。根据双块式轨枕埋入的施工工艺的不同,主要分为雷达 2000 型和旭普林型两种类型。雷达 2000 型是用钢轨架立双块式轨枕形成轨排,立模后调整好轨道几何形位并浇筑道床板混凝土形成整体。旭普林型是用轨枕框架固定双块式轨枕,再利用机械振动法嵌入现场浇筑的混凝土道床内,为确保位置精确,需提前放设安装支脚,以精确控制轨枕框架位置,道床混凝土浇筑后,轨枕框架需一直固定在轨枕上直到混凝土达到一定强度后方可移开,如图 1-31 所示。

a)

b)

图 1-31 双块式无砟轨道

a)雷达 2000 型;b)旭普林型

双块式无砟轨道由于左右两轨枕块采用了钢筋桁架连接,并与道床的纵横向钢筋绑扎后通过浇筑混凝土形成整体道床结构,既可保持施工中的轨道几何形位,又可减少新老混凝土结合面,加强预制轨枕与现浇道床板之间的连接,并提高其抗疲劳耐久性能。但双块式轨枕的轨道弹性和几何形位调整仅靠扣件实现,轨道出现病害时较难整治。

我国客运专线无砟轨道再创新研究中,在引进德国技术的基础上,对 ZPW2000 型轨道电路的适应性、路基和桥隧基础上道床板高度的统一、轨道结构纵向连续性及轨道材料的国产化等问题进行了重点研究和优化调整，逐步形成了具有自主知识产权的双块式无砟轨道技术，即CRTSⅠ型双块式无砟轨道和CRTSⅡ型双块式无砟轨道。

七、板式无砟轨道

板式无砟轨道是在现浇混凝土基础上以水泥乳化沥青砂浆（CA砂浆）层支承预制轨道板的无砟轨道形式。根据板间纵向力的传递方式不同可分为单元板式无砟轨道和纵连板式无砟轨道两大类。

1. 单元板式无砟轨道

单元板式无砟轨道的结构组成主要包括钢轨、钢轨扣件、预制轨道板、水泥沥青砂浆（CA砂浆）调整层、现浇钢筋混凝土底座、凸形挡台等，如图1-32所示。单元板式无砟轨道的轨道板之间纵向不连接，各自形成独立的单元，主要靠凸形挡台限位并承受纵、横向水平力，故称为单元板式无砟轨道。

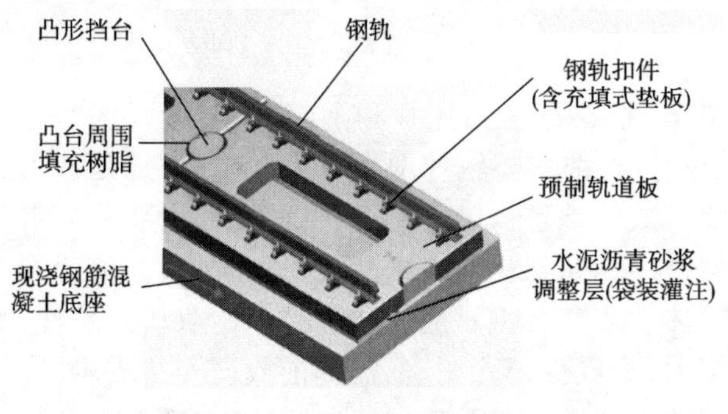

图1-32　单元板式无砟轨道结构

（1）钢轨扣件：无砟轨道扣件将钢轨与轨道板连接在一起，轨道几何形位调整只能通过扣件系统进行，因此扣件应具有一定的高低、左右调整能力，并可简便地对施工和维修过程中的线路状态进行调整，以实现调整线路的高平顺性。为实现对轨道板制造与施工偏差以及缓和曲线和竖曲线的精细调整，单元板式无砟轨道的扣件系统在轨下设置了可无级调整的充填式垫板，以满足高速铁路对线路高平顺性、刚度均匀性的要求。

（2）预制轨道板：轨道板是在工厂预制的双向配筋的混凝土板，分为钢筋混凝土（RC）轨道板和预应力钢筋混凝土（PC）轨道板，按照轨道板结构形式可分为普通型（图1-33）和框架型（图1-34）。框架型轨道板的混凝土和CA砂浆用量相对较小，可节约成本，有效降低噪声，还可以减缓温差引起的板翘曲。

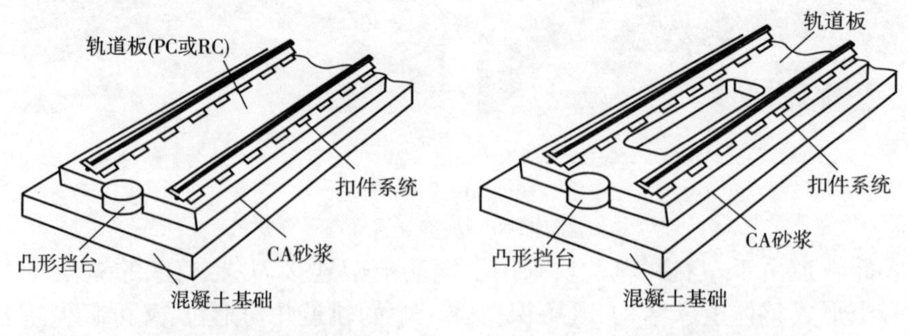

图1-33　普通型单元板式无砟轨道　　图1-34　框架型单元板式无砟轨道

（3）水泥乳化沥青砂浆调整层：CA砂浆调整层主要由水泥、乳化沥青、聚合物乳液、细集料、混合料、水、铝粉和各种外加剂等组成，是具有混凝土的刚性和沥青的弹性的半刚性体，设在轨道板与混凝土底座板之间，设计厚度为50mm，施工时的容许范围为40～100mm，主要为轨道提供足够的弹性,便于进行轨道板高程调整,使下部基础施工误差不影响上部结构,同时在轨道板损坏后可方便地进行维修更换。CA 砂浆是板式无砟轨道结构的关键组成部分,其性能的好坏直接影响板式无砟轨道的耐久性和维修工作量。

(4)现浇钢筋混凝土底座:混凝土底座作为板式无砟轨道的基础,必须保证较高的施工精度,以获得厚度均匀的 CA 砂浆调整层,保证轨道弹性均匀;同时在曲线上用于设置调整曲线超高。

(5)凸形挡台:在混凝土底座上每隔一定间距(一般为 5m)垂直设置半径为 250mm 的圆形或半圆形的凸形挡台,在曲线超高地段,凸形挡台竖轴线与底座的顶面亦应保持垂直。凸形挡台采用 C40 级混凝土,高度 250mm,应与轨道板端部的半圆形缺口共圆心,间隙部分用树脂填充密实。凸形挡台用于固定轨道板的纵向和横向位置,同时可作为板式无砟轨道铺设和整正时的基准点。

板式轨道结构中的轨道板为工厂预制,其质量容易控制,现场混凝土施工量少,施工的机械化程度高,可将人为控制因素减至最少,且施工进度较快,道床外表美观,线路平顺性好,适用于列车高速行驶。我国高速铁路无砟轨道再创新研究中,在引进日本单元轨道板技术的基础上,重点解决了 ZPW2000 型轨道电路的适应性、我国 32m、24m 主型简支梁长的匹配性以及轨道部件和材料的国产化问题,形成了具有自主知识产权的 CRTS Ⅰ 型板式无砟轨道系统。

2. 纵连板式无砟轨道

纵连板板式无砟轨道的代表是德国博格板式无砟轨道,其结构组成类似于单元板式无砟轨道,同时吸收了轨枕埋入式无砟轨道整体性好,以及单元板式无砟轨道制作和施工方便的优点,进行了包括预应力、结构尺寸、纵向连接方面的优化改进,主要由钢轨、VOSSLOH(福斯罗)300 型扣件、博格轨道板、水泥沥青砂浆层及下部支承体系(混凝土底座或水硬性支承层)等组成,如图 1-35 所示。轨道板铺设后须用连接锁件将相邻轨道板纵向张拉连接并绑扎钢筋后浇筑成纵向连续整体。

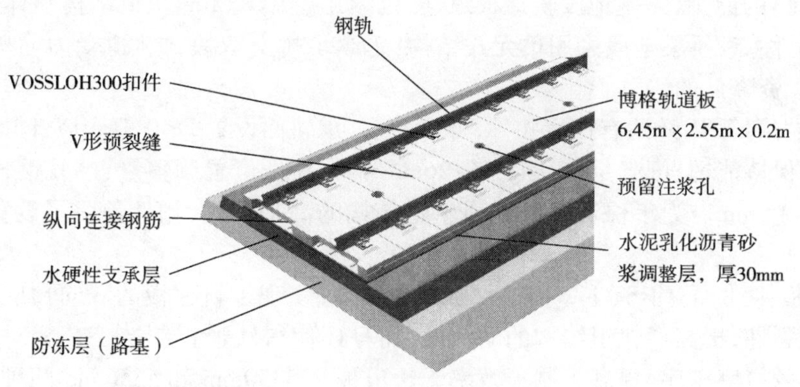

图 1-35　博格板式无砟轨道结构

(1)VOSSLOH(福斯罗)300 型扣件:属于带挡肩承轨槽的有螺栓不分开式弹性扣件,同样具有一定的高低、左右调整能力,另外通过改变轨距挡板型号可以用于不同类型钢轨,还可以用于超高为 180mm 的曲线轨道地段。

(2)博格轨道板:为横向预应力轨道板,混凝土的设计强度为 C55 或 C60 级,为控制轨道板裂纹不通过承轨台，板上每组承轨台之间设有一道 V 形预裂槽，即使轨道板沿 V 形槽完全开裂形成宽轨枕，也不会影响其承载性能，可靠性较高。博格板包括标准板、特殊板和补偿板三种，每块标准板长 6450mm、宽 2550mm、厚度 200mm，重约 9t，特殊板和补偿板依据具体设计确定。博格板的主要特点是制作精度要求高，每个混凝土承轨槽均采用数控机床进行打磨加工，精度为 0.1mm，轨道板一经施工完成即可保证轨道的最终精度，无需日本板式轨道采用充填式垫板进行二次调整的过程。

(3)水泥沥青砂浆调整层：采用高性能水泥沥青砂浆，设计厚度 30mm，施工时应具有良好的工作特性(流动性、扩展度等)，凝固后具有早强、高强、微膨胀、耐久、黏结、密实等特性，作用主要是为轨道提供竖向支撑和足够的弹性，并提供纵、横向阻力，同时方便施工调整。

(4)混凝土底座或水硬性支承层：底座板为桥上设置的纵向连续的 C30 钢筋混凝土结构，宽度为 2950mm，底座板宽度范围内，梁面应设置滑动层。直线地段的底座板厚度不宜小于 190mm，曲线超高在底座板上设置，曲线内侧的底座板厚度不应小于 175mm。水硬性支承层在路基基床表层上设置，支承层顶面宽度为 2950mm，底面宽度为 3250mm，厚度为 300mm。沿线路纵向，每隔不大于 5m 切一横向预裂缝，缝深为厚度的 1/3，轨道板宽度范围内的支承层表面应进行拉毛处理。水硬性材料支承层的作用是保证系统刚度从防冻层经预制轨道板到钢轨的递增。

我国高速铁路无砟轨道再创新研究中，在引进博格板式无砟轨道技术的基础上，形成了具有自主知识产权的 CRTSⅡ型板式无砟轨道系统，并在京津城际铁路、京沪高速铁路和宁杭高速铁路等高速铁路线路得到广泛的应用。

3. CRTSⅢ型无砟轨道

我国在吸取目前各类型无砟轨道优点的基础上，克服相应的缺点，自主研发了具有完全自主知识产权的 CRTSⅢ型无砟轨道，主要由 60kg/m 钢轨、弹性有挡肩扣件、轨道板、自流平混凝土调整层、钢筋混凝土底座或支承层等部分组成。CRTSⅢ型无砟轨道结构设计遵循“路基纵连、桥上单元”的原则，路基地段轨道板纵连，延续了连续式无砟轨道结构整体性好、线路平顺、刚度均匀的优点；桥梁地段采用单元式结构，延续了桥上双块式轨道受力简单、施工方便、可维修性好、投资降低的特点。

(1)扣件：扣件采用弹性有挡肩扣件，外形美观，承轨面设置 1:40 轨底坡，同时具备较好的施工性和轨距保持能力，可满足 -4mm ~ +26mm 钢轨高低位置调整量，单股钢轨左右位置调整量 -5mm ~ +5mm。为了保证曲线地段轨道结构的高平顺性，扣件预留了设置充填式垫板的条件。

(2)轨道板：吸取了 CRST Ⅰ型板的制板工艺，不仅实现了轨道板的双向预应力结构，增强了轨道板的抗裂性，提高了轨道结构的耐久性，而且还使得轨道板制造工艺相对简单，避免了博格板承轨槽的打磨工序，提高了制板效率。轨道板有 5350mm 和 4856mm 两种长度规格，板宽 2500mm，板厚 190mm，承轨台间距分别为 687mm、617mm。轨道板底面纵向设置两排 $\phi12$ 的 U 形钢筋，板端至板端的第一个扣件结点之间，设置一根 U 形连接钢筋，板中每扣件结点之间，设置两根 U 形连接钢筋。路基地段轨道板同时留有纵向预应力钢筋，通过纵向预应力钢筋连接器将板纵向连接实现连续。

(3)自流平混凝土调整层：轨道板下调整层变 CA 砂浆为自密实混凝土，简化了施工工艺，减少对环境的污染，降低工程投资。自密实混凝土调整层宽 2700m，厚 100mm，长度与轨道板相同，配置 HRB335ϕ12 钢筋网，间距 20cm。曲线超高大于 50mm 后，曲线内侧与轨道板平齐。自密实混凝土强度等级为 C40，水泥宜选用硅酸盐水泥或普通硅酸盐水泥，混合材宜为矿渣或粉煤灰，不宜使用早强水泥。混凝土抗渗等级≥P20，抗冻等级≥F200，56d 龄期电通量≤1500C，混凝土自由收缩率应小于万分之三。

(4)钢筋混凝土底座或支承层：桥梁、隧道地段，自密实混凝土下设置 C40 钢筋混凝土底座，底座内配置 10mm 双层受力钢筋，底座长度与轨道板相同，宽 2700mm，其上设置两个 600mm×400mm 限位凹槽，深度与底座相同，以限制轨道的纵、横向位移。底座上铺设 4mm 厚土工布隔离层，凹槽四周设置 10mm 厚复合弹性橡胶垫层，凹槽底部设置隔离层。路基地段铺设支承层，采用水硬性支承层(HGT)，沿线路纵向连续铺设。支承层在板缝处设置一道横向伸缩假缝，缝深 80mm，宽 10mm，在假缝处铺设长 260mm 厚 4mm 防水土工布，假缝必须在支承层初凝时施工完成。支承层施工完成后应进行拉毛处理。

复习思考题

1. 轨道的作用是什么？应满足哪些基本要求？

2. 有砟轨道结构的主要组成及其功用是什么？

3. 钢轨有哪些类型？

4. 钢轨材质的主要成分有哪些？这些成分对钢轨性能有何影响？

5. 轨枕的作用是什么？应满足哪些要求？

6. 什么是钢轨接头？钢轨接头主要类型有哪些？

7. 普通钢轨接头由哪些部件组成？接头处预留的轨缝应满足哪些要求？

8. 某地区历史最高轨温为 58.1℃，最低轨温为 −22.3℃，若铺设 60kg/m 的 25m 长标准轨，采用 10.9 级螺栓，试计算在 23℃ 铺轨作业时的预留轨缝。

9. 道砟材料的技术条件有哪些要求？

10. 碎石道床断面的特征有哪些？其含义分别是什么？

11. 曲线轨道加强的措施有哪些？

12. 试比较有砟轨道和无砟轨道各有何优缺点？

13. 试比较长枕埋入式无砟轨道和弹性支承块式无砟轨道结构组成及主要特点。

14. 简述双块式轨枕的结构组成及技术特点。

15. 试比较单元板式无砟轨道和纵连板式无砟轨道结构组成及主要特点。

第二章　直线与曲线轨道

教学目标

1. 了解机车车辆走行部分构造特点及轮轨作用关系。
2. 掌握直线地段轨道几何形位及标准。
3. 掌握曲线轨道超高、加宽的作用。
4. 掌握设置缓和曲线的作用及其几何特征。

轨道由直线轨道和曲线轨道组成，直线部分的轨道方向应保持笔直，曲线部分轨道应具有相应的圆顺度。从轨道横断面上看，轨道的两股钢轨之间应保持一定的距离，为保证机车车辆顺利地通过小半径曲线，曲线轨距还应根据曲线的半径考虑加宽。在直线地段，两股钢轨的顶面应处于同一水平面上；曲线上外轨顶面应高于内轨顶面，形成一定的超高，使车体重力的向心分力抵消其曲线运行的离心力。为使机车车辆平稳地自直线进入圆曲线，或由圆曲线进入直线，在直线与圆曲线间，应有一条曲率渐变的缓和曲线，为曲线外轨逐渐升高、轨距逐渐加宽创造必要的条件。为保证钢轨顶面在有锥形或磨耗型踏面的车轮荷载作用下受力均匀，轨道的两股钢轨均应向内倾斜铺设，形成适当的轨底坡。从纵断面上看，钢轨顶面应在纵向上保持一定的平顺度，为车辆平稳运行创造良好的条件。

轨道各部分的几何形状、相对位置和基本尺寸要求等，称为轨道几何形位。轨道几何形位的正确与否，对机车车辆的安全运行、乘客的旅行舒适度以及设备的使用寿命和养护费用起着决定性的作用。轨道几何形位的超限是引起机车车辆掉道、爬轨以及倾覆的直接因素。同时，轨道的几何形位因素直接影响机车车辆的横向和垂向加速度，并产生相应的惯性力。在高速铁路和快速铁路中，随着运行速度的提高，该影响特别显著。因此，轨道施工及养护中必须确保轨道的几何形位正确，以确保机车车辆的安全运行、乘客的旅行舒适度以及延长设备的使用寿命、控制线路养护维修的费用。

第一节　机车车辆走行部分构造特点及轮轨间作用关系

轨道是机车车辆运行的基础，直接支承机车车辆的车轮，并引导其在轨道上走行。因而机车车辆走行部分的几何形位与轨道的几何形位之间应紧密配合。

一、机车车辆的走行部分构造特点

机车的走行部分由车架、轮对、轴箱、弹簧装置、转向架及其他部件组成。车辆的走行部分是转向架，它包括侧架、轴箱、弹性悬挂装置、制动装置、轮对及其他部件。

1. 轮对

轮对是车辆走行的重要部件，也是与轨道关系最密切的车辆部件。轮对是由两个形状相同的车轮与一根车轴所组成，如图2-1所示。轮轴结合部位采用过盈配合，使两者牢固地组合在一起，并用轴键固定左右两轮的相互位置。轮与轴只能一起转动，绝对不允许出现任何松动，以确保车辆的运行安全。

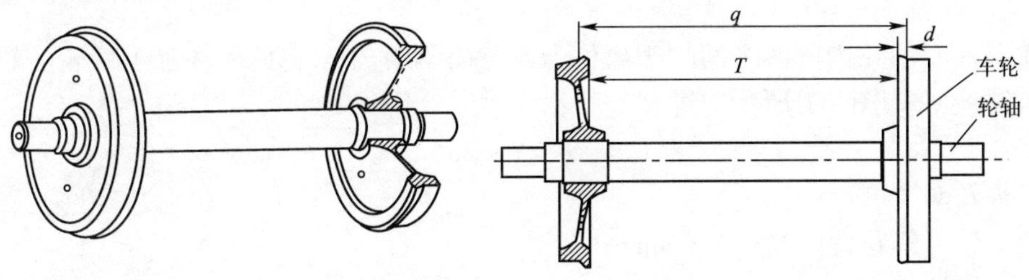

图2-1　轮对

我国车辆上使用的车轮有整体轮和轮箍轮两种。目前绝大部分是整体辗钢轮。轮箍轮由轮心和轮箍组成。轮箍的内径较轮心小1/1000～1/800，在装配时将轮箍加热至300℃左右，使轮箍膨胀，内径扩大，然后将用液压机将轮心压入轮箍，轮箍冷却后，就会紧紧地压迫轮心，使两者牢固配合。

车轮与钢轨的接触面称为车轮踏面，有锥形踏面和磨耗型踏面两种形式。

锥形踏面如图2-2所示，其母线是折线，由1∶20和1∶10的两段斜线组成。列车在直线和大半径曲线上运行时，一般是1∶20踏面部分与钢轨接触，但当车辆在小半径曲线上运行时，轮对偏向轨道一侧，另一侧的车轮踏面的1∶10部分就有可能与钢轨接触。具有锥形踏面的轮对在直线轨道运行时，如果轮对的中心与轨道中心线不一致，则两个车轮就会以不同的滚动圆半径自动纠正轮对的位置，使轮对中心重新回复到与轨道中心线重叠的状态，这样，虽然轮对的轨迹呈蛇形运动，但不会在车轮踏面上形成凹槽形磨耗。当列车在曲线上运行时，在离心力的作用下，轮对会偏向曲线外侧，使轮对的外轮的滚动圆半径较大，内轮的滚动圆半径较小，因此外轮的走行距离要大于内轮的走行距离，这正好与曲线上外轨的轨线长度大于内轨的轨线长度这一情况相一致，从而有利于减小车轮在轨面上滑行，使轮对顺利通过曲线。

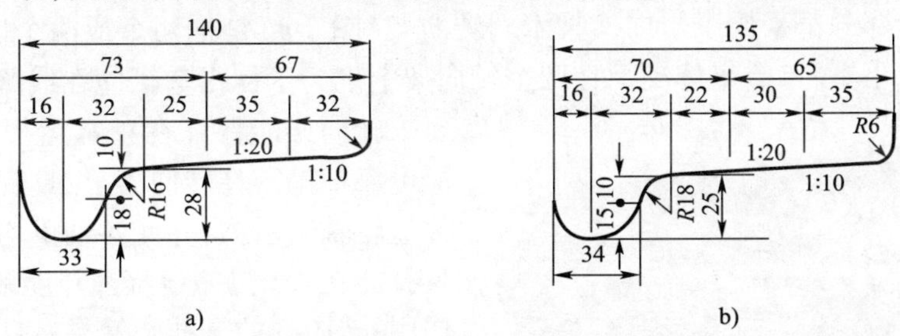

图2-2　车轮锥形踏面（尺寸单位：mm）

a）机车轮踏面；b）车辆轮踏面

当锥形踏面轮对运行一段时间后，踏面不再是锥形，而是与钢轨顶面基本吻合的具有一定圆弧的曲线型踏面，称为磨耗型踏面。磨耗型踏面具有较好的轮轨接触几何特性，增大了轮轨接触面积，可以减轻轮轨磨耗、降低轮轨接触应力，并改善通过曲线的转向性能。

车轮踏面内侧做成凸缘（图2-2左侧凸起部分），称为轮缘，轮缘可引导车轮沿钢轨滚动且又不致脱轨。轮缘内侧的竖直面称为车轮内侧面，与之相对的另一面称为车轮外侧面，内侧面和外侧面之间的距离称为车轮宽度（轮辐宽）。

在车轮踏面上离车轮内侧面一定的距离上划一条水平线，称为车轮踏面测量线，由此至轮缘尖顶处称轮缘高度，从测量线往轮缘尖方向10mm位置，测得的厚度称为轮缘厚度，如图2-2所示。

一轮对左右两轮内侧面之间的距离称为轮背内侧距离 T，将此距离加上两轮的轮缘厚度 d 称为轮对宽度 q，如图2-1所示。即

$$q = T + 2d \tag{2-1}$$

式中：q——轮对宽度（mm）；

T——轮对的轮背内侧距离（mm）；

d——轮缘厚度（mm）。

轮对宽度必须与轨距相配合，为使机车车辆的轮对能安全地通过轨道的各个部分，对轮对三个尺寸的制造公差都有严格限制。根据《铁路技术管理规程》（以下简称《技规》）规定，我国铁路机车车辆轮对的主要尺寸见表2-1。

轮对主要尺寸表（单位：mm） 表2-1

名称	轮缘高度	轮缘厚度 d		轮背内侧距 T			轮对宽度 q		
		正常	最小	最大	正常	最小	最大	正常	最小
机车轮对	28	33	23	1356	1353	1350	1422	1419	1396
车辆轮对	25	34	22	1356	1353	1350	1424	1421	1394

注：表中数据未计车轴承载后挠曲对轮对宽度的影响。

内燃机车、电力机车和车辆的轴箱装在车轮外侧轴颈上，车轴承载后向端部上挠曲，轮对宽度因此略有缩小；蒸汽机车的轴箱装在车轮内侧轴颈上，车轴上承载后中部向下挠曲，轮对宽度略有增加。轮对宽度承载后的改变值随车辆的构造及荷重的大小而异，一般可取为±2mm。

2. 转向架

19世纪的铁路车辆是直接把轮对安装在车厢下，车辆的运行性能较差，载质量也较小。现代车辆的走行部分都采用了转向架技术。转向架（图2-3）是把两个或两个以上的轮对用专门的构架组成一小车，每节车体支承在两个转向架上。为了使得车辆能在线路上平稳运行，则要求转向架能保证在正常运行条件下，车体都能可靠地坐落在转向架上；具有承受车体重量，传递轮轴牵引力，并使各轴重均匀分配的作用；具有能在直线平稳运行，并能顺利通过曲线的作用；转向架的悬挂弹簧具有良好的减振特性，以减小由于线路不平顺对车体的动力作用；能充分利用轮轨黏着，传递牵引力和制动力，以提高列车牵引效率和保证列车在规定距离内停车的作用。

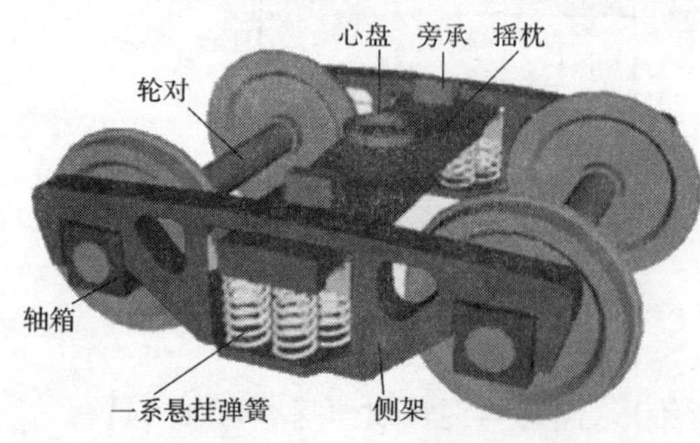

图2-3 货车转向架

转向架类型繁多,结构各异,但其基本作用和基本组成部分是相同的。为保证转向架具有以上功能,一般转向架应包括轮对轴箱装置,使轮对能与构架之间产生相对转动,并传递车辆重量和其他各种力;弹簧悬挂装置,减小线路不平顺和轮对对车体的各种动力影响;构架或侧架,是转向架的基础,它把转向架各零部件组成一整体;制动装置,保证列车在规定距离内停车;转向架支承车体装置,将车体荷载和各种力传递给转向架。

转向架按轴数可分为两轴转向架、三轴转向架和多轴转向架。客车与货车的转向架下一般安装两个轮对,称为二轴转向架;内燃、电力机车的转向架下多装有三个轮对,称为三轴转向架;蒸汽机车则是将多个动轮固定在一个车架上。

3. 机车车辆轴距

为防止车轮由于轮对歪斜而陷落轨道之间,安装在同一个车架或转向架上的车轴,必须保持相互间的平行位置。同一车架或转向架上始终保持平行的最前位和最后位车轴中心间水平距离称固定轴距。车辆前后两走行部分上车体支承间的距离称为车辆定距。同一车体最前位和最后位的车轴中心间水平距离称为全轴距。固定轴距和车辆定距是两个不同的概念,在采用径向转向架后,车辆定距对机车车辆通过小半径曲线不起控制作用,但一般应在18m以内;而固定轴距仍是机车车辆能否顺利通过小半径曲线的控制因素。

二、轮轨间相互作用

轨道是由不同力学性能材料组成的工程结构物,它支承并引导着车辆车轮在其上行走,承受着车轮传递来的不同方向的复杂的力。一般来说,轨道越平顺,行车越平稳,车轮作用于轨道的破坏力也越小;反之,当轨道不平顺时,会影响列车的平稳运行,同时车轮作用于轨道的破坏力增大,也进一步加大了轨道的不平顺,极端情况下甚至会发生列车脱轨事故。

因此,分析轨道上承受的各种竖向力、横向水平力和纵向水平力等(图2-4),对评定轨道结构的受力情况和确定车轮的脱轨条件是非常重要的。

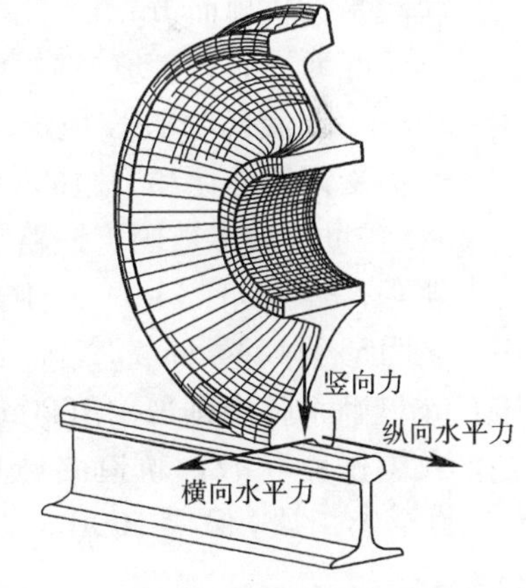

图2-4　轮轨之间作用力

1. 竖向力

竖向力是指车轮的静轮载和动轮载增量,是轨道所受的主要荷载。静轮载与机车车辆的类型及其载重有关,动轮载增量的起因多且复杂,与轨道结构、机车车辆和运营条件等有关,如机车车辆本身的构造和车轮踏面不圆顺而产生的动轮载增量,轨道的各种不平顺如轨道的不均匀下沉、钢轨波磨、轨缝和焊缝、道岔等引起的动轮载增量等,这些不平顺产生的动轮载增量随着不平顺的加剧和行车速度、轴重的增加而增大。因此高速、重载铁路等轨道保持良好的平顺性是至关重要的。

2. 横向水平力

横向水平力是指轨道平面上与轨道方向垂直的水平力。在直线轨道上,横向水平力主要是机车车辆的蛇行运动而产生的周期性的横向力以及轨道方向不平顺处车辆冲击钢轨的横向力;在曲线轨道上,主要是因转向架转向,车辆轮缘作用于钢轨侧面上的导向力,以及车辆未被平衡的离心力等。横向水平力会导致钢轨的侧面磨耗,甚至造成行驶中的列车脱轨等事故,因此,轨道施工及养护维修时保持恰当的轨距和良好的方向很重要。

3. 纵向水平力

纵向水平力是指沿轨道方向的水平力,包括列车启动、制动、加速时产生的纵向水平力,坡道上列车重力的水平分力,因钢轨温度变化而产生的温度应力等,可能导致钢轨波形磨耗、轨道爬行等病害。

第二节 直线地段轨道几何形位及标准

轨道各部分的几何形状、相对位置和基本尺寸要求等,称为轨道几何形位。轨道几何形位按照静态与动态两种状况进行管理。静态几何形位是轨道不行车时的状态,采用道尺、轨道几何状态检测仪(轨检小车)等工具进行测量。动态几何形位是行车条件下的轨道状态,采用轨道检查车测量。

直线地段轨道几何形位要素有轨距、水平、高低、方向和轨底坡。各种轨道几何形位都存在一定的偏差,但不得超过其容许值,称之为轨道几何尺寸的容许偏差。不同的铁路等级,容许偏差的大小也不一样,我国铁路当前在线路维修养护中使用的容许偏差可参见《铁路线路维修规则》。

一、轨距

轨距是钢轨顶面16mm范围两股钢轨内侧作用边之间的最小距离。

钢轨底面设有轨底坡,钢轨向内倾斜,车轮轮缘与钢轨侧面接触点发生在钢轨顶面以下10~16mm处,我国《技规》规定,轨距应在钢轨头部顶面下16mm处量取,因为在此处测量轨距一般不受钢轨磨耗和飞边的影响。

目前,世界大多数国家铁路普遍采用1435mm轨距,称为标准轨距。轨距宽于1435mm称为宽轨距,常用的有1542mm、1600mm和1676mm等,主要有俄罗斯、印度及澳大利亚等国采用。轨距窄于1435mm为窄轨距,有1067mm、1000mm和762mm等,日本的非高速铁路采用1067mm轨距,越南则采用1000mm的轨距。

我国铁路和城市轨道交通直线轨道的轨距值均规定为1435mm,目前只在滇越铁路(昆明至老街段)保留1000mm窄轨距,部分地方铁路和矿山专用线中也有采用窄轨距的线路。

轨距可用道尺测量,高速铁路新线建设一般采用轨道几何状态检测仪连续采集轨距数据,所测得的均是静态的轨距。利用轨检车可测得列车通过时轨距的动态变化,这对于需要运行高速列车的线路来说是非常重要的。

轨距容许偏差按列车速度和轨道种类应采用不同的偏差标准,见表2-2。轨距变化应和缓平顺,其变化率、正线和到发线不应超过2‰(规定递减部分除外),站线和专用线不得超过3‰。因为在短距离内,如轨距有显著变化,即使不超过轨距容许偏差,也会使机车车辆发生剧烈摇摆,因此限制轨距变化率对保证行车平稳是非常重要的。

轨距的容许偏差值表 表 2-2

速度(km/h)	轨距的容许偏差值(mm)		速度(km/h)	轨距的容许偏差值(mm)	
	有砟轨道	无砟轨道		有砟轨道	无砟轨道
$v \leqslant 120$	+6、-2	+3、-2	$120 < v \leqslant 160$	+4、-2	±2

为使机车车辆车轮顺利通过轨道,轨道的轨距必须略大于轮对宽度。当轮对的一个车轮轮缘紧贴一股钢轨的作用边时,另一个车轮轮缘与另一股钢轨作用边之间便形成了一定的间隙,这个间隙称为游间,如图 2-5 所示。游间可由下式确定:

$$\delta = S - q \tag{2-2}$$

式中:δ——游间(mm);

S——轨距(mm);

q——轮对宽度(mm)。

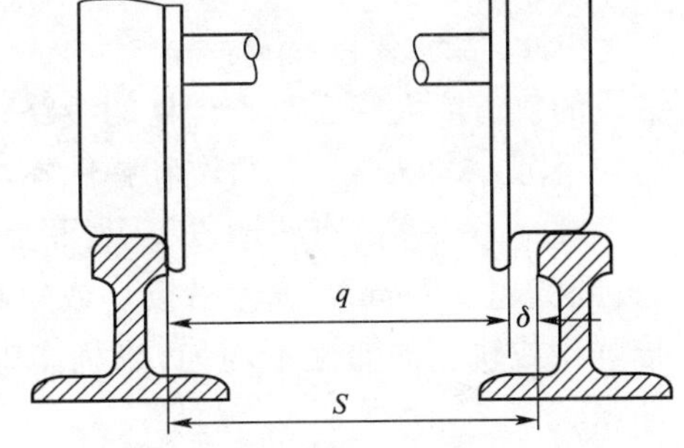

图 2-5 轮轨游间示意图

游间大小对列车运行的平稳性和轨道的稳定性有重要影响。游间不能过大,否则会使车辆行驶时的蛇行运动的幅度加大,横向加速度、轮缘对钢轨的冲角及作用于钢轨上横向力也随之而增加,加剧钢轨磨耗和轨道变形。行车速度愈高,这种影响愈严重。但如轮轨游间太小,则增加行车阻力和轮轨磨耗,严重时还可能楔住轮对、挤翻钢轨或导致爬轨事件,危及行车安全。因此,必须对游间值加以限制。我国机车车辆轮轨游间值的最大值、正常值及最小值规定见表 2-3。

轮 轨 游 间 值 表 2-3

车轮名称	轮轨游间值(mm)			车轮名称	轮轨游间值(mm)		
	最大	正常	最小		最大	正常	最小
机车轮	45	16	11	车辆轮	47	14	9

二、水平

水平是指线路左右两股钢轨顶面的相对高差。为使左右两股钢轨受力均匀,并保证车辆平稳行驶,直线地段上两股钢轨应保持在同一水平面上。

水平同样可用道尺、轨检小车或轨检车进行测量。《铁路线路维修规则》规定:两股钢轨顶面水平的容许偏差对于有砟轨道,正线及到发线不得大于 4mm,其他站线不得大于 5mm;对于无砟轨道,为 4mm。两股钢轨顶面水平偏差沿轨道方向的变化率不可太大,要求在 1m 范围内,变化不大于 1mm,否则即使两股钢轨顶面的水平偏差在允许范围内,也将引起列车的剧烈摇晃。

实践中,有两种性质不同的钢轨水平偏差,对行车的危害程度也不一样。一种称为水平差,另一种称三角坑或称轨道扭曲。水平差是指在一定长度范围内,一股钢轨的轨顶面始终较另一股为高,且高差超过容许偏差值,此种水平偏差对行车的影响较小。三角坑是指在一段不太长的距离内,先是左股钢轨高,后是右股钢轨高(或相反情况),如图 2-6 所示。三角坑对行车安全危害大,如果在 18m 范围内出现水平差超过 4mm 的三角坑,就会出现一个转向架的四个车轮不能全部正常压紧钢轨的现象,在最不利的情况下甚至可以爬上轨顶,引起脱轨事故。

因此,一旦发现三角坑,必须立即予以消除。

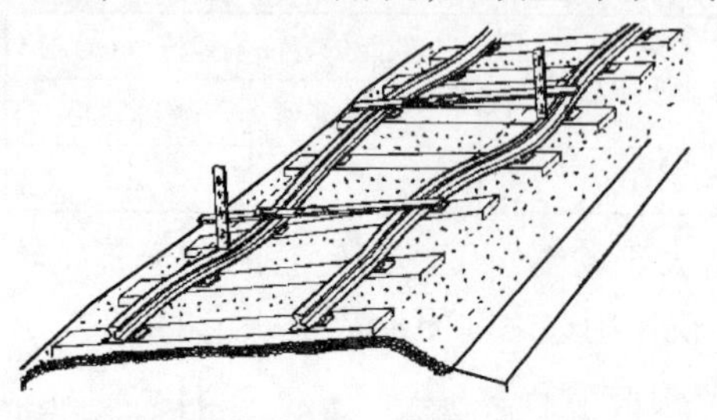

图 2-6　线路上三角坑示意图

线路扭曲检测包含于水平检测中,依据扭曲管理的基长(6.25m 或 18m),计算与基长相对应测点间的水平变化率,即为线路扭曲率。

三、高低

轨道沿线路方向的纵向平顺情况称轨道的前后高低,即轨面不平顺,包括静态不平顺和动态不平顺。新铺设的轨道或大修后验收合格的线路,经过列车运行一段时间后,因道床的累积变形、路基不均匀下沉、木枕腐朽、三角坑和弹性不均匀等原因,使轨面出现高低不平,这种不平顺称为静态不平顺。而线路的有些地段,从表面上看轨面是平顺的,但在钢轨与铁垫板或轨枕之间存在间隙(间隙超过 2mm 时称为吊板),或轨枕与道砟之间存在空隙(空隙超过 2mm 时称为空板或暗坑),或轨道的弹性不均匀,当列车通过时,轨面下沉形成不平顺,这种不平顺称为动态不平顺。

轨面前后高低不平顺的危害很大,当车轮通过这种不平顺时,车轮不触及不平顺的底部,造成较大的轮轨冲击作用。长不平顺使车轮对钢轨产生的附加动压力,其值随着不平顺的深度和行车速度的增加而增大;短不平顺使车轮对钢轨产生振动冲击力。不平顺长度愈短,深度愈大和行车速度愈高,振动冲击力愈大。例如在速度 250km/h 时,对于同样的波深为 0.5mm 时的波形磨耗,波长为 20cm 时引起的最大振动冲击力达 514kN,约为波长 50cm 时的 2.6 倍。同时,这种动力作用加速了道床变形,进而扩大了不平顺,加剧了轮轨的动力作用,形成恶循环。因此控制不平顺的大小,对降低轮轨间的动力作用,减小对轨道的破坏是十分重要的,尤其是在高速和重载的轨道上。

施工完成的轨道要求目视平顺,一股钢轨的前后高低检测用 10m 弦沿轨顶纵向测量轨面的最大矢度值,测量结果扣除竖曲线影响后,对于有砟轨道,正线及到发线不应超过 4mm,其他站线不得大于 5mm;对于无砟轨道不应超过 4mm。

四、方向

轨道的方向又称轨向,是指的是轨道中心线在水平面上的平顺性。直线地段轨道应保持顺直,但实际上直线轨道往往由肉眼看不出的长度大约在 10 ~ 20m 的波浪形“曲线”组成,如果方向偏差超过容许范围,则会导致轨道方向不良,引起列车的蛇行运动,对行车的安全和平稳具有特别大的影响。在无缝线路地段,若轨道方向不良,则到了高温季节,在一定条件下,还会引起胀轨跑道,严重威胁行车安全。

因此,为了确保行车安全和平稳,必须定期检查轨向,并及时加以整正。直线轨道首先应目测线路方向是否顺直,必要时采用 10m 弦沿轨头内侧边测量正矢,对于有砟轨道,正线及到发线不得超过 4mm,其他站线和专用线不得超过 5mm;对于无砟轨道不得超过 5mm。

五、轨底坡

车轮踏面的与钢轨顶面的主要接触部分为 1:20 的斜坡,为了使钢轨轴心受力,钢轨不应竖直铺设，而要适当地向内倾斜，我们称钢轨底面对轨枕顶面的倾斜度为轨底坡（也叫内倾度）。

设置轨底坡可使车轮压力集中于钢轨的中轴线上，减小荷载偏心矩，提高钢轨的横向稳定性，还可降低轨腰侧弯应力，避免轨头与轨腰连接处发生纵裂。此外，车轮踏面的1:20的部分能与轨顶面的中部接触，增加轮轨间的接触面积，减小接触应力和由此产生的塑性变形，减轻轨头的不均匀磨耗，延长钢轨使用寿命。

从理论上讲，轨底坡的大小应与车轮踏面主要部分的斜度相同，即1:20。我国铁路在1965年前，轨底坡规定为1:20，但在列车的动力作用下，轨道被弹性挤开，轨枕产生挠曲和弹性压缩，加上垫板与轨枕不密贴等原因，实际的轨底坡与原设的轨底坡有较大的偏差。此外，车轮踏面经过一段时间的磨耗后，原来1:20部分也接近1:40的坡度。因此，在1965年以后我国铁路把直线地段的轨底坡从1:20改为1:40，而城市轨道交通由于荷载较小、车速不高，一般设置1:30的轨底坡较适宜。当轨顶面由于不均匀磨耗形成横向坡度时，轨底坡亦应按轨顶磨耗情况予以适当调整，但在任何情况下，轨底坡都不应大于1:12或小于1:60。

轨底坡设置的正确与否，可根据钢轨顶面由车轮踏面碾磨形成的光带位置来判断。一般情况下，要求光带宽度一致，并稍偏向轨头中心内侧。如光带偏向钢轨中心内侧较多，说明轨底坡不足，如偏向轨顶中心外侧，则说明轨底坡过大。所以在线路维修养护工作中，可根据轨顶面的光带位置判断轨底坡设置的正确与否。

第三节　曲线地段轨道

曲线是轨道线路的一个重要组成部分，也是轨道结构的三大薄弱环节之一。提高曲线地段轨道的施工质量，保持其正确良好的轨道几何形位，对于保证列车安全、平稳地运行，具有重要的意义。

一、曲线轨距加宽

列车由直线进入曲线轨道时，仍然存在保持其原来的行驶方向的惯性，但由于转向架的最前轴的外轮受到外轨的导向作用，迫使整个转向架的车轮沿曲线轨道行驶。为使列车转向架能顺利通过曲线而不被楔住，以减小轮轨间的横向水平力和钢轨磨耗，在半径很小的曲线轨道上，轨距要适当加宽。加宽轨距系将曲线轨道的内轨向曲线中心方向移动，并在缓和曲线长度范围内完成，曲线外轨位置保持不变。

曲线轨距的加宽值与列车的转向架在曲线上的几何位置有关。

1. 列车通过曲线轨道的内接方式

由于轮轨游间的存在，列车的车架或转向架通过曲线轨道可以占有不同的几何位置，即以不同的内接方式通过。

（1）斜接通过——列车的车架或转向架最前位的外轮轮缘与外轨作用边接触，最后位的内轮轮缘与内轨作用边接触，如图2-7a）所示。

（2）自由内接通过——列车的车架或转向架外侧最前位的外轮轮缘与外轨作用边接触，其他各轮轮缘与钢轨作用边无接触地在轨道上自由行驶。这种情况又称之为转向自由内接通过，列车通过曲线时，大部分处于这一状态，如图 2-7b）所示。

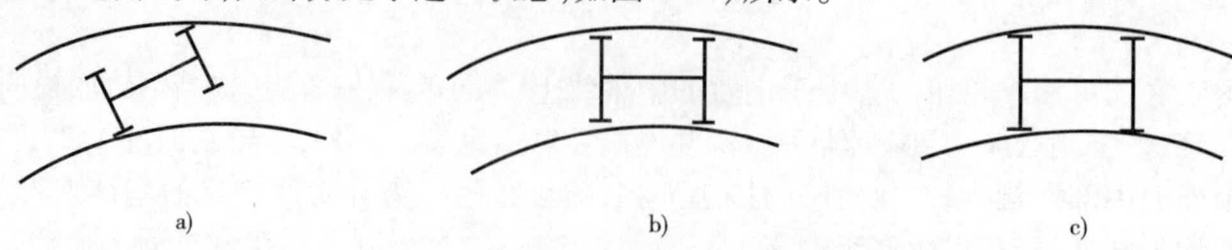

图 2-7　列车通过曲线轨道的内接方式

a）斜接通过；b）自由内接通过；c）楔形内接通过

（3）楔形内接通过——机车车辆的车架或转向架外侧最前位与最后位的外侧轮缘同时与外轨作用边接触，内侧中间车轮（轴为奇数时）或靠近中间的两车轮（轴为偶数时）轮缘与内轨作用边接触，此时轮轨之间游间为零，如图 2-7c）所示。

（4）正常强制内接——为避免机车车辆以楔形内接形式通过曲线，对楔形内接所需轨距加上直线轨道最小游间的一半值 $\delta_{min}/2$。

2. 曲线轨道轨距加宽确定

显然，当列车以斜接通过时，因游间太大，会引起过大的蛇行运动；以楔接通过时，又会增加行车阻力和加剧轮轨磨耗，故两者都不可取。自由接是机车车辆通过曲线的最有利的方式。铁路上运行的机车固定轴距大需要较大的轨距加宽但其数量少，而车辆固定轴距小要求轨距加宽小但数量多，因此解决这一问题的合理方法是对机车车辆采用不同的通过方式来确定所需的轨距，曲线轨道轨距加宽的确定原则应满足以下几方面：

①按占列车大多数的车辆以自由内接的方式通过曲线的条件来确定轨距。

②按机车最大的固定轴距以正常强制内接顺利通过最小曲线半径的条件验算轨距。

③车轮踏面在轨头上的覆盖量不小于 30mm，以保证车轮不掉道。

④为简化轨道铺设工作，加宽档数应尽可能少。

（1）根据车辆条件确定轨距加宽

我国主型车辆的走行部分是两轴转向架，当两轴转向架以自由内接方式通过曲线轨道时，前轴外轮轮缘与外轨作用边接触，后轴轴线位于半径方向，如图 2-8 所示。则自由内接所需的最小轨距为：

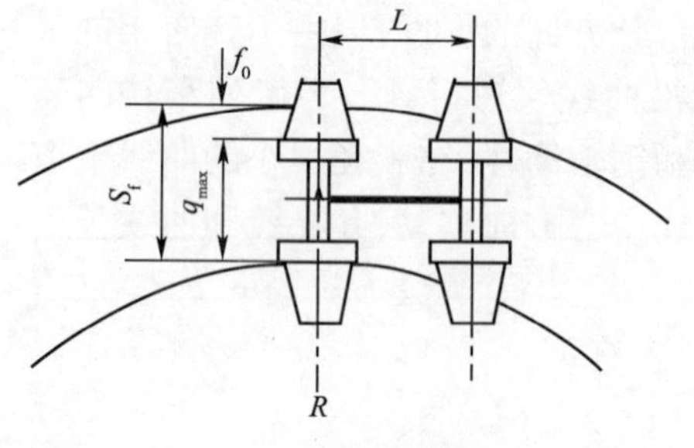

图 2-8　两轴转向架自由内接

$$S_f = q_{max} + f_0 \tag{2-3}$$

式中：S_f——车辆自由内接所需的轨距；

q_{max}——最大轮对宽度；

f_0——外矢距，其值为 $f_0 = L^2/2R$；

L——转向架固定轴距；

R——曲线半径。

则可求得轨距加宽值：

$$e = S_f - S_0 \tag{2-4}$$

式中：S_0——直线轨距 1435mm。

现以我国目前主型客车“202”型转向架为例，曲线半径 $R = 350$m，固定轴距 $L = 2.4$m，$q_{max} = 1424$mm，则可计算得

$$f_0=\frac{L^2}{2R}=\frac{2.4^2}{2\times 350}\times 1000=8.2\text{mm},S_f=1424+8=1432\text{mm}$$

所以半径350m及以上的曲线，根据车辆条件确定轨距无需加宽，仍采用标准值1435mm。

(2)根据机车条件检算轨距加宽

在轨道上行驶的列车中，机车数量比车辆少得多，因此按车辆自由内接通过作为控制条件确定所需的轨距加宽后，再用机车的正常强制内接通过条件，检算其在已确定的轨距加宽条件下，能否顺利通过。

机车以正常强制内接条件通过曲线轨道所需的轨距为楔形内接条件通过时所需的轨距加上相当于直线轨道上最小游间的1/2，以避免机车运行时过大的摩阻力。

图2-9所示为一个没有横动量的六轴机车车架，以楔形内接通过曲线轨道时的情况，按正常强制内接增加直线轨道最小游间的1/2后，则可算得所需的轨距为：

$$S_W=q_{max}+f_W-f_N+\frac{1}{2}\delta_{min}\qquad(2\text{-}5)$$

式中：q_{max}——最大轮对宽度；

f_W——最前、最后两端车轴外轮在外轨作用边上形成的外矢距；

f_N——中间两内轮在内轨作用边上形成的矢距；

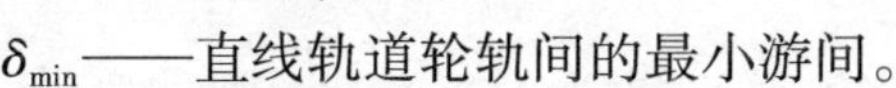

δ_{min}——直线轨道轮轨间的最小游间。

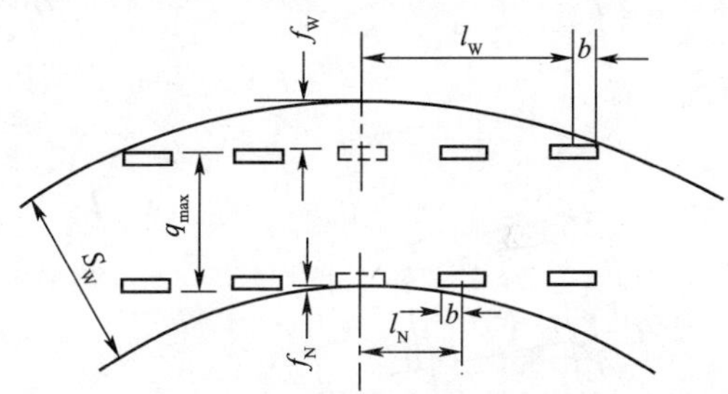

图2-9　根据机车条件检算轨距加宽

若按机车以正常强制内接条件通过曲线计算所需的轨距大于按车辆条件所需的轨距，则按前者确定轨距加宽。

(3)由安全条件确定曲线轨道的最大轨距

曲线轨道设置轨距加宽后，必须确保行车安全，不致使列车掉道。在最不利情况下，当轮对的一个车轮轮缘贴紧一股钢轨时，另一个车轮踏面的1:10斜坡段部分，应全部在轨头顶面上滚动，计算得到曲线轨道容许的最大轨距 S_{max} 为1456mm。因轨距的容许偏差不得超过6mm，则曲线轨道的最大轨距为1450mm，即最大允许加宽为15mm时可保证车轮不会掉道。

由于城市轨道交通运行的车辆不同于铁路，所以轨距加宽标准也不一样，表2-4列出铁路和城市轨道交通的轨距加宽标准。

曲线轨距加宽标准　　　　表2-4

铁路			城市轨道交通			
曲线半径(m)	轨距加宽(mm)	递减率	曲线半径(m)	轨距加宽(mm)		递减率
				B型车	A型车	
$R\geqslant 350$	0	<1‰，困难条件下的站线<2‰	$150<R\leqslant 200$	5	10	<2‰，困难条件下<3‰
$300\leqslant R<350$	5					
$R<300$	15		$100<R\leqslant 150$	10	15	

二、曲线轨道外轨超高

列车在曲线上行驶时，由于惯性离心力作用，若不设置超高，外股钢轨受力必然大于内股钢轨，可导致外轨磨耗加剧、轨距增大，同时使旅客产生不适、货物移位，严重时甚至会造成列车脱轨及倾覆。因此需要把曲线外轨适当抬高，使机车车辆的自身重力产生一个向心的水平分力，以平衡离心力作用，达到内外两股钢轨受力均匀和垂直磨耗均匀等，满足旅客舒适感，提高线路的横向稳定性，保证行车安全。

1. 外轨超高的确定

1）按基本平衡条件确定外轨超高

质量为 m(kg)的列车沿半径为 R(m)的圆曲线轨道以速度 v(m/s)运行时，产生离心力 J：

$$J=\frac{mv^2}{R}(\mathrm{N}) \tag{2-6}$$

为了平衡这个离心惯性力，需在曲线轨道上设置外轨超高，即把曲线外轨适当抬高，借助车辆重力 G 的水平分力平衡离心惯性力 J(图 2-10)。把 J 和 G 各分解为与轨顶线平行和垂直的两个分力。为使两股钢轨上所受的压力相等，应有 $J\cos\gamma=G\sin\gamma$。由于 γ 角甚小，近似有 $\tan\gamma=\sin\gamma=\frac{h}{S_1}$，由此得：

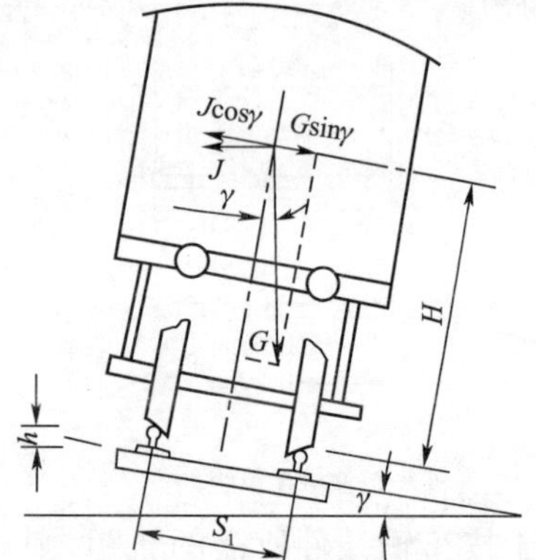

图 2-10　外轨超高计算示意图

$J=G\frac{h}{S_1}=\frac{mgh}{S_1}$，得：$h=\frac{JS_1}{mg}$

将式(2-6)代入上式即可得外轨超高 h 的表达式：

$$h=\frac{S_1v^2}{gR} \tag{2-7}$$

取 $S_1=1500\mathrm{mm}$，$g=9.81\mathrm{m/s^2}$，代入上式得：

$$h=153\frac{v^2}{R}(\mathrm{mm}) \tag{2-8}$$

由式(2-8)可见，对一定半径的曲线来说，超高与列车速度的平方成正比。所以超高设置是否合适，取决于平均速度的选择是否恰当。

（1）新线设计施工确定超高

新线设计与施工时，采用平均速度 $v_p=0.8v_{max}$，并取列车速度的单位为 km/h，代入式(2-8)，得应设置超高：

$$h=153\frac{(v_p/3.6)^2}{R}=\frac{11.8(0.8v_{max})^2}{R}=7.6\frac{v_{max}^2}{R}(\mathrm{mm}) \tag{2-9}$$

式中：v_{max}——该段线路最大的设计行车速度(km/h)。

为便于管理，圆曲线外轨超高按 5mm 的整倍数进行设置。

新线经过一段时间运营后，可根据实际运营状态对外轨超高进行适当地调整。

（2）运营线曲线超高确定

线路上通过的每一次列车的重量和速度是不同的，通过曲线时产生的离心力也不相同，为使内外轨垂直磨耗均衡，平均速度 v_p 应取为每昼夜通过该曲线列车牵引重量的加权平均速度。

$$v_p=\sqrt{\frac{\sum NPv^2}{\sum NP}} \tag{2-10}$$

式中：P——列车质量(kg)；

　　v——列车速度(km/h)；

N——每昼夜通过的质量和速度相同的列车次数。

则该段曲线应设置超高 $h = 153\dfrac{(v_p/3.6)^2}{R} = 11.8\dfrac{v_p^{\ 2}}{R}$

2)按旅客舒适感校核曲线超高设置

一段曲线轨道上,一旦按前述方法实设超高后,在运行过程中是不能随意改变的,而只有当列车速度等于平均速度 v_p 时向心力正好等于离心力,当实际列车速度 v 大于或小于平均速度 v_p 时,就会产生未被平衡的离心力。

由式(2-8)可知,列车以速度 v(m/s)通过曲线时,要求设置的超高为 $h_1 = 153\dfrac{v^2}{R}$,而实际设置的超高为 $h_0 = 153\dfrac{v_p^{\ 2}}{R}$。若 v 与 v_p 不等,则 h_1 与 h_0 不等,二者的差值,即未被平衡的超高 Δh 为:

$$\Delta h = h_1 - h_0 = 153\left(\frac{v^2}{R} - \frac{v_p^{\ 2}}{R}\right) = 153a \tag{2-11}$$

式中:$\dfrac{v^2}{R}$——离心力产生的离心加速度;

$\dfrac{v_p^{\ 2}}{R}$——由于外轨超高的存在而产生的向心加速度分量;

a——离心加速度与向心加速度之差,当 $a > 0$ 时,说明离心力超过外轨超高所能提供的向心力,存在未被平衡的离心力,此时,$\Delta h > 0$,超高设置不足,称为欠超高;当 $a < 0$ 时,说明外轨超高所能提供的向心力超过离心力,存在多余的向心力。此时,$\Delta h < 0$,超高设置过大,称为过超高或余超高。当未被平衡的横向加速度 a 超过一定限值时,旅客将感觉不舒适直至无法克服。根据我国实践经验,未被平衡的离心加速度容许值$[a]$在宜为 0.4 ~ 0.5m/s²,特殊情况下可为 0.6m/s²。为保证旅客乘车的舒适性,必须对未被平衡的超高进行限制:

$$\Delta h \leqslant 153[a] \tag{2-12}$$

我国《地铁设计规范》(GB 50157—2003)规定未被平衡的离心加速度$[a]$不宜取超过 0.4m/s²,因此未被平衡的超高度 Δh 应为 61.2mm。当$[a]$分别取为 0.5m/s²、0.6m/s²时,Δh 应分别不超过为 76mm 和 92mm,据此我国《铁路线路维修规则》规定:未被平衡的欠超高一般不应大于 75mm,困难情况下不得大于 90mm。随着我国铁路的提速和客运专线的修建,为提高旅客列车的舒适度,未被平衡欠超高的控制更加严格,我国《铁路轨道设计规范》(TB 10082—2005)规定了曲线欠超高及欠超高与过超高之和的允许值,如表 2-5 所示。

曲线欠超高及欠超高与过超高之和的允许值(单位:mm)　　表 2-5

列车速度	欠超高允许值		欠超高与过超高之和的允许值	
	一　般	困　难	一　般	困　难
$160 < v \leqslant 200$	≤60	≤80	≤110	≤130
$120 < v \leqslant 160$	≤70	≤90	≤120	≤140
$v \leqslant 120$	≤75	≤90	≤125	≤140

3)按安全条件确定曲线轨道外轨超高最大值

曲线轨道设置一定的超高,可有效平衡列车通过曲线轨道时受到的离心力,提高旅客列车的舒适度,但当低速列车行驶于外轨超高很大的曲线轨道时,或特殊情况下列车在曲线轨道停车时,就存在倾覆的危险,因此为保证行车安全,必须限制曲线轨道外轨超高最大值。

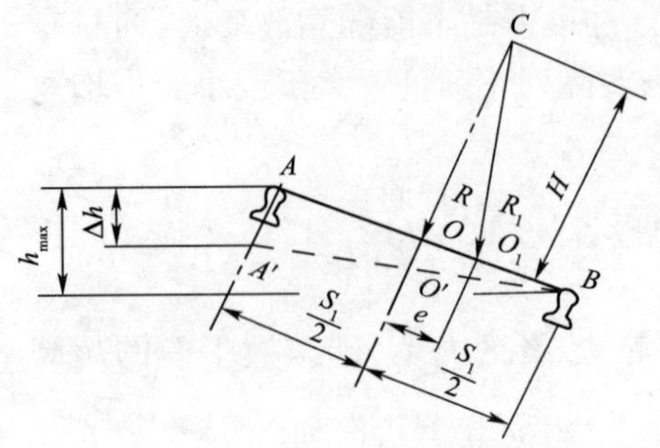

图 2-11　外轨最大超高计算示意图

设曲线外轨最大超高为 $h_{\max}$,与之相适应的行车速度为 v,离心力与重力的合力 R 通过轨距中点 O 点,如图 2-11 所示。当某一车辆以 $v_1 < v$ 的速度通过该曲线时,曲线超高设置过大,过超高为 Δh,离心力与重力的合力 $R_1 \perp A'B$,其与轨面线 AB 交于点 O_1,偏离轨道中心的距离为 e,随着 e 值的增大,车辆在曲线上运行的稳定性下降,其稳定程度可采用稳定系数 n 来表示,将其定义为两股钢轨中线间距离的一半(即 $S_1/2$)与偏心距 e 的比值,即

$$n = \frac{S_1/2}{e} = \frac{S_1}{2e} \tag{2-13}$$

当 $e = 0, n \to \infty$ 时,车辆处于绝对稳定状态;

当 $e < \frac{S_1}{2}, n > 1$ 时,车辆处于稳定状态,且 n 愈大,车辆愈稳定;

当 $e = \frac{S_1}{2}, n = 1$ 时,车辆处于临界稳定状态;

当 $e > \frac{S_1}{2}, n < 1$ 时,车辆丧失稳定而倾覆。

由前述分析易知,图 2-11 中 $\triangle COO'$ 与 $\triangle BAA'$ 相似,由此得:

$$OO' : CO = AA' : BA$$

因 $OO' = e, CO = H$(车辆重心至轨顶的高度),$AA' = \Delta h, BA = S_1$,所以

$$e = \frac{H}{S_1}\Delta h$$

代入式(2-13)得:

$$n = \frac{S_1^2}{2H\Delta h} \tag{2-14}$$

根据我国铁路运营的经验,为保证行车安全,n 值不应小于 3。而列车在曲线轨道上行驶,其最不利的情况是在曲线上临时停车,此时外轨超高全是过超高,即 $\Delta h = h_{\max}$,代入式(2-14)可得:

$$h_{\max} = \Delta h = \frac{S_1^2}{2nH}$$

将 $n = 3, S_1 = 1500\text{mm}, H = 2220\text{mm}$ 代入,得:

$$h_{\max} = \Delta h = \frac{S_1^2}{2nH} = \frac{1500^2}{2 \times 3 \times 2220} = 169\text{mm}$$

我国《铁路轨道设计规范》(TB 10082—2005)规定,外轨超高最大值为 150mm,若同时考

虑内外轨允许水平差 4mm，则列车在曲线上临时停车的最不利情况下，过超高最大可达 154mm，由式（2-14）可算得列车的稳定系数 n 得

$$n=\frac{S_1^2}{2H\Delta h}=\frac{1500^2}{2\times2220\times154}=3.3>3$$

列车能保证有足够的稳定系数。

应注意到，行车条件不同，外轨超高最大值规定亦不同。如普通铁路复线为单方向行驶，同一曲线上行驶的速度相差较小，故最大超高可大些，规定为 150mm；普通单线铁路上，上、下行两个方向的运量不同，轻、重车的行驶速度相差比较大，为保证安全，并不使内轨偏载过大，规定最大超高不得超过 125mm。此外，我国采用无砟轨道的高速铁路最大超高采用 180mm，城市轨道交通的最大超高为 120mm。

2. 曲线轨道超高设置方法

曲线轨道在设置外轨超高时，主要有外轨提高法和线路中心高度不变法两种方法。外轨提高法是保持内轨高程不变而只抬高外轨的方法。线路中心高度不变法是内外轨分别各降低和抬高超高值一半而保证线路中心高程不变的方法。前者使用较普遍，后者仅在建筑限界受到限制时才采用。

曲线超高应在整个缓和曲线内顺完，允许速度大于 120km/h 的线路，顺坡坡度不应大于 $1/(10v_{max})$，其他线路不应大于 $1/(9v_{max})$；如缓和曲线长度不足，顺坡可延伸至直线上；如无缓和曲线，允许速度大于 120km/h 的线路，在直线上顺坡坡度不应大于 $1/(10v_{max})$，其他线路不应大于 $1/(9v_{max})$；允许速度大于 160km/h 的线路，超高必须在整个缓和曲线内顺完；允许速度为 120（不含）~160km/h 的线路，在直线上顺坡的超高不应大于 8mm，其他线路，有缓和曲线时不应大于 15mm，无缓和曲线时不应大于 25mm。

在困难条件下，可适当加大顺坡坡度，但允许速度大于 120km/h 的线路不应大于 $1/(8v_{max})$；其他线路不应大于 $1/(7v_{max})$，且不得大于 2‰。

关于两个以上曲线相连时超高顺坡的相关要求，可参见《铁路线路维修规则》。

3. 曲线轨道上最高行车速度

任何一段曲线轨道，当按一定的平均速度设置超高后，除了行车速度有较大的变化外，一般是固定不变的。在已设超高的条件下，通过该段曲线的最高容许速度必定受到未被平衡的容许欠超高的限制，据此可得出允许通过该曲线轨道的最高行车速度。

由式（2-8）可知：

$$h+[\Delta h]=153\frac{v_{max}^2}{R}$$

则该曲线轨道的最高行车速度 v_{max} 为：

$$v_{max}=\sqrt{\frac{(h+[\Delta h])R}{153}}\qquad (m/s)$$

或

$$v_{max}=\sqrt{\frac{(h+[\Delta h])R}{11.8}}\qquad (km/h)\qquad (2\text{-}15)$$

式中：R——曲线半径（m）；

h——按平均速度在线路上的实设超高(mm);

[Δh]——未被平衡的容许欠超高(mm)。

在复线上,当最大超高 $h = 150$mm 时,容许的最高行车速度与曲线半径的关系如下:

$$[\Delta h] = 75\text{mm}, v_{max} = 4.3\sqrt{R}$$

$$[\Delta h] = 90\text{mm}, v_{max} = 4.5\sqrt{R}$$

一般情况下,曲线上的最高行车速度按下式计算:

$$v_{max} = 4.3\sqrt{R} \tag{2-16}$$

在单线上,当最大超高 $h = 125$mm 时,未被平衡的容许欠超高按特殊情况采用 90mm 时,最高行车速度为:$v_{max} = 4.25\sqrt{R}$。

采用未被平衡的容许欠超高值来确定通过曲线地段列车的最高行车速度,是保证行车安全的一项重要指标。

三、缓和曲线

1. 缓和曲线的作用及其几何特征

行驶于曲线轨道的机车车辆,会出现一些与直线轨道运行显著不同的受力特征,如曲线运行的离心力,外轨超高不连续引起的冲击力等。为使上述诸力不致突然产生和消失,以保持列车运行的平稳性,在直线轨道和圆曲线轨道之间应设置一段曲率半径渐变的连接曲线,称为缓和曲线。缓和曲线具有以下几何特征:

(1)缓和曲线连接直线和半径为 R 的圆曲线,其曲率由零至 $1/R$ 逐渐变化。

(2)缓和曲线的外轨超高,由直线上的零值逐渐增至圆曲线的超高度,与圆曲线超高相连接。

(3)缓和曲线连接半径小于 350m 的圆曲线时,在整个缓和曲线长度内,轨距加宽呈线性递增,由零至圆曲线加宽值。

因此,缓和曲线是一条曲率和超高均逐渐变化的空间曲线。

2. 缓和曲线的几何形位要求

图 2-12 是连接直线与圆曲线的一段缓和曲线。其起点和终点分别为 ZH 点和 HY 点。要达到设置缓和曲线的目的,根据如图所取的直角坐标系,缓和曲线线形必须满足以下几何形位要求。

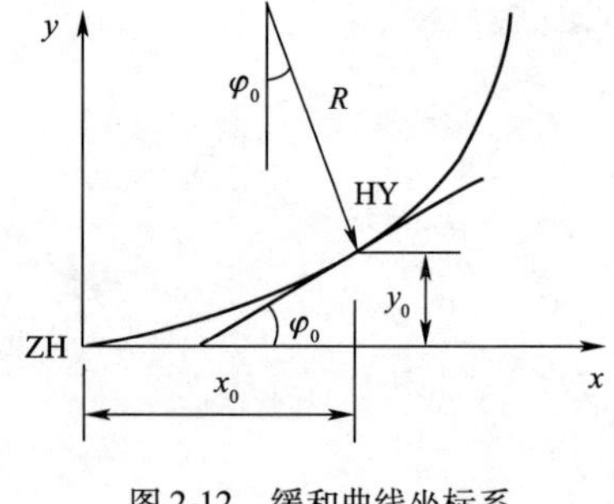

图 2-12 缓和曲线坐标系

1)坐标要求

在缓和曲线始点(ZH)处,横坐标 $x = 0$,纵坐标 $y = 0$;在缓和曲线终点(HY)处,$x = x_0$,$y = y_0$,两者之间坐标连续变化,如图 2-12 所示。

2)偏角要求

在 ZH 处,偏角 $\varphi = 0$,在 HY 处 $\varphi = \varphi_0$,两者之间偏角连续变化。

3)曲率要求

在 ZH 处,应有曲率 $k = \frac{1}{\rho} = 0$,在 HY 处,$k = \frac{1}{R}$,两者之间曲率应连续变化。

4)超高要求

在 ZH 处,超高 $h=0$,在 HY 处,$h=h_0$,两者之间应以顺坡方式连续变化。顺坡方式有两种:一种是直线型顺坡,如图 2-13a)所示;另一种是曲线型顺坡,如图 2-13b)所示。直线型顺坡的特点是在 ZH 和 HY 处均有一个折角 γ,列车通过时会产生冲击。在行车速度不高,超高顺坡相对平缓时,列车对外轨的冲击不大,可以采用直线形顺坡。直线形顺坡的缓和曲线,在始点处 $\rho=\infty$;终点处 $\rho=R$,即可满足曲率与超高相配合的要求。

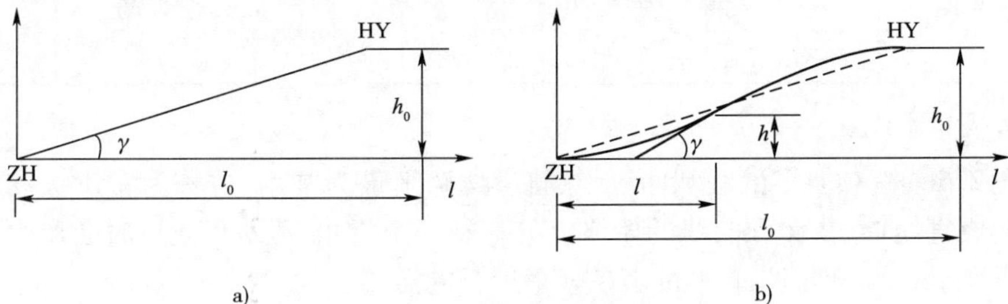

图 2-13　超高顺坡

a)直线型;b)曲线型

当行车速度较高时,为了消除列车对外轨的冲击作用,应采用曲线形超高顺坡。其几何特征是缓和曲线始点及终点处的超高顺坡折角 $\gamma=0$,即在始点和终点处应有:

$$\tan\gamma=\frac{\mathrm{d}h}{\mathrm{d}l}=0$$

式中:h——外轨超高度,其值为 $h=11.8\,\frac{v_{\mathrm{p}}{}^{2}}{\rho}$;

l——曲线上任何一点至缓和曲线起点的距离。

对某一特定曲线,平均速度 v_{p} 可视为常数,令 $E=11.8v_{\mathrm{p}}{}^{2}$,则

$h=E\cdot\frac{1}{\rho}=E\cdot k$,即缓和曲线上任一点的超高与曲率成正比。因此,在缓和曲线始、终点处应有:$\frac{\mathrm{d}h}{\mathrm{d}l}=0$,即$\frac{\mathrm{d}k}{\mathrm{d}l}=0$,在缓和曲线始、终点间,$\frac{\mathrm{d}k}{\mathrm{d}l}$应连续变化。

5)$\frac{\mathrm{d}k}{\mathrm{d}l}$的变化率$\frac{\mathrm{d}^2k}{\mathrm{d}l^2}$的要求

列车在缓和曲线上行驶时,车轴与水平面倾斜成一角度 ψ,如图 2-14 所示。随着超高 h 的增大,ψ 角亦不断增大,使车体逐渐倾转。为使车体倾转对钢轨的作用不突然产生或消失,应在缓和曲线始终点处,使车轴的角加速度$\frac{\mathrm{d}^2\psi}{\mathrm{d}t^2}=0$,两者之间连续变化。因 $\psi\approx\sin\psi=\frac{h}{S_1}$,而 $h=E\cdot k$,所以$\frac{\mathrm{d}^2\psi}{\mathrm{d}t^2}=\frac{E}{S_1}\frac{\mathrm{d}^2k}{\mathrm{d}t^2}$,又因 $v=\frac{\mathrm{d}l}{\mathrm{d}t}$,代入上式可得:$\frac{\mathrm{d}^2\psi}{\mathrm{d}t^2}=\frac{Ev^2}{S_1}\frac{\mathrm{d}^2k}{\mathrm{d}l^2}$

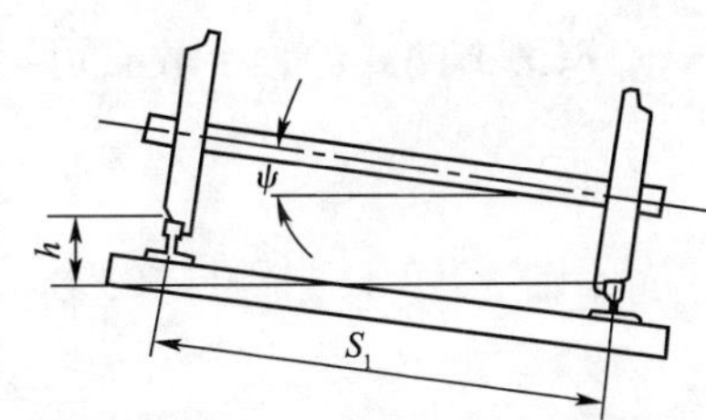

图 2-14　车体在缓和曲线上的倾转

在缓和曲线始终点处要使$\frac{\mathrm{d}^2\psi}{\mathrm{d}t^2}=0$,应有$\frac{\mathrm{d}^2k}{\mathrm{d}l^2}=0$,在缓和曲线范围内连续变化。

综上所述,对缓和曲线的形位要求,归纳为表2-6所示。

缓和曲线线形条件 表2-6

符号	始点(ZH) $l=0$	终点(HY) $l=l_0$	始点与终点之间	符号	始点(ZH) $l=0$	终点(HY) $l=l_0$	始点与终点之间
y	0	y_0	连续变化	$\frac{dk}{dl}$	0	0	连续变化
φ	0	φ_0					
k	0	$\frac{1}{R}$		$\frac{d^2k}{dl^2}$	0	0	

3. 常用缓和曲线

满足表2-6前三项要求的缓和曲线,在轨道线路上最为常用,故称为常用缓和曲线,其外轨超高顺坡成直线形,在缓和曲线的始终点处存在一个折角γ,列车通过时会产生一定冲击,但在行车速度不高的线路上,基本可满足列车运行的需要。

常用缓和曲线的基本方程必须满足的条件:$l=0$时,$k=0$;$l=l_0$时,$k=k_0=\frac{1}{R}$;$0<l<l_0$时,$0<k<\frac{1}{R}$。满足这些条件的基本方程应为:

$$k=k_0\frac{l}{l_0}=\frac{l}{c} \tag{2-17}$$

式中:k——缓和曲线上任一点的曲率;

l——为缓和曲线上任何一点离ZH(或HZ点)的距离;

k_0——缓和曲线终点HY(或YH点)的曲率,等于$\frac{1}{R}$;

l_0——缓和曲线长度;

c——常用缓和曲线特征常数,$c=Rl_0$。

由式(2-17)可见,缓和曲线长度l与其曲率k成正比,符合这一条件的曲线称为放射螺旋线,其近似参变数方程式为:

$$x=l-\frac{l^5}{40R^2l_0^2},\quad y=\frac{l^3}{6Rl_0} \tag{2-18}$$

消去上两式的参变数l,可得其近似的直角坐标方程式:

$$y=\frac{x^3}{6Rl_0}\left(1+\frac{2x^4}{35R^2l_0^2}+\cdots\right) \tag{2-19}$$

由于式(2-18)括号内的第二项以后的数值甚小,略去后方程即为三次抛物线方程:

$$y=\frac{x^3}{6Rl_0} \tag{2-20}$$

当曲线半径较大,缓和曲线较短时,三次抛物线方程与放射螺旋线接近重合,是普速铁路最常用的缓和曲线方程。常用缓和曲线的优点是铺设和养护维修比较容易,缓和曲线长度比较短;但其缺点是直线形超高顺坡,始、终点存在折角,影响行车的平稳性。因此,当行车速度较高时,可以适当采取一些措施来改善其始终点运行条件,如适当增长缓和曲线长度,在其始、终点各加圆形竖曲线或余弦形竖曲线,以消除其始、终点的折角,减小轮轨冲击。

4. 高次缓和曲线

满足表 2-6 中前四项或全部五项要求的缓和曲线通称为高次缓和曲线，其外轨超高顺坡为曲线顺坡。列车经过高次缓和曲线时，各种力的作用不会突然产生和消失，可适应高速行车的需要。因此，高速铁路一般采用高次缓和曲线。

求高次缓和曲线方程的方法，可先确定一个符合$\frac{dk}{dl}$或$\frac{d^2k}{dl^2}$条件的基本方程，再逐步推导，最后得出所需求的缓和曲线方程式。

表 2-7 列出可用于高速铁路的几种高次缓和曲线。

几种高次缓和曲线　　表 2-7

缓和曲线	基本方程	线型方程
五次抛物线	$\frac{d^2k}{dl^2}=\frac{6}{Rl_0^2}\left(1+\frac{l}{2l_0}\right)$	$y=\frac{l_0^2}{2R}\left[\frac{1}{2}\left(\frac{x}{l_0}\right)^4-\frac{1}{5}\left(\frac{x}{l_0}\right)^5\right]$
赵氏七次式*	$\frac{d^2k}{dl^2}=Bl\left(l-\frac{l_0}{2}\right)(l-l_0)$	$y=\frac{l_0^2}{2R}\left[\frac{2}{7}\left(\frac{x}{l_0}\right)^7-\left(\frac{x}{l_0}\right)^6+\left(\frac{x}{l_0}\right)^5\right]$
沙氏正弦形	$\frac{d^2k}{dl^2}=B\sin 2\pi\frac{l}{l_0}$	$y=\frac{l_0^2}{2R}\left[\frac{1}{3}\left(\frac{x}{l_0}\right)^3-\frac{1}{2\pi^2}\left(\frac{x}{l_0}\right)+\frac{1}{4\pi^3}\sin\frac{2\pi x}{l_0}\right]$
半波正弦形	$\frac{dk}{dl}=B\sin\pi\frac{l}{l_0}$	$y=\frac{l_0^2}{2R}\left[\frac{1}{2}\left(\frac{x}{l_0}\right)^2+\frac{1}{\pi^2}\left(\cos\frac{\pi x}{l_0}\right)-\frac{1}{3}\right]$

注：赵氏七次式*是我国原长沙铁道学院赵方民教授于 1957 年提出。

从理论上讲，缓和曲线始终点等于 0 的导数阶数愈高，其安全、平顺、旅客舒适条件愈好。但是，在满足相同舒适度的条件下，缓和曲线始、终点导数为 0 的阶数越高的线型，其超高和支距，在始、终点附近的增量愈小，所需缓和曲线长度愈长，有的可达三次抛物线型缓和曲线长度的两倍以上。这不仅增加了工程量，而且给缓和曲线的测设、施工和养护维修增加了困难，特别是在碎石道床条件下，线型难以保持。因此，选择缓和曲线线型时，不能盲目追求高舒适性的复杂线型，而应在充分考虑安全、平顺、舒适的条件下，尽可能选择施工、养护维修方便的线型。

5. 缓和曲线长度

缓和曲线长度是铁路线路平面设计的主要参数之一。从保证行车安全和旅客乘坐舒适性角度要求缓和曲线具有一定的长度，但缓和曲线过长将制约平面选线和纵断面变坡点设置的灵活性，且会导致工程投资增大。因此，需要合理确定缓和曲线长度。缓和曲线长度的的确定受许多因素的影响，其中最主要的是保证行车安全和旅客舒适两个条件。

1）按安全条件确定缓和曲线长度

机车车辆行驶在缓和曲线上，若不计轨道弹性和车辆弹簧的作用，则转向架上的车轮可能形成如图 2-15 所示的三点支承。

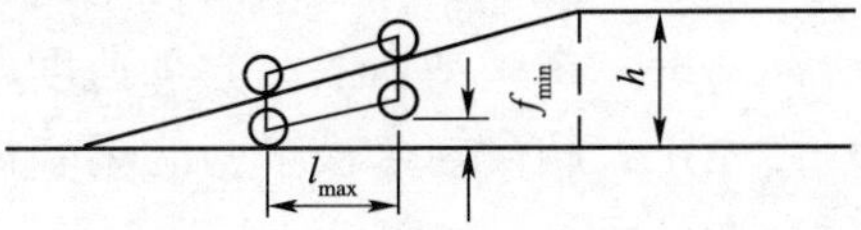

为了保证安全，应使车轮轮缘不爬越内轨顶面。设外轨超高顺坡坡度为 i，最大固定轴距为 l_{max}，则车轮踏面离开内轨顶面的高度为 il_{max}。当悬空的高度大于

图 2-15　转向架在轨道上形成三点支承

轮缘最小高度f_{min}时，车轮就有可能形成的三点支承脱轨的危险。因此必须保证：

$$il_{max} \leqslant f_{min}，即\ i \leqslant \frac{f_{min}}{l_{max}}$$

对于直线形超高顺坡的缓和曲线，其长度 l_0 应为

$$l_0 \geqslant \frac{h_0}{i} \tag{2-21}$$

式中：h_0——圆曲线外轨超高。

根据我国的经验，要保证不脱轨，超高顺坡率不宜大于2‰。

对曲线形超高顺坡的缓和曲线，i 的最大值均出现在缓和曲线中点，即 $l = l_0/2$ 处，此处的外轨超高顺坡的最大坡度也应满足式(2-21)对 i 的要求。易知，当曲线型超高顺坡缓和曲线与直线形超高顺坡缓和曲线有相同的最大顺坡坡度时，前者的曲线长度须大于后者。

2）按舒适条件确定缓和曲线长度

车轮在外轨上的升高或降低速度 μ（或称超高时变率）由下式计算：

$$\mu = \frac{h_0}{t} = \frac{h_0 v_{max}}{3.6 l_0}$$

则

$$l_0 = \frac{h_0}{3.6\mu} v_{max} \tag{2-22}$$

式中：μ——容许的升高或降低速度（mm/s）；

v_{max}——通过曲线的最高行车速度（km/h）；

h_0——圆曲线外轨超高（mm）；

l_0——缓和曲线长度（m）。

根据我国的经验，μ 的容许值规定为：一般地段 $\mu \leqslant 32$mm/s，困难地段 $\mu \leqslant 40$mm/s，则有：

$$\mu \leqslant 32\text{mm/s 时}，l_0 \geqslant 9 h_0 v_{max}$$

$$\mu \leqslant 40\text{mm/s 时}，l_0 \geqslant 7 h_0 v_{max} \tag{2-23}$$

式中：h_0——圆曲线外轨超高（m）；

v_{max}——通过曲线的最高行车速度（km/h）。

此外，对高速铁路的缓和曲线还应考虑未被平衡的离心加速度变化率 γ（或称加速度时变率）来确定缓和曲线长度，以保证舒适的要求。γ 的计算如下：

$$\gamma = \frac{a}{t} = \frac{a}{3.6 l_0 / v_{max}} = \frac{a v_{max}}{3.6 l_0} \leqslant \gamma_0$$

由此得缓和曲线长度

$$l_0 \geqslant \frac{a v_{max}}{3.6\gamma} \tag{2-24}$$

式中：a——缓和曲线上未被平衡的离心加速度（m/s^2）；

v_{max}——缓和曲线上最高行车速度（km/h）；

γ——未被平衡的离心加速度变化率（m/s^3）。

由于欠超高与未被平衡的离心加速度关系为 $\Delta h = 153a$（mm），代入上式得

$$l_0 \geqslant \frac{\Delta h \cdot v_{max}}{153 \times 3.6\gamma} \tag{2-25}$$

根据我国铁道科学研究院的研究数据，γ 值一般取 0.29m/s^3；困难时取 0.34m/s^3。

综上所述，在目前我国铁路上，客货混跑线路缓和曲线长度应以式(2-22)和式(2-24)算出的值中选取其中最大者为标准；对于高速铁路，还要增加考虑加速度时变率，即式(2-25)。同时，为了铺设和维修养护方便，将计算结果取 10m 的整倍数。若既有线上原设置的缓和曲线长度比计算结果大，则采用原来的长度；若原长度不足，则应依照计算结果予以延长。

《铁路线路设计规范》(GB 50090—2006)规定普通铁路缓和曲线长度应根据曲线半径、路段旅客列车设计速度和工程条件确定，应优先采用表 2-8 规定的数值，但最小缓和曲线长度不得小于表 2-9 规定的数值。

缓和曲线长度(单位：m)　　表 2-8

路段旅客列车设计速度(km/h)		160	140	120	路段旅客列车设计速度(km/h)		160	140	120
曲线半径(m)	12000	40	40	40	曲线半径(m)	2800	110	90	60
	10000	50	40	40		2500	120	90	60
	8000	60	40	40		2000	150	100	70
	7000	70	50	40		1800	170	120	80
	6000	70	50	40		1600	190	130	90
	5000	70	60	40		1400	—	150	100
	4500	70	60	40		1200	—	190	120
	4000	80	60	50		1000	—	—	140
	3500	90	70	50		800	—	—	180
	3000	100	80	50					

四、曲线缩短轨布置

在我国轨道线路上，左右两股钢轨接头一般采用对接式，即两股钢轨的接头应尽量左右对齐，但容许一定的相错量。曲线地段外股轨线比内股线长，为了使曲线上钢轨也形成对接接头，需在内股轨线上铺入适量的厂制缩短轨。曲线地段内外两股钢轨接头位置相错量，在正线和到发线上，容许的相错量不应大于 40mm 加所采用的缩短轨缩短量的一半；其他站线、次要线路上，应不大于 60mm 加所采用的缩短轨缩短量的一半。为此需进行缩短轨计算，合理配置缩短轨位置，以实现接头对接的目的，具体方法如下。

1. 选配缩短轨类型

曲线布置缩短轨时，选配缩短轨的长度应按下式计算：

$$L_0 = L_y\left(1 - \frac{S}{R}\right) \tag{2-26}$$

式中：L_0——相应于长度为 L_y 钢轨的缩短轨长度(m)；

L_y——外股延续铺设的钢轨长度(m)；

S——两股钢轨中心距，取 1.5m；

R——圆曲线半径(m)。

最小缓和曲线长度(单位:m)　　表 2-9

路段旅客列车设计速度(km/h)		160		140		120		100		80	
工程条件		一般	困难	一般	困难	一般	困难	一般	困难	一般	困难
曲线半径(m)	12000	40	40	20	20	20	20	20	20	20	20
	10000	50	40	30	20	20	20	20	20	20	20
	8000	60	50	40	20	30	20	20	20	20	20
	7000	70	50	50	30	30	20	20	20	20	20
	6000	70	50	50	30	30	20	20	20	20	20
	5000	70	60	60	40	40	30	20	20	20	20
	4500	70	60	60	40	40	30	30	20	20	20
	4000	80	70	60	40	50	30	30	20	20	20
	3500	90	70	70	50	50	40	40	20	20	20
	3000	90	80	70	50	50	40	40	20	20	20
	2800	100	90	80	60	50	40	40	30	20	20
	2500	110	100	80	70	60	40	40	30	30	20
	2000	140	120	90	80	60	50	50	40	30	20
	1800	160	140	100	80	70	60	50	40	40	20
	1600	170	160	110	100	70	60	50	40	40	20
	1400	—	—	130	110	80	70	60	40	40	20
	1200	—	—	150	130	90	80	60	50	40	30
	1000	—	—	—	—	120	100	70	60	50	30
	800	—	—	—	—	150	130	80	70	50	40
	700	—	—	—	—	—	—	100	90	60	40
	600	—	—	—	—	—	—	120	100	60	50
	550	—	—	—	—	—	—	130	110	60	50
	500	—	—	—	—	—	—	—	—	60	60

注:当采用表列数字间的曲线半径时,其相应的缓和曲线长度可采用线性内插值,并进整至 10m。

当 L_y 为 25m 或 12.5m 的标准长度时,按上式计算的结果宜参照表 2-10 选用缩短量较小的缩短轨。

2. 内轨缩短量的计算

图 2-16 中,AB 和 $A'B'$分别为曲线轨道上外股及内股轨线,内外股轨线弧长之差,即为对应的内轨缩短量 Δl:

$$\Delta l = \int_{\varphi_1}^{\varphi_2} (\rho_1 - \rho_2) \mathrm{d}\varphi = \int_{\varphi_1}^{\varphi_2} S_1 \mathrm{d}\varphi = S_1 \varphi$$

式中：φ_1、φ_2——外股轨线上 A、B 点的切线与曲线始点切线的夹角；

ρ_1、ρ_2——内、外股轨线半径；

S_1——内外股轨线中心线间的距离，一般取 1500mm。

标准缩短轨选择参照表　　表 2-10

曲线半径（m）	缩短轨缩短量（mm）			
	25m 钢轨		12.5m 钢轨	
4000～1000	40	80	40	—
800～500	80	160	40	80
450～250	160	—	80	120
200	—	—	120	—

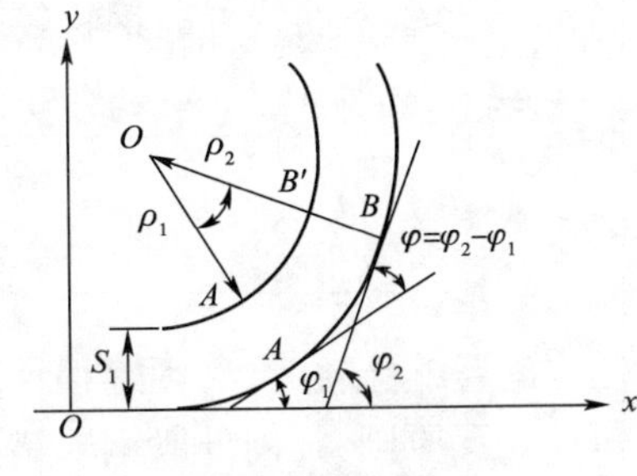

图 2-16　缩短量计算图

对于圆曲线，如 A、A' 及 B、B' 分别为其始终点，由于 $\varphi = l_c/R$，则整个圆曲线内轨缩短量为：

$$\Delta l_c = \frac{S_1 l_c}{R} \tag{2-27}$$

式中：l_c、R——圆曲线长度、半径（m）；

S_1——内外股轨线中心线间的距离，一般取 1500mm。

对于缓和曲线，由于 $\varphi_1 = \frac{l_1^2}{2Rl_0}$，$\varphi_2 = \frac{l_2^2}{2Rl_0}$，则缓和曲线段内轨缩短量为：

$$\Delta l = S_1(\varphi_2 - \varphi_1) = \frac{S_1}{2Rl_0}(l_2^2 - l_1^2) \tag{2-28}$$

式中：l_0——缓和曲线长度（m）；

l_1、l_2——缓和曲线起点至 A、B 点的曲线长度（m）。

当 A、B 点分别为缓和曲线的始、终点时，$l_1 = 0$，$l_2 = l_0$，则整个缓和曲线的内轨缩短量为：

$$\Delta l_0 = \frac{S_1 l_0^2}{2Rl_0} = \frac{S_1 l_0}{2R} \tag{2-29}$$

据此可算得整个曲线（包括圆曲线和两端的缓和曲线）的总缩短量为：

$$\Delta l_z = 2\Delta l_0 + l_c = \frac{S_1 l_0}{R} + \frac{S_1 l_c}{R} = \frac{S_1}{R}(l_0 + l_c) \tag{2-30}$$

如两端缓和曲线不等长，则应分别计算缩短量，然后与圆曲线缩短量相加得总缩短量。

3. 缩短轨的数量

计算出曲线缩短量后，若选用缩短量为 ε 的缩短轨，则可求整个曲线上所需的缩短轨根数 N：

$$N = \frac{\Delta l_z}{\varepsilon} \tag{2-31}$$

N 应按四舍五入取整，显然 N 不能大于外股轨线上铺设的标准轨根数 N_0，否则应改用缩短量更大的缩短轨。

$$N_0 = \frac{2l_0 + l_c + \Delta}{l_{标} + a} \tag{2-32}$$

式中：l_c、l_0——圆曲线、缓和曲线长度（m）；

$l_标$——采用标准轨的长度（m）；

a——预留轨缝宽度（m）；

Δ——曲线外股钢轨较线路中线的增长量（m）。

$$\Delta = \frac{S}{2R}(l_0 + l_c) \tag{2-33}$$

式中各符号含义同前。

4. 缩短轨配置

配置缩短轨时，必须逐根计算内外股钢轨接头的错开量，按规定的容许错开量，设置缩短轨。配置原则：凡内外股钢轨错开量达到缩短轨标准缩短量的一半时，即应设置一根缩短轨。由于缓和曲线和圆曲线的缩短量计算不同，故需分段计算如下。

（1）第一缓和曲线（ZH ~ HY）：将坐标原点置于 ZH 点，则任一接头处内轨累计缩短量为：

$$\Delta l = \frac{1500l^2}{2Rl_0}(\text{mm}) \tag{2-34}$$

式中：l——第一缓和曲线上任一钢轨接头至缓和曲线起点的曲线长度（m）；

l_0——缓和曲线长度（m）；

R——圆曲线半径（m）。

（2）圆曲线（HY ~ YH）：坐标原点仍置于 ZH 点，则任一接头处内轨累计缩短量为：

$$\Delta l = \frac{1500l_0}{2R} + \frac{1500l}{R}(\text{mm}) \tag{2-35}$$

式中：l——圆曲线上任一钢轨接头至圆曲线起点的曲线长度（m）；

（3）第二缓和曲线（YH ~ HZ）：将坐标原点置于缓和曲线终点（HZ），算出每个钢轨接头处的内轨缩短量，再由总缩短量减去该值，得该钢轨接头至缓和曲线起点（ZH）的内轨累计缩短量为：

$$\Delta l = \Delta l_z - \frac{1500l^2}{2Rl_0}(\text{mm}) \tag{2-36}$$

式中：Δl_z——曲线内轨的总缩短量（m）；

l——第二缓和曲线上任一钢轨接头至缓和曲线终点的曲线长度（m）。

【例 2-1】 已知某曲线，ZH 点里程为 K259 + 186.45，其圆曲线半径 $R = 600$m，圆曲线长度为 $l_c = 119.73$m，两端缓和曲线各长 100m，铺设标准长度 25m 的钢轨。直线段顺序铺设的最后一根钢轨进入缓和曲线的长度为 5.5m，试进行配轨计算（不考虑线路纵坡对轨道长度的影响）。

解：①选配缩短轨类型：

$$L_0 = L_y\left(1 - \frac{S}{R}\right) = 25 \times \left(1 - \frac{1.5}{600}\right) = 24.938\text{m}$$

参照表 2-10 选用缩短量为 80mm 的缩短轨，即缩短轨长度为 24.92m。

②计算曲线内股轨线的总缩短量：

$$\Delta l = \frac{S_1}{R}(l_c + l_0) = \frac{1500 \times (119.73 + 100)}{600} = 549\text{mm}$$

③计算缩短轨的根数 N：

$$N=\frac{\Delta l_z}{\varepsilon}=\frac{549}{80}=6.9\text{ 根}$$

因此应采用 7 根。

曲线外股钢轨较线路中线的增长量为：

$$\Delta=\frac{S}{2R}(l_0+l_c)=\frac{1.5}{2\times600}(100+119.73)=0.275\text{m}$$

外轨标准轨根数 N_0（预留轨缝按 8mm 考虑）为：

$$N_0=\frac{2l_0+l_c+\Delta}{l_{标}+a}=\frac{2\times100+119.73+0.275}{25+0.008}=12.8\text{ 根}>N$$

上述选配的缩短轨类型满足要求。

④缩短轨配置。

根据缩短轨配置原则，缩短轨配置计算列于表 2-11。缩短轨布置如图 2-17 所示。

曲线缩短轨配轨计算表　　表 2-11

曲线里程		K259 + 186.45 ~ K259 + 506.18	缩短轨长度(m)			24.92	
圆曲线半径 R(m)		600	曲线总缩短量(mm)			549	
圆曲线长度 l_c(m)		119.73	使用缩短轨根数			7	
缓和曲线长度 l_0(m)		100	第一个接头距 ZH 的距离(m)			5.5	
接头编号	由缓和曲线或圆曲线起点至各接头的距离(m)	计算总缩短量(mm)		钢轨类别	实际缩短量(mm)	接头错开量(mm)	附注
1	至 ZH 点 5.5	$1=\frac{1500}{2\times600\times100}\times5.5^2$ $=0.0125\times5.5^2$	0.4	○	0	+0.4	进入缓和曲线 5.5m
2	5.5 + 25.008 = 30.508	$2=0.0125\times30.508^2$	12	○	0	+12	—
3	30.508 + 25.008 = 55.516	$3=0.0125\times55.516^2$	39	○	0	+39	—
4	55.516 + 25.008 = 80.524	$4=0.0125\times80.524^2$	81	×	80	+1	—
5	80.524 + 25.008 = 105.532 105.532 − 100 = 5.532	$5=0.0125\times100^2+\frac{1500\times5.532}{600}$ $=125+2.5\times5.532$	139	×	160	−21	进入圆曲线 5.532m
6	5.532 + 25.008 = 30.540	$6=125+2.5\times30.540$	201	×	240	−39	—
7	30.540 + 25.008 = 55.548	$7=125+2.5\times55.548$	264	○	240	+24	—
8	55.548 + 25.008 = 80.556	$8=125+2.5\times80.556$	326	×	320	+6	—
9	80.556 + 25.008 = 105.564	$9=125+2.5\times105.564$	389	×	400	−11	—
10	105.564 + 25.008 = 130.572 130.572 − 119.73 = 10.842 至 HZ100 − 10.842 = 89.158	总缩短量 549 $10=549-0.0125\times89.158^2$	450	×	480	−30	进入缓和曲线 10.842m
11	89.158 − 25.008 = 64.150	$11=549-0.0125\times64.150^2$	498	○	480	+18	—
12	64.150 − 25.008 = 39.142	$12=549-0.0125\times39.142^2$	530	×	560	−30	—
13	39.142 − 25.008 = 14.134	$13=549-0.0125\times14.134^2$	547	○	560	−13	—

注：“○”表示标准轨，“×”表示缩短轨，“+”表示内轨接头超前量，“−”表示内轨接头落后量。

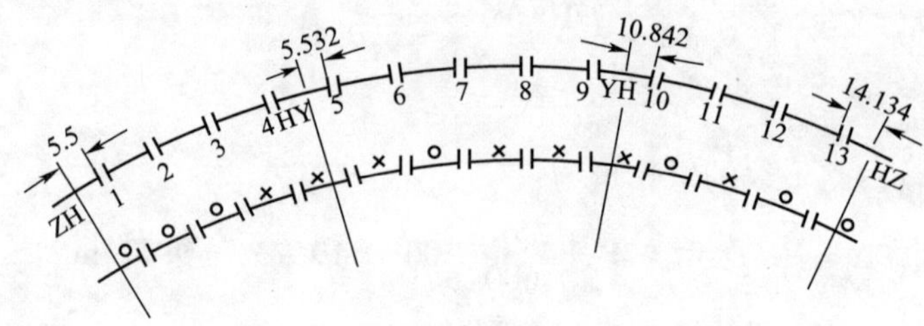

图 2-17 缩短轨布置示意图(尺寸单位:m)

复习思考题

1. 固定轴距、车辆定距和全轴距有何区别?

2. 直线地段轨道几何形位要素有哪些? 其含义是什么? 应满足哪些要求?

3. 小半径曲线轨道为何要加宽? 如何进行加宽?

4. 曲线轨道超高设置的目的是什么? 应如何进行设置?

5. 曲线为何要限制最高容许速度? 如何确定通过曲线轨道的最高行车速度?

6. 曲线线路上为什么要设置缓和曲线? 其几何特征有哪些?

7. 缓和曲线长度应如何确定?

8. 某曲线 ZH 点里程为 K289 + 036. 55,其圆曲线半径 $R = 1000$m,圆曲线长度为 l_c = 130. 87m,两端缓和曲线各长 80m,铺设标准长度 25m 的钢轨。直线段顺序铺设的最后一根钢轨进入缓和曲线的长度为 7. 5m,试进行配轨计算(不考虑线路纵坡对轨道长度的影响)。

第三章　轨枕及轨道板预制

教学目标

1. 了解轨枕与轨道板的类型，以及不同类型轨枕与轨道板的技术特点。

2. 能够进行普通预应力混凝土枕和双块式轨枕的预制。

3. 能够进行无砟轨道单元轨道板与纵连式轨道板的预制。

第一节　轨枕的类型与技术特点

在轨道结构中，轨枕的作用是承受来自于钢轨上的各种力，且传递至道床，同时轨枕还起着保持钢轨方向、轨距和位置等作用。轨枕应具有必要的坚固性、弹性和耐久性，并能便于固定钢轨，有抵抗纵向和横向位移的能力。

轨枕按其材质分为木枕、钢枕和混凝土枕。

一、木枕

木枕根据其在线路上使用部位的不同，分为普通木枕、道岔木枕（岔枕）和桥梁木枕（桥枕）三种。

木枕具有弹性好、形状简单、制造容易、质量轻、铺设及更换方便等优点，但也有消耗量大、易腐蚀、使用寿命短、在列车动力作用下容易产生轨向不良和轨距扩大等缺点。

二、钢枕

自1825年铁路问世以来，最初都用木枕，1864年法国提出钢枕方案，当时在欧洲发展最快。使用钢枕最多的有德国、瑞士及南美洲，德国最多时钢枕线路占所有铁路的40%，图3-1为德国的工字钢Y形钢枕，图3-2为用在一般线路上的钢枕。

Y形钢枕的优点是：能保持良好的轨道几何状态，提高轨道的稳定性，节省安装投资，并能够回收利用；可以适用于新建线路、大修线路，以及标准轨距、窄轨距、宽轨距、道岔区等有砟或无砟轨道，通用性比较好。

从1986年到1994年，德国在路基上铺设Y形钢枕63km、隧道内铺设1.734km。

日本大量试铺钢枕在1893年，在上信越干线上，共铺了8km，10000根左右，当时因技术问题，寿命只有15年。而直到1928年前日本使用的钢枕，都是从法国和德国进口。第二次世界大战后，因预应力混凝土枕（PC枕）出现，钢枕被逐渐取代。

因为钢枕的金属消耗量过大，造价不菲，体积也笨重，钢枕在我国正线上并未使用。

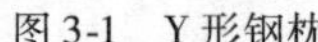

图 3-1　Y 形钢枕

图 3-2　用在一般线路上的钢枕

三、混凝土枕

随着铁路高速、重载发展的需要，用混凝土枕代替木枕已成为发展方向，由于普通钢筋混凝土枕抗弯能力差，容易开裂失效，后改进为预应力混凝土轨枕，简称为混凝土枕（PC 枕），中国铁路自 1957 年起也大量采用预应力混凝土轨枕。预应力混凝土轨枕使用寿命长，稳定性高，养护工作量小，损伤率和报废率比木枕要低得多。在无缝线路上，钢筋混凝土轨枕比木枕的稳定性平均提高 15% ~20%，因此，尤其适用于高速客运线。

混凝土枕缺点是刚度大、弹性差，致使道床承受的压力和振动加速度增大，在有砟线路上会加剧道砟的粉化，造成轨道的下沉增大，对机车车辆走行部分产生不利影响。同时混凝土枕重量大，Ⅰ、Ⅱ型混凝土轨枕一般在 220 ~250kg，Ⅲ型混凝土枕一般为 350kg，人工更换混凝土枕不方便。

1. 混凝土枕分类

（1）从制造工艺分为普通混凝土枕、预应力钢筋混凝土枕两种。

两者区别在于后者在制造时采用预应力技术。普通混凝土枕强度较低、抗裂性差，容易开裂失效，已被淘汰。预应力混凝土轨枕，制作时给混凝土施加强大的预压应力，因而具有抗裂性能好，用钢量少的优点，在我国得到广泛应用。

（2）按配筋直径大小分为钢弦（高强度钢丝，简称弦、丝 S）和钢筋（高强度钢筋，简称筋 J）两种。

在我国铁路上，曾先后试铺过多种类型的预应力混凝土轨枕，如“弦 61”、“筋 63”、“弦 79”、“筋 81”、“丝 81”等型号，“61”、“63”、“79”、“81”代表设计年份。79 型以前的混凝土轨枕统称为旧轨枕。

（3）按结构形式分为整体式、组合式和半枕三种。

整体式混凝土枕整体性强，稳定性好，制作简便，是目前各国使用最多的一种类型。组合式混凝土枕由两个钢筋混凝土块体用一根钢杆连接而成，整体性不如整体性混凝土枕，但钢杆承受正负弯矩的能力比较强，在法国高速铁路上使用的 RS 型组合式轨枕取得了很好的效果。半枕式又称短枕式，用两块普通钢筋混凝土块体分别支承左右两股钢轨，彼此间无直接联系，一般用于整体道床，如弹性支承块无砟道床。三种结构形式的轨枕分别见图 3-3a）、b）、c）。

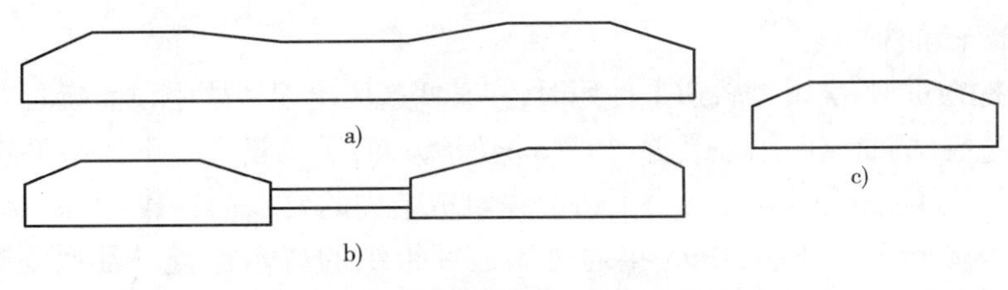

图 3-3　混凝土枕结构形式

a)整体式;b)组合式;c)半(短)枕式

2. 我国混凝土枕使用现状

我国现行混凝土枕分三类,分别与不同轨道类型配套使用,其名称及适用范围见表 3-1。

混凝土枕名称和适用范围　　表 3-1

原　名　称	新　名　称	适　用　范　围
丝 79 型预应力混凝土枕	S-1 型预应力混凝土枕	中、轻型轨道(43kg/m、38kg/m 钢轨)
丝 81 型预应力混凝土枕	S-2 型预应力混凝土枕	重、次重型轨道(60kg/m、50kg/m 钢轨)
筋 81 型预应力混凝土枕	J-2 型预应力混凝土枕	重、次重型轨道(60kg/m、50kg/m 钢轨)
与 75kg/m 钢轨配套用钢弦预应力混凝土枕	S-3 型预应力混凝土枕	特重型轨道(≥75kg/m 钢轨)

1)Ⅰ型混凝土轨枕

包括 69 型、79 型,79 型是在 69 型枕配筋不变的情况下,将轨枕外形尺寸统一到与Ⅱ型枕一样,强度与 69 型等强,最后统一为Ⅰ型混凝土枕。Ⅰ型混凝土轨枕的承载能力是按建设型蒸汽机车、轴重 21t、最高速度 85km/h、铺设密度 1840 根/km 设计的,适用于中型、轻型轨道。随着国民经济和铁路运输发展,机车车辆轴重不断提高,年通过总重也不断增长,Ⅰ型混凝土轨枕的承载能力已不能适应这些条件的变化,破损加剧,寿命缩短。因此,在我国线路上正逐步被淘汰下道。

2)Ⅱ型混凝土轨枕

Ⅱ型混凝土轨枕设计有 S-2、J-2、YⅡ-F、TKG-Ⅱ型等,承载力是按韶山型机车、轴重 25t、最高时速 120km/h 标准设计的,适用于重型、次重型轨道。随着铁路提速、运输能力增加,Ⅱ型混凝土轨枕某些参数不能满足轨道结构发展需要,新Ⅱ型是Ⅱ型混凝土轨枕的替代产品,目前正在推广使用。图 3-4、图 3-5 分别为新Ⅱ型混凝土轨枕成品图和铺设在青藏铁路上的新Ⅱ型混凝土轨枕。

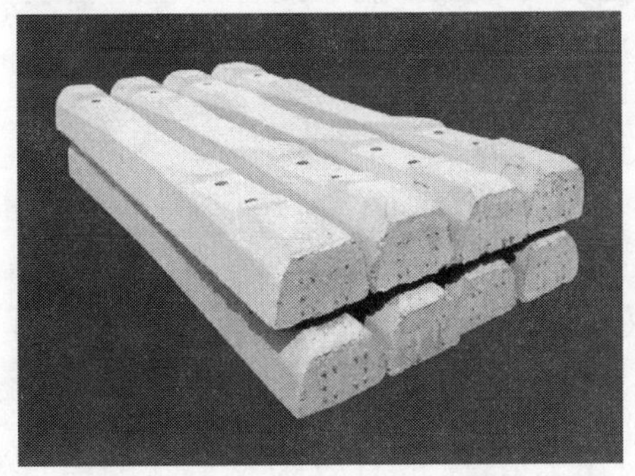

图 3-4　新Ⅱ型混凝土轨枕成品图

图 3-5　铺设在青藏铁路上的新Ⅱ型混凝土轨枕

3）Ⅲ型混凝土轨枕

由于Ⅱ型轨枕在重型、次重型轨道上使用时，在某些区段出现轨枕中顶面横向裂缝、沿螺栓孔纵向裂缝、枕端龟裂、侧面纵向水平裂缝、挡肩斜裂等病害，轨枕年失效下道率平均1.2%，难以适应重型和特重型轨道的承载条件，为了适应强轨道结构的要求，又研制了Ⅲ型轨枕。Ⅲ型混凝土轨枕是从1988年开始研制，1995年通过铁道部组织的技术审查。Ⅲ型混凝土轨枕分有挡肩和无挡肩两种形式，有挡肩轨枕适用于直线或 $R \geqslant 300$m 的曲线轨道，无挡肩轨枕适用于直线或 $R \geqslant 350$m 的曲线轨道。为适用不同线路需要，Ⅲ型混凝土轨枕长度有2.6m和2.5m两种，目前使用的主要是2.6m。该类型轨枕设计参数采用机车（三轴）最大轴重23t、最高速度160km/h、轨枕配置1760根/km设计，主要适用于特重型轨道。

由于和不同类型的扣件配套使用，Ⅲ型混凝土轨枕适用范围、名称、外形、技术条件略有不同，目前主要有Ⅲa型（有挡肩，与弹条Ⅱ型扣件配套使用）、Ⅲb型（有挡肩，与弹条Ⅲ型扣件配套使用）、Ⅲk型（无挡肩，与PANDROL扣件配套使用）、Ⅲc型（有挡肩，与Ⅴ型扣件配套使用）。Ⅲa型和Ⅲb型适用于一般线路，Ⅲk型、Ⅲc型均适用于时速250km线路。

Ⅲ型混凝土轨枕比Ⅱ型混凝土轨枕轨下和中间的承载力分别提高43%和65%，提高了轨道的整体强度。轨枕轨下截面静载能力可以达到210kN，中间截面可以达到170kN。Ⅲ型枕与Ⅱ型枕相比，加宽了枕底宽度，使之与道床的支承面积增加17%，端部侧面积增加20%，对于提高道床纵横向阻力和轨道稳定性十分有利。

3. 混凝土轨枕主要类型及特征

混凝土轨枕主要类型及特征，如表3-2所示。

混凝土轨枕主要类型及特征 表3-2

类　型	轨枕长（m）	截面高度（mm）			枕头外形	承轨槽坡度	质量（kg）
		轨下	中部	端部			
S-1（弦79型）	2.5	200	175	200	斜	1:40	233
S-2（弦81型）	2.5	200	165	200	平	1:40	250
J-2（筋81型）	2.5	200	165	200	平	1:40	250
新Ⅱ型	2.5	205	175	200	平	1:40	273
S-3（有挡肩）	2.6	230	185	260	平	1:40	353
S-3（无挡肩）	2.6	230	185	235	平	1:40	349

四、特种混凝土轨枕

1. 混凝土宽枕

混凝土宽枕一般都是密铺的，几乎将道床顶面全部覆盖，因此可以防止道床污染，使道床长期保持清洁和减少线路维修，主要用于隧道和大型旅客车站，如图3-6所示。

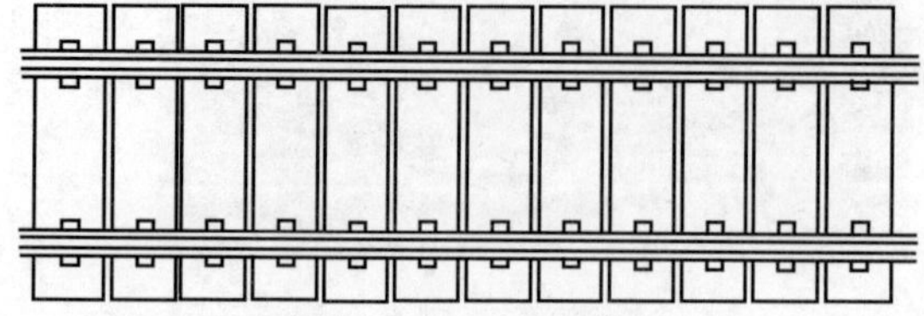

图3-6　混凝土宽枕示意图

2. 混凝土岔枕

用于道岔，可有效提高道岔的稳定性，轨距、水平、方向等几何尺寸容易保持，并消除了导曲线反超高及道岔爬行等病害，减少维修工作量。

3. 钢纤维混凝土轨枕

钢纤维混凝土轨枕是在轨枕混凝土中掺入一定数量的钢纤维，以提高轨枕的抗冲击韧性和抗裂、抗拉、抗剪、抗弯、抗疲劳强度。目前主要用于线路加强地段（如钢轨接头、小半径曲线等），现用量很少，有待推广使用。

4. 混凝土桥枕

用于有砟桥梁上，由于有砟桥上需要设置护轮轨，所以不能使用普通断面的混凝土枕，除有设置基本轨的承轨槽外，还必须设置护轮轨的承轨槽。另外，桥梁外端左右两护轨要向道心弯折（弯折部分长度不小于5m）交合于轨道中心，将轨端切斜成梭头。因此，有砟桥面带护轨的混凝土桥枕分平直段部分桥枕和护轨梭头部分桥枕。

五、轨枕配置

轨枕间距与每公里配置的轨枕根数有关。轨枕每公里的铺设标准应根据运量、行车速度及线路设备条件等综合考虑，合理配套，以求在最经济的条件下，轨道具有足够的强度和稳定性。对于运量大、速度高的线路，轨枕应该布置得密一些，以减少钢轨、轨枕、道床及路基面的应力和振动，同时使线路轨距、轨向易于保持。但不能太密，太密则不经济，而且净距过小，也会在一定程度上影响捣固质量。

1. 轨枕配置根数、间距的规定

（1）轨枕间距尺寸，无缝线路应均匀布置，如表3-3所示，普通线路的轨枕间距如表3-4所示。

轨枕间距尺寸　　表3-3

轨枕配置根数（根/km）	轨枕间距（mm）	轨枕配置根数（根/km）	轨枕间距（mm）
1667	600	1840	543.5
1760	568.2	1920	520.8

（2）线路上的轨枕类型及配置根数，应根据运量、线路允许速度及线路设备条件等确定。允许速度大于120km/h的线路应铺设Ⅲ型混凝土枕，既有Ⅱ型混凝土枕应逐步更换为Ⅲ型混凝土枕。普通线路换轨大修及铺设无缝线路前期工程，除应将失效的轨枕和严重伤损的混凝土枕更换掉外，还应根据运输发展的需要，按表3-5所列标准，更换为与运营条件相适应的轨枕并补足配置根数。

2. 轨枕间距尺寸计算

（1）每节钢轨轨枕配置根数，按下列公式计算：

$$n=\frac{NL}{1000} \tag{3-1}$$

式中：n——每节钢轨轨枕配置根数，四舍五入后取整数；

N——每千米轨枕标准配置根数；

L——每节钢轨长度（m），不含轨缝。

轨 枕 间 尺 寸 表 3-4

<table>
<tr><th rowspan="2">轨 型</th><th rowspan="2">钢轨长度(m)</th><th rowspan="2">每千米配置数</th><th rowspan="2">每节钢轨配置根数</th><th colspan="3">木枕(mm)</th><th colspan="3">混凝土枕(mm)</th></tr>
<tr><th>c</th><th>b</th><th>a</th><th>c</th><th>b</th><th>a</th></tr>
<tr><td rowspan="12">75kg/m、60kg/m 或 50kg/m</td><td rowspan="5">12.5</td><td>1600</td><td>20</td><td>440</td><td>594</td><td>640</td><td>540</td><td>587</td><td>635</td></tr>
<tr><td>1680</td><td>21</td><td>440</td><td>544</td><td>610</td><td>540</td><td>584</td><td>600</td></tr>
<tr><td>1760</td><td>22</td><td>440</td><td>524</td><td>580</td><td>540</td><td>569</td><td>570</td></tr>
<tr><td>1840</td><td>23</td><td>440</td><td>534</td><td>550</td><td>540</td><td>544</td><td>544</td></tr>
<tr><td>1920</td><td>24</td><td>440</td><td>469</td><td>530</td><td>—</td><td>—</td><td>—</td></tr>
<tr><td rowspan="7">25.0</td><td>1600</td><td>40</td><td>440</td><td>537</td><td>635</td><td>540</td><td>579</td><td>630</td></tr>
<tr><td>1680</td><td>42</td><td>440</td><td>487</td><td>605</td><td>540</td><td>573</td><td>598</td></tr>
<tr><td>1760</td><td>44</td><td>440</td><td>497</td><td>575</td><td>540</td><td>549</td><td>570</td></tr>
<tr><td>1840</td><td>45</td><td>440</td><td>459</td><td>550</td><td>540</td><td>538</td><td>544</td></tr>
<tr><td>1920</td><td>48</td><td>440</td><td>472</td><td>525</td><td>—</td><td>—</td><td>—</td></tr>
<tr><td>1840</td><td>46</td><td>500</td><td>537</td><td>545</td><td>500</td><td>537</td><td>545</td></tr>
<tr><td>1920</td><td>48</td><td>500</td><td>509</td><td>522</td><td>—</td><td>—</td><td>—</td></tr>
</table>

注:①表中 a、b、c 符号的含义见图 3-7;

②非标准长度钢轨的轨枕配置根数和间距,比照表 3-4 的规定,通过计算采用接近值,但 a 值不得比标准大 20mm。

轨枕类型和配置根数标准 表 3-5

<table>
<tr><th colspan="3">五年内年计划通过总重(Mt)</th><th>$W_{年} \geqslant 25$</th><th>$15 \leqslant W_{年} < 25$</th><th>$W_{年} < 15$</th></tr>
<tr><td rowspan="5">轨枕配置数量(根/km)</td><td colspan="2">木 枕</td><td>1840</td><td>1760 ~ 1840</td><td>1680 ~ 1760</td></tr>
<tr><td colspan="2">Ⅱ型混凝土枕</td><td>1840</td><td>1760</td><td>1680 ~ 1760</td></tr>
<tr><td rowspan="2">Ⅲ型混凝土枕</td><td>无缝线路</td><td>1667</td><td>—</td><td>—</td></tr>
<tr><td>普通线路</td><td>1680</td><td>—</td><td>—</td></tr>
<tr><td colspan="2">混凝土宽枕</td><td>1760</td><td>1760</td><td>1760</td></tr>
</table>

(2)如图 3-7 所示,每节钢轨轨枕间距 a、b、c 值,按下列公式计算:

$$a = \frac{L' - c - 2b}{n - 3} \tag{3-2}$$

式中:L'——每节钢轨长度(mm),含一个轨缝(一般采用 8mm),钢轨接头采用相错式时为两股相错接头之间的长度;

b——a 与 c 之间的过渡间距(mm);

c——钢轨接头两根轨枕间距(mm),其值系根据钢轨接头构造而定;

a——除接头轨枕间距 c 和过渡间距 b 外,其余轨枕间距(mm)。

一般 $a > b > c$。如采用 $b = \frac{a + c}{2}$,则

$$a = \frac{L' - 2c}{n - 2} \tag{3-3}$$

将计算所得的 a 值,采用整数。如 a 值大于表 3-4 的规定,则每节钢轨(或两股相错接头之间)轨枕配置根数应增加 1 根。由于 n 值的改变,重新计算 a 值(仍采用整数),再根据 a 及

c 按下式求出 b 值。

$$b=\frac{L'-c-(n-3)a}{2} \tag{3-4}$$

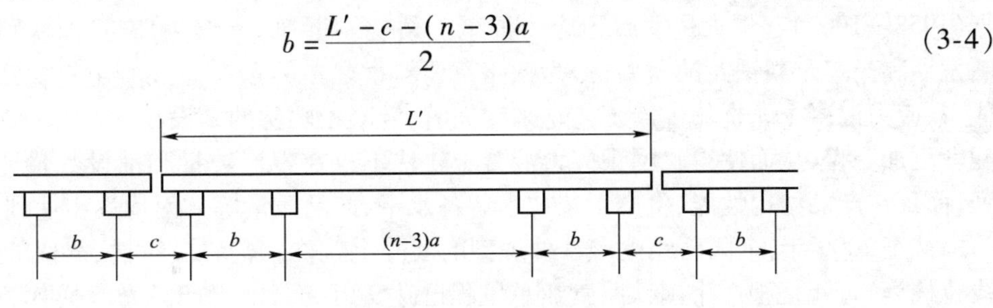

图 3-7　轨枕间距计算图

【例 3-1】　某线路铺设 50kg/m 钢轨，长度为 21m 合拢短轨一根，每千米铺设轨枕标准为 1760 根混凝土轨枕，试计算轨枕间距 a 及 b？

解：

①$n=\frac{NL}{1000}=\frac{1760\times21}{1000}\approx37$ 根

②$a=\frac{L'-2c}{n-2}=\frac{21008-2\times540}{37-2}\approx569\text{mm}$

③$b=\frac{L'-c-(n-3)a}{2}=\frac{21008-540-(37-3)\times569}{2}\approx561\text{mm}$

计算结果：$a>b>c$，且 a 值与 570mm 相比小 1mm，符合规定要求。

六、轨枕铺设规定

轨枕应按设计技术条件规定的标准铺设，非同类型轨枕不得混铺（除道岔内专用轨枕外）。

(1) 混凝土枕与木枕、混凝土枕与混凝土宽枕的分界处，距钢轨接头不得少于 5 根轨枕。木枕与混凝土宽枕之间，应用混凝土枕过渡，其长度不得少于 25m。

(2) 提速道岔铺设木岔枕时，应用 2600mm × 260mm × 160mm 的木枕过渡；两端过渡均不得少于 50 根。

(3) 铺设混凝土岔枕时，应用Ⅲ型混凝土枕过渡。

①道岔直向过渡枕：$v_{max}\leqslant120\text{km/h}$ 时，道岔直向两端，两端过渡均不得少于 50 根；$120\text{km/h}<v_{max}\leqslant160\text{km/h}$ 时，道岔直向两端过渡枕不得少于 75 根。

②道岔侧向过渡（含岔后长岔枕）：18 号道岔侧向过渡枕不得少于 38 根；30 号和 38 号道岔侧向过渡枕不得少于 65 根。

(4) 同一岔区道岔与道岔之间应铺设与过渡枕同规格的轨枕。

第二节　普通预应力混凝土轨枕的预制

一、混凝土轨枕发展概况

混凝土轨枕是一项重要的铁路器材，也是我国产量和用量都很大的一项重要水泥制品。

以前我国铁路轨枕采用的是用优质木材制成的木枕,由于我国木材资源匮乏,从第二个五年计划(1958—1962)起便大量发展预应力混凝土轨枕。近50年来,随着我国铁路建设事业的不断发展和高速重载铁路的需要,作为铁路重要器材之一的预应力混凝土轨枕产品不断升级换代,预应力混凝土轨枕的生产工艺越来越完善,混凝土轨枕的铺设技术和养护维修技术及设备配套更加完善,从而使得我国预应力混凝土轨枕不仅在生产数量和铺设数量方面跃居国际前列,而且在产品结构性能、生产工艺技术装备水平、产品质量等方面均逐步达到国际先进水平。

截至2009年,全国已经生产各种类型的混凝土轨枕(含岔枕、桥枕、宽枕、地方铁路和专用线轨枕等)近4亿根。中国铁路营业总里程已达9万km,由于产品升级换代,不断抽换,现在铁路线上混凝土轨枕总量约2亿根。目前,全国有固定的混凝土轨枕生产企业40多家,还有若干为适应新线建设应运而生的现场制枕场,年生产能力可达2000万根以上。根据新线建设和旧线大修、维修换枕需要,混凝土轨枕年需求量约为1000多万根。此外,根据对外经援和经贸的需要,我国曾帮助坦桑尼亚、蒙古、委内瑞拉等国设计并建造了混凝土轨枕厂。回顾我国混凝土轨枕发展的历史,大体可分为三个阶段。

第一个阶段为1958年~1980年,是预应力混凝土轨枕研制成功并开始推广应用的阶段。这个阶段是在以前研制了多种型式混凝土轨枕的基础上,统一了外形尺寸,采用两种不同的预应力钢材,即直径为3mm的高强碳素钢丝(每根轨枕共36根)和直径为8.2mm的高强热处理低合金钢筋(每根轨枕共4根),配筋率基本相同,混凝土强度等级同为C50,轨枕型号分别称S69(钢丝轨枕)和J69(钢筋轨枕),后来改称为S-1和J-1型,统称为Ⅰ型枕,二者除预应力钢筋品种不同外,其他在外形尺寸、张拉力、混凝土强度等级、构造配筋、轨枕力学性能等方面基本一样,这个阶段的生产工艺主要是流水机组法,生产效率不是很高,工人劳动强度较大。

第二阶段为1981年~1995年,是推广应用Ⅱ型枕的阶段。Ⅱ型枕的预应力钢材是直径3mm的高强碳素压波钢丝(数量比Ⅰ型枕有所增加,每根轨枕共44根)和直径10mm的高强热处理低合金钢筋(每根轨枕共4根),分别称S-2和J-2型,由于采用了减水剂,混凝土强度等级提高为C60,截面高度、张拉力等均比Ⅰ型枕有所增加,轨枕力学性能有所加强。这阶段混凝土轨枕的生产工艺也有了比较大的改进,首先是完全由桥式吊车移动模型的流水机组法发展为模型以辊道传送为主,吊车仅作为将模型吊出、吊入养护池的流水机组—传送法。这阶段轨枕行业为保证产品质量稳定,在洁净集料、科学级配、准确计量、均匀搅拌、低温蒸养、蒸养温度和预应力钢筋张拉自动控制、工艺设备改进方面均有了很大进步。

第三阶段是1995年以后至今,是应用推广Ⅲ型枕并改进Ⅱ型枕的阶段。这阶段首先是进一步提高Ⅱ型枕的质量,在产品设计上,采用以直径7mm和直径6.25mm的螺旋肋钢丝,设计并生产新Ⅱ型枕,同时在重要干线上逐步推广应用Ⅲ型枕,以适应中国铁路重载提速发展的需要,这阶段还研制成功500kN轨枕静载试验机和轨枕外形尺寸专用量器具,为进一步提高轨枕质量提供了更强大的保障。

二、混凝土轨枕的生产工艺

预应力混凝土轨枕的生产工艺就其施加预应力而言均为先张法,就其模型是否移动而言可分为流水机组—传送法(模型移动)和台座法(模型不动)。我国混凝土轨枕工厂普遍采用流水机组—传送法生产线,有少数工厂采用先张法台座工艺。图3-8就是我国援建的采用先张法台座工艺的坦桑尼亚坦赞铁路轨枕厂。下面重点介绍Ⅱ型预应力混凝土轨枕的流水机组—传送法工艺。

1. 混凝土轨枕流水机组—传送法工艺及其特点

图3-8　坦赞铁路轨枕厂采用先张法台座工艺

我国早期的混凝土轨枕生产主要是流水机组法，即模型通过桥式吊车在生产线上吊运移动到各个生产台位，在这些台位上有专用设备来完成相应的工序，整套工序就是一个将原材料转变为产成品的实现过程。由于预应力混凝土轨枕的生产有10多个工序，全部要用桥式吊车来移动模型，不仅生产效率低，而且不利于安全生产，后来就发展成主要是用辊道传送模型，桥式吊车主要是用来吊装模型出入蒸汽养护池，以及在设备检验时吊装设备，这样就使原来的流水机组法发展成为流水机组—传送法。预应力混凝土轨枕流水机组—传送法工艺是采用2×5或者2×4联组合式钢模型在流水线上按照规定的工艺流程，依次通过各个生产台位，包括钢筋组装、张拉、灌注混凝土、振动成型、蒸汽养护、放张钢筋、脱模、成品堆放等，来完成混凝土轨枕制品的全部生产作业。混凝土轨枕制品的生产周期相当于模型的周转期。中国现行的轨枕流水机组—传送法的工艺特点如下。

(1)采用2×5或2×4联组合钢模型，一次可成型10或8根轨枕。它可以减少预应力钢筋的工艺损耗，又能提高轨枕的生产效率。

(2)为与2×5联组合钢模型相适应，采用1×5联组合式振动台，相当于每一对并列轨枕布置一个单元台面。台面之间可以安装升降辊道，以便于轨枕模型在流水线上传送。

(3)轨枕成型采用二次振动工艺。第一次振动为普通振动，第二次振动采用加荷振动，即振动时振动台上有加荷盖板，加荷压力不小于5kPa。由于采用了加荷振动，从而可采用干硬性或低流动性混凝土拌和物，不但节约了水泥，提高了混凝土密实性，还满足了振动成型时模型内分隔轨枕的挡浆板处不致漏浆的工艺要求。

(4)生产流水线由于主要采用了辊道传送，形成闭环工艺流程，实现了轨枕生产工艺的连续性和节奏性，减少了车间的非生产性运输。

(5)现行的轨枕生产线，除生产混凝土轨枕外，只要改变模型，还可生产宽枕、岔枕及其他窄长形的预应力混凝土制品。轨枕按流水机组—传送法进行生产时，每个工序的作业时间是控制轨枕生产效率的主要指标。根据生产水平的不同，目前我国轨枕生产线采用的工序节拍时间一般为3～5min。

2. Ⅱ型预应力混凝土轨枕生产工艺流程

流水机组—传送法预应力轨枕生产过程由清模、预应力钢丝的定长、镦头及入模，张拉、安放箍筋隔板、混凝土拌制和灌造、混凝土振捣清边、蒸养、放张脱模、切割码垛、吊运成品入库等工序组成，具体如图3-9所示。

3. Ⅱ型预应力混凝土轨枕生产工艺介绍

1)清模

清模工序主要是将上一循环过来的钢模型端部及两侧面上的混凝土渣清理干净，并对钢模喷涂隔离剂，同时检查更换钢模型损坏的部件，如撑孔器等。

隔离剂喷涂时注意喷洒均匀，严禁滴状或线状进入模型，造成粉肩，孔洞等缺陷。

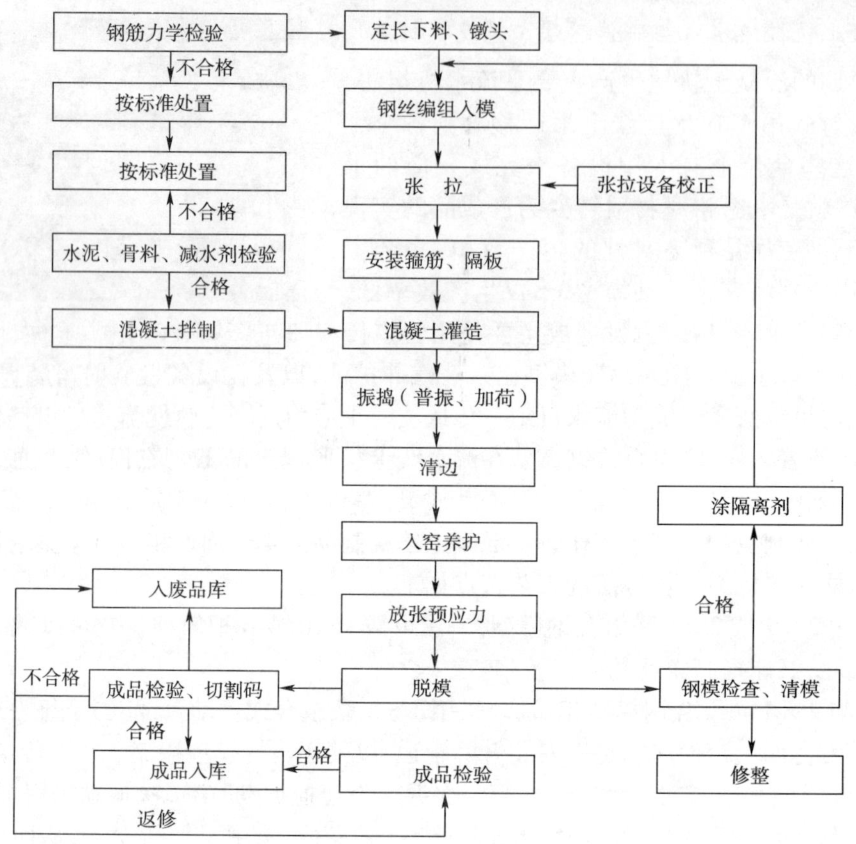

图 3-9　混凝土轨枕流水机组—传送法工艺流程

2）预应力钢丝的定长镦头及入模

（1）预应力钢丝定长下料

定长下料通过定长下料机完成，预应力钢丝的长度必须严格控制，其误差不得超过 2mm，轨枕中共有 10 根预应力钢丝采用的是钢模活动端整体张拉的方式，钢丝的长度相差过大将会造成轨枕内部张拉应力不均匀，会严重影响轨枕的整体性能。

（2）预应力钢丝镦头

把预应力钢丝穿上锚固板、铁挡板进行编组作业，然后使用镦头机镦头，镦头直径以保证张拉时镦头不拉断为准，一般情况下不能小于母材直径的 1.4 倍且不得重复镦头。

（3）预应力钢丝入模

镦头完毕的钢丝组按设计位置入模，检查钢丝是否错位或交叉，旋紧张拉杆螺母，绷紧钢丝组。

3）张拉、安放箍筋隔板

（1）主筋预应力张拉

张拉应力按照轨枕的技术要求严格控制，张拉应力小会严重影响轨枕的静载值，过大又会对轨枕的疲劳产生严重损害。张拉过程主要控制张拉应力，同时对预应力钢丝伸长量复核验证,张拉加载速度不得大于30kN/s。

钢丝预应力必须采用自动张拉机张拉,其张拉程序为:0→348kN→持荷1min→补拉至348kN→锁紧螺母→0,张拉过程中若出现断丝,应及时更换重新进行张拉作业。

(2)安放箍筋隔板

箍筋的弯制使用专用定型模具,螺旋筋采用绕簧机绕制,经点焊成型。

安装前检查模型内有无杂物,并清理杂物。将橡胶隔板、设计要求的箍筋、螺旋筋等按图样要求全部安放到位,严防移位,插筋应插入钩环内,螺旋筋严防倒置。安装完毕后检查是否齐全,位置是否正确。

4)混凝土拌制和灌造

(1)混凝土的拌制

机组法轨枕生产所用的混凝土为干硬性混凝土,它具有尺寸精确,密实度好,强度高的特点,既能够提高生产速度,又保证了产品质量。

混凝土使用P·O 42.5普通硅酸盐水泥,水泥进厂须有生产厂合格证、碱含量、试验报告单,进厂后试验室还要检验其胶砂强度、凝结时间和安定性。同一批轨枕中禁止使用不同品种、不同厂家、不同强度等级的水泥。

粗集料采用粒径为5~25mm的天然岩石碎石或经破碎的卵石,也可采用二者的混合物。其颗粒最大粒径为25mm,含泥量按重量计不大于0.5%,其他技术条件应符合《铁路混凝土与砌体工程施工规范》(TB 10210—2001)的规定。

细集料采用硬质洁净的天然砂或机制砂,砂的细度模数控制在2.6~3.3之间,除含泥量按重量计不大于1.5%外,其他技术条件应符合相应的规定。

拌和用水应为清洁的饮用水,不含油、酸、碱、有机物及其他有害物质。

混凝土内以溶液形式掺用高效减水剂,减水剂使用前稀释成10%的浓度,采用比重计测量,比重控制在1.052~1.054,稀释过程中应充分搅拌,保证溶液均匀。减水剂的性能对轨枕的脱模强度和静载值均有着较大影响,性能指标越好,生产出的轨枕静载值越高且质量越稳定。

此外还必须注意水泥和碱集料反应预防问题。

混凝土的配合比由试验室确定,配制时水泥用量不应超过500kg/m^3。绝对用水量不得超过200kg/m^3。

混凝土的搅拌采用自动控制强制式搅拌机,拌制干硬性混凝土需要精确控制水的用量,否则就改变了混凝土的水灰比,严重的会改变混凝土的性质,影响轨枕质量。

混凝土稠度采用跳桌增实法测定,JC满足1.400~1.305,JH满足240~220mm,每班测定次数不少于5次,在开工前5罐测定3次,稠度稳定后,每班的中期和后期各抽查1次。

(2)混凝土灌造

混凝土灌造前,检查模内配件是否齐全,安装是否正确,模体是否洁净。向模型内灌注混凝土必须做到两次下灰,使各部位的料均匀、适量,下料过程中发现杂物要及时取出来,不得使用配合比明显不符或掺减水剂停放超过30min的料。

5)混凝土振捣清边

混凝土的振动采用振动台振动方式,二次振动成型工艺,普振时间不低于2min,加荷振动时间不低于1min。加荷压力不小于3000Pa,普振过程中注意观察轨枕厚度是否合适,以保证加荷振动后轨枕各断面厚度满足技术要求,加荷振动后还要测量压花深度,如超差应及时加以处理。振动完成后即可拆卸下轨枕钢模节间橡胶隔板等配件。

振动后还要及时清除轨枕两边的飞边及轨枕节间多余的混凝土,同时注意修正撑孔器的位置。

6)养护

(1)试件制作

每窑应做三组试件,其中两组用于检验脱模强度,一组试件脱模后作标准养护,用于检验28天强度,每组试件注明班次、日期、养护池号。试件制作在每班开工前3盘以后,试件与轨枕同条件制作和养护。

(2)养护

轨枕采用自动控温蒸汽养护,依据不同季节和不同材质,选择合理的蒸养工艺。养护制度分静停、升温、恒温、降温四个阶段。从最后一模轨枕入窑开始计,静停时间不小于2h,升温速度不大于20℃/h,蒸汽养护温度不大于60℃,降温速度不大于20℃/h,出窑前的轨枕表面与窑外环境温差不大于20℃。轨枕脱模后按规范和技术要求规定保湿养护3d。

7)放张脱模

(1)放张

试件试压强度不低于设计强度的75%,可以出窑放张。预应力轨枕经过蒸汽养护后,混凝土表面会有相当大的拉应力,即使在经过降温期的降温后,混凝土表面温度亦比气温高,此时脱模,轨枕表面温度骤降,必然引起温度梯度,从而在轨枕表面附加一拉应力,与蒸养时拉应力迭加,再加上混凝土干缩,表面拉应力达到很大数值,所以轨枕脱模前必须放松预应力钢丝,否则极易造成轨枕挡肩裂缝破损等缺陷导致轨枕报废。

放张采用自动放张机缓慢释放应力,张拉力不得超过300kN。旋松张拉杆螺母,缓慢卸荷,直至放松应力,然后再切割钢丝,绝对禁止在带应力情况下直接切割钢丝。

(2)脱模

脱模使用脱模机完成,翻模时应注意不要损坏轨枕。脱模后成品检验人员逐根对轨枕进行外观检验。

8)切割码垛

轨枕脱模后用摩擦锯切割轨枕之间的钢丝,进锯时要对准空档,不能损坏混凝土轨枕,切割后钢丝外露长度不大于15mm。

码垛人员按质检划分要求,严格区别轨枕外观合格品、返工品、废品和抽检样品,分别码垛。码垛同时及时取出轨枕之间的铁挡板,并清理干净送回钢丝编组作业区。

静载试验枕和外形尺寸检查枕单独存放以备检验。

9)吊运成品入库

码垛的轨枕通过出库小车运输至成品库,检验合格的轨枕凭质检部门签发的合格证办理交库手续。轨枕存放和运输应按水平层次,枕底朝下正向放置。在成品库内应按型号和批次分别存放,堆放层数不得超过12层,每层轨枕间垫以厚度不小于40mm的木条或其他垫料,便于装卸作业。

近年来，铁路混凝土梁，混凝土轨道板以及混凝土轨枕大多发展为现场预制，即在铁路建设临时用地上建设预制工厂，生产所需的预应力混凝土梁、混凝土轨道板或混凝土轨枕等。虽然是现场工厂，但在管理、环境、产品质量各方面要求都很高，待生产任务结束后，设备拆走，场地他用，从而可大大节约运输费用，形成了一种混凝土制品在现场预制生产运作的一种新的模式。

第三节　双块式预应力混凝土枕的预制

近40年来，高速铁路先行发展的国家大力开发以混凝土或沥青混合料等取代有砟道床的各类新型无砟轨道，旨在提高轨道的稳定性、平顺性，大幅减少维修工作量。在新建高速铁路干线大量铺设应用中，取得了很好的技术经济效果。通过开展对国外双块式无砟轨道施工技术及施工设备的引进、消化、吸收及技术再创新工作，基本掌握了双块式无砟轨道轨枕制造、铺设施工关键技术，并开展了无砟轨道施工设备国产化技术研究。

为尽快打造出我国自己的品牌，在充分消化吸收了我国已引进的双块式轨枕生产线技术的基础上，依靠国内的研发力量，对铁路双块式轨枕预制工艺及设备进行开发创新，使双块式轨枕预制工艺及设备研制在国内实现国产化。下面简要介绍铁路双块式无砟轨道轨枕预制生产线组成、工艺流程。

双块式混凝土轨枕的预制采用环形生产线，进行工厂化制造，以保证轨枕的制造质量与精度，提高生产效率。生产组织按每天循环设计作业，流水生产节拍不大于5min，模具设计为4×1形式（即4根轨枕在一个模型中，外层采用框架钢结构形式）。生产能力为每天800根左右。

1. 总体平面布置

环形生产线生产车间设计尺寸为长60m×宽20m×高8m，全部置于钢结构彩钢房屋内，在车间的长尺寸方向的一侧有一个口，用于混凝土的进料方向；在车间的短尺寸方向上，一端为用于工作人员进出车间和轨枕运出车间的大门，便于将加工好的钢筋桁架运送至安装钢筋桁架的工位，一端为方便工作人员出入车间。按各设备及系统功能，轨枕生产线包括模具清理站、涂脱模剂站、套管安装站、钢筋桁架安装站、混凝土浇注与振捣站、养护池、翻—脱模站、轨枕检测站、装枕站。环形生产线平面布置如图3-10所示。

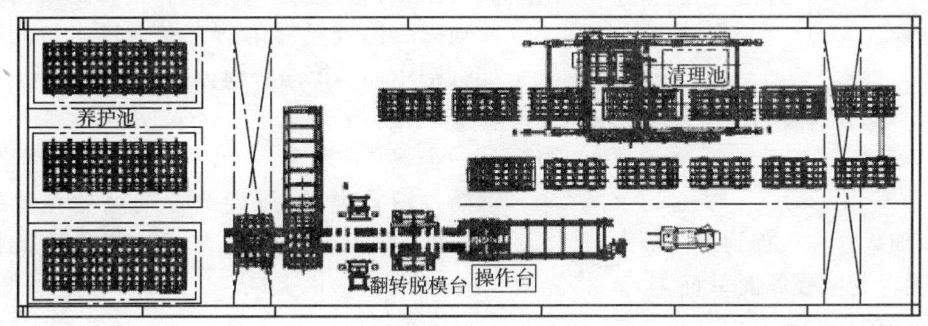

图3-10　轨枕生产车间平面布置示意图

2. 动力柜及电气控制柜总体布置

1)动力柜布置

总动力柜设在车间的一角,电缆沿纵向电缆沟引出,并有两个分支,一个动力分柜设在混凝土布料及振动区域的位置处由横向电缆沟引至该区域设备;另一个动力分柜设在车间的另一端在脱模翻转装置的位置,由横向电缆沟引至该区域各设备。

2)控制柜布置

为了便于维护,控制系统采用分散独立控制方式,共分以下几个部分:布料及振动控制柜、脱模翻转装置控制柜、多功能小车控制柜、蒸养系统控制柜。各控制柜引出的控制线均沿相应沟槽或设备走向引至设备控制终端或传感器,实现对相应机构的控制。

3. 主要设备功能和关键工艺

轨枕生产线应配备有钢模型、模型输送辊道、混凝土灌注设备、振动台、养护池、运模小车、翻—脱模机、模型清理侧翻平台、链式传送机等;钢模型采用4×1联短模型式;养护池应具备有自动控温系统来控制养护温度以及电控系统等,其生产工艺如图3-11所示。

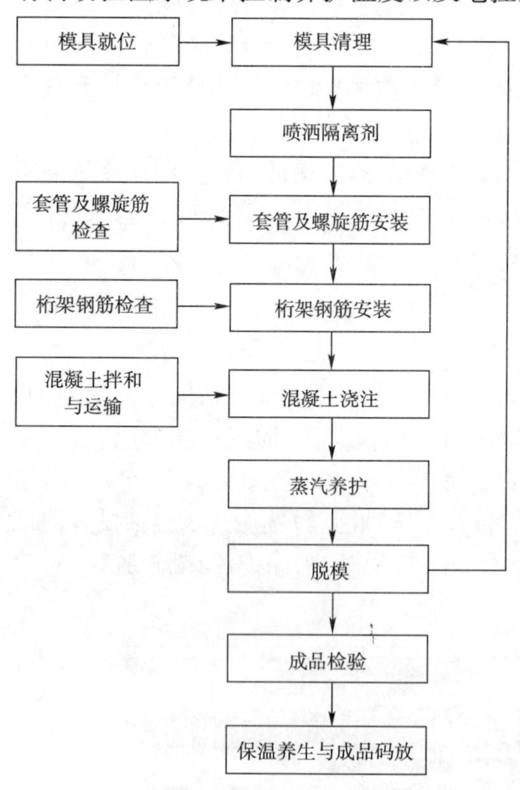

图3-11　轨枕生产线工艺流程

1)模具清理

主要作用是采用侧翻平台将脱模后的钢模倾斜80°,采用专用工具进行钢模型清理,将模型内的混凝土残渣、黏皮等清理干净,对钢模型进行检验。当脱模后的钢模移动到侧翻平台时,在侧翻平台上固定钢模,然后倾斜辊道(倾斜角度为80°),模板的清洗是与空气压缩室离不开的,用高压气枪清洗模板优点在于不损坏模板内部表面的光滑度,而且快捷,又省力。在清洗模板的时候需检查模板有无损坏、内部表面是否光滑、有无凹凸现象、有无较深或影响轨枕表面光滑度的刮痕。

2)喷洒脱模剂

涂喷脱模剂以便于好脱模。涂喷脱模剂时须注意,先涂喷脱模剂后安装套管。严禁脱模剂与套管接触,涂膜剂要适量,不得在模板内有集留,涂喷完后检查模板角落有无少量集留的脱模剂,如有则用棉纱擦净。模板内脱模剂要涂喷完好。

3)预埋套管安装

步骤是先将套管的定位轴固定在钢模底部预留的预留孔上,尽可能地拧到模具壳体的底部。确保定位轴紧紧地被拧到了模板上,且保证定位轴与模板底部垂直,然后将套管紧紧地拧到定位轴上;确保与模板底面垂直。

4)钢筋桁架安装

主要是安装两个钢筋桁架,并精确定位;然后将放置在轨槽中的弯起钢筋及钢筋网片精确定位。精确定位主要依靠模板上的桁架钢筋支撑槽。在桁架钢筋固定好的情况下，将箍筋跟钢筋桁架进行用勾筋固定连接。

5）混凝土布料

混凝土从搅拌机出来后经混凝土运输车运至布料装置的接料斗，实现向轨枕模具内布料。该混凝土布料装置由钢支架、大车行走部分、小车行走部分、闸门装置、翻转装置等五部分组成，并配以防撞装置，对设备起到安全保护作用。其功能描述：有 x、y 两方向运动，即大车行走靠两个电动机驱动；浇注时由四个油缸控制四个混凝土出口挡板的开启与关闭，通过四个电动机驱动四个螺旋给料器进行混凝土布料；料斗下部可旋转一定角度，当完工或停工便于清洗内部残留混凝土。

6）混凝土的振捣

将已布料的模具通过振动台振动实现混凝土的振捣。振动台及其升降辊道的功能描述：通过辊道将空模具运送到由四个胶囊风缸支撑的升降辊道上，这时风缸排风，使升降辊道下降，模具落在两个振动台上。振动台采用四个振动电动机为动力产生振动，振动结束后，开动风阀使胶囊风缸撑起升降辊道，运走带轨枕的模具。振动台激振力及振幅的大小及振动时间的长短均会影响到轨枕的质量，其频率、激振力、电动机旋向均可根据轨枕生产工艺需要调整。推荐一般工艺参数为：在激振力 1.2×4kN 工况下，先以 70Hz 频率段垂直振动（两振动电动机异向转动）60s，然后以 50Hz 频率段垂直振动 90s，最后水平振动（两振动电机同向转动）30s。

7）蒸汽养护系统

混凝土振捣密实之后，通过吊车将钢模吊至养护池内。养护池采用半地下式，带有强制排气设施。全自动养护监控系统，带有自动记录并储存，能自动控制养护通道内温度和湿度的实时控制装置和有关部件。蒸养系统中的喷管直径、喷气孔大小、管道在通道内的布置以及各分区间的分隔和两端的封堵等，要求满足温度变化不大于 15℃ 的规定。蒸汽养护分为静停、升温、恒温、降温四个阶段。混凝土浇筑后在 5～30℃ 的环境中静停 2～3h 后方可升温，升温速度不大于 15℃/h，恒温不少于 6h，枕芯温度应不大于 55℃，降温速度不大于 15℃/h，出坑前的轨枕表面与坑外环境温度之差不大于 15℃。蒸汽养护系统是针对枕轨的连续化生产所专门开发的可自动监控系统，其养护系统参数：静停温度为 29℃、静停时间 120min，升温速度不得大于 15℃、升温时间 120min，恒温温度为 45℃、恒温时间 360min，降温速度不得大于 15℃、降温时间 120min。

8）模具翻转与轨枕脱模

轨枕达到养护周期后进入翻转脱模工序，其中，模具刚度及脱模台激振力的合理设计是保证轨枕精度和成功脱模的关键。模具翻转与轨枕脱模工作由翻转机、脱模台实现。翻转机由框架、横移架、提升、旋转装置四部分组成，横移、提升、夹紧由三个油缸完成，旋转由电机与减速机完成；脱模台由支撑结构、振动脱模台组成，通过气路使橡胶囊充气，脱模台抬起，然后放气，使模具快速下落产生冲击，轨枕在模具内产生惯性力，离开模具落在支撑台上，完成脱模。

9）模具的输送

翻转脱模区的模具输送由多功能小车完成，其功能包括：运送带轨枕模具至脱模台；运送脱模后的轨枕至链条输送机上；运送空模具于返回辊道上。多功能小车由车架、升降台及走行部分组成，由电机驱动四个走行轮实现走行，一个电机通过齿轮齿条传动四连杆机构使升降架升降,达到运送功能。空模具在返回过程中要完成清洗、喷洒脱模剂以及钢筋桁架安装等工作。模具返回辊道主要有两种形式:第一种为标准辊道,由1.1kW电机链轮链条驱动辊子转动,运送模具;第二种为可倾斜辊道,把辊架分为两部分,通过油缸可使辊轴部分倾斜70°,方便清理模具。由横移架车实现空模具到混凝土布料装置处的横向运送。该架车是将标准辊道增加了电机驱动四个轮子走行部分。当空模具在标准辊道上完成安装钢筋桁架等辅件后,运送到横移架车上,当布料区一辊道上没有模具时,将横移架车就推移将模具运送到该辊道上。

10)电控系统

电气控制系统由辊道电气控制、模具横移小车电气控制、顶推和牵引装置电气控制等几部分组成。以辊道电气控制系统为例,按生产线工艺要求,辊轮控制操作分为三个区间单独控制,由一台PLC实现逻辑控制。实现了区间全线半自动化运行,提高了生产效率。

实践证明,铁路双块式轨枕预制工艺国产化技术,科学、合理、简单、实用,具有对工作环境污染小、安全生产有保障等特点,各项性能指标全部达到设计要求。该双块式轨枕生产线具有运行平稳、工作可靠,自动化程度高、操作简单,作业效率高等特点,可以达到正常流水化生产能力,效果良好。

第四节　轨道板的类型与技术特点

无砟轨道按是否存在轨枕可分为有轨枕式和无轨枕式两大类型,无轨枕式无砟轨道包括现浇道床板式和预制轨道板式两类,而预制轨道板式无砟轨道由于轨道板可在工厂内集中预制,其质量容易控制,同时大大减少了现场混凝土浇筑量,可大幅提高无砟轨道施工进度,因而在我国城际铁路和高速铁路上得到了广泛运用,一般所说的板式无砟轨道指的就是预制轨道板式无砟轨道。

板式无砟轨道根据板间纵向力的传递方式不同,可分为单元板式无砟轨道和纵连板式无砟轨道两大类,它们所采用的预制轨道板分别称为单元轨道板和纵连式轨道板。

一、单元轨道板

单元轨道板按照是否施加预应力分为钢筋混凝土(RC)轨道板和预应力钢筋混凝土(PC)轨道板,按照轨道板结构型式可分为普通型(图3-12)和框架型(图3-13)。

图3-12　普通型单元轨道板

图3-13　框架型单元轨道板

我国在日本单元轨道板技术基础上研发的CRTS Ⅰs轨道板,包括预应力混凝土平板、预应力混凝土框架板和普通混凝土框架板。框架型轨道板的混凝土和CA砂浆用量相对较小,可节约成本,有效降低噪声,还可以减缓温差引起的板翘曲。为减小局部应力集中,控制裂纹的发生发展,框架轨道板的中空部位应进行倒圆角处理。

Ⅰ型轨道板混凝土强度等级为C60,宽度均为2400mm,长度规格有4962mm、4856mm、3685mm等多种,厚度均不应小于190mm,承轨台厚20mm,承轨台中心间距不宜大于650mm。轨道板两端中部设有与凸形挡台同心的半圆形缺口,半径为300mm。

轨道板中预应力筋采用直径13mm的低松弛预应力钢棒,其抗拉强度不低于1420MPa,为避免预应力钢筋张拉后伸出部分的切割,横向预应力筋采用单端张拉,固定端预应力筋螺纹外露量控制在8~10mm;纵向预应力钢筋采用两端张拉,并控制两端预应力筋螺纹外露量基本一致。后张法预应力筋锚穴的封锚质量影响轨道板的耐久性,如果封锚处的砂浆开裂或者与锚穴周边的混凝土结合不牢靠,会使轨道板预应力筋锈蚀,影响其耐久性,故要求封锚砂浆填压前,应将锚穴清扫干净,并在周边均匀喷涂能够提高黏结强度的界面剂。

轨道板中非预应力筋包括Ⅱ级热轧带肋钢筋、纵横向钢筋和预埋套管周围的低碳冷拔钢丝(螺旋筋),为保证轨道板的绝缘性能,轨道板内的纵向或横向钢筋均应采用环氧树脂涂层处理。轨道板内设置有接地端子(图3-14),以满足客运专线综合接地的系统要求。此外,板内还应预埋起吊套管、绝缘套管等。

图3-14　单元轨道板接地端子

二、纵连式轨道板

纵连式无砟轨道的典型代表是德国的博格板式无砟轨道,我国在引进德国技术的基础上,经过消化、吸收、再创新的国产化研究,形成了具有中国特色的CRTSⅡ型板式无砟轨道技术。

CRTSⅡ型轨道板包括标准板、特殊板和补偿板三种。标准板(图3-15)长6450mm、宽2550mm、厚度200mm,混凝土的设计强度为C55或C60级,每块板混凝土用量3.45m^3,板重约9t,特殊板和补偿板依据具体情况确定。CRTSⅡ型轨道板采用先张法制作,横向配置60根ϕ10预应力钢筋和6根ϕ5mm定位预应力丝,纵向配置6根ϕ20精轧螺纹钢筋,用于轨道板的纵向连接,在纵、横向钢筋的上层及下层分别配置一层ϕ8环氧涂层钢筋网片,以保证交叉点绝缘效果。ϕ20mm精扎螺纹钢筋与预应力丝间采用热缩管隔离绝缘。

每块标准板布置承轨台10对,承轨台纵向间距均为65cm,每组承轨台之间设置一道控制开裂的V形槽,共计9道;标准板另设有灌浆孔3个,分别布置于第2、5、8道预裂槽正中,成孔形状为直径16cm(上)、14cm(下)的圆台;在轨道板两端各设用于铺设时初步定位的凹槽2

个,凹槽位是一段圆弧,其上口半径 6.9cm,下口半径 7.4cm;在轨道板的两端还设有切槽各 2 个,每个切槽伸出用于轨道板纵向连接的 $\phi20$ 精轧螺纹钢 3 根。

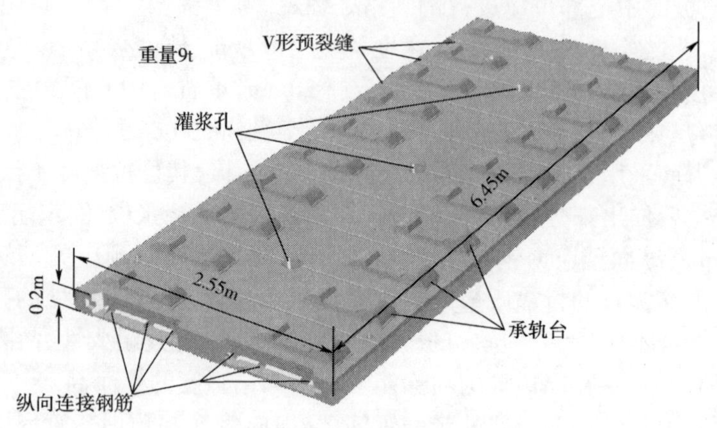

图 3-15 纵连式标准轨道板结构图

第五节 单元轨道板的预制

一、单元轨道板的尺寸

我国Ⅰ型轨道板有 3 种基本结构尺寸,分别适用于不同的结构路段,见表 3-6。

单元轨道板结构形式 表 3-6

序号	轨道板几何尺寸/长×宽×厚(mm)	单元轨道板混凝土用量	适用结构路段
1	4962×2400×200	2.4	路基,隧道,32m 标准箱梁
2	4856×2400×200	2.3	24m 标准简支箱梁
3	3685×2400×200	1.7	32m 标准箱梁配跨

同以往轨道板相比,Ⅰ型单元轨道板具有以下 3 个特点:

(1)轨道板厚度由 190mm 提高到 200mm,增大混凝土保护层厚度,提高混凝土耐久性。

(2)轨道板采用双向 PC 钢棒预应力系统:定尺下料、专用张拉千斤顶张拉、螺母锚固,完全取代了以往的钢绞线预应力系统。

(3)轨道板板面专置 20mm 高的承轨台,有利于扣件周围排水、起道和焊轨作业,并能够提高轨道信号传输的距离,增加轨道的水膜电阻。

二、单元轨道板制作工艺

轨道板预制在工厂内集中进行。采用专用预制模具,工业化作业,流水线生产轨道板。轨道板制作工艺流程如图 3-16 所示。

1.钢筋骨架加工

钢筋骨架加工在专用绑扎编架上进行,确保钢筋骨架绑扎的正确位置,且钢筋绑扎胎卡具与钢筋接触点均采用木质结构制作,保证环氧涂层钢筋在绑扎的过程中涂层表面不被破坏。在钢筋骨架下方、侧面采用铁丝绑扎好垫块,确保轨道板保护层厚度。钢筋骨架加工完成后,检测其绝缘性能,钢筋骨架绝缘电阻值不小于2MΩ。

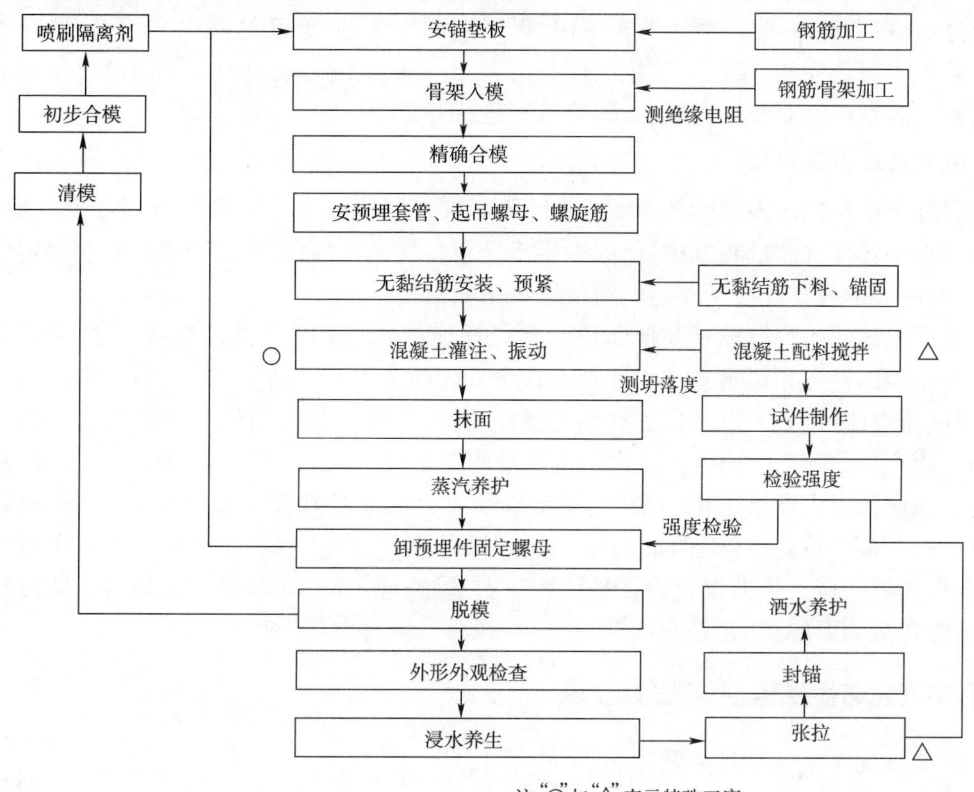

图3-16 单元轨道板制作工艺流程图

2. 合模及预埋件安装

首先进行内模合模,内模合模完成后,在底模及侧模均匀涂刷脱模剂。将加工好的钢筋骨架掉入底模上,确定正确位置,对侧模和端模进行调整,使钢模长、宽尺寸偏差在±1.5mm范围内。侧模、端模与底模的连接螺栓全部上紧,保证合缝紧密。

钢筋骨架在底模就位后,即可安装各种预埋件。安装塑料套管时必须将所有套管放置到位后再缩紧专用固定装置,并对每个套管紧固与否进行检查,发现松动立即处理;安装起吊螺母在模型侧面进行,用相应的螺栓将其固定,并绑扎螺母外螺旋筋,塑料套管外螺旋筋,保证各螺旋筋的位置正确;安装预应力钢棒时,将工厂定尺下料好的预应力钢棒从锚穴孔内穿入,直到钢棒的另一端从对应的锚穴孔穿出。检查两侧外露尺寸相等时,采用配套螺母进行预紧固。

合模及各种预埋件安装完成后,混凝土浇注前,再次检测钢筋骨架绝缘性能,确保钢筋骨架绝缘电阻值不小于2MΩ。

3. 混凝土浇注

混凝土由设在预制厂内的搅拌站供应,混凝土运输车配送至预制生产线,吊车吊运混凝土料斗至需要浇筑的轨道板上方。轨道板混凝土的浇注以一块板为单位连续完成。

混凝土布料分2层，每层约100mm，先布轨道板外围混凝土，再布轨道板中心，直至将整个模板填满。在混凝土布料的同时，开动相应位置振动器进行振动，每块轨道板振动时间不宜过长或过短，以表面泛浆，混凝土不再下沉、无气泡溢出为度，保证产品内实外美，侧模和内模四周用插入式振动棒加强振动，防止出现蜂窝麻面。混凝土振捣完成后，用整面机平整混凝土浇注表面。混凝土表面修整完成后，覆盖帆布进行养护。

4. 轨道板脱模及张拉

当混凝土试件抗压强度达到40MPa时，便可进行脱模操作。拆除所有预埋件固定螺栓，然后利用水平丝杆将侧模和端模拆除，先用千斤顶将轨道板顶起，完全脱离塑料套管定位装置后，再用专用起吊夹具配合天车将轨道板缓慢吊离模型。

当混凝土试件的弹性模量和强度均达到设计值的80%时（即弹性模量大于34GPa，抗压强度大于48MPa），方可进行预应力张拉。按设计张拉控制应力进行张拉，预施应力值应采用双控，以油压表读数为主，以预应力筋伸长值作校核，实际伸长值与设计伸长值的差值不得超过1mm，实测伸长值宜以10%张拉力作为测量的初始点。预应力筋张拉顺序从中间向两边对称进行。横向预应力筋采用单端张拉，固定端预应力筋螺纹外露量控制在8～10mm；纵向预应力钢筋应两端张拉，并控制两端预应力筋螺纹外露量基本一致。封锚采用M40聚合物砂浆，聚合物为聚酯酸乙烯类聚合物，用量（按折固量计）应不小于胶凝材料的2%。轨道板张拉完成后，应在板侧面标识“张拉完成”标记。

三、单元轨道板混凝土控制关键技术

1. 轨道板混凝土原材料质量控制

单元轨道板混凝土原材料包括水泥、特种掺和料、骨料、水和外加剂。其中，通过特种掺和料和化学外加剂的复合作用，调整胶凝材料早期水化进程，达到轨道板早期强度和长期耐久性指标的要求。

（1）水泥：必须为硅酸盐水泥或者普通硅酸盐水泥，水泥强度等级不低于42.5级。水泥碱含量不超过0.6%，三氧化硫含量不超过3%，氯离子含量不超过0.06%，熟料中C_3A含量不宜超过8%。

（2）特种掺和料：特种掺和料主要用于改善混凝土的拌和性能、早期力学性能和长期耐久性，使混凝土满足相应要求。特种掺和料的技术指标见表3-7。

特种掺和料技术指标 表3-7

序号	项　目	技术指标	序号	项　目		技术指标
1	氯离子含量（%）	不宜大于0.02	5	需水量比（%）		105
2	烧失量（%）	≤4.0	6	活性指数（%）	1d	≥125
3	SO_3 含量（%）	≤3.0			28d	≥110
4	含水率（%）	≤1.0				

（3）集料：粗集料应采用材质坚硬、表面清洁的二级或多级单粒级碎石，最大粒径为20mm，含泥量不大于0.5%，氯化物含量不大于0.02%；细集料应采用材质坚硬、表面清洁、级

配合理的天然中粗河砂,含泥量不大于1.5%,氯化物含量不大于0.02%。不应使用具有碱—碳酸盐反应活性或砂浆棒膨胀率大于0.20%的碱—硅酸盐反应活性的骨料。当集料的砂浆棒膨胀率为0.10%~0.20%时,必须控制混凝土碱含量小于3kg/m^3。

(4)外加剂:必须为聚羧酸盐系减水剂。减水率不小于25%,收缩比不大于110%。

(5)拌和水:拌和水必须洁净,对混凝土性能无害。

2. 轨道板混凝土新拌物工作性控制

轨道板混凝土新拌物工作性不仅影响轨道板质量,而且影响轨道板生产效率。总结轨道板生产经验可知,轨道板混凝土新拌物最佳工作性控制在坍落度12~14cm。此时,混凝土下料顺畅、布料方便、易振捣,内部气泡易排出,混凝土振捣后均匀、密实。新拌物坍落度小于12cm,混凝土下料、振捣和平整十分困难,轨道板内部质量和表观质量难以得到保障,同时,坍落度偏小会导致混凝土浇注时间延长,严重降低轨道板生产效率;新拌物坍落度大于14cm,混凝土在附着式振捣器的振捣作用下,易出现分层和表面翻浆,混凝土硬化后表面出现起皮。

3. 轨道板混凝土养护控制

单元轨道板混凝土养护采用蒸汽高温促进养护。养护分为静停、升温、恒温、降温4个阶段,采用3-2-4-2方式,即静停3h,升温2h,恒温4h,降温2h。养护控制包括温度控制和湿度控制。

温度控制包括静停阶段环境温度控制在5~30℃,升温阶段升温速度不大于15℃/h,恒温阶段蒸汽温度不超过45℃,板内芯部混凝土温度不应超过55℃,降温阶段降温速度不应大于15℃/h。

湿度控制采取在养护棚内布设喷水管,定期向棚内补充水分,增大养护棚内的湿度,以确保轨道板混凝土在高温养护下水化加速所需的水分。静停阶段每1.5h喷水1次,升温阶段每1h喷水1次,恒温阶段每2h喷水1次,降温阶段每1h喷水1次。每次喷水时间约3min,喷水宜采用温水。

4. 轨道板混凝土裂缝控制

单元轨道板混凝土强度等级高,收缩大,容易出现裂缝。轨道板混凝土在经过静停、升温、恒温、降温四个养护阶段后,揭掉帆布,准备脱模时,如果遭遇大风暴雨天气,环境温度骤降10~15℃,脱模后轨道板侧面会出现多条裂缝,裂缝主要分布在施加预应力的断面上。

分析轨道板产生裂缝的原因:主要是轨道板在拆模过程中,环境温度骤降,导致轨道板表面温度和环境温度差过大,轨道板侧面遇冷发生急剧收缩,而轨道板内部由于热量散失很慢,仍保持较高的温度,从而形成一种内胀外缩的现场,导致轨道板混凝土出现裂缝。

控制轨道板裂缝的措施:主要有加强混凝土轨道板的养护管理,严格控制降温速率小于15℃/h;严格控制轨道板混凝土表面温度与外界温度相差小于15℃时,方可拆除保温层。当遭遇气温骤降而要拆模时,应及时关闭工作车间门窗,保证工作车间温度不发生骤降。

第六节　纵连式轨道板的预制

为提高纵连式轨道板铺设完成时的精度,减少后期轨道精调的工作量并在运营过程中保持良好的轨道几何形位，我国在博格板基础上发展的CRTSⅡ型纵连式轨道板每一块都有唯一的顺序编号，在预制时即按照设计确定的每块轨道板参数，通过对预制毛坯板的每个混凝土承轨槽采用数控磨床进行打磨加工，达到0.1mm的加工精度。经过打磨后的轨道板在线路上具有唯一的位置属性，一经铺设完成即可保证轨道的最终精度，无需单元板式无砟轨道采用充填式垫板进行二次调整的过程。

一、预制板场的设计

Ⅱ型轨道板毛坯板应在厂房内采用先张长线台座法预制，实行工厂化施工管理。根据制板量及施工工期及轨道板生产的特点，规划生产线并确定生产线数量。每条生产线均采用三班制作业，每24h可完成一循环轨道板预制，其中作业时间8h，蒸汽养护时间16h，如表3-8所列。

轨道板预制一循环工序作业时间表 表3-8

序号	名　称	时间(h)		内容与说明
		单项	累计	
1	清理模板、涂脱模剂	0.5	0.5	安装清理模板、涂脱模剂
2	底部钢筋配置	1	1.5	安装定位钢丝、底部钢筋及绝缘检测；清理模板0.5h后施工该工序，用时共计1h
3	穿预应力钢绞线	1.5	3.0	安装预应力钢绞线及张拉；底部钢筋配置施工0.5h后施工该工序，用时共计2h
4	上部钢筋配置	1.0	4.0	安装上部钢筋及绝缘检测
5	混凝土浇筑	1.5	5.5	浇筑混凝土
6	拉毛、覆膜	0.5	6.0	混凝土表面拉毛、覆盖养护膜，浇筑混凝土0.5h后施工该工序，用时共计2h
7	蒸汽养护	16	22.0	启用温控系统进行养护
8	脱模、吊装	2.0	24	用真空吊具脱模

轨道板场总体设计应按Ⅱ型板生产工艺流程进行科学合理规划，力争做到布局紧凑合理、工序衔接顺畅、物流方便、便于管理，生产规模满足工期要求，并适度预留生产能力。根据施工工艺流程和施工工艺特点，可将预制厂分为既相互独立又互相联系的7个区域。

(1)钢筋加工存放区：钢筋加工存放区主要包括钢筋网片制作、绝缘安装检测、钢筋网片存放等功能。根据日产毛坯板数量确定每日钢筋加工量，设置适当数量的钢筋加工胎具和存放台位，并配置5t或10t单梁吊车1～2台及3～4套钢筋加工设备，进行钢筋原材和钢筋网片的吊装、加工。

(2)混凝土搅拌区：主要包括混凝土搅拌站和砂石料堆放区，搅拌站生产能力应满足板场施工的技术要求，要求每条生产线的混凝土必须在2h内浇筑完成，且每盘混凝土搅拌时间不低于2min，并配备足够的水泥罐、掺和料罐和砂石料以满足材料供应。

(3)轨道板预制区：轨道板预制区主要完成模具安装、横向预应力筋张拉、混凝土浇筑、蒸汽养护和毛坯板临时存放等功能，应配置与生产线配套的先张台座、可移动的自动张拉系统、定长裁筋机、自动钢筋切割锯等，此外还应配置数台16t桥式行车、混凝土布料机、多功能运输车、拉毛机和蒸汽养护系统、真空吸盘吊具等，图 3-17 是某轨道板预制区场景。

(4)轨道板存放区：轨道板存放区分为毛坯板存放区和成品板存放区。毛坯板存放区每垛毛坯板不超过 12 层，存放时间不宜少于 1 个月。成品板存放区的轨道板成品应按型号和批次分别存放，堆放层数不超过 9 层，不合格的轨道板应单独存放。毛坯板存放区和成品板存放区的板与存放基础之间以及每层板间均应安放 4 个垫块，垫块应上下对齐，垫块的规格尺寸和支点位置应符合设计要求，垫块高度允许偏差 ±2mm，承载面应平行，误差控制在 2mm 以内。

图 3-17　某轨道板预制区布置

(5)轨道板打磨装配区：轨道板打磨装配区是以数控磨床为中心完成混凝土承轨台的精确打磨，合格后编号安装专用扣件系统的自动化生产线。轨道板打磨装配区应配置数控磨床、翻板机、自动钢筋切割锯、滚轮运输线、吸水器、定量油脂注射机各 1 ~ 2 台(套)，并配备 16t 桥式行车。

(6)辅助生产区：包括中心实验室、变配电室、备用发电机组、锅炉房、维修车间、配件室、空压机房及给排水系统。板场中心实验室应包括办公室、力学室、骨料室、混凝土室、养护室、化学分析室、留样室等。

(7)办公生活区：分为办公区、住宿区、生活区、活动区等，满足办公和生活需要。

二、Ⅱ型轨道板制造工艺

轨道板生产线投入生产后，首先制造出标准的毛坯板，并在毛坯板存放区存放不小于 1 个月，待混凝土收缩徐变基本完成后，才能进行板的磨削等加工。Ⅱ型轨道板制作的主要工序分述如下。

1. 模具安装

标准板模具设计长 6.45m、宽 2.55m，由地脚螺栓及支撑钢板、缓冲橡胶块、支架、面板、承轨台、纵向隔模、橡胶端模以及辅助部件组成，模具组成结构如图 3-18 所示。

模具安装的具体方法如下。

1)确定模具调整参考面

模具安装首先采用数字水准仪测出张拉台座两端张拉横梁上张拉钢丝钳口的高程，并求出两端的高程平均值，要求张拉池两端张拉横梁的高度应处于同一水平，最大允许相差 ±1mm，全局布置模板，确定模具调整参考面。

2)粗调模具高程

将清理干净、涂好脱模剂并检测合格的模具放置在支撑钢板上，按照模具边沿高程比张拉槽口高程平均值高 1.5 ~ 2.0mm 或与相邻模具基本等高的原则将模具粗调平。

3)纵向槽口定位

采用张拉钢丝法或经纬仪定位法，以两端张拉台座上的 ϕ5 钢丝张拉槽口中心为基准线，移动模具，使模板 V 形槽口中线与之对齐，其精度要求达到 ±1mm。

4)精调模板高程

用数字水准仪分别测出每套板模具上第 1、4、7、10 列共 4 对承轨台的高程，具体的测量位置是在靠近模具支腿一侧的承轨台角。根据承轨台的测量值以及模具调整参考面确定各个支腿调整的方向以及调整的量，通过扳手转动支撑钢板上的调节螺栓，改变支腿的高低。调整后，对模具重新进行测量、调整，直到与调整参考面误差小于 1.0mm，且同一列承轨台的高程精度达到 ±0.3mm。

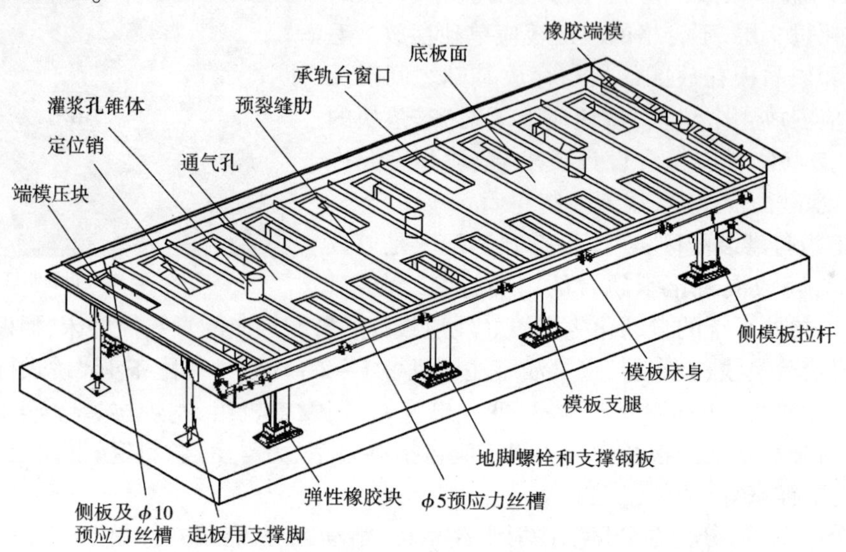

图 3-18　Ⅱ型板模具组成结构图

2. 预应力钢丝、钢筋及预埋件安装

Ⅱ型轨道板内钢筋由 $\phi10$、$\phi5$ 预应力丝、$\phi20$ 精轧螺纹钢筋及上下两层钢筋网片组成。钢筋间纵横结点应按设计要求采取隔离绝缘措施，主要工艺要求如下。

1）预应力筋下料

预应力筋采用机械定长切断，不应使用电焊切割；用于每个台座的预应力筋间下料长度偏差应控制在万分之二范围内。预应力筋在切断和移运时应保持顺直，防止变形、碰伤和污染。

2）钢筋编组加工

普通钢筋加工在常温下进行，按照设计图检查尺寸，切断刀口平齐，两端头不应弯曲。下料长度应符合设计规定，允许偏差应符合表 3-9 的要求。

普通钢筋下料长度允许偏差　　表 3-9

序　号	项　　目	允许偏差(mm)
1	直径为 8mm 的螺纹钢筋	±10.0
2	直径为 16mm 的螺纹钢筋	±10.0
3	直径为 20mm 的精轧螺纹钢筋	0 −10.0

上、下层钢筋网片分别在专用胎具上编制，如图 3-19 所示。纵、横向钢筋按设计要求进行绝缘处理，钢筋间的电阻值不小于 2MΩ。

$\phi20$ 精轧螺纹钢筋绝缘采用热缩管，热缩管安装在专用胎具上进行，如图 3-20 所示。先将定长的 $\phi20$ 精轧螺纹钢筋抬放到加工胎具上，然后将热缩套管套在螺纹钢筋上，套管间距应符合设计规定,允许偏差 ±5mm,用喷火枪开始热缩加工。燃气喷火枪点火后,沿套管上下往复快速移动,此时热缩管将收缩套紧,当热缩管处能看到钢筋螺纹时,停止喷火。喷火时,枪口与热缩管保持 10~15cm 距离,防止热力过于集中,使套管绝缘性能降低或丧失。

图 3-19　专用胎具上进行钢筋网片加工

图 3-20　热缩管加工

3)ϕ5 预应力钢丝及下层钢筋网片安装

ϕ5 预应力钢丝采用人工安装,将预应力钢丝放入定位槽口,并在两端安装锚具张拉;安装完 ϕ5 预应力钢丝后,用天车和钢筋网片吊具将下层钢筋网片吊入到模具内,下层钢筋网片与 ϕ5 定位预应力筋间电阻值不小于 2MΩ。

4)ϕ10 预应力筋张拉

每次张拉前应对锚具的锚筒和锚片进行检查和清理。ϕ10 预应力筋采用整体横向张拉方式,用大吨位张拉横梁,同时张拉 60 根预应力筋,张拉力达 470t,如图3-21所示。张拉分初张拉和终张拉两个阶段:初张拉将预应力钢筋张拉至约设计值的 20%,安装中间挡板和扣件套管,并锁定在模具上,同时调整下层钢筋网片的位置,然后进行终张拉,将预应力钢筋张拉至设计值,张拉结束后,利用调整环使液压缸止动并卸压。预施应力值应采用双控,以张拉力读数为主,预应力筋伸长值作校核。实际张拉力、伸长值与设计值偏差不得超过 5%,实际单根预应力钢筋的张拉力与设计值偏差不得超过 15%。张拉过程中,始终保持同端千斤顶活塞伸长值间偏差不大于 2mm,异端千斤顶活塞伸长值间偏差不大于 4mm。张拉设备应整体标定,有效期不应超过一年,并定期对单根钢筋的张拉力进行检测。

图 3-21　ϕ10 预应力筋整体横向张拉

5)上层钢筋网片及预埋件安装

ϕ10 预应力筋终张拉后开始安装上层钢筋网片。先将 6 根精轧螺纹钢筋的两端插入轨道板端切槽体的固定孔洞中,再抬起切槽体和钢筋,将切槽体压入销钉中,固定切槽体的平面位置;最后,搬动切槽体结合缝锁定机构,固定切槽体的高度。上层钢筋网片与 ϕ10 预应力钢丝间采用热缩管绝缘,上层钢筋网片与 ϕ20 精轧螺纹钢筋间按设计要求进行绝缘处理。钢筋安装完后,要系统地检测钢筋的电气绝缘性能,不达标时应及时采取措施解决。

钢筋在模板中的位置应符合设计规定,允许偏差应满足表 3-10 的要求。轨道板内所有预埋件应按设计图位置和间距准确安装,并应与模板牢固连接,保证混凝土振动成型时不移位。

轨道板内钢筋不得与预埋件相碰。

轨道板内钢筋位置的允许偏差　　表 3-10

序号	项目	允许偏差(mm)	序号	项目	允许偏差(mm)
1	普通钢筋	±5.0	3	精轧螺纹钢筋	±5.0
2	预应力钢筋	±3.0	4	钢筋保护层	±5.0

3. 混凝土配制和浇筑

混凝土浇筑前,应确认钢筋及预埋件的位置和间距,同时用 500V 兆欧表测量确认钢筋骨架的绝缘性能,各层钢筋间电阻值不得小于 2MΩ,同时还应确认接地钢筋、接地端子的位置和焊接质量满足设计要求。

轨道板混凝土应具有良好的密实性,浇筑时应保证钢筋和预埋件的正确位置,每块板浇筑时间不宜超过 20min,模板温度应控制在 10 ~ 30℃,当温度过低、过高时,应对模板采取升、降温措施。混凝土入模温度控制在 15 ~ 30℃,浇筑时采用布料机均匀布料(图 3-22),可将混凝土定量投入模板,同时也保证了混凝土浇筑的均匀性和底板面平整度及轨道板厚度的可控性,采用模具下安装的附着式振捣器进行捣固。

压入混凝土中的调高预埋件位置和数量应符合设计要求,高度允许偏差 -3 ~ 0mm。每块轨道板浇筑成型后,混凝土初凝前,应对板底混凝土面进行刷毛,刷毛深度应为 1 ~ 2mm,如图 3-23 所示。在保证构件棱角完整、板体不开裂前提下,应尽早将模板间的中间挡板从混凝土中取出。

在每个台座最后一块轨道板浇筑成型过程中,取样制作 3 组混凝土抗压强度试件,用于混凝土脱模抗压强度和 28d 抗压强度的检测。每隔半个月制作 1 组 28d 混凝土弹性模量试件。脱模抗压强度试件养生采用同步养生,28d 试件制作完成后直接进行标准养护,试件制作、养护的其他要求应符合《普通混凝土力学性能试验方法标准》(GB/T 50081—2002)的规定。

图 3-22　混凝土布料

图 3-23　混凝土板底涮毛

4. 混凝土养护

混凝土采用保温养护制度,在每块轨道板浇筑成型后应立即进行覆盖帆布养护。帆布放在专用托盘上,用多功能运输车(图 3-24)运送到现场。在养护期间,板体混凝土芯部最高温度不宜超过 55℃。

5. 预应力筋放张及轨道板脱模

当轨道板混凝土同条件养护试件抗压强度达到设计强度的 80%,且不低于 48MPa 时,即可撤掉帆布，进行预应力放张及切割预应力筋，开始轨道板脱模作业。预应力筋采用整体放张方式，在放张过程中要保证4台千斤顶动作同步。预应力筋放张完成后，先切断在张拉台座1/2处模板间的预应力筋，再切断在张拉台座1/4和3/4处模板间的预应力筋，最后切断其余模板间的预应力筋，不允许在带应力情况下切割，如图3-25所示。

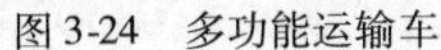
图3-24　多功能运输车

图3-25　专用预应力筋切割小车

轨道板脱模时，轨道板表面与周围环境温差不应大于20℃，脱模采用真空吊具（图3-26），在确认工艺配件与模板的固定装置全部卸除后，缓慢地起吊轨道板，保证轨道板不受冲击。轨道板脱模后在厂房内的专用支架上临时存放，每组支架上存放3层，并进行覆盖养护。静放24h，当轨道板表面温度与室外环境温差不大于15℃时，方可撤掉覆盖物，用电瓶车运至存板场堆放，进行自然养护。

6. 轨道板打磨

1）翻转轨道板

轨道板在存板场存放28d后即可进行打磨，打磨前应先将倒置的轨道板采用特制的翻转机进行翻转，如图3-27所示。用龙门吊车、抓钩式吊梁将毛坯板运送到翻转机上，启动翻转机液压装置，将毛坯板夹紧，翻转装置上升到极限位置后翻转180°，再将轨道板下降至滚轮托架线位置后，解开翻转机锁紧装置。

图3-26　真空吊具起吊轨道板

图3-27　轨道板翻转

2）切割外露预应力筋

轨道板翻转后由滚轮托架线将轨道板运送到钢筋切割工位，用盘锯将轨道板两侧外露预应力筋切平，如图3-28所示。切割完后轨道板继续向前运送至打磨室进料口处，等待打磨作业。

打磨轨道板由数控磨床完成，数控磨床根据打磨程序给出的打磨次数和打磨量，启动磨轮对承轨台进行打磨，打磨时供水、供电、供气系统及污水处理系统协同运转，如图 3-29 所示，直至测量系统自动检测达到质量标准，即启动雕刻程序将轨道板的布板编号雕刻在轨道板上。编号雕刻完成后，机床上的冲洗装置自动冲洗轨道板，之后夹紧油缸松开，将打磨好的轨道板放到滚轮托架线上运出，打磨室的进料口同时打开，下一块毛坯板进入打磨室。

图 3-28　轨道板两侧外露预应力筋切割

图 3-29　毛坯板打磨

7. 扣件安装

打磨完成的轨道板运到扣件安装工位后，首先用吸尘器对存满水和混凝土粉末的螺栓孔清洁并吹干，再用油脂注射机定量（每个螺栓孔 14g）注入润滑油脂，人工摆放扣件、插入螺栓，最后用气动扳手采用 30 ~ 50N · m 的固定力矩拧紧每个螺栓。

8. 成品板存放

扣件装配完成后的成品板转运到绝缘检测工位，进行整体绝缘性能检测，检测合格的轨道板运到成品板存放区，用龙门吊将其一一吊至计划存放位置堆放。成品板的堆放作业方法与毛坯板相同，但每垛最多 9 块。成品板堆放到台座上后，要及时形成记录，记录的内容包括：轨道板的编号、打磨日期、预制日期、模具号、质量情况等。不合格的轨道板应单独存放。

复习思考题

1. 调查所在地区轨枕使用情况。
2. 分析Ⅰ型、Ⅱ型、Ⅲ型混凝土枕的技术特点。
3. 预应力混凝土轨枕的施工工艺有哪些特点？
4. 简述双块式预应力混凝土枕的预制过程。
5. 对比分析单元轨道板与纵连轨道板的结构特点。
6. 简述单元轨道板的预制过程。
7. Ⅱ型轨道板预制厂主要由哪些区域组成？各有什么作用？
8. 简述Ⅱ型轨道板的预制过程。

第四章　有砟轨道铺设

教学目标

1. 熟悉有砟轨道铺设作业的准备工作。
2. 掌握轨排组装的常见方法及作业要点。
3. 能够用轨排铺设法进行有砟轨道铺设施工。
4. 掌握铺砟整道作业方法及要点。

轨道铺设按其性质可分为正常铺轨和临时铺轨。正常铺轨是在正常条件下，把正式轨道铺设在已完工的永久性路基及桥隧建筑物上；临时铺轨是为了满足工程运输的需要临时铺设的轨道，在工程竣工后予以拆除。

按照铺轨方向可分为单向铺轨和多向铺轨。单向铺轨是由线路起点一端循序向前铺轨至线路终点。这一线路起点既可以是新建铁路线与既有线路的接轨点，也可以是运送铺轨材料及机车车辆来源的通航港口或内河码头。多向铺轨是在工期紧迫和运输条件许可的情况下，全线分段、同时铺轨，即从两端或更多方向开展。其中，双向铺轨多用于新建铁路，更多向铺轨常在铁路增设第二线时采用。

按照铺轨方法可分为人工铺轨和机械铺轨两种，包含轨排组装、运输及铺设等三个环节。在铺轨中，这三个环节是互相衔接、互相影响的，只有抓住主要带动一般，才能组织好不间断的施工。人工铺轨是从材料基地将铺轨材料用工程列车或汽车运到铺轨现场并就地连接铺成轨道，它主要适用于铺轨工程量小的便线、专用线和旧线局部平面改建，较为经济。机械铺轨是将基地组装好的轨排，用轨排列车运到铺轨前方，再用铺轨机械铺设于路基上，并予以逐节连接。它主要适用于铺轨工程量大的新线或旧线的换轨大修以及增建第二线的轨道铺设。我国目前现场施工通常采用机械铺轨，一般不宜采用人工铺轨，除非在特殊情况下才不得不采用人工铺轨。

轨道工程施工时，应严格按照铁路轨道施工有关规定进行，并达到相应铁路轨道工程质量验收标准的要求。同时，应积极采用先进、安全、可靠的新技术、新工艺、新材料。本章主要介绍新建铁路有砟轨道铺设的基本内容和方法。

第一节　铺轨准备工作

铺轨工程是一项时间紧、任务重、劳动强度大的多工种联合作业，主要包括轨排组装、运输和铺设三道工序。因此，必须事先做好各项铺轨前的准备工作，以使铺轨工程能顺利进行。

轨道工程开始施工前，线下路基、桥涵、隧道等主体工程及线路复测应已完成，此时形成的资料包括了平、纵断面及建筑物变更设计的重要内容，是铺轨工程重要、可靠的指导文件，应在建设单位的主持下，向有关施工单位办理接受。

施工单位所具备的施工设计文件和有关基础工程竣工资料，包括：车站平面图、隧道表、桥梁表（含孔跨）、架梁岔线位置表、曲线表、坡度表、水准基点表、断链表及线路情况说明书等。根据设计文件要求、有关基础工程竣工资料、全线指导性施工组织设计、规定的铺轨总工期、有关重点工程的施工方案以及施工单位自身的铺轨能力，编制实施性施工组织设计，指导施工。

一、筹建铺轨基地

铺轨基地是新建铁路的一项临时性工程，是铺轨材料的装卸、存放、轨料加工以及轨排组装、列车编组、发送的场所，是铺轨工程的后方基地。在筹建时，必须全面考虑，统一规划，尽量与永久性工程相结合，做到投资少、占地少、上马快、作业方便，并使铺轨列车调度灵活，充分发挥基地的生产潜力。

铺轨基地主要负责储存轨料、组装轨排和道岔，并将轨排源源不断地供应前方，保证不间断地铺轨。对于新建铁路有时铺轨基地也兼做部分架梁的准备工作，如存梁等。基地的设置原则主要有如下几个方面。

（1）基地一般应在铺轨前 7 ~ 10 个月内开始筹建。

（2）基地一般选在铺轨起点附近的平坦开阔处。从既有站线出岔时，用联络线引进基地。不应将基地设置在低洼进水地带。新铺线路和基地应尽量放在既有站的同侧。

（3）基地应与附近公路相通，基地内应设置汽车、起重机械的通道和龙门起重机的轨道，以便装卸材料和机械的组装作业。

（4）基地供应半径应经济合理，新线上一般铺轨基地的最大供应半径约为 200 ~ 300km。

（5）基地的设计规模应通盘考虑，既要留有一定余地，又要考虑少占农田和资金。

铺轨基地的布置，主要包括轨料存放场、轨排组装车间和轨排储备场三部分。这些场地内的料具应统一规划，合理安排，使轨排组装工作顺利进行，图 4-1 是某铺轨基地平面布置图，图 4-2 是某铺轨基地俯瞰图。

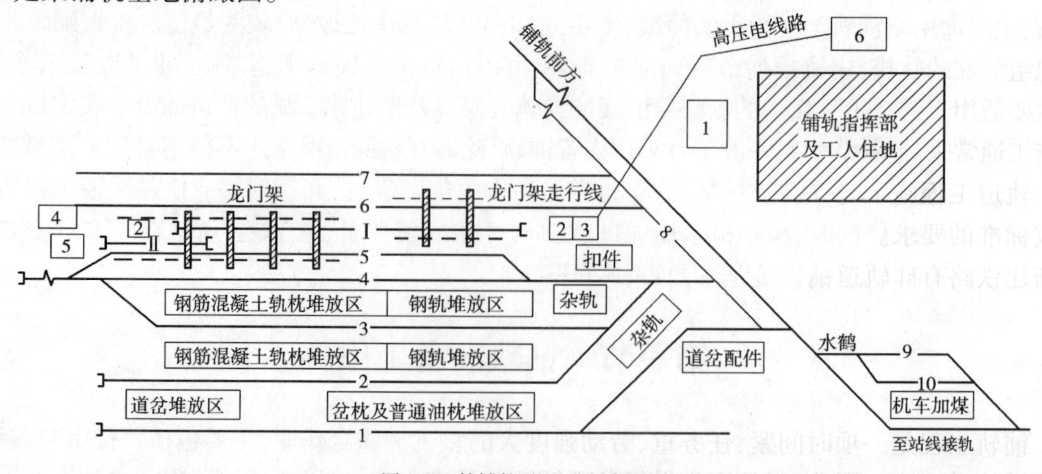

图 4-1　某铺轨基地平面布置图

铺轨基地筹建的快慢和好坏，直接影响铺轨任务的完成。因此，必须及早筹建，在进轨料前备好卸料、堆放场地和必需的轨道，在正式铺轨前建成基地，并提前组装和储存一定数量的轨排，以保证铺轨工作的顺利进行。

图 4-2　某铺轨基地俯瞰图

二、其他准备工作

1. 路基整修

铺轨前 15d 应对已完工的路基进行全面检查，如果存在凹凸不平、路面宽度不够等现象，必须进行整修。

路基平面和纵、横断面的形状尺寸应符合设计要求。不同土质路基交界处按 1% 递减率做好顺坡，路面宽度如小于设计宽度的应予补够。

如果路堤超填、欠填高度或路堑超挖、欠挖深度不足 5cm 时，可不作处理，铺砟时用道砟调整；欠填或超挖超过 5cm 时，应用同类土壤填补、夯实；超填或欠挖超过 5cm 时，应铲除。

路基面上的草皮、树根应彻底铲除；上面的污垢杂物应清除干净；整平坑洼及波浪起伏的路基面。

2. 线路复测

铺架单位施工前要进行铺砟前路基面检查，复测线路中桩、基桩、路基面高程以及临时线路标志的埋设情况。在铺轨前一个月，由施工单位从铺轨起点测设线路中桩。直线地段每隔 50m、圆曲线上每隔 20m、缓和曲线上每隔 10m 钉一个桩。在缓和曲线、圆曲线起讫点、道砟厚度变更点以及道岔交点等均须加钉永久中桩。

正式线路标志未埋设时，应埋设简易的临时里程标、曲线标、坡度标等标志。

3. 预铺道砟

为了保证铺轨列车的行车安全，轨枕不致压断，路基不致损坏，铺轨之前应先铺设底层道砟。底砟层的主要功能是隔离道砟层和基床表面，防止上层道砟压损下层路基表层，同时对从道砟到基床表层的渗水起缓冲作用，防止基床表层在暴雨时被冲刷。

一般先铺有垫层的底层道床，按垫层厚度铺足，铺砟厚度可较设计值偏差 ±50mm，半宽允许偏差 0 ~ 50mm，并将顶面整平，采用压强不小于 160kPa 的机械碾压，压实密度不低于 1.6g/cm^3。底砟粒径级配应符合表 4-1 规定。

底砟粒径级配　　表 4-1

方孔筛孔边长(mm)	0.075	0.1	0.5	1.7	7.1	16	25	46
过筛质量百分率(%)	0 ~ 7	0 ~ 11	7 ~ 32	13 ~ 46	41 ~ 75	67 ~ 91	82 ~ 100	100

正线道岔预铺道砟应分层碾压，预留起道量不得大于 5cm，压实密度不低于 1.7g/cm^3，砟面平整度用 3m 直尺检查不得大于 3cm，道岔前后各 30m 范围应做好顺坡并碾压。单层道床轨道或道砟供应困难地段，铺轨前每股钢轨下预铺厚度 15 ~ 20cm、宽度不小于 80cm 的砟带，如图 4-3 所示。

有砟桥面的全部道砟，应在桥头附近适当地点堆存备用。铺轨列车通过后，应尽快上足桥上的道砟。无论线路上采用何种道砟，道砟槽及桥面均应用碎石道砟。

桥梁两端各30m范围内应铺足道砟，预铺道砟面应比桥台端墙顶高5cm，并按5‰做好两端顺坡，如图4-4所示。

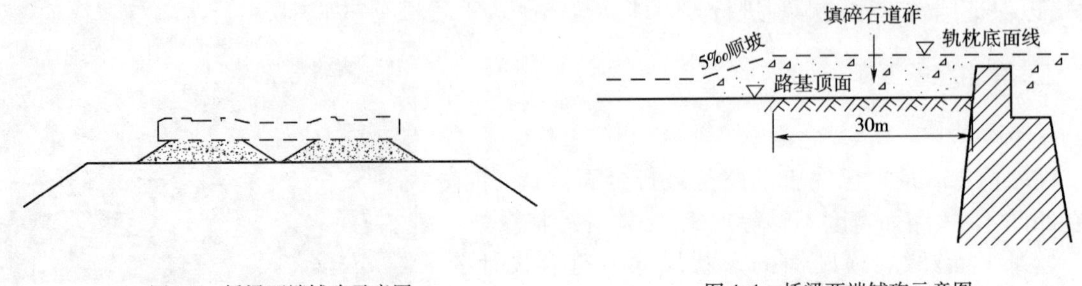

图4-3　桥梁两端铺砟示意图　　图4-4　桥梁两端铺砟示意图

4. 查勘线路

铺轨之前应按照计划做好沿线的施工调查，以保证铺轨工作的正常进行。

其主要内容是：线路中心桩及标志的缺损情况，路基整修与预铺道砟是否符合规定；沿线道砟供应情况、车站、道口的地形地貌和交通等情况；限界内障碍物的拆迁情况（高压线、通信线路等）、隧道内侵入限界部分的处理情况，以及施工困难地段如陡坡、小半径曲线、长隧道等的现场情况；机车用水、隧道照明、沿线公路交通、通信线路和宿营地点等的情况。

第二节　轨排组装

轨排组装是在铺轨基地将钢轨、轨枕用连接零件连成轨排，然后运到铺轨工地进行铺设。它是机械化铺轨的重要组成部分。为了保证基地组装轨排的质量，防止组装中发生差错，造成返工浪费，影响铺轨进度，组装时必须仔细地按照事先编制的轨排组装作业计划表进行。

计划表主要内容包括：轨排编号及铺设里程，钢轨类型、长度和曲线内股缩短轨缩短量，相对钢轨接头相错量，轨枕种类、类型、数量和间距布置，轨枕扣件好或每块垫板道钉数，曲线半径、转向和轨距加宽值，以及其他特殊要求的说明。

注意编制计划表配轨时应将线路长度换算成铺轨长度。

1. 直线段铺轨长度

直线轨道各坡段的铺轨长度应按式(4-1)计算：

$$L' = L(1 + i^2)^{1/2} \tag{4-1}$$

式中：L'——坡度铺轨长度；

L——坡度设计长度；

i——坡段坡率。

2. 曲线段铺轨长度

曲线段配轨以外股为依据，铺轨长度除按式(4-1)折算外，尚应考虑曲线外股较线路中线的增长量，其增长量按第二章式(2-33)计算。

轨排组装的作业方式可分为活动工作台和固定工作台两种，活动工作台作业方式组装轨排又分为单线注复式和双线循环式两种。作业方式不同，使用的机具设备和作业线的布置也不同。因此，在轨排组装前，应根据具体情况确定作业方式。

我国在20世纪50年代初期，一直采用木枕和43kg/m的12.5m长钢轨，设计出固定工作台式和双线循环式两种轨排组装生产线。60年代中期，25m长钢轨和混凝土轨枕普遍使用后，轨排组装的劳动强度骤增。为减轻劳动强度，各种新型轨排组装机械和机具相继出现。到70年代初研制出机械化程度较高的单线往复式组装生产线。单线往复式组装生产线目前已得到广泛运用。

一、轨排组装作业方式

1. 活动工作台作业方式

1)单线往复式

单线往复式生产线是我国目前新线及运营线使用最多的一种轨排组装生产线，如图4-5所示。其特点是作业线上采用了起落架，在起落架上完成各工序的作业内容。其作业过程为：将人员和所需机具按工序的先后固定在相应的工作台位上，再用若干个可以移动的工作台组成流水作业线，依靠工作台往复移动传递轨排，按组装顺序流水作业，直到轨排组装完毕。

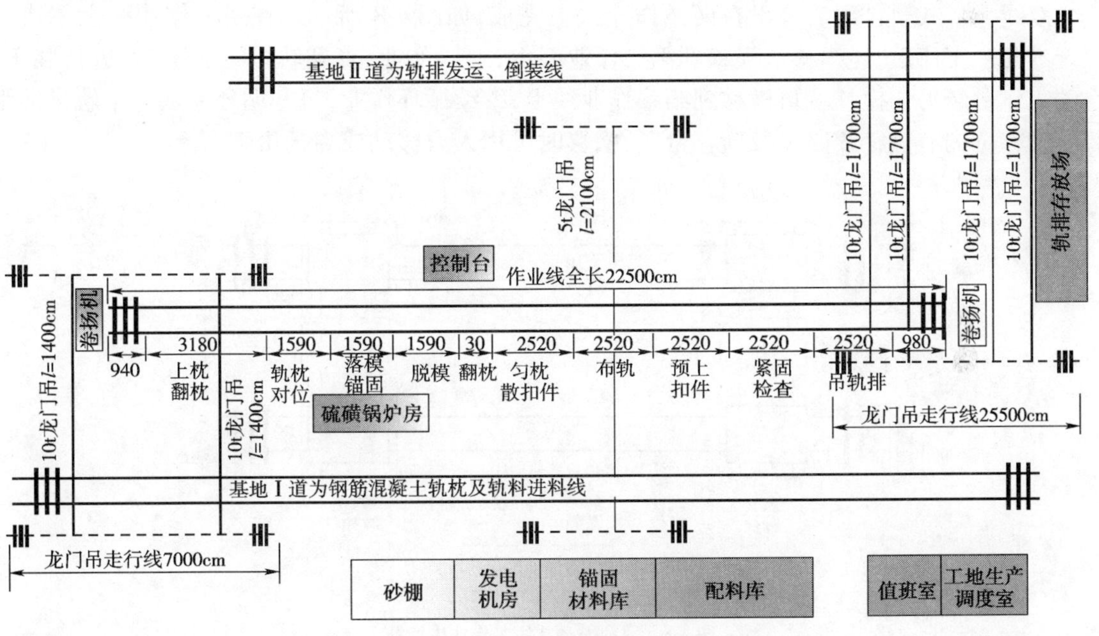

图4-5　单线往复式组装作业生产线

活动工作台由铁平车和钢轨连接而成，如图4-6所示。外侧虚线表示固定台，起落架的升降由设在作业线一端的5t卷扬机控制。工作台应高出未升起时的起落架顶面5cm，以利于工作台的移动。作业时固定台上升Δh，轨枕等全由固定台承托。实线表示活动台，高度不变，可沿轨道由设在作业线另一端的3t卷扬机牵引运行。前一个工序完成后，固定台下降Δh，轨枕落在活动台上，运至下一个工序，再由固定台抬高进行下一个作业。直到最后一个工序把轨排组装完毕。

单线往复式作业方式的作业线，布置在进料线和装车线之间，包括吊散轨枕、轨枕硫磺锚固、匀散轨枕、吊散钢轨、上配件并紧固、质量检查及轨排装车等7个工序。按顺序包括散枕台→硫磺锚固台→散扣件台→上轨台等,如图4-7所示。

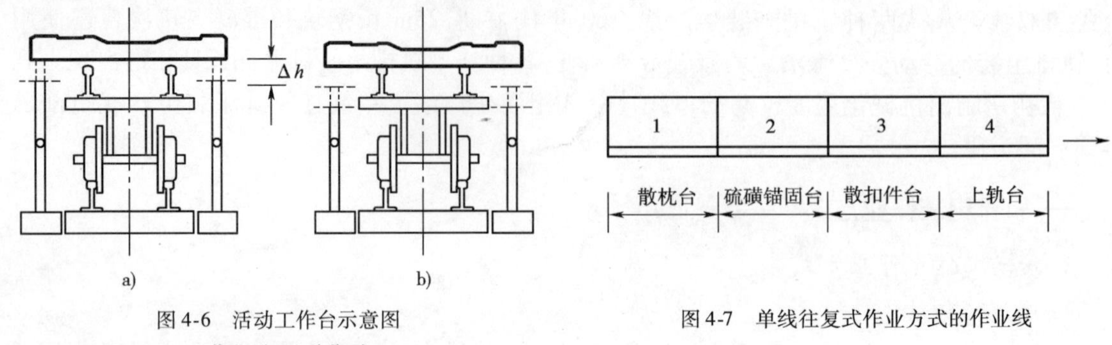

图4-6 活动工作台示意图
a)作业时;b)移位时

图4-7 单线往复式作业方式的作业线

单线往复式作业方式,既节省拼装作业场地,也节省拼装所需设备和劳动力,有利于实现轨排组装全面机械化,这对地形狭小、场地受限制时较为适宜。

2)双线循环式

双线循环式轨排组装分设在两条作业线上完成,如图4-8所示。在第一作业线上完成其规定的几个工序后,经横移坑横移到第二作业线上,继续作业,直到轨排组装完毕,进行装车。空的工作台经另一横移坑再横移到第一作业线上,继续循环作业,每一循环完成一个轨排的组装。横移坑内有横移线路以及横移台车,横移时可用人力移动或卷扬机牵引。

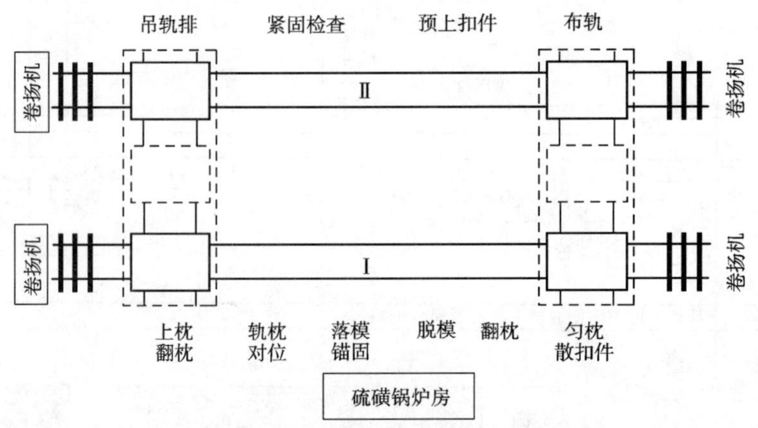

图4-8 双线循环式组装作业生产线

双线循环式作业方式,可将各工序组成循环流水作业线,从而改善工作条件。但该作业方式要求场地比较宽阔,因而受一定的限制。

2. 固定工作台作业方式

固定工作台作业方式(图4-9),是将组装作业线划分为若干个作业台位,作业时,各工序的人员和所需机具沿各个工作台位完成自己工序的作业后依次前移,而所组装的轨排则固定在工作台上不动,并在这一台位上完成全部工序。当沿作业线组装完第一层轨排后,又在第一层轨排上面继续依次组装第二层轨排,到第三层轨排后,人员再转移到作业线Ⅱ的台位上,继续组装。

由于固定工作台作业方式所组装的轨排是固定不动的，仅仅是人员和机具沿工作台移动，所以作业线的布置比较简单，只需在组装作业线上划分一下固定工作台的台位，每一台位长26m，而台位的多少和作业线的长短，可根据铺轨任务和日进度的需要来决定。

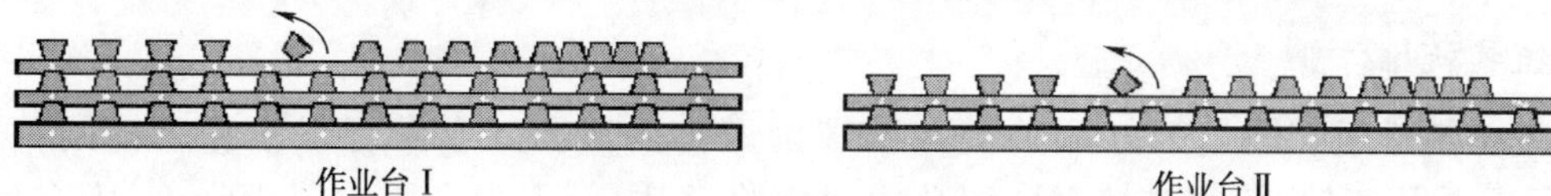

图4-9　固定工作台作业方式

二、轨排组装作业过程

1. 组装前的准备工作

组装轨排应按铺设轨排计划进行。由于车站两端需要铺道岔，曲线内股铺设缩短轨，同时钢轨本身长度有公差，因此，组装轨排要按计划、编列序号，铺设时按序号施工，才不致发生错误。

组装轨排前，必须调查曲线、道岔、道口、桥梁、隧道、信号机及站场设备等有关资料，以便按技术要求编制组装轨排计划。

对轨枕的要求：同一类型的轨枕应集中连续铺设（不同类型钢轨接头处除外）。两个木枕地段间的长度小于50m时，也应铺设木枕。在个别不同类型钢轨接头处，因构造需要，在混凝土枕间插入少许木枕，应视为个别处理的特殊情况。

半径小于300m的曲线，由于列车产生的横向力较大，需要对扣件和混凝土轨枕进行加强。

不同类型轨枕的分界处，应保持同类型轨枕延伸至钢轨接头外5根以上。木枕与混凝土宽枕之间应用混凝土枕过渡，其长度不得少于25m。

对钢轨接头的要求：在编制组装轨排计划时要注意以下位置不得有钢轨接头。

（1）明桥面小桥的全长范围内。

（2）钢梁端部、拱桥温度伸缩缝和拱顶等处前后各2m范围内。

（3）钢梁的横梁顶上。

（4）设有温度调节器的钢梁的温度跨度范围内。

（5）道口范围内。

在信号机处的绝缘接头，轨缝不得小于6mm，其位置应符合下列规定：

（1）出站（包括出站兼调车）信号机处绝缘接头可设在信号机前方1m至后方6.5m范围内。

（2）调车信号机处绝缘接头可设在信号机前方1m至后方1m范围内。

（3）安装在警冲标内方的钢轨绝缘接头除渡线外，应安装在距警冲标计算位置不小于3.5m、距警冲标实际位置不大于4m的范围内。

（4）绝缘接头不得设异型接头。

对钢轨的要求：组装轨排时，必须进行配轨。配轨之前先丈量新钢轨长度（精确至毫米），将长度基本相同的两根钢轨配为一对（用于直线轨排），并标注长度和编列序号。

非标准长度钢轨应同一长度集中成段铺设，成段长度：正线轨道不得小于500m，站线同一股道可集中铺设两种不同长度钢轨。采用非标准轨的最短长度：正线轨道，铺设12.5m钢轨地段不得小于11m；铺设25m钢轨地段，不得小于21m；到发线上不得小于10m；其他站线、次要站线不得小于8m。

曲线轨排应配置缩短轨。轨道上个别插入的短轨,正线轨道不得小于 6m,站线不得小于 4.5m。道岔间插入的短轨应符合设计规定。调正桥上钢轨接头位置时,短轨应铺在距桥台尾 10m 外。

2. 组装轨排作业

混凝土轨排组装质量的好坏关键在于螺旋道钉的锚固。通常有正锚和反锚两种,如图 4-10所示。采用正锚时,很难控制预留孔内锚固浆灌注量,太少会影响锚固强度;太多使得道钉插入后浆液溢流,污染承轨槽面,带来较大的硫磺残渣清理工作量。另外,仅仅凭手感很难控制道钉的插入深度和垂直度。而反锚作业是将轨枕底面向上,由轨枕底孔倒插入道钉,从轨枕底孔灌入锚固浆进行锚固,其劳动效率高、质量好,得到了更为广泛的应用。施工时,采用锚固板上的道钉模具控制形位,能保证组装质量,同时锚固浆液不污染承轨槽面,外形美观,且拼装作业场占地较少。

1)吊散轨枕

采用移动式散枕龙门架所配备的 3 ~ 5t 电动葫芦吊散轨枕,如图 4-11 所示,每次自轨枕堆码场起吊 16 根轨枕。如移动式龙门架本身无动力时,可用卷扬机车引或人力推动。若采用反锚作业进行组装,应将散开的轨枕翻面,使所有轨枕底面向上,此工序由人工用木根配合撬棍撬拨,或用 U 形钢叉翻枕,如图 4-12 所示。

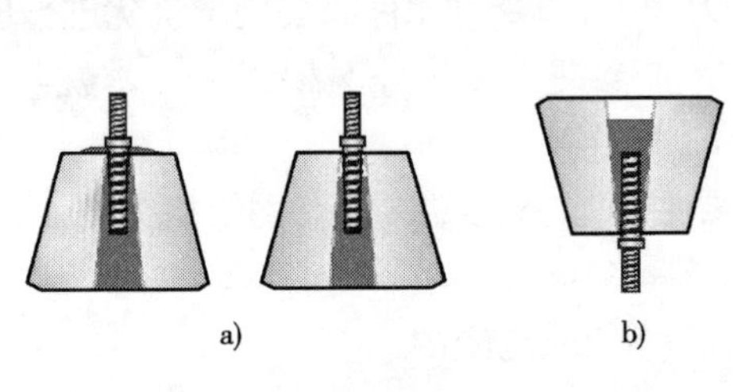

图 4-10　正锚反锚示意图

a)正锚;b)反锚

图 4-11　吊散轨枕

翻枕也可以采用安装在锚固台前端的翻枕器,在移动台前进过程中进行翻枕,如图 4-13 所示。翻枕器翻转轨枕的转速要与移动小车的运行速度相匹配,以达到轨枕翻过去的间距刚好等于所需要的轨枕间距。

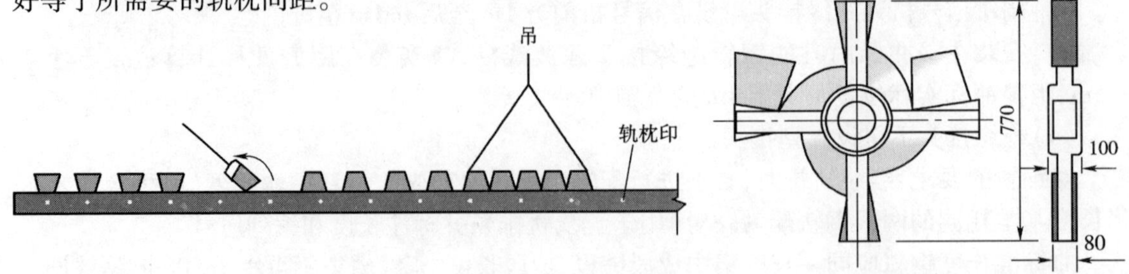

图 4-12　翻枕示意图

图 4-13　翻枕器示意图(尺寸单位:mm)

2)硫磺锚固

硫磺锚固就是用硫磺水泥砂浆将螺纹道钉固定在钢筋混凝土或混凝土枕的道钉孔中。反锚作业方式下，当轨枕由散枕台运到锚固台时，每侧一人将轨枕预留螺栓孔与预先插好的螺旋道钉上下对正，然后抬高固定台，将螺旋道钉插入轨枕孔内，如图4-14所示。检查合格后灌注硫磺锚固液，冷却。轨枕经锚固道钉后，由翻转机翻转，由活动台运至下一个散扣件台。

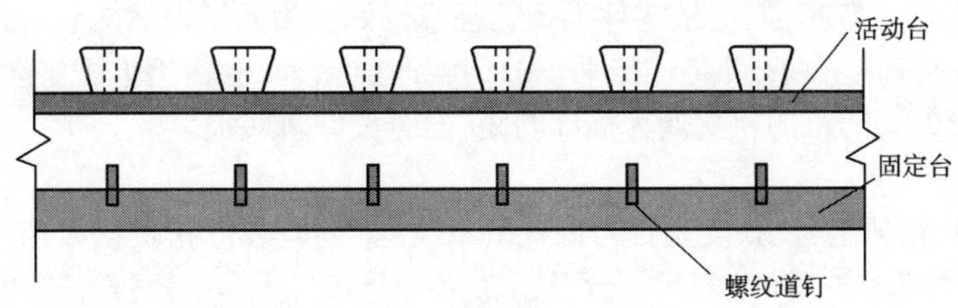

图4-14　硫磺锚固示意图

硫磺水泥砂浆是将硫磺、砂、水泥以及石蜡按一定的配合比配置而成，参见表4-2。

硫磺锚固砂浆配合比　　表4-2

项　目	硫磺	水泥	砂子	石蜡
批量生产	1	0.3～0.6	1～1.5	0.02～0.03
少量生产	1	0.4	1.2	0.03
材料质量要求	含硫量不小于95%，干燥	普通硅酸盐水泥强度等级不限	泥污含量不大于5%，粒径不大于2mm，干燥	一般工业用石蜡

按选定的配合比称好各种材料，根据生产规模及熔浆器决定一次配制量。一般用两个铁锅或熬浆锅炉轮流熔制，每锅熔量不超过50kg。先将砂子放入锅内，加热炒拌至100～120℃时，将水泥倒入，继续炒至130℃，最后加入硫磺和石蜡，继续搅拌，使硫磺熔液由稀变稠呈浓胶状蓝黑色液体，温度升高至160℃，即可使用。

为保证锚固质量，锚固时可用锚固钢模固定道钉于混凝土枕预留孔中，然后灌入锚固浆液，经过1min左右的冷却凝固，即可利用起落架脱模。其质量要求如下：

(1)抗压强度不低于0.4MPa，抗拉强度不低于0.04MPa，每个道钉抗拔力应大于6t。

(2)道钉方(圆)盘底面应高出承轨槽面，扣板时高出0～5mm，使用弹条扣件时高出0～2mm，道钉应与承轨槽面垂直，歪斜不大于2°，道钉中心线偏离预留孔中心线不得超过2mm。

(3)灌浆深度应比螺旋道钉插入深度多20mm以上，如图4-15所示。

锚固中要注意如下事项：

(1)熔浆火力要能控制，火候不可过猛，熔浆过程应不断搅拌，不得有水或雨雪进入锅内。熔液温度不得超过180℃。

(2)熔浆地点尽量放在下风处，与锚固作业距离不宜过远。操作人员须佩戴防护用品。

(3)锚固前，应将预留孔内杂物及螺旋道钉上的黏土等附着物清除干净。道钉温度应保持0℃以上，低于0℃时，应先予以加热。

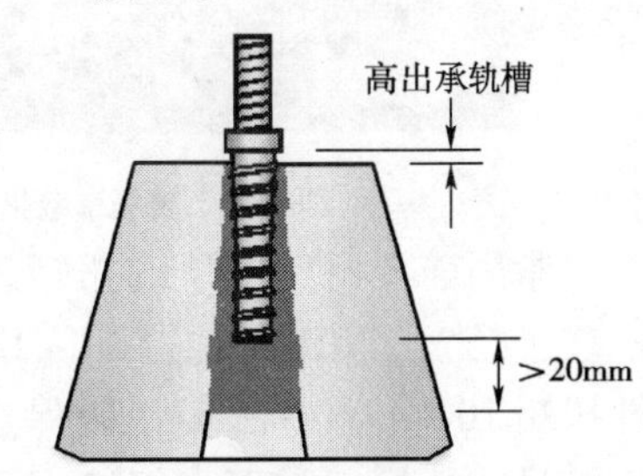

图4-15　灌浆深度示意图

(4)灌注时，送浆提桶不得过大，防止桶内熔浆离析，并应保持温度不得低于130℃，一孔一次灌完。锚固浆顶面宜与轨枕承轨槽面齐平，不得低于承轨槽面。

(5)道钉锚固后,应将承轨槽面残渣清除干净。

3)匀散轨枕

轨枕翻正后,应立即在轨枕承轨槽两侧散布配件,匀散扣扳、缓冲垫片、弹簧垫圈及螺母等配件,如图4-16所示。散布前,应按零件类型整理堆码好。为便于匀散轨枕、调整轨枕间隔距离,在工作台两侧设有起落架,并将连接平车的钢轨改成槽钢,在槽钢上配置匀枕小车。利用匀枕小车将大约30cm间距的轨枕调为标准间距,同时放好轨底板。

4)吊散钢轨

吊轨前应检查钢轨型号、长度是否与设计一致,并将钢轨长度正负误差值写在轨头上,以便配对使用。吊轨利用3~5t龙门吊一台及吊轨架一个来完成。按轨排计算表控制钢轨相错量,将钢轨吊到轨枕上相应的位置,然后再通过轨枕道钉纵向中心线的钢轨内侧,用白油漆划小圆点作为固定轨枕的位置。

吊散钢轨时,两端扶轨人员应注意保持钢轨稳定,如图4-17所示。钢轨落入承轨槽时应用小撬棍插入钢轨螺栓孔内引导,不得用手直接扶持。吊车吊重走行的范围内禁止走人。

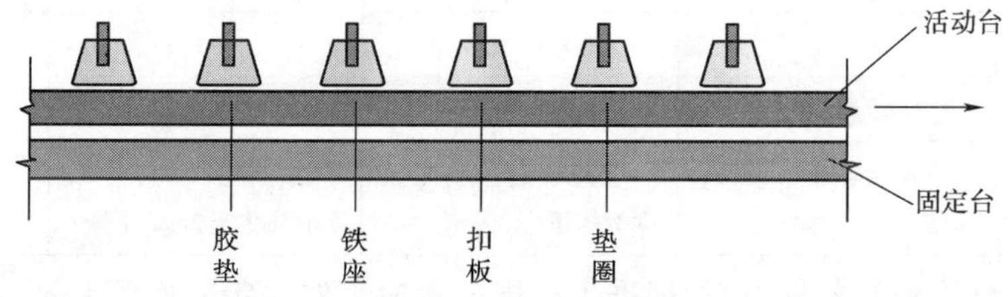

图4-16　匀散轨枕示意图

5)上配件、紧固

以手工操作把配件放置于正确的位置上,将螺母拧上,并用电动或风动扳手拧紧螺栓,如图4-18所示。

图4-17　现场吊散钢轨示意图

图4-18　现场上配件、紧固示意图

紧固前要测定扳手的扭矩,扭矩应满足:①70型扣件100~120N·m;②Ⅰ型弹条扣件扭矩在半径大于650m时为80~120N·m,在半径小于650m时应大于120N·m;③Ⅱ型弹条扣件扭矩100~140N·m,以确保达到设计要求。考虑到由于锈蚀或锚固组装不合,可能会出现扭矩虽然达标但扣压力仍然不足的假象,因此观察检查仍是有效的手段。如:70型扣板扣件双层弹簧垫圈应压平;Ⅰ、Ⅱ型弹条扣件的弹条中部前端下颚应靠贴轨距挡板等。

6)质量检查

轨排组装完后,应由质检员详细检查轨排是否按轨排生产作业表拼装、轨排成品质量是否符合要求,包括检查轨距、轨枕间隔、接头错开量、安装质量等,如图4-19所示。如果发现有不符合的地方,应加以修整,最后对合格轨排按轨排铺设计划用色泽醒目的油漆进行编号。

优质轨排应达到下列各项标准:

(1)无不符合使用技术条件的钢轨和轨枕。

(2)轨排组装钢轨接头错开量,应与组装计划表相符,误差不得超过5mm,缩短轨位置配置正确。

(3)由12.5m轨组成的25m轨排,轨缝预留正确,并插入轨缝片,接头上下左右错牙不超过1mm,接头扣件涂油并按规定要求拧紧。

(4)轨枕配置数量符合规定,轨枕方正,轨枕间距偏差及歪斜不得超过20mm。

(5)轨排的轨距误差为:±2mm,变化率:正线不大于1‰,站线不大于2‰。

(6)道钉锚固位置正确,高低合适,螺旋道钉丝杆涂油,螺母拧紧后,螺杆顶仍有5~10mm外露。

(7)扣件齐全,位置正确密靠。扣扳或弹条不良者不超过8%,胶垫歪斜者不超过6%。

(8)按设计规定安装好防爬设备,并打紧密靠。

(9)轨排两端接头均须擦锈涂油,轨排前端摆好备用夹板、螺栓及垫圈,数量齐全并涂油。

7)轨排装车

轨排装车是轨排拼装的最后一道工序,即将编号的轨排,用2台10t吊重、跨度17m的电动葫芦龙门架按铺设计划逐排吊装在滚轮平车上,同时作好编组及加固工作,如图4-20所示。装到车上的轨排应上下左右摆正对齐,不得歪斜。至此,一个混凝土枕轨排组装完成,然后可以进行下一轨排的组装循环。

图4-19　现场质量检查

图4-20　轨排装车

第三节　轨 排 运 输

为了确保机械铺轨的速度,保证前方不间断地进行铺轨,必须组织好从轨排组装基地到铺轨工地的轨排运输。

一、轨排运输车种类

1. 滚筒车运输

液筒车一般由60t平板车组成,车面上左右两侧各装滚筒11个,大约相距1.0~1.2m装一个,由两辆滚筒平板车合装一组轨排,每组 6 ~7 层。如用新型铺轨机铺轨,可装 8 层,已达到平板车的额定载重,滚筒车布置如图 4-21 所示。

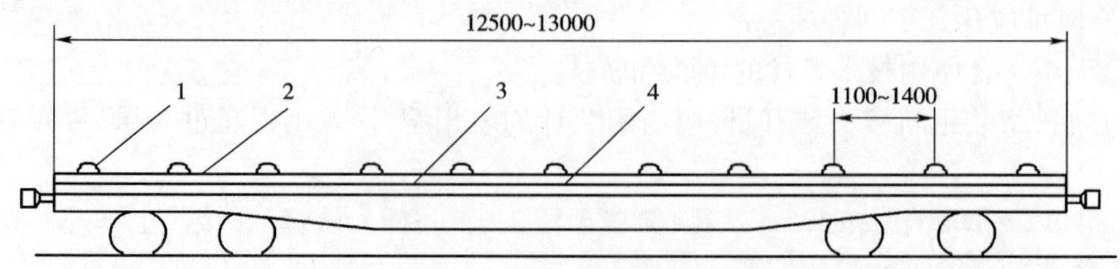

图 4-21　滚筒车组装示意图(尺寸单位:mm)
1-滚轮;2-旧钢轨;3-垫梁扣件;4-车底板

2. 平板车运输

用无滚筒平板车运送轨排时,每 6 个轨排为一组,装在两个平板车上,7 组编一列。在换装站或铺轨现场各设两台 65t 倒装龙门架,将轨排换装到有滚筒的平板车上,供铺轨机铺轨。轨排装车不得超载超限,上下层应摆正,轨排对齐。平板车运输轨排优点较多,无需制造大量滚筒,减少拖船轨轨距杆的只轮器数量,捆扎工作量较少,运输速度可达 30km/h,节省人力和费用。

二、轨排运输的效率

轨排运输的效率取决于两个主要因素:轨排列车的数量和新铺设轨道的质量。

1. 轨排列车的数量

轨排运输所需要的列车数量与下列因素有关:

(1)铺轨机每天铺轨的能力;

(2)每列轨排列车能够装载轨排的数量;

(3)每列轨排列车的装车和运行的周转时间。

轨排运输列车的数量必须合理。如果轨排列车过少,则会产生铺轨工程停工待轨的现象,同时,轨排组装车间已组装完毕的轨排大量积压,造成存储费用的增加。如果轨排列车过多,则会造成大量车辆积压。运输列车的合理数量应能保证铺轨机和轨排运输车辆得到充分的利用。

机械铺轨时,一般有一列轨排车在工地跟随铺轨机供应轨排。当该列车的轨排铺完后,该列车应立即返回邻近车站,以便让另一列轨排车继续前进供应轨排。因此,当工地距基地较近,轨排列车装车和运行的时间之和小于或等于铺轨机铺设一列车轨排所需的时间时,则需配备两列轨排车。当基地到工地的距离逐渐增加,则需配备三列轨排列车。其中两列用于装车运输,一列用于随铺轨机供应轨排。

为了更经济合理地供应轨排,一般当铺轨工地距离组装基地超过 80km 时,宜在靠近铺轨工地附近的车站设置轨排换装站。

轨排换装站一般设在距铺轨工地较近的有给水设施的车站,至少有三个股道,如图 4-22 所示。一股进行调车作业,停放车辆及机车整备;另一股为轨排换装线;正线为列车到发线,应经常保持畅通。轨排换装线应设在直线股道上。

一般每列车装 6 组轨排,每组 6 层,每组可铺轨 150m,每组需滚筒车 2 辆,共需滚筒车 12

辆。另外,在基地还应预留备用滚筒车若干辆。

设置轨排换装站后,基地到换装站用普通的平车将轨排运到换装站,在换装站用龙门架两台将轨排倒装到滚筒车上,再拉到前方铺设。

2. 新铺设轨道的质量

轨排运输的效率还取决于新铺设轨道的质量。高质量的轨道可以改善线路技术状态,以提高行车速度,缩短列车周转时间。因此,在铺轨的同时还要抓紧铺砟整道,提高新铺设轨道的质量。

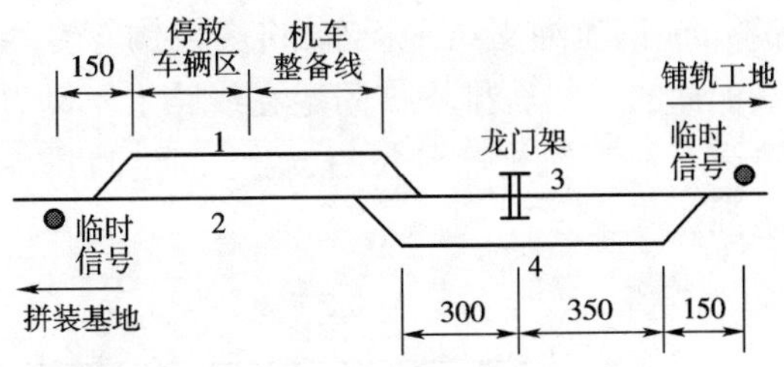

图 4-22　轨排换装站示意图(尺寸单位:m)

第四节　轨排铺设

新建铁路的轨排铺设,大多采用铺轨机进行施工,少数情况下也有采用龙门架进行的。

一、悬臂式铺轨机铺设轨排

铺轨机在自己铺设的线路上作业和行走。随着轨排质量、长度的不断增长,铺轨机的性能也不断提高,由简易铺轨机发展到目前的 PG—28 型、PGX—30 型、PGX—15 型(东风Ⅰ)等多种型式的铺轨机,表 4-3 中列出了三种高臂铺轨机的主要技术性能。

高臂铺轨机技术性能　　表 4-3

项　　目	PG—28 型	PGX—30 型	PGX—15 型(东风Ⅰ)
起重量(t)	28	30	15
起升速度(m/min)	7.2	7.5	8
运行速度(m/min)	50	45	37
铺轨最小曲线半径(m)	300	300	300
能否架桥	能	能	否
轴向架轴数(根)	4	5	4
铺轨时最大轴重(kN)	330	300	313
主机自重(kN)	1300	1560	1100
外形尺寸(长×宽×高)(m)	45.8×3.56×6.55	46.5×3.5×6.4	47.3×3.6×5.7
装运轨排层数	7	7	8

施工单位在轨排铺设时所采用的机械,应根据本单位现有的设备能力及工程的工期要求合理选型。悬臂式铺轨机有高臂和低臂之分,但它的作业形式基本一致。其轨排铺设作业程序如图 4-23 和图 4-24 所示。

1. 喂送轨排

轨排列车进入工地后,当前面轨排垛喂进铺轨机后,需要将后面的轨排垛依次移到最前面的滚筒车或专用车上,这样才能保证作业的连续性。向前倒移轨排垛的方式主要有以下两种。

1)拖拉方式

此种方式适用于使用滚筒列车。在铺轨机的后方选择一段较为平直的线路进行大拖拉作业。将滚筒列车最前面的一组轨排垛，用拖拉钩钩住第二层轨排的钢轨后端，用大小支架将ϕ28mm 钢丝绳支离平板车，将底板钩等专用机具固定于线路上，然后缓慢地拉动列车。由于最前面的一组轨排垛披固定在线路上不动，所以在滑靴的引导下，这组轨排垛便移动到前面的滚筒车上。轨排垛到位后，撤去固定轨排垛的机具，再由机车推动整列车向前送到铺轨机的尾部。

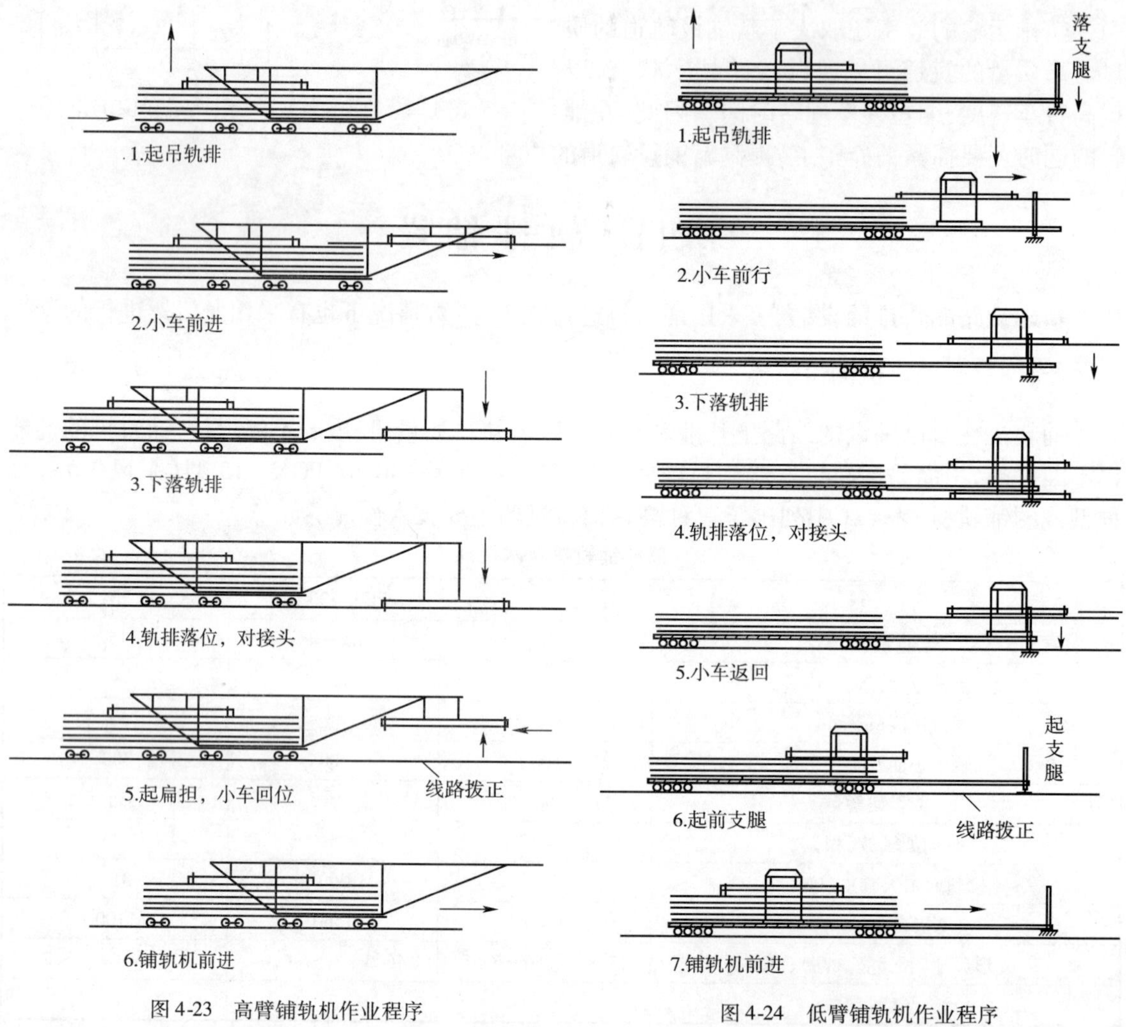

图 4-23　高臂铺轨机作业程序

图 4-24　低臂铺轨机作业程序

2)用二号车或专用列车倒运方式

这种方式必须在铺轨工地配备两台起重量 65t 以上的倒装龙门吊，再配有二号车或专用车。若倒装龙门吊能够让机车通过则可省去二号车。作业方式是：将两台龙门吊吊立在离铺轨机不远且较为平直的线路上，机车将轨排列车依次推送到龙门吊下，用龙门吊吊起整组轨排垛，倒装到装有滚筒的二号车或专用车上，再由二号车或机车报送到铺轨机的尾部。

2. 铺设轨排

1)将轨排推进主机

用铺轨机自身的卷扬设备挂千斤绳将轨排垛拖入主机内。

2)主机行走对位

铺轨机行走到已铺轨排的前端适当位置,停下对位。需要支腿的铺轨机,在摆头以后立即放下支腿,按要求支承固定。

3)吊运轨排

开动可以从铺轨机后端走行到前端的吊重小车,在主机框架内对好轨排的吊点位置,落下吊钩挂好轨排,然后吊高轨排至离下面轨排0.05~0.2m高度,开始前进到吊臂最前方。

吊重小车的结构和吊挂小车的设施,对于高臂铺轨机,可以是两辆吊重小车(相距2~3m)共同吊住一根13.8m长扁担,扁担两端各设挂钩可以挂住轨排送到前方;或不设纵向扁担,由两辆小车直接吊住轨排前后两个吊点(相距13.8m)送到前方铺设。

4)落铺轨排

吊重小车吊轨排走行到位时应立即停止,并开始下落轨排至离地面约0.3m时稍稍停住,然后缓缓落下后端,与已铺轨排的前端对位上鱼尾板。对位时间一般占铺一节轨排总时间的一半以上,成为铺轨速度快慢的关键。

在后端对位上鱼尾板后,可通过摆头设施使前端对立线路中线,并立即落到路基上。轨排落实以前,为使轨排保持所需的形状,一般需人工(或用拨道器)左右拨正。

5)小车回位

铺好一节轨排后立即摘去挂钩,将扁担升到机内轨排之上,吊轨小车退回主机,准备再次起吊。有支腿的铺轨机应立即升起支腿,主机再次前进对位,并重复以上工序。待一组轨排全部铺设完了,立即翻倒托轨。拖入下一组,轨排再按以上工序进行铺设。当一列轨排列车铺完后,利用拖拉方法,将拖船轨返回空平板车上,由机车将空车拉回前方站,并将前方站另一列轨排列车运往工地。

6)补上夹板螺栓

为了提高铺轨的速度,铺设轨排时仅上两个螺栓,在铺轨机的后面还要组织人员将未上够的夹板螺栓补足、上紧。新线铺轨完毕后第一趟列车通过后按规定复拧一次接头螺栓,3d内每天复拧一次。各钢轨接头螺栓的拧紧度相等。

二、龙门架铺设轨排

铺轨龙门架是铁路铺轨半机械化施工机具之一,它主要用于铺设钢筋混凝土轨排、在旧线拆换轨排以及轨排基地装卸工作等。

铺轨龙门架的特点是机身不在自己铺设的轨道上行走,而在预先铺设于线路两侧的轨道上吊重和走行。它的缺点是体力劳动较强,占用人员较多,要求地面较宽。

图4-25　现场龙门架铺设轨排示意图

铺轨龙门架由2~4个带有走行轮的框架式龙门架组成,如图4-25所示。每个龙门架的吊重有4t和10t两种,其中有带运行机械和不带运行机械的两种形式,相互间用连接杆连接行动。

龙门架的起重和运行依靠自带的发电机供电,发电机和拖拉用的卷扬机同放在一辆普通平板车上,挂在铺轨列车的后端,用电缆送电。铺 25m 混凝土轨排时一般用 4 台起重量 4t 的龙门架或 2 台起重量为 10t 的龙门架;铺 25m 混凝土轨排用 3 台起重量为 10t 的龙门架;铺长轨排可根据轨排重量和龙门架的起重量适当配置多台龙门架一同使用。

铺轨时,应先铺设龙门架的走行轨道,目前铺设的方法主要是人力铺设和拖拉机铺设。然后将龙门架放到走行轨道上,并用滚筒车或托架车将轨排组运送到最前端,开动龙门架即可吊运轨排。把轨排运到铺设地点,降落轨排铺设在路基上,重复上述步骤,即可继续铺设轨排。

三、轨排铺设的注意事项

(1)铺轨前预先铺设的砟带,左右高差不得大于 3cm,砟带要按照线路中心桩铺设,不得偏斜。

(2)铺轨时,如果路基比较松软,在新铺轨排的前端,在落位之前,砟带应稍加垫高,以防铺轨机前端下沉,造成连接小夹板的困难。如果路基特别松软,前支腿垫木应加长加宽,增加承压面积,提高承压力。

(3)拖拉指挥人员与司机调车指挥人员要密切配合,并明确拖拉速度,时时注意平板车上的作业情况,发现异常情况及时停车。机车推送前进时,速度以小于 5km/h 为宜,在最后 5 ~6m时,速度应控制在 3km/h,并派有经验者放风,以防止意外。

(4)铺轨机及滚筒平车上的滚筒,应有专人负责保养注油,以减少拖拉时的摩擦阻力。

(5)轨排起吊和走行时要平稳,下落时不要左右倾斜,铺设时要注意中线及轨缝的控制。钢筋混凝土轨枕的线路拨道比较困难,在铺设时严格掌握对中,一次铺好,可以大大提高工作效率。

(6)轨排铺设完毕后,常常会出现因轨头不够方正而影响轨缝和对中的现象。有时,轨排对齐后,中线又会出现偏差,造成下一节轨排无法铺设。因此,为了确保轨排铺设的质量,除了在铺设过程中加强质量监控外,还必须从一开始就保证轨头的方正。

影响轨头方正的因素有很多,如丈量不准、方尺不方、钢轨本身有硬弯、吊装运送轨排时两股钢轨错动等,但主要是前面两项。通过强化对基地作业的质量管理,可以大大降低这类情况出现的概率,有如下方法。

①卸轨时严格防止摔弯。

②拼装轨排前,应对轨长重新丈量核对,严格控制两股等长,对于存在着公差的标准轨,在选配时,可允许长度差不超过 3mm,但在拼装下一轨排时,须将前一轨排的两股钢轨的长度差数补齐。

③制作准确的方尺,如铁质尺。

(7)上螺栓时,要随时注意指挥信号,铺轨机行进前要迅速离开股道。后面补上螺栓的工人,要随时注意轨排列车和铺轨机的动向,发现来车要迅速离开道心。禁止站在铺轨机和车辆底下作业。在线路上,禁止作业人员将工具和材料放在线路上休息,并随时注意行车安全。

第五节 铺砟整道

线路的轨排铺设完成后,即可通行工程列车。这既包括铺轨列车,也包括铺砟列车,同一线路上通行两种列车，在施工过程中相互间的干扰特别大，影响工作效率。但是，如果不先铺轨，大量的道砟无法利用铺砟列车运到施工地点；如果铺轨后不迅速进行铺砟整道，也就无法提高线路质量，提高行车速度，保证行车安全。因此，在新建铁路进行铺轨后，应相应地抓紧铺砟整道工作。

所谓铺砟整道就是将道砟垫入轨枕下铺成设计要求的道床断面，并使轨道各部分符合《新建铁路铺轨工程竣工验收技术标准》的要求，主要包括采砟、运砟、卸砟、上砟、起道、整道等作业。铺砟整道的工作量大，作业内容多，要求的标准高，而且多在有工程列车运行的情况下进行，干扰较大，因此必须严格按照铺砟整道的有关规定组织施工。

一、施工准备工作

1. 与线上工程有关的施工准备工作

1）测设起拨道控制桩

起拨道控制桩，是控制轨道中线和水平高程的依据，为使整道工作便于进行，通常把起道和拨道标记设置在同一桩位上。

起拨道桩的设置：直线地段每 50m 设置一个，圆曲线每 20m 设置一个，缓和曲线上每 10m 设置一个；此外，圆曲线和缓和曲线的起讫点，线路纵断面的变坡点等，也应设置控制标桩。

起拨道桩的位置：直线地段应钉在线路前进方向左侧的道床坡脚处；曲线地段设在曲线内侧的道床坡脚处。桩距轨道中心一般控制在 2.3m 左右。桩的顶面应与设计轨顶等高，并标出道床顶面高度以便控制起道作业。

2）汇总技术资料

根据设计文件及测量所得数据，把各控制桩的里程与名称、线路、纵坡、曲线要素、起道高度、超高量、制动地段、曲线正矢及其他轨道标准等计算汇总成表，并按规定将整道的有关数据用铅油标在钢轨轨腰上，以便整道时使用。

3）整平路基面

铺砟整道前应进行一次路基面检查，如有损坏（如冲毁、坑穴等）或路基顶面有轨枕压成的陷槽时，应用与路基同类土壤修补夯实，使路基面保持规定的横向坡度，以利排水，严禁用道砟填塞陷槽，以免积水，形成病害。

2. 道砟的采备、装卸和运输

道砟生产是铺砟整道的一个重要环节，它涉及到确定道砟来源、砟场分布、片石的开采、道砟加工、装车、运输等问题，必须统筹考虑，合理安排，做到经济合理，质量符合要求。

1）用砟量计算

铺砟整道所需的道砟数量，可根据道床横断面计算，考虑到运输、卸砟、上砟时的损失和捣固后道床挤紧及沉落等，其增加率一般取碎石道砟 11.5%，卵石道砟 11%，砂子道砟 14%。

2）砟场选择原则

砟场的选择应考虑开采费用、施工难易程度以及运输的远近等。有条件时还应考虑配合生产片石等材料，以综合利用资源；建场前必须采集样品，试验其质量是否合乎道砟技术条件的要求；建场前必须进行钻探或挖探，计算其储量是否满足产量的要求；应考虑防洪、排水、冬季施工以及有适当弃土场地等因素。

新建铁路道砟来源有三种:一是利用邻近营业线既有砟场;二是沿线零星采集;三是建立永久砟场或临时砟场。前两种砟源,在条件允许、经济上适宜时,应优先选用,但常常不是新线道砟的主要来源。新建铁路所需道砟主要依靠自建永久砟场或临时砟场,其选择原则主要有以下几方面:

(1)砟场的选择应考虑开采费用、施工难易程度以及运输的远近等。有条件时还应考虑生产片石等材料,以综合利用资源。

(2)建场前必须采集样品,试验其质量是否符合道砟技术条件的要求。

(3)建场前必须进行钻探或挖探,计算其储量是否满足产量的要求。

(4)应考虑防洪、排水、冬季施工以及有适当弃土场地等因素。

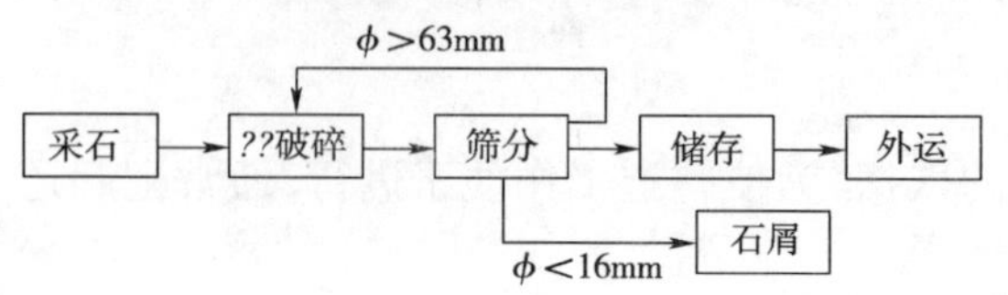

图 4-26　采石场道砟生产流程图

3)道砟的采备

道砟采备可用人工或机械钻眼爆破法开采片石,并用机械化或半自动机械化方法加工,其工作流程如图 4-26 所示。

4)道砟装车与运输

道砟装车根据设备情况,可因地制宜地选用高站台、棚架溜槽、活门漏斗和机械装车等方法。

运砟宜采用风动卸砟车。图 4-27 为 K13 型风动卸砟车,由走行部分、钢结构车体、漏斗装置、启门传动装置以及工作室等组成。若没有风动卸砟车,宜用敞车或改装的平车运砟。在砟场离线路较近的情况下,可用汽车甚至畜力车运砟。

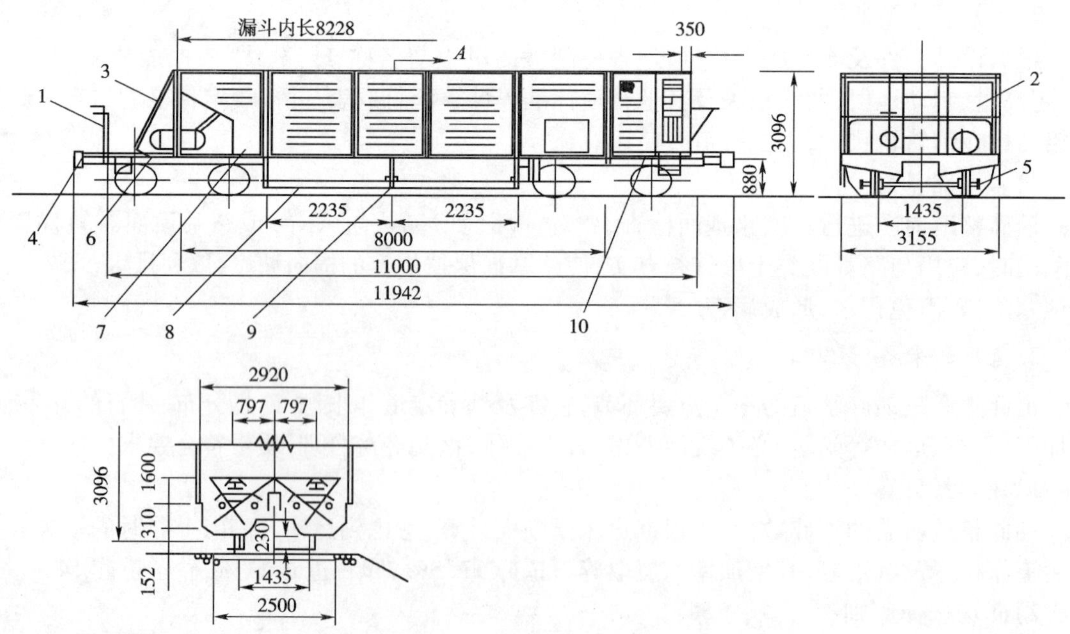

图 4-27　K13 型风动卸砟车(尺寸单位:mm)

1-风手制动装置;2-端墙;3-扶梯;4-车钩及缓冲装置;5-新转 8 型转向架;6-底座;7-侧墙;8-启门传动装置;9-漏斗装置;10-工作室钢木结构

5)卸砟

卸砟一般有风动卸砟车卸砟和人工卸砟(平板车)两种。

风动卸砟车车体下部的漏斗装置用以漏卸和散布道砟,它有四个外侧门和两个内侧门。通过启动传动装置,利用风压启闭不同的例门,能使道砟按要求散布在轨道内外侧的不同部位。车内容砟量可达 $36m^3$,外仰门全开时,40 ~ 50s 就能卸空一车。

人工卸砟时,当运砟列车到达卸砟地段后,每辆车配备 3 ~ 4 人,将车门逐一打开,在列车徐徐前进中将砟卸于轨道两旁,车中部及两端的道砟用铁锹铲卸。卸下的道砟在铺入轨道以前,可按图 4-28 所示堆在两轨道中间及路肩上。

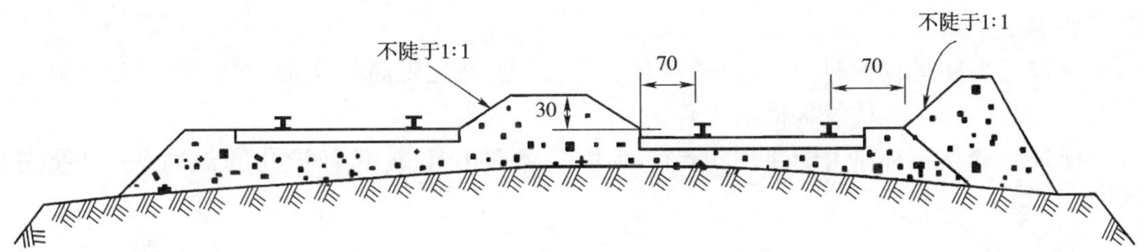

图 4-28　道砟堆置界限示意(尺寸单位:cm)

二、铺砟

按照在道床上的使用部位,道砟分为垫层和面砟两种。垫层一般是在铺轨前按设计的垫层厚度直接铺到路基面上的道砟。垫层的作用:一是防止在铺轨时压断或损坏轨枕;二是防止铺轨后轨枕被压入路基面内,形成陷槽积水,造成路基病害;三是铺轨时能将轨排摆平,便于钢轨接头的连接,并可便于铺轨后线路纵断面的调整。垫层材料一般使用粗砂、中砂、卵石、砂石屑或煤砟。面砟是在铺轨以后用卸砟列车将道砟均匀散布在轨道两侧的路肩上,再由人工或机械填到道床内。面砟材料是按设计要求选用的,其作用有:一是将机车车辆的荷载均匀地传递到路基上;二是增强轨道的弹性和稳定性;三是便于排水,使轨枕经常处于干燥状态;四是便于整正轨道。

单层道床厚度不大于 25cm 时可一次散布,大于 25cm 时应分两次散布,并分层捣固,第二次布砟须待前一层道砟铺好并经过 5 ~ 10 对列车碾压后才能进行。列车散布道砟时的速度不得超过 5km/h,并按照需要量散布均匀。

目前铺砟作业大多采用不同程度的机械化施工,其机械化可分为单项机械作业和综合机械作业两大类。单项作业机械包括:液压起拨道机、捣固机、自动捣固机等;综合作业机械是将几种作业联合在一台机械上进行的一种大(中)型轨行式机械,其特点是设备自重较大,功率大,工作效率高,常见的有:配砟整形机、配砟整形车、电磁液压悬臂式铺砟机、夯实机等。图 4-29 是配砟整形车作业情景。

图 4-29　配砟整形车作业情景

三、上砟整道

上砟整道是将卸在线路两侧的道砟铺到轨道内，并将轨道逐步整修到设计规定的断面形状，达到稳定程度。这项工作应在铺轨后一至两个区间进行，并应尽量缩短，但不得影响铺轨作业。铺砟整道到规定的高程，经过列车走压不少于50次后，在交工前应按规定作一次全面的整道作业，使轨道的轨距水平、高低方向等都达到规定的技术标准。

1）整正轨缝

整正轨缝前应按区间进行现场调查，将轨长、轨缝及接头相错量按钢轨编号逐一列表计算，作出全面的整正计划。施工前将计划好的钢轨移动量及其移动方向写在相应的钢轨上，使之符合要求。

轨缝整正工作量较大时，往往会牵动轨枕位置，使轨枕脱离捣实的道床，因此在轨缝整正后，应进行起道、方正轨枕及捣固等工作。

为保证轨缝整正作业中不间断行车，须配备各种长度腰部有长孔的短轨头，以便夹板连接。

2）起道

新线起道时，先选择一个标准股，在预先用水准仪测设好的水平桩外，按要求的高度起好，并按轨枕下串实道砟作为起道瞄视的基准点，如图4-30所示，每次至少起好两个基准点。人工起道瞄视方法与检查轨顶纵向水平的方法相同。当标准股连续起平30~40m后，使轨枕中线与轨腰的间隔印相一致并垂直线路中心线。

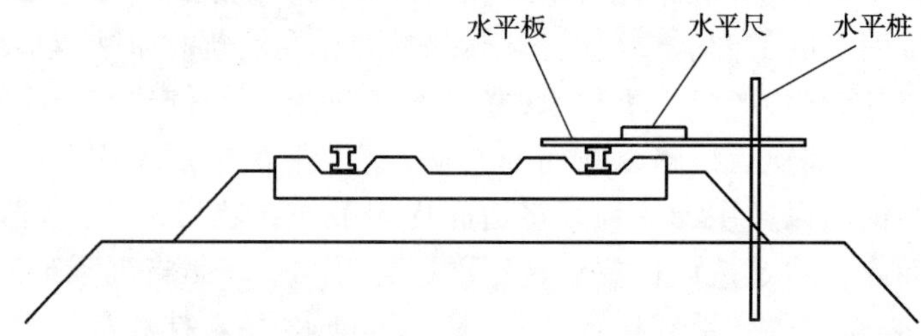

图4-30　起道基准点设置

起道后应将路肩处的道砟填入轨枕盒中，以便捣固。但应注意，在已起道与未起道的相接地段，应做成不大于5‰的顺坡，在末次起道时，为防止道床沉落和轨顶高程不足，可将起道高度适当提高3~5mm。

机械起道可用激光准直液压起拨道机，用激光准直仪控制轨顶高程。

道岔轨面高程应与连接的主要线一致，与另一线的轨面高差，应自道岔后普通轨枕起向站内顺坡。当顺坡落差不够时，可根据具体情况采取以下办法调整：调整道床厚度顺坡；顺接坡道可适当伸入线路有效长度范围内，但伸入段的坡度不得超过规定的站坪限坡。

3）捣固

线路起道后必须进行捣固。人工捣固（图4-31）使用捣固镐，机械捣固（图4-32）可用液压捣固机。捣固范围：混凝土枕应在钢轨外侧50cm和内侧45cm范围内均匀捣固；木枕在钢轨两侧各40cm范围内捣固道床，钢轨下应加强捣固。此外对钢轨接头处和曲线外股，应加强捣实上述规定范围内的道床。人工捣固时，一般2人或4人为一组，同时捣固一根轨枕，打镐顺序先由轨底中心向外，然后再由外向内。根据起道高度分别捣 18～28 镐，相邻镐位应略有重叠，落镐位置应离枕底边 10～30mm，以免打伤轨枕，并能把轨枕底部道砟打成阶梯形的稳固基础。

人工捣固时应做到：举镐高度够、捣固力量够、捣固镐数够及捣固宽度够。机械捣固时，捣固质量取决于捣固时间的长短。其落镐次序及各镐位的捣固时间可参照表 4-4 所示。

图 4-31　人工捣固示意图

图 4-32　小型机械捣固示意图

落镐次序及各镐位的捣固时间　　表 4-4

镐窝顺序	1	2	3	4	5	6	7	8	镐窝位置示意图(尺寸单位:mm)
捣固时间(s)	5	4	3	2	2	3	4	5	100　400　450 4 3 2 1 1 2 3 4 5 6 7 8 8 7 6 5

路基与桥梁、桥梁与隧道、无砟道床与有砟道床、新筑路基与既有线路基连接地段 30m 范围及路基换填地段应加强捣固。

4）拨道

新线拨道时，主要按经纬仪测设的中心桩进行，把钢轨及轨枕一起横移一定距离，使其符合线路中心线的位置要求。为了不妨碍铺砟整道工作，保护中线的准确位置，中线桩一般均自线路中心位置外移，与起道用的水平桩合并设置。人工拨道一般使用 6～8 个拨道器，均匀分布在两根钢轨的同侧，分布范围 3.5～4m，一人指挥，其他人用拨道器用力拨道。机械拨道则可用激光准直仪直接控制起拨道机拨道。

设计速度为 120km/h 以下的线路，人工铺砟整道至低于轨面设计高程 50mm 左右时，应用大型养路机械进行整道作业。随着养路机械的发展，我国新建铁路的铺砟整道作业正在逐步向大型机械化过渡。由动力稳定车、起拨道捣固车和配砟整形车构成的 MDZ 机组，能够高效率、高质量地进行道砟回填、起道、拨道、抄平、捣固、整形及稳定等综合整道作业。该机组进行整道作业,可以较大地提高线路质量,作业后线路的容许行车速度可以达到 80km/h 以上。目前,一个机组可由 2 台捣固车、1 台动力稳定车、1 台配砟整形车和一定数量的大型养路机械附属车辆组成,能够以 1km/h 的速度完成线路整道任务。

5)施工注意事项

轨道应逐步矫正。随着每次铺砟,都要做好相应的整道作业。

不同种类轨枕的交接处应以道砟调整。当同种类轨枕铺设长度短于 100m 时,应将该段轨道抬高或降低到与两端轨道面齐平;大于 100m 时,应先将较低轨道的一个半轨排抬高,与邻近轨道面齐平,然后再以不大于 2‰的坡度向较低方向顺接。

在卸砟过程中,应尽量做到两边同时卸,以免造成偏重而影响行车安全。装、卸砟人员必须在列车停稳后才允许上、下车。

行车人员必须服从领车人员的指挥,特别在边走边卸时,道口、道岔、无砟桥面和整体道床地段严禁卸砟,对安装信号设备的处所应更加注意,以免压坏设备。

砟车到达卸砟地点开车门时,车上人员应站到安全位置,以免随砟溜下伤人。开车门应从前进方向的前部开始依次向后开,以免发生事故。

机械上道前必须设置防护,在未显示防护信号前不准上道作业。瞭望条件较差的地段应在车站设联络员。

运砟列车必须在规定时间内返回车站,以免影响其他列车的正常运行。

各作业车正在区间作业时,其间隔不得小于 10m。出车、收车时均应连挂运行。

复习思考题

1. 铺轨基地的布置主要包括哪几部分?其设置应遵循哪些原则?
2. 有砟轨道结构的主要组成及其功用是什么?
3. 简述单线往复式轨排组装作业方式的作业过程。
4. 如何进行硫磺水泥砂浆锚固?其技术要点有哪些?
5. 绘图说明高臂铺轨机与低臂铺轨机铺设轨排的作业程序。
6. 铺轨机铺设轨排有哪些注意事项?
7. 铁路砟场应如何进行选择?
8. 上砟整道有哪些基本作业?简述其作业要点。

第五章　城市轨道交通无砟轨道施工

教学目标

1. 了解城市轨道交通常用的无砟轨道类型。
2. 了解城市轨道交通减振降噪措施。
3. 熟悉城市轨道交通常用无砟轨道结构的施工工艺及施工要点。

城市轨道交通凭借着全天候、运能大、速度快、安全好、能耗低、污染轻、占地少等优势在国内外得到了快速发展。轨道交通在高架桥和地下区段均采用无砟轨道，城市轨道交通的无砟轨道主要包括一般（普通）地段无砟轨道和减振型无砟轨道两类。

地下线路正线一般地段无砟轨道主要有短轨枕埋入式无砟轨道、长轨枕埋入式无砟轨道，如图5-1、图5-2所示。高架线一般采用支承块承轨台式无砟轨道、板式轨道等，如图5-3、图5-4所示。

图5-1　短轨枕埋入式无砟轨道

图5-2　长轨枕埋入式无砟轨道

图5-3　支承块承轨台式无砟轨道

图5-4　板式轨道

短枕式整体道床由短轨枕、C30 混凝土道床及水沟组成。其中短轨枕在厂内预制，底部露出钢筋钩，与道床混凝土构成一整体道床结构。道床可设双侧排水沟，也可在道床中间设中心排水沟。北京地铁、广州地铁以及哈尔滨地铁 1 号线已建一期、二期工程，均采用此类型道床。

长轨枕埋入式整体道床是将长轨枕埋在整体道床内，纵向钢筋贯穿长枕，形成一整体。轨枕在工厂预制，用轨排法施工，轨枕混凝土强度等级为 C50，轨枕内有预留孔，以备道床的纵向钢筋穿过。道床排水采用两侧排水。该道床在上海地铁大量应用。

短枕承轨台式整体道床形式与隧道内短枕式整体道床基本相同，纵向做成两带状的整体道床。利用道床两带状承轨台整体道床，外侧自然形成三条纵向沟槽，在梁端部将雨（废）水排入设在梁端两侧的预埋落水管，引入市政排水系统。自上海地铁 3 号线采用该道床形式后，目前国内大多数城市的高架轨道交通均采用这种道床结构。为加强道床与梁面连接，需在梁上部埋设垂向钢筋钩。

板式轨道整体道床主要由预制道床板、调整层及底座等组成。板式轨道的优点是整体性好，结构轻盈美观，养护维修比其他无砟轨道结构方便，施工速度最快，而且省去了大面积的预埋连接钢筋及混凝土支承块的制造和运输，弹性较好，施工简便。缺点是重量较大，工程造价较支承块式承轨台整体道床高，初期建设投资也较高。

当线路经过居民住宅区、繁华商业区、文教卫生区，由其带来的振动、噪声等污染会严重干扰沿线居民的正常工作、学习和生活，这些地段需采取特殊的减振降噪措施，如使用减振扣件及铺设减振轨道，减振轨道结构等级划分为一般减振地段（$0\text{dB} < VL_z < 5\text{dB}$）、中等减振地段（$5\text{dB} \leqslant VL_z < 10\text{dB}$）、高等减振地段（$10\text{dB} \leqslant VL_z < 15\text{dB}$）和特殊减振地段（$VL_z \geqslant 15\text{dB}$）四级。

随着近年来轨道减振技术的发展，减振轨道结构种类也日益增多，减振效果也各有不同，减振的技术更趋于成熟，多朝着综合减振的方向发展。现将几种常用的减振轨道结构及其特征、减振效果和适用范围列于表 5-1。

不同减振轨道结构比较 表 5-1

减振结构	结构特征	预测减振效果（dB）	适用减振地段	可维修性
克隆蛋减振扣件	钢轨固定在一块椭圆形铸铁钢板上，铁板用硫化橡胶支座固定在铸铁框架底座内	5～7	一般	维修方便
Vanguard 减振扣件	直接将钢轨与道床脱离，依靠钢轨侧边橡胶支撑进行减振	11～15	高等	维修方便
弹性支承块无砟轨道	利用短枕上下部垫板两弹性层进行轨道减振	6～8	一般	维修方便
梯形轨枕轨道结构（纵向轨枕）	由梯形轨枕、弹性支墩、混凝土底座构成。使用防振材料为支撑，引入最佳刚性支撑下的轻量级质量——弹簧系统的概念设计	7～15	高等	维修方便
浮置板轨道（中档和高档两种）	将浮置板置于橡胶上——橡胶支座浮置板	20～30	特殊	橡胶易老化，维修不方便
	将浮置板置于弹簧支垫上——钢弹簧浮置板（中档和高档两种）	25～40	特殊	可维修，维修少

《地铁设计规范》(GB 50157—2003)规定了在不同减振要求地段分别使用三种不同的减振轨道结构,即一般减振轨道结构、较高减振轨道结构和特殊减振轨道结构。一般减振轨道结构可采用无缝线路、弹性分开式扣件和整体道床或碎石道床。在线路中心距离住宅区、宾馆、机关等建筑物小于20m及穿越地段,宜采用较高减振的轨道结构,即在一般减振轨道结构的基础上,采用轨道减振器扣件或弹性支承块整体道床或其他较高减振轨道结构形式。在线路中心距离医院、学校、音乐厅、精密仪器厂、文物保护和高级宾馆等建筑物小于20m及穿越地段,宜采用特殊减振轨道结构,即在一般减振轨道结构的基础上,采用浮置板整体道床或其他特殊减振轨道结构形式。

第一节　弹性支承块式无砟轨道施工

一、弹性支承块无砟轨道概述

弹性支承块无砟轨道,在国外也称"低振动轨道(LVT,Low Vibration Track)",最早于1966年铺设于瑞士Boetberg隧道中,至今已有46年的运营经验。1993年6月开通运营的英吉利海峡两单线隧道内全部铺设该轨道结构,该轨道方案是在对意大利的IPA系统、德国的Rheda系统、法国的VSB系统、英国的PACT系统和美国的Sonneville等系统进行严格的比选和测试的基础上确定的。该轨道系统还在哥本哈根、亚特兰大等城市地铁内推广应用,国外至今LVT轨道的铺设总长度约360km。国内从1995年开始对弹性支承块式无砟轨道进行研究,1996年、1997年先后在陇海线白清隧道和安康线大瓢沟隧道铺设试验段。在秦岭隧道一线、秦岭隧道二线正式推广使用,一、二线合计无砟轨道长度36.8km,并先后于2001年、2003年开通运营。以后又陆续在宁西线(南京—西安)、兰武复线、宜万线、湘渝线等隧道内及城市轨道中得到广泛应用,已经铺设的这种无砟轨道已超过200km。

弹性支承块式无砟轨道一般适用于有减振降噪要求的隧道区段,目前在我国城市地铁中一般减振降噪地段铺设较多。

二、弹性支承块无砟轨道结构组成

弹性支承块无砟轨道结构由弹性支承块、道床板和混凝土底座及配套扣件构成。弹性支承块由橡胶靴套包裹的钢筋混凝土支承块以及块下大橡胶垫板组成。胶靴靴套与块下胶垫的双层弹性实现特殊减振要求。减振效果可达到6~8dB,弹性支承块无砟轨道组成如图5-5、图5-6所示。

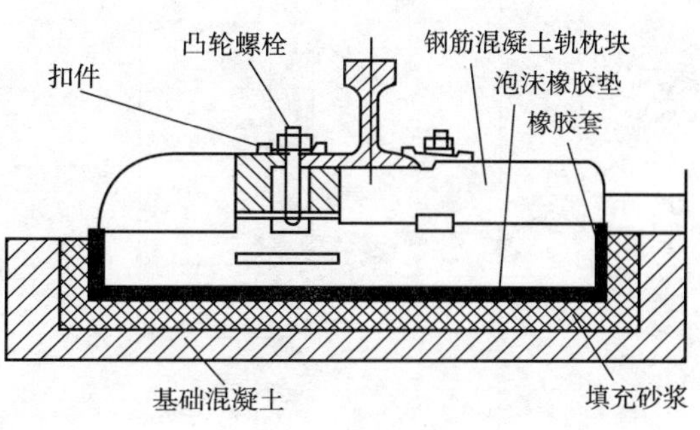

图5-5　弹性支承块无砟轨道

三、弹性支承块无砟轨道优缺点

弹性支承块无砟轨道结构简单,施工相对容易。其支承块为钢筋混凝土结构,可在工厂预制,现场只需将钢轨、扣件、靴套及垫板的支承块加以组装,经准确定位后,就地灌注道床混凝土即可成型。弹性支承块无砟轨道结构的缺点是中初期投资较大,且橡胶易老化,运营一定时间后必须更换。

图 5-6　弹性支承块无砟轨道及块下大垫板

四、弹性支承块无砟轨道施工工艺及施工方法

弹性支承块无砟轨道根据施工环境、轨道结构不同,一般采用散铺架轨法、轨排架轨法,具体介绍轨排架轨法施工工艺流程及具体施工方法。

1. 施工工艺流程

弹性支承块无砟轨道轨排架轨法的施工工艺因采用的作业步骤不同而使施工方法有所不同,但作业流程都大同小异。其基本工序为:清洗基底→设置中线控制桩和可调标桩→安设道床钢筋网→吊装轨排→支承块悬挂→轨排组装→调试、连接、精调→安设伸缩缝沥青板→道床混凝土灌注(抹面成型)养生→拆除轨排→进入下个工作循环。具体见弹性整体道床施工工艺流程图(图 5-7)。

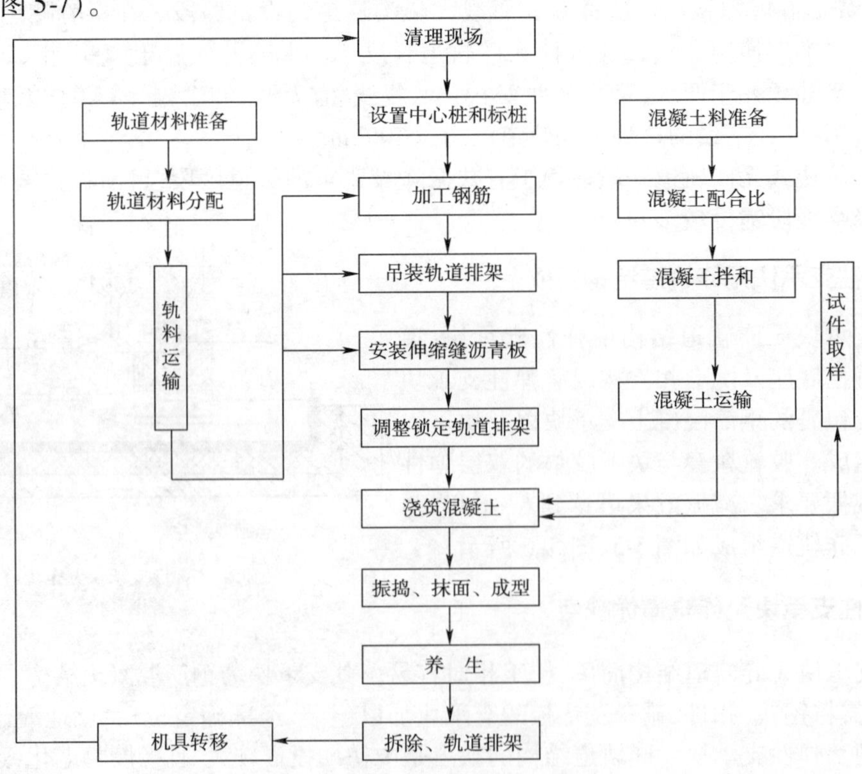

图 5-7　弹性整体道床施工工艺流程图

2. 具体施工过程

1)清理施工场地

将施工现场的石渣及其他杂物清除,然后用高压水冲洗干净,确保混凝土整体道床基底无杂物和积水,如图5-8所示。

图5-8　冲洗道床基底

2)中线控制桩和基准标桩的设置

根据铺轨综合设计图要求,利用调整好的线路中线点或施工控制导线点和施工控制水准点进行铺轨基标测设,铺轨基标测设时应按规定测设控制基标,而后再测设加密基标。

基标设置位置应符合下列规定。

(1)控制基标:直线上每120m,曲线上每60m和曲线起止点、五大桩(ZH、HY、QZ、YH、HZ)均应设置1一个点。

(2)加密基标:直线上每6m,曲线上每5m各设置一个。

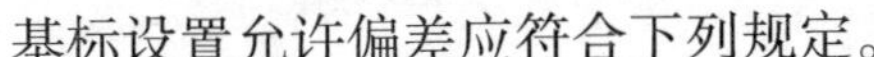

基标设置允许偏差应符合下列规定。

(1)控制基标:方向6″,高程为±2mm,直线段距离为1/5000,曲线段距离为1/10000。

(2)加密基标:方向为±1mm,高程为±2mm,直线段距离为±5mm,曲线段距离为±3mm。

具体测设要求及方法见《轨道工程测量》相关内容。

3)整体道床钢筋骨架绑扎、伸缩缝间隔板安装工艺

(1)道床钢筋设计为双层钢筋网。钢筋铺设前应按要求放置砂浆垫块作为钢筋保护层。然后铺设下层钢筋网,纵向和横向钢筋间距按防杂散电流要求焊接。纵向钢筋搭接处采用双面搭接焊,搭接长度不小于钢筋直径的5倍,焊缝高6mm。道床每隔5m选一横向筋与所有纵向筋焊接,同时选两根纵向筋和所有横向筋焊接。道床伸缩缝处的纵向筋电气连接及杂散电流收集网,按相关要求进行施工,伸缩缝处的道床钢筋应断开。钢筋骨架绑扎见图5-9。

(2)道床混凝土应按设计要求设置伸缩缝,伸缩缝设置结合隧道构造缝,每隔12.5m设置一道,车站两端圆形隧道洞口及区间旁通道处50m范围内,每隔6m设置一道,伸缩缝宽度为20mm,可用20mm厚沥青板形成。伸缩缝间隔沥青板按设计里程安装在两支承块中间,与线路中线垂直,板两侧钻孔插入固定钢筋,确保沥青板垂直不移位。安装伸缩缝板见图5-10。

图5-9　钢筋骨架绑扎

图5-10　安装伸缩缝板

4）轨道排架吊装及弹性支承块的架设

（1）弹性支承块悬挂。支承块按顺序摆放到安有等距隔板的组装平台上（注意支承块轨底坡面向道心，见图 5-11），排架移动至组装平台上方对位，再用快速扣件将支承块与排架下挂篮扣紧即形成可供铺设的轨排。组装时注意使支承块外侧铁座与挂篮外侧紧贴，以保证轨距，并及时校正支承块的外八字现象（图 5-12）。

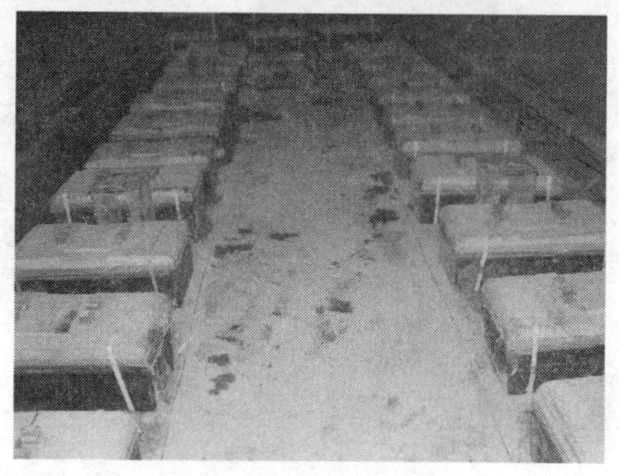

图 5-11　支承块摆放至组装平台上

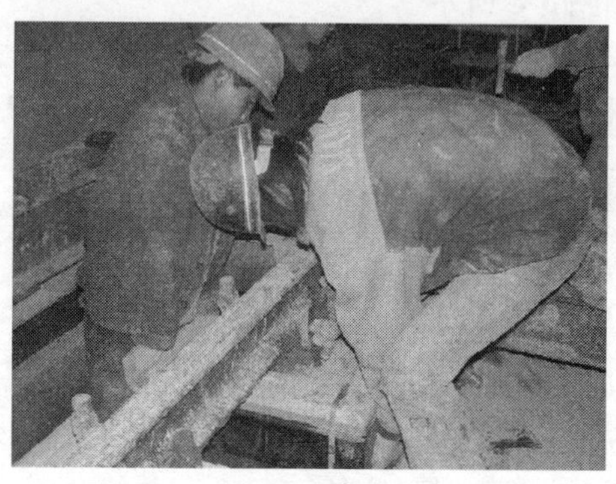

图 5-12　支承块悬挂

（2）轨排铺设。门吊吊起轨排运到铺设地点，对轨排高程、中线进行粗调定位，定位控制在设计值 ±1cm。轨排间距预留 6 ~ 10mm 轨缝，接头间按 1-3-4-6 顺序拧紧 4 套螺栓，消除错台、错牙现象。铺设竖曲线轨排时，要依次从曲线头铺到曲线尾。轨排吊装及铺设见图 5-13、图 5-14。

图 5-13　轨排吊装

图 5-14　轨排铺设

5）轨道排架精调锁定

轨排组装结束后，即可进行轨面系数精细调整。采用半道尺、一字尺、万能道尺，利用已

埋设好的基准标桩进行精调，轨面系的精调锁定由排架支腿和轨向锁定器完成。其中轨距 1435mm 和 1:40 的轨底坡为定值不调，高低、水平由左右支腿螺柱调整，轨向由轨向锁定器调整。调整时应严格按“内轨高程→中线→轨面高低及轨向→水平及三角坑→复核高程及中线”的程序进行。排架精度达到要求时，拧紧支腿螺栓，锁定左右轨向锁定器，图 5-15 为技术人员过程控制轨排铺设及调试。

轨道精调具体步骤如下：

（1）轨排铺设小组利用测量班技术交底的数据对轨排轨面高程进行调整，最后测量班用水准仪对轨面高程进行精细调整，使其达到标准要求，如图 5-16、图 5-17 所示。

图 5-15　技术人员过程控制轨排铺设及调试

图 5-16　调整支腿螺柱（调整轨排高程及高低）

（2）当轨面高程调整好后，即可调整轨面中线，利用安装好的轨向锁定器进行轨向、轨排中线调整，让轨排三横梁结构中线与线路中线相吻合后，锁定轨向锁定器，如图 5-18 所示。

图 5-17　内轨顶面高程测量

图 5-18　调整轨向锁定器（调整轨排中线）

（3）轨面高程调整完后，再次复测轨面高程，进行精细调整，消除轨面三角坑现象，使轨面高程达到设计标准要求。

（4）用 10m 的弦线对轨排基本轨进行高低、轨向检查与调整，2 人拉弦 1 人用小钢尺（刻度 0.5mm）量测，配合 4 人进行调整及锁定轨道排架。轨向调整时的顺坡率 1‰。高低调整时先调基本轨，再根据基本轨用万能道尺调整轨排另一条钢轨。曲线地段因矢度变化，HY 点易出现三角形，可用 20m 的弦线进行精调消除，如图 5-19 ~ 图 5-21 所示。

图 5-19　拉弦线测高低

图 5-20　拉弦线测轨向

（5）最后由测量班对轨排结构中线进行复测，检查每处轨向锁定器的牢固性，使中线达标，见图5-22。中线高程调整后，即可进行轨面状态检查验收，其值必须达到设计标准要求，否则必须返工重调。弹性支撑块整体道床从轨排组装、调试到道床混凝土灌注的状态检查，见表5-2。

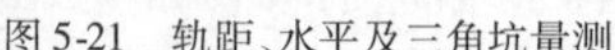
图5-21　轨距、水平及三角坑量测

图5-22　轨排中线测量

弹性整体道床施工状态检验表　　表5-2

检验项目	轨道排架精调后状态检验	道床混凝土灌注后轨面状态检验
①轨距	用轨道尺测量，一榀轨排应检测3处，不允许超过1435mm±1mm	检测方法同①
②轨向	以左股钢轨为准，用10m弦量矢度不得大于2mm	检测方法同②
③轨面水平	以左股钢轨为准，高程允许偏差±5mm，两股相对水平差不得大于2mm，在延长6.25m距离内不得有大于2mm的三角坑	检测方法同③
④高低	用10m经纬度量最大矢度不得大于2mm	检测方法同④
⑤高程	误差不得大于±5mm	检测方法同⑤
⑥中线	误差不得大于±2mm	检测方法同⑥

(6)检查弹性支承块安装是否正确、橡胶套靴包装是否密贴、轨排支腿套筒及支垫块是否完好，逐一检查并使之达标。

6)伸缩缝沥青板安设

隧道内整体道床每隔6.25m设一伸缩缝，伸缩缝采用2cm厚预制沥青板隔离。伸缩缝沥青板按每6.25m设置一块，安放在两组轨道前后两支承块正中，并垂直于线路中线。上部楔板在混凝土初凝后拆除，缝内填塞沥青胶砂。伸缩缝板安设必须牢固，确保不变形、不跑模。

7)道床混凝土浇注

在浇筑道床混凝土之前，应对已调好的轨道排架进行二次复合检验，使左右股钢轨至设计轨面高程允许误差±2mm。同时应检验以下项目：支承块橡胶套靴密封情况、支承块悬挂方向是否正确；厂标向外侧，即保证支承块轨底坡度向内侧；钢筋骨架支垫情况、伸缩缝安装是否合格。通过检查工程师和监理工程师检查认可后，方可进行混凝土浇筑施工。

(1)道床混凝土捣固与平整

道床捣固使用插入式振捣棒，作业时分前后两区间隔2m捣固，前区主要捣固下部钢筋和支承块底部，后区主要捣固支承块四周与底部加强。捣固时应避免捣固棒接触排架和支承块，遇混凝土多余或不足时及时处理。道床使用专用量具控制断面形状，做到一步到位，表面修平抹光后及时养生,见图5-23、图5-24。

图5-23　道床混凝土捣固

图5-24　道床混凝土抹面

(2)道床养生及清理

道床拆模后应及时修补残损部位和进行养生工作。养生强度达到要求后全面清理道床表面,铲除多余灰渣,各部清扫干净。支承块表面不得有任何残留物,预埋铁座刷涂除锈漆防护,见图5-25。

道床混凝土浇筑过程中应注意以下事项。

(1)混凝土由洞外混凝土拌和站供应,混凝土拌制必须按配合比准确称量。在浇注中严格控制坍落度,每班测定不少于2次。

(2)混凝土运送应与施工进度相适应,运输过程中必须自行搅拌,防止离析、泌水、漏浆,以确保质量。

(3)灌注前,应将铺底面冲洗干净,将支承块表面加以遮盖,对支承块和橡胶连接缝采取封闭措施,以防混凝土沾污支承块。

图5-25　整体道床排架拆除后养生

(4)混凝土运到工作面需经搅拌均匀后再进行灌注,灌注混凝土采用混凝土输送泵输送至灌注位置。道床混凝土采用插入式振捣器捣固密实,支承块下应加强振捣,尽量减少支承块下气孔,不得有蜂窝,避免捣固棒接触支承块套靴和排架,防止发生偏斜移位。

(5)混凝土浇注过程中,密切注意轨排轨面系状态的变化,发现有超标情况应立即校正。道床面抹面整平,允许偏差为±0.5mm,应留好1%横向排水坡,道床面必须低于支承块内侧套靴侧口下沿2mm,必须一次抹面成型。

(6)道床混凝土灌注后加强养生,养生期不少于14d。道床混凝土强度达至5MPa时,可拆除轨道排架,达到强度70%之前,不准车辆在上行走。

8)组合式轨道排架倒用工艺

道床经24h养生后可拆除轨道排架。拆除顺序为:轨排间连接夹板→快速扣件→模板间插销→轨向锁定器。然后,松动支腿螺栓和模板,用吊机吊起排架重新悬挂支承块循环使用。

9)养生与清理

道床拆模后应及时灌注轨排工艺孔和补修残损并按要求进行养生工作。养生工作达到设计要求后，要对支承块上预埋铁座进行除锈涂油，全面清理道床表面，铲除多余灰渣，各部清扫干净，为后续工程创造良好的施工条件。

3. 主要机具设备及劳力安排

(1)道床施工专用机具见表5-3。

道床施工专用机具 表5-3

序号	设备名称	规 格	单位	数量	备 注
1	专用门式起重机	5t	台	1	自行式，轨距2980mm
2	组合式轨道排架	6.25m	榀	26	其中1榀备用
3	移动式组装平台	6.25×2.1m	台	1	轨行式，轨距1040mm
4	混凝土输送泵	30~40m^3/h	台	2	轮式，备用一台
5	混凝土输送车	6m^3	台	9	
6	插入式振捣器	高频	台	6	备用2台
7	平板振动器	小型	台	3	备用1台

(2)劳力安排

弹性整体道床施工时宜安排两班，一班以拆立模为主，同时进行拆轨、装卸、堆码、清理本班现场等内容；另一班以混凝土灌注为主，同时进行过程控制，清理本班场地，做好交接班任务，以上两班循环作业。其具体组织见表5-4和表5-5。

拆立模班劳动组织表 表5-4

序号	工作内容	人员	备注
1	清理、安放钢筋网	2	
2	支承块倒运组装	6	
3	排架就位	4	
4	粗、细调、锁定	4	
5	拆安模板	6	
6	测量	2	
7	门吊架	1	兼电工
8	领班	1	
9	合计	26	

混凝土施工班劳动组织表 表5-5

序号	工作内容	人员	备注
1	工班长	1	
2	管路	4	
3	混凝土泵操作	1	
4	振捣	4	
5	门吊兼电工	1	
6	过程检查	2	
7	测量	2	
8	其他	2	
9	抹面整体	4	
10	合计	21	

4. 施工注意事项

(1)支承块是弹性整体道床的一个重要组成部分，它的质量直接影响道床的质量。选择具有生产资质的轨枕厂家订货预制，支承块配套预埋铁座，弹性橡胶套靴由预制厂家招标采购，确保支承块组合件的质量。

①外观质量：支承块承轨台表面要求光滑，不允许有长度大于15mm、深度大于5mm的气孔、黏皮、麻面等缺陷。

②承轨台以外的表面不允许有长度大于 30mm，深度大于 10mm 的干灰堆垒和夹杂物。

③支承块不得有肉眼可见裂纹。

④支承块周边棱角破损长度不允许大于 25mm。

⑤各部位尺寸偏差应符合有关规范的要求。

⑥混凝土强度等级不低于 C50，脱模强度不低于 C38。支承块轨下截面抗裂强度检验值为 65kN。

(2)弹性支承块整体道床配套专用机具设备的加工精度，特别是轨道排架的加工精度应满足设计要求，这是确保道床施工质量和精度的关键。

(3)施工轨道排架的几何位置精细调整，中线标桩的测设及调整人员应相对固定，责任到人。测量环节是保障今后轨道质量最重要的关键技术之一，质量控制标准详见表 5-6。

轨道排架质量要求　　表 5-6

检验项目	检验标准	检验方法
挂篮至钢轨外缘间距	25 ±0.5mm	尺量
挂篮工作面间距	187 ±1mm	尺量
两支承块间距	568 ±5mm	尺量
挂篮两外缘间距	1698 ±1mm	尺量
轨排方正度	不大于 2mm	尺量对角线角度
挂篮与钢轨底部密贴状态	密贴	用插尺量

第二节　长枕埋入式无砟轨道施工

一、长枕埋入式无砟轨道结构特点

长枕埋入式无砟轨道主要由整体式穿孔混凝土枕和混凝土道床组成。图 5-26、图 5-27 分别为我国铺设于高架桥上和隧道内的长枕埋入式无砟轨道。它是由 60kg/m 钢轨、弹性扣件、WCK 型轨枕、混凝土道床板、隔离层(或弹性垫层)及混凝土底座等部分组成。

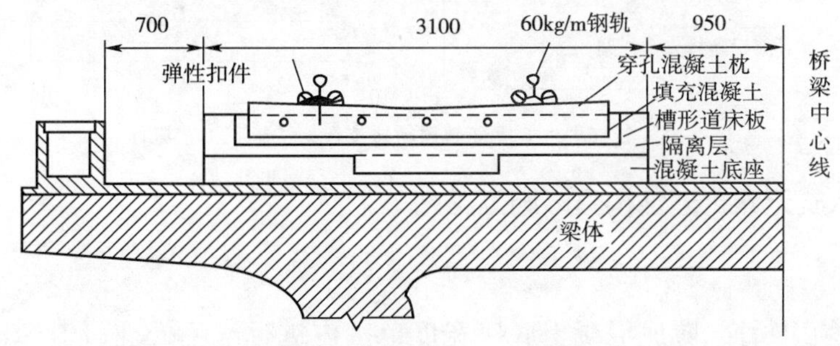

图 5-26　高架桥上长枕埋入式无砟轨道(尺寸单位:mm)

长枕埋入式无砟轨道最先在秦沈线沙河特大桥和渝怀线鱼嘴二号隧道分别进行了试铺，使用情况良好，但个别轨枕与道床板连接处有裂纹产生。

目前采用轨排支撑架法由上至下施工，制造和施工简单易行，但现场混凝土施工量大。

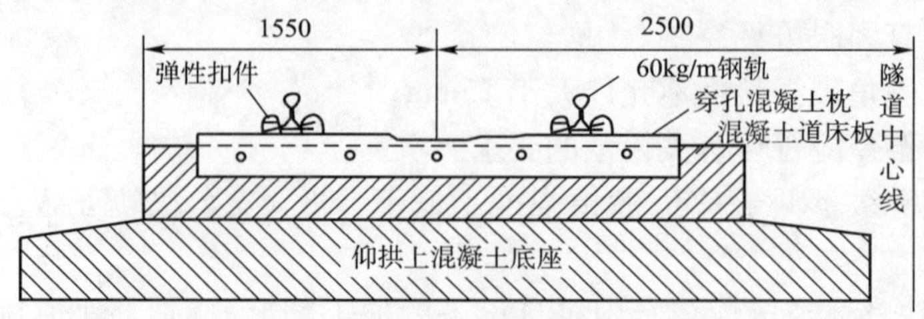

图5-27　隧道内长枕埋入式无砟轨道（尺寸单位：mm）

二、长枕埋入式无砟轨道施工工艺流程

制造和施工长枕埋入式无砟轨道采用我国较成熟的轨排支撑架法由上至下进行施工，其道床结构中除横向穿孔轨枕需要工厂预制外，其余混凝土均为现场浇筑。

长枕埋入式无砟轨道轨排支撑架法施工工艺流程见图5-28。

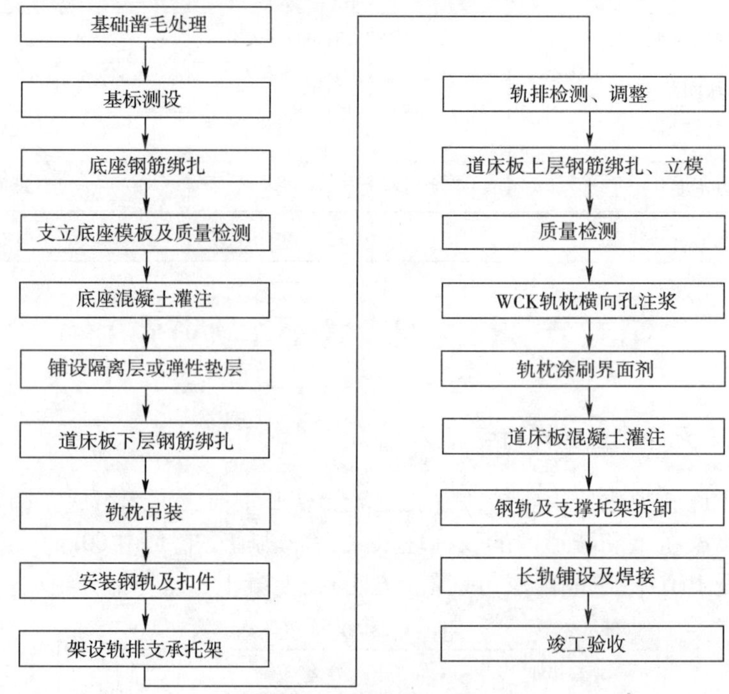

图5-28　长枕埋入式无砟轨道轨排支撑架法施工工艺流程

三、长枕埋入式无砟轨道结构具体施工工艺

1. 基础处理

施工之前必须对桥面、隧底混凝土底座宽度范围内进行凿毛处理（图5-29），用高压水或高压风清除浮砟及碎片，并宜加涂一层界面剂，做好施工排水工作，确保工作面无积水。

2. 基标测设

基标测设具体要求如下。

(1)施工前根据线路测量等级设置的水准基点标,按二等测量等级增设控制线路中线、水平的控制基标和加密基标,并在混凝土底座施工前完成埋设。

(2)控制基标一般在直线上每隔100~200m、曲线上每隔50m的线路上测设一个,在线路变坡点、竖曲线起止点上均应设置控制基标。

(3)加密基标是根据控制基标加密作为施工基标,一般每隔5m设置一个,两基标间的间距偏差应在相邻两控制基标内调整。

(4)基标测量误差应满足线路中线偏移不大于2mm,水平误差不大于±2mm,纵向距离偏差不大于1/5000的要求。

(5)使用测量仪器准确埋设基标,并用不低于C15级混凝土固定桩身,同时定出铜质桩帽的准确位置。

(6)基标一经埋设,严禁撞击,如发现桩身摇动或桩帽松动须进行复测。

3. 混凝土底座施工

混凝土底座施工包括布筋、立模、混凝土灌注、抹平养生几个环节,具体要求如下。

(1)布筋。在现场焊接或绑扎底座钢筋骨架,同时放好钢筋保护层垫块。底座结构钢筋要与基础预埋钢筋网连接。底座绑扎钢筋如图5-30所示。

图5-29 桥面凿毛处理

图5-30 底座钢筋绑扎

(2)立模。根据设置的基准点,确定模板安装位置和高程,模板要采用具有一定强度、刚度和稳定性的钢模,如图5-31所示。

(3)混凝土灌注。混凝土灌筑应连续进行,间歇不超过规范规定的时间:对于不掺外加剂的混凝土,其允许间歇时间不应超过2h;当温度高达30℃时,不应超过1.5h;当温度低至10℃左右时,可延长至2.5h。

(4)抹平养生。混凝土初凝前进行混凝土面的提浆、压实、抹光工作,初凝后终凝前应进行3~6次压光,以提高混凝土抗拉强度,减少收缩量,收光后12h以内根据混凝土表面湿润情况进行养生。混凝土的浇水养护时间,对采用硅酸盐水泥、普通硅酸盐水泥或矿渣硅酸盐水泥拌制的混凝土,不得少于7d,对掺用缓凝型外加剂或有抗渗性要求的混凝土,养生期不少于14d。在混凝土强度达到2.5MPa以上后方可拆除模板。

4. 铺设隔离层或弹性垫层

在底座混凝土养生至少48h后,进行隔离层或弹性垫层的铺设。隔离层铺设时,应拉平,由一端向另一端平铺。粘贴时的关键部位是四周边缘，否则会产生气鼓、卷边，见图5-32。

图5-31 底座立模

图5-32 隔离层粘贴

5. 轨排架设

(1)轨排组装

轨排组装一般在轨排基地或就地组装，为确保轨道施工质量，必须熟知钢轨、轨枕及其联结扣件的使用技术条件、轨排组装作业流程、作业标准、工艺要求和质量标准。轨排组装具体作业顺序为：技术交底→铺放穿孔轨枕→轨枕间距精确定位→选配安放钢轨→安置扣着扣件→轨排质量检查→装运存储待用轨排。基地轨排拼装见图5-33。

具体要求如下。

①选配钢轨。选配好轨排之左右股钢轨，是正确组装轨排、顺利进行施工和确保线路质量的前提。选配钢轨工作人员必须熟悉有关钢轨断面尺寸及特性，以及钢轨尺寸公差和对钢轨外观的技术要求。轨排架设宜采用新轨施工，并以轨顶设计高程作为控制基准。新轨应无波浪弯曲和硬弯，表面不得有裂纹、扎痕。

②WCK型轨枕。WCK型轨枕系侧面预留有5个横向孔的预应力混凝土枕，如图5-34所示。其外形尺寸及承载能力应符合设计规定，并要求悬挂准确，不得歪斜，埋入道床板，在线路中心线处轨枕顶面应高出道床板表面17mm。

图5-33 基地轨排拼装

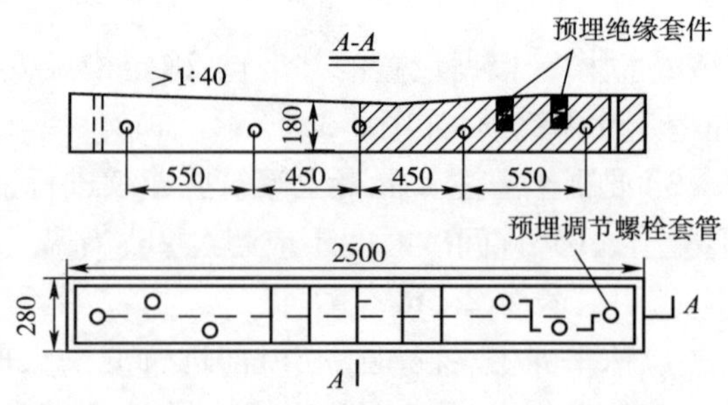

图5-34 WCK型预应力混凝土穿孔轨枕(尺寸单位:mm)

(2)轨排架设与调整

用千斤顶将轨排大致就位后，采用轨排支撑架架设承托轨排。支撑架要与钢轨垂直，不得歪斜。轨排洞内运输与架设如图5-35所示。

轨排调整以基标为准，先调整一股钢轨的高程和方向，以此为准再调整另一股钢轨至正确位置。钢轨高程和方向准确定位后，应对所有支撑架的直立螺杆、轨卡螺栓再行复拧。调整分为粗调和精调两个步骤。先调高低、水平，后调方向、轨距；先调桩点，后调桩间；先粗后精，反复调准。轨排调整如图 5-36 所示。

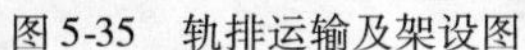
图 5-35　轨排运输及架设图

图 5-36　轨排调整

（3）轨排架设质量检查

轨排架设完成后的允许偏差应满足表 5-7 的要求。

轨排架设的允许偏差　　表 5-7

检查项目	允 许 偏 差
轨枕间距	±5mm
轨距	±1mm，变化率不大于 1‰
水平	以一股钢轨为准，按设计高程偏差应在 ±2mm 以内，两股钢轨相对水平不大于 1mm，在 6.25m 距离内，不得有大于 1mm 的三角坑
轨向	以一股钢轨为准，距线路中线偏差应在 ±1mm 之内，最大矢度不大于 1mm/10m 弦
高低	最大矢度不大于 2mm/10m 弦

6. 道床板混凝土施工

轨排经过精调验收合格后方可进行道床混凝土灌筑，并采用 C40 级混凝土现场浇筑。具体要求如下。

（1）灌筑混凝土前要将轨枕润湿，以保证新灌混凝土与轨枕的黏结。

（2）在混凝土灌筑前，应预先将 WCK 型轨枕横向孔内纵向连接钢筋周边的缝隙用水泥砂浆填塞饱满。在灌筑过程中应加强对轨枕底部及其周围混凝土的振捣，捣固时应避免捣固棒接触轨排与支撑架，插点布置均匀，不得漏振。

（3）灌筑混凝土过程中，应时刻注意轨排几何状态的变化。

（4）道床板混凝土灌筑振捣密实后，道床板表面需抹面整平，抹面应形成自板面中心向两侧有 2% 人字横向排水坡。道床抹面如图 5-37 所示。

图 5-37　道床抹面

（5）道床板顶面与轨枕顶面的高差应符合设计要求。

（6）道床板混凝土尺寸允许偏差：道床板顶面宽度

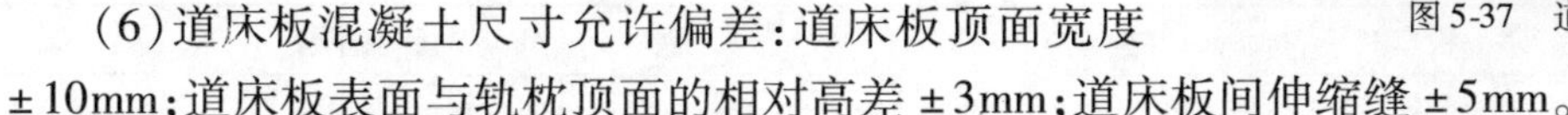
±10mm；道床板表面与轨枕顶面的相对高差 ±3mm；道床板间伸缩缝 ±5mm。

7. 工具轨与支撑架的拆除与备用

当道床板混凝土强度达到2.5MPa以后，即可拆除工具轨与支撑架，并进行清洗与校正，以备下一施工单元倒用。

8. 铺设长钢轨无缝线路

待无砟轨道施工完毕后，拆除所有短轨，一次换铺长钢轨。长轨就位后，按无缝线路铺设工艺焊接长轨及线路锁定，形成跨区间无缝线路。已完工长枕埋入式无砟轨道如图5-38所示。

a)

b)

图5-38　已完工长枕埋入式无砟轨道

a)隧道内；b)桥上

四、主要施工机具及劳力组织

1. 主要施工机具

长枕埋入式无砟轨道作业主要施工机具，见表5-8。

长枕埋入式无砟轨道作业主要施工机具表　　表5-8

序号	设备名称	规格	单位	数量	备注
1	混凝土搅拌机	JDY500	台	1	
2	混凝土运输车	NT0500D	台	4	
3	混凝土输送泵	HBT6060m^3/h	台	1	
4	插入式振捣器	CHD	台	6	
5	平板式振捣器	PZ—501	台	2	
6	轨排支撑架	—	套	75	
7	钢筋切断机	GQ—6/40	台	2	
8	钢筋弯曲机	GWB—40	台	2	
9	底座钢模板	24.6m	套	4	
10	道床板钢模板	24.6m	套	3	
11	水　泵	扬程20m	台	1	
12	电焊机	ZX5—400	台	2	
13	汽车吊	25t	台	1	
14	轨道车	—	台	1	
15	平板车	—	辆	4	
16	龙门吊	10t	台	2	

2. 劳力组织

长枕埋入式无砟轨道作业劳力组织见表5-9。

长枕埋入式无砟轨道作业劳力组织表　　表5-9

序号	工　序	人员	备注	序号	工　序	人员	备注
1	整体道床底板凿毛	6		8	钢轨精调	8	
2	画立模线	3		9	灌注道床混凝土	18	
3	绑扎底座钢筋网	8		10	养护	2	
4	绑扎道床板钢筋网	8		11	铺轨门吊司机	4	
5	安装拆立模板	16		12	测量员	5	
6	铺设隔离层	6		13	总计	96	
7	轨排铺设、架轨、初调钢轨	12					

第三节　浮置板式无砟轨道施工

一、浮置板式无砟轨道概述

如何解决轨道交通中振动和噪声对环境的破坏和居民生活的影响,成为人们关注地铁建设的焦点,也成为城市轨道交通建设能否可持续发展的关键之一。传统减振技术在减振降噪方面因减振效果有限,列车运行经过时产生的振动和噪声仍会直接影响到人们的生活和健康,对周围环境在一定程度上也造成了不良影响,因此在减振要求高的特殊地段传统减振技术显然已不再适用。正因如此,国内外对减振降噪问题的研究从未停止过,试图找到一种在减振降噪方面有突出效果的技术。经过多年的潜心研究,德国在减振隔振方面率先取得突破,研究开发了浮置板轨道结构。浮置板轨道结构由钢轨、结构扣件、浮置板、弹性支座、混凝土底座等组成。它是将钢轨通过扣件固定在浮置板(浮置板为C30级普通钢筋混凝土结构,有现浇和预制两类)上,浮置板又通过可调的弹性支座(橡胶或钢弹簧)及侧向胶垫浮置于混凝土底座或其他基础上,如图5-39、图5-40所示。

德国最先开发的是有道砟的橡胶支承浮置板轨道结构,在多特蒙德的一座轻轨铁路隧道内铺设了试验段。此后,在科隆地铁以及波鸿至穆尔海姆轻轨和迪塞尔多夫的轻轨上铺设了无砟浮置板式轨道。由于其良好的减振降噪性能,这种结构在华盛顿、亚特兰大、多伦多、布鲁塞尔等地均有铺设。

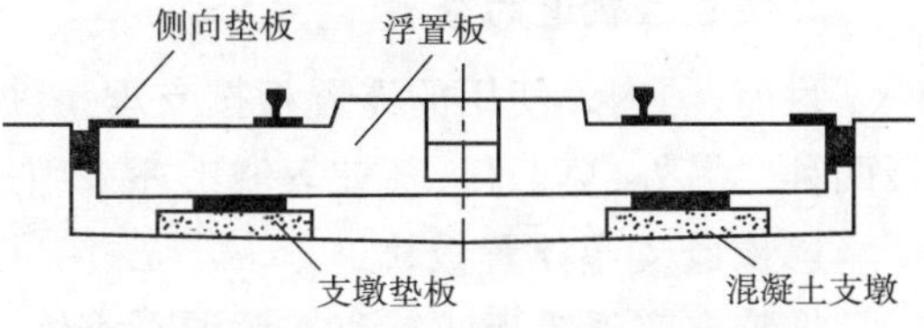

图5-39　橡胶支座浮置板式无砟轨道

研究证明,在所有减振降噪型轨道结构中,浮置板轨道结构具有最好的减振降噪效果。据联邦德国有关部门测试,有道砟下垫层和浮置板式的轨道结构其阻尼效应可减振达30dB,且在垂直荷载20%～100%变化范围内其隔振的效果几乎保持不变。由于轨道结构四周基本上由绝缘的橡胶支座与混凝土底座隔离,可有效防止轨道迷流的发生。缺点是体积庞大,需大型机械施工,施工与维修不便,由于采用橡胶支座,造价较高。后由德国 GERB 公司研制了螺旋弹簧浮置板轨道,并在 1994 年投入运营的柏林地铁中采用了此轨道结构。

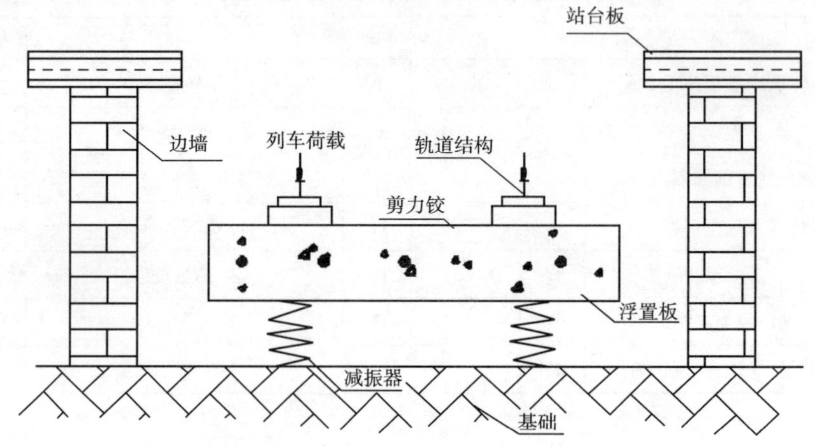

图 5-40　钢弹簧浮置板无砟轨道

1. 浮置板轨道的隔振原理

浮置板隔振轨道结构又称质量—弹簧系统。其基本原理是在轨道上部结构与基础间插入一固有振动频率远低于激振频率的线性谐振器,即将具有一定质量和刚度的混凝土道床板浮置在橡胶或弹簧隔振器上,利用浮置板质量惯性来平衡列车运行引起的动荷载,仅有没有被平衡的动荷载和静荷载才通过钢弹簧元件传到路基或隧道结构上,达到减振的目的。采用钢弹簧支承时,隔振器内放有螺旋钢弹簧和黏滞阻尼。根据单自由体系的隔振原理,只有当激振频率大于 2 倍的自振频率时,隔振系统才会起作用。因此,隔振设计的一个原则就是降低振动系统的固有频率。

对于橡胶支座浮置板道床,通常采用增加浮置板厚度和重级配混凝土的方法降低自振频率,而对于钢弹簧浮置板,由于弹簧刚度的可设计性强,所以钢弹簧浮置板还可以通过采用减小弹簧刚度来减小自振频率,因此,钢弹簧浮置板的固有频率可以设计的比橡胶支承浮置板低,隔振效果更好。

2. 浮置板轨道的分类

目前,国内外使用的浮置板按支承条件不同,主要分为橡胶支座浮置板轨道和钢弹簧浮置板两种。另外,莫斯科、基辅等城市还采用过纵向浮置板。

1)橡胶支座浮置板轨道

橡胶支座浮置板式轨道按照混凝土施工方式,分为连续现浇浮置板和轨枕板式预制浮置板。连续现浇浮置板以华盛顿地铁为代表,是在橡胶隔振垫上铺一块金属模板,然后将混凝土浇入金属模板,其施工和维修均不便。轨枕板式预制浮置板一个特殊的优点是可以采用叉形起重机安装,使用气压斤顶定位,最早由多伦多地铁采用。此后在北美的巴尔的摩、亚特兰大、洛杉矶、旧金山,以及新加坡和我国香港等地区采用,我国在广州地铁 1 号线也采用了此类型浮置板轨道。

橡胶支座浮置板轨道按板下橡胶支承方式分为整体支承、线性支承、分布式支承三种，如图5-41所示。

a)

b)

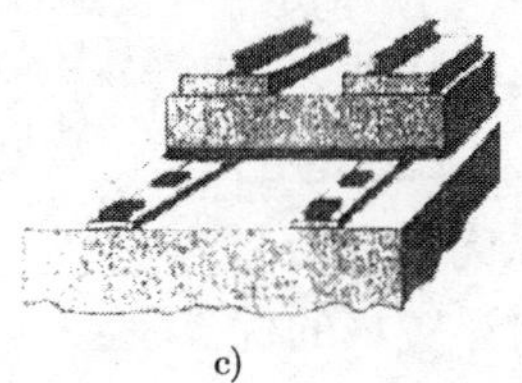
c)

图5-41　橡胶支座浮置板
a)整体支承；b)线性支承；c)分布支承

整体支承在瑞士、法国、西班牙、意大利、德国、法国等国地铁中采用，其优点是构造简单、施工速度快、支承面积大、道床受力均匀、成本较低，缺点是维修不方便。浮置板的纵向连续线性支承主要在德国地铁中应用，其优点是较整体支承节省材料，轨道结构的固有频率较低。分布式支承曾在德国、美国、加拿大、新加坡等国的地铁中采用。这种支承方式如果设计合理，轨道结构的固有频率低，减振效果好，维修方便；但在国外应用时曾发现轨道纵向和横向抵抗力差，为了限制变形，必须使剪切模量、弹性模量、垫板厚度、垫板大小等匹配。采取凹槽对橡胶垫板进行定位，能有效地提高板的稳定性。

根据德国实测资料和中国铁道科学研究院的模型试验结果，橡胶支座浮置板轨道的减振效果可达到20～30dB。我国第一次采用浮置板式轨道结构的城市轨道交通线路是广州地铁1号线。国内应用结果表明，其减振效果优于Ⅲ型轨道减振器及弹性支承块无砟轨道，但由于以下问题的存在影响了它的进一步推广：橡胶易老化，检修困难；由于横向刚度较低及阻尼较小，列车运行至隔振地段时车内振动噪声明显增大，钢轨内侧磨损加剧；隔振效果10～15dB，但固有频率为15～20Hz，对于软土地基及低频振源地段隔振效果并不理想。我国应用较多的是螺旋（钢）弹簧浮置板轨道结构。

2）螺旋1钢弹簧浮置板轨道

德国GERB公司研制了螺旋弹簧的浮置板轨道。采用螺旋弹簧支承的浮置板道床，其固有频率很低，只有4～8Hz，因此该轨道结构的减振效果要比橡胶垫浮置板轨道好。螺旋弹簧几乎没有阻尼作用，但浮置板较重（每延米5t以上），列车通过时引起的浮置板的振动加速度较小，因此，浮置板支承阻尼作用对路基的影响较小。如要利用阻尼减小浮置板的振动，可安装与螺旋弹簧并联的黏滞阻尼器，则浮置板的减振效果更好。采用螺旋弹簧的浮置板道床具有以下特点：

①浮置板与隧道底板间只需极小的空隙（约10mm）；

②浮置板的钢筋混凝土可以现场浇注；

③借助简易工具便可抬起浮置板或调整浮置板高度；

④从浮置板表面可随时更换弹簧，不用拆卸钢轨，不影响地铁运行；

⑤从浮置板表面可随时检修或校正线路不平顺；

⑥通过调整螺旋弹簧高度，可消除线路沉降引起的不平顺；

⑦通过对弹簧表面特殊处理及弹簧强度储备，弹簧的使用寿命可很长；

⑧没有橡胶老化问题;

⑨浮置板可做得很长(40m,甚至60m),减少连接,降低成本。

螺旋(钢)弹簧浮置板道床由于造价较高,它主要用于医院、研究院、博物馆、音乐厅等对减振降噪有特殊要求的场合。除在德国、日本、韩国等国应用外,在国内地铁领域中也已广泛采用,国内首次试用弹簧浮置板减振轨道是北京地铁13号线。

3)纵向浮置板

纵向浮置板的优点是:

①浮置板较轻,加工制造和铺设较为简便;

②高低调整量较大,可达+50mm,-12mm;

③可以维修,不影响列车正常运营;

④减振效果显著,尤其是低频域减振效果更好。

缺点是:减振效果不如橡胶支座浮置板轨道和钢弹簧浮置板轨道,稳定性较差,维修工作量也较大。

国内还未铺设过此轨道结构,还需要进一步研究试验。莫斯科、基辅铺设过此道床,效果较好。根据基辅地铁的测试结果,和木枕线路相比,在16~63Hz频率范围内,这种轨道结构的减振效果为10~16dB。

二、钢弹簧浮置板轨道结构组成

钢弹簧浮置板轨道主要由浮置板基础、隔振器、钢筋混凝土道床板、钢轨及其扣配件组成。浮置板形式包括矩形地段和圆形地段两种,圆形地段弹簧浮置板轨道如图5-42所示。

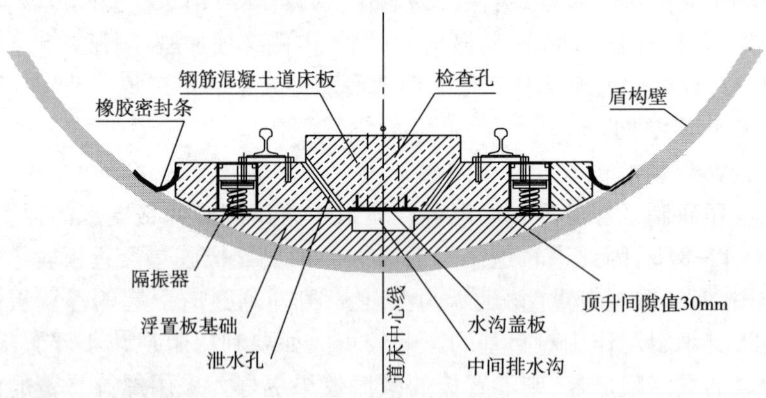

图5-42　圆形地段弹簧浮置板轨道结构

钢弹簧浮置板轨道结构组成及各部分作用如下。

(1)浮置板基础:隧道仰拱混凝土施工进行回填,为了解决排水,在隧道仰拱回填时,需预留道床中间排水沟。

(2)隔振器:弹簧浮置板道床基本隔振元件,用于将浮置板与隧道、桥梁、路基等结构分离、连接,通过调节系统的频率、吸收输入的能量达到隔振减振的效果。

主要由三部分组成:外套筒、内套筒和弹簧隔振器上的调平垫板。

外套筒(浇注在浮置板里):一般由金属材料构成,与浮置板混凝土浇筑在一起,传递荷载到内套筒。

内套筒：由弹簧和阻尼材料组成，是弹簧隔振器的核心部件。

调平垫板：放在外套筒和内套筒之间，用来调节道床高程。

(3)剪力铰：为使相邻两浮置板块在接头处变形基本一致，钢轨不额外受剪，在浮置板之间的接头处设置剪力铰。剪力铰和剪力筒分别埋设在两块相邻浮置板中间，纵向可以相对自由伸缩，径向刚度很大，可以传递垂向载荷，这样可以保证相邻浮置板之间协同受力。

(4)橡胶密封条：用于密封浮置板之间及两侧与其他结构的间隙，防止杂物由间隙处落入浮置板底。

(5)水平限位系统：安装在弹簧隔振器外套筒中心位置下、基底混凝土内的胀锚螺栓，是弹簧隔振器的一个辅助安全设备。

(6)锁紧系统：由特殊的锁紧螺栓、安全板组成，将内、外套筒可靠连接，确保其良好的整体工作特性。

(7)检查孔及筒状预埋件：位于线路中心的200mm×200mm的方孔，用于检查基底水沟的杂物和排水情况。在道床浇筑时，检查孔位置需要预埋筒状的部件。

三、钢弹簧浮置板轨道施工

钢弹簧浮置板轨道施工包括基础垫层、隔离层、隔振器、浮置板、剪力铰、顶升等工程内容，一般采用散铺法施工，浮置板散铺施工是指直接在施工现场绑扎浮置板钢筋笼、组装隔振筒和轨排的施工工艺。散铺法施工组织难、施工进度慢。近年来，国内的施工企业在总结类似施工经验的基础上，同目前国内广泛应用的整体道床轨排架轨法相结合，对浮置板施工工序进行优化、改进，发明了钢筋笼轨排法，本工法利用铺轨基地场地进行浮置板钢筋笼轨排拼装，轨道车运输轨排至作业面，利用洞内作业面的铺轨门吊将钢筋笼轨排吊运至已浇筑完成的浮置板基底面，洞内进行钢筋笼的就位、轨道几何尺寸的调整、混凝土的浇筑等作业。此工法实现了浮置板钢筋笼轨排拼装、隧道仰拱回填、轨道板混凝土浇筑3大工序平行流水作业。钢筋笼轨排法施工工艺将原散铺法施工平均进度6~8m/(d·面)提高到平均25~50m/(d·面)，解决了浮置板道床施工进度慢的难题。

此工法在天津地铁3号线及苏州地铁2号线中得到了很好的应用。

1.钢筋笼轨排法工艺特点

传统施工在遇到浮置板地段时，通常采用提前预铺或浮置板地段临时过渡的方案进行浮置板地段的施工，即需在普通整体道床线路施工到达前将钢弹簧浮置板道床施做完毕，需间断跳跃施工，施工周期长，施工组织复杂，施工进度缓慢。浮置板轨道钢筋笼轨排法施工工艺确保了整体道床施工的连续性，采用铺轨基地进行浮置板钢筋笼预拼装，实现了浮置板钢筋笼轨排拼装、浮置板基础施工(隧道仰拱回填)、轨道板混凝土浇筑3大工序平行流水作业，加快了浮置板轨道施工进度，提高浮置板道床施工的工效，节约了工程成本。并且此工艺克服了隧道内施工场地小、施工作业面狭窄、钢筋绑扎困难等施工难题，降低了浮置板轨道洞内作业的施工难度，减轻了现场施工人员的劳动强度，实现了地铁铺轨工程施工组织设计的优化。

2. 工艺流程

传统散铺法施工工艺流程如图 5-43 所示。

钢筋笼轨排法施工工艺流程如图 5-44 所示。

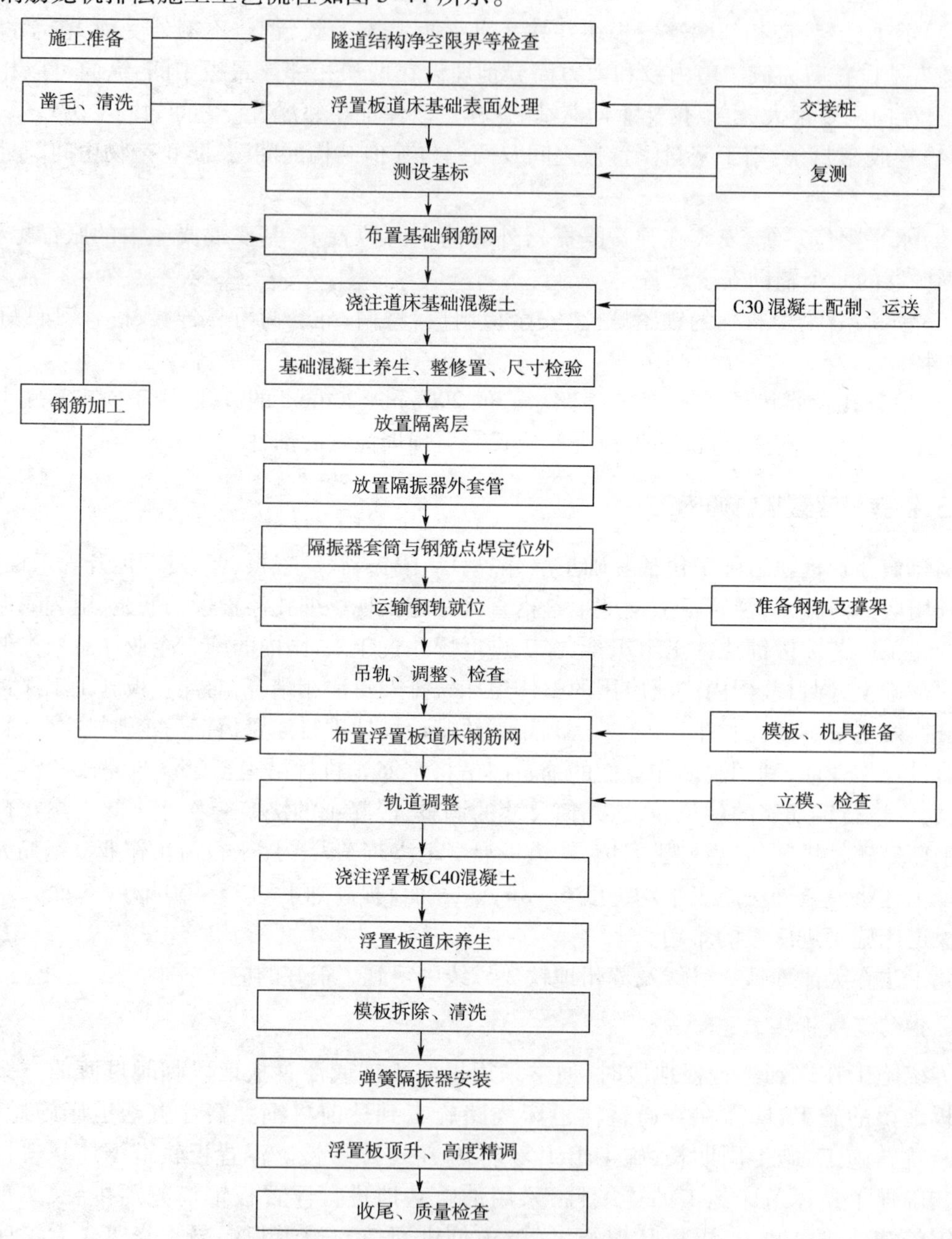

图 5-43 钢弹簧浮置板道床散铺法施工工艺流程图

3. "钢筋笼轨排法"施工要点

1) 测量放线及结构尺寸偏差检查

先进行调线调坡测量,布置基标,检查铺设浮置板地段的实测轨道高度同设计轨道高度、

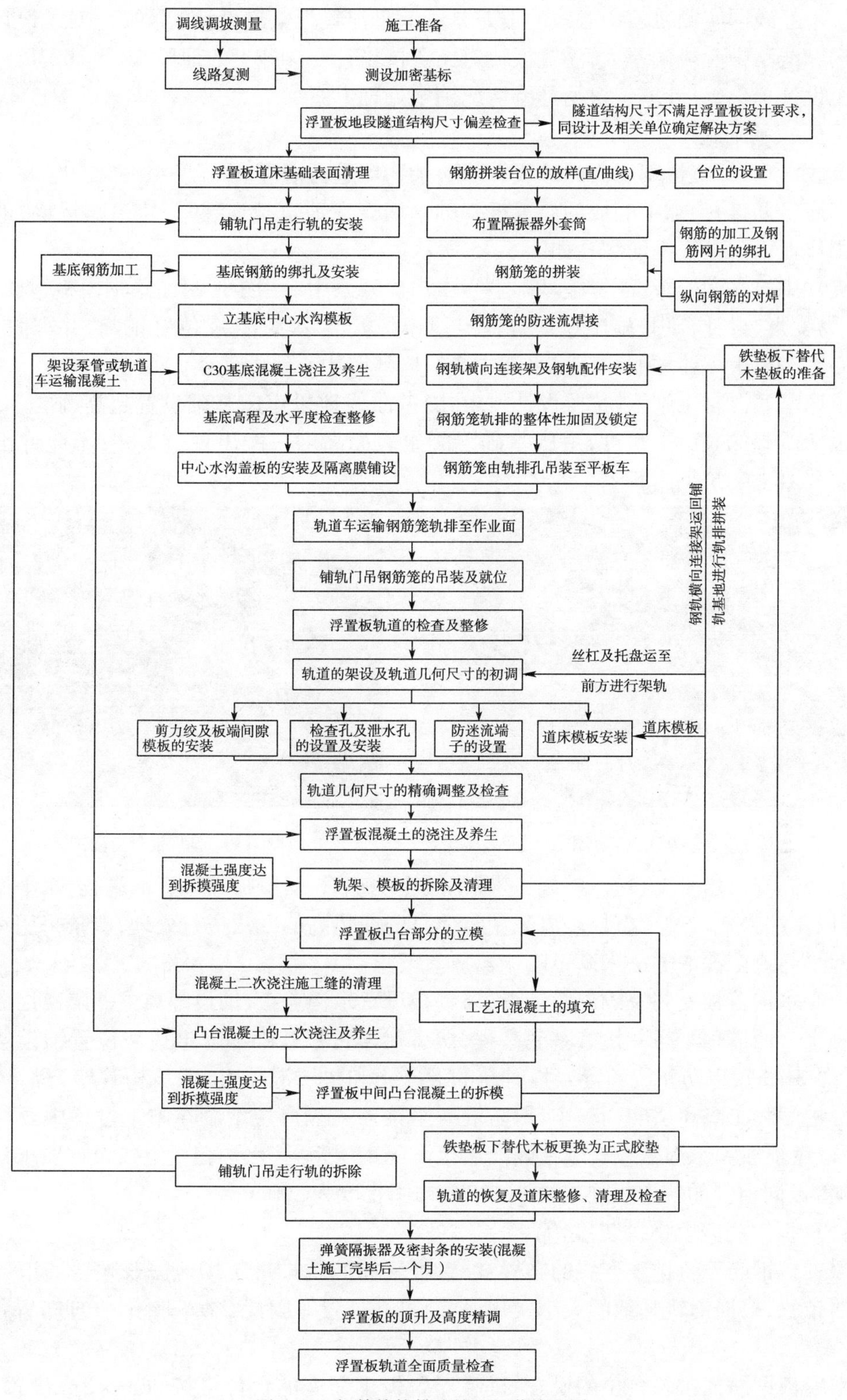

图 5-44　钢筋笼轨排法施工工艺流程图

线路设计中心线同实测轨道中心线的偏差是否满足浮置板轨道设计的需要。对于设计线路中心线同实际线路中心线偏差大,浮置板轨道无法按设计要求施工的地段,由测量人员将测量数据反馈至设计单位,设计单位根据具体情况确定处理方案。

2)浮置板基础施工

①基底清理:对隧道基底面的垃圾、泥浆、杂物等进行清理。

②基底钢筋绑扎:加工完成的浮置板基础钢筋笼在铺轨基地装车,轨道车运输,铺轨门吊运至施工作业面。基底钢筋绑扎如图5-45所示。

③支立中心水沟模板:浮置板基础中心水沟模板采用专用矩形封闭式钢模板,具有可重复使用、不易变形、设计合理、施工便捷等优点。模板安装必须平顺,位置正确,并牢固不松动。支立中心水沟模板需注意曲线地段水沟中心线同线路中心线的偏差。

④道床基底混凝土施工:按照设计要求,隧道曲线地段道床基础设置超高,施工时要求严格控制道床基础的表面平整度,道床基础混凝土表面高度只能出现负误差,不允许出现正误差。基底混凝土浇筑见图5-46。

图5-45 基底钢筋绑扎

图5-46 基底混凝土浇筑

⑤基底高程及水平度检查、整修:基础混凝土浇筑后,对隔振器位置的高程、水平度进行检查,对于偏差超限地段进行整修。可采用整体打磨或垫高的办法进行处理,严禁采用在混凝土表面局部垫高或挖深的方法来满足隔振器放置要求。

⑥中心水沟盖板安装及隔离膜铺设:浮置板设置水沟盖板、铺设隔离层。隔离层施工前将基底混凝土表面清理干净并检查基底高程,然后在浮置板基础和隧道边墙位置铺设塑料薄膜隔离层(厚5mm),以防止浇筑浮置板时新的混凝土和垫层混凝土(或盾构管壁)黏结在一起。用黏结剂把塑料布隔离层四周粘牢,以防混凝土浆渗入隔离层下。在施工过程中要注意保护隔离层,避免损坏。水沟盖板安装在隔离层上与隔离层密封,水沟盖板上按设计要求设置锚筋(将水沟盖板同顶升的轨道板连接)$\phi6@300$,锚固长度为200mm。

3)浮置板钢筋笼轨排拼装、运输

①浮置板钢筋笼轨排生产线的布置:浮置板钢筋笼轨排拼装场地需兼顾普通道床轨排作业场地的布置,根据铺轨基地的大小及规模、轨排孔位置等因素,统筹兼顾,合理布置各生产作业区。

②浮置板钢筋笼拼装台位的设置:拼装浮置板钢筋笼的台位可按26m×3m设置,台位为混凝土硬化的水平面,表面平整。在台位上设置浮置板端头线、浮置板钢筋笼中心线、钢轨中

心线、套筒位置中心线、凸台边线等关键线，作为拼装钢筋笼轨排的基准线。

曲线地段浮置板钢筋笼轨排按直线进行拼装，但必须考虑不同曲线半径地段因曲线外股、内股不等长，造成的钢筋笼轨排长度的差异。

③布置隔振器外套筒：根据台位上标识的外套筒位置，按设计图纸布置隔振器外套筒，注意套筒摆放的内外方向。

布置隔振器外套筒时，需考虑因曲线内外股长度差异造成的隔振器位置的差异，曲线外侧套筒间距大于理论值，曲线内侧套筒小于理论值。

图 5-47 为工人正在进行隔振器外套筒定位放线。

图 5-47　隔振器外套筒定位放线

④钢筋的加工及钢筋笼的拼装：浮置板钢筋数量大、规格多，纵横钢筋网套、交叉，钢筋绑扎复杂、繁琐，施工进度慢。为了解决浮置板钢筋绑扎的难题，加快浮置板钢筋笼的绑扎进度，采用特殊的钢筋绑扎工艺，进行浮置板钢筋笼的绑扎安装作业，提高了浮置板钢筋笼的绑扎质量和速度。具体流程见图 5-48。

浮置板钢筋笼绑扎如图 5-49 所示。

⑤钢筋笼的吊装及运输：用吊轨钳将浮置板钢筋笼轨排吊装至平板车上，轨道车运输至前方作业面。轨排吊点位置需通过计算及现场试验，确定轨排合理吊点位置，将浮置板钢筋笼轨排在起吊悬空状态的挠度控制在最小值。

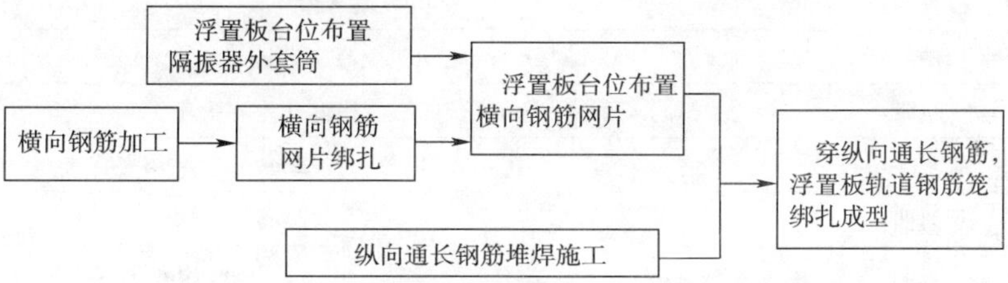

图 5-48　浮置板钢筋笼绑扎流程示意图

⑥浮置板轨排的吊装及就位：轨道车推进轨排至铺轨门吊下，铺轨门吊吊运轨排至施工作业面，根据测量点位，调整轨排中心线及前后位置，确保钢筋笼中心线同设计轨道中心线的重合、浮置板的前后位置同测量的板端线重合。

图 5-49　浮置板钢筋笼绑扎

⑦浮置板轨排的检查及整修：因吊装运输过程中，浮置板轨排内部结构部件间可能产生一定的变形、位移，就位后需对钢筋笼轨排进行检查，对轨排结构部件存在的变形、位移进行整修。

4）轨道的架设及轨道几何尺寸的初调整

安装单腿支撑式轨架的托盘及丝杠，支撑架不大于 3m 设置一个，支撑架在直线段应垂直于线路方向，曲线地段应垂直线路切线方向，并将各部螺栓拧紧，不得虚接。根据铺设地段线路的超高情况，选择单腿支撑架调节孔，确保轨架丝杠处于垂直状态。轨架安装完毕后，对轨道几何尺寸进行初调。

根据铺轨基标，通过调整钢轨支承架各相关调节螺栓，调整轨道几何状态，用万能道尺、方尺、L 形尺、锤球等工具，按设计和规范要求调整轨道的轨距、水平、高程、方向等几何尺寸。曲线地段还须增加对曲线外股正矢的调整及检查（利用 10m 或 20m 弦线）。具体轨道调整做法是：先调水平，后调轨距；先调基标部位，后调基标之间；先粗后精，反复调整。经过精调后，其精度必须符合无砟轨道铺设的技术标准要求。施工中严格按照“三步控制”的措施确保轨道的几何状态。

第一步：粗调。钢轨架设时按照中桩及高程资料初步调整轨道，初步调整完毕后，安装检查孔、防迷流端子、支立道床模板等工序。

第二步：精调。对轨道几何状态精确进行调整，目视及弦量的方法进行调整。

第三步：混凝土浇筑后检查。混凝土施工中可能对轨道几何尺寸产生影响，要求在混凝土浇筑完毕后，混凝土尚未初凝前，立即安排人员进行检查及调整。其精度允许偏差应符合表 5-10 及表 5-11 的规定。

曲线允许偏差表 表 5-10

曲线半径（m）	缓和曲线正矢与计算正矢差（mm）	圆曲线正矢连续差（mm）	圆曲线正矢最大最小值差（mm）
≤650	2	3	5
>650	1	2	3

轨道几何形态的允许偏差表 表 5-11

序	检查项目	偏 差 要 求
1	扣件间距	±5mm
2	轨距	+2、-1，变化率不大于 1‰
3	水平	2mm
4	扭曲	2mm
5	轨向	直线不得大于 2mm/10m 弦
6	高低	轨面目视平顺，最大矢度不大于 2mm/10m 弦
7	中线偏差	2mm
8	高程	±5mm
9	轨底坡	1/45～1/35

5）浮置板道床混凝土立模及浇筑

因轨道板结构尺寸原因（中部断面凸出），道床板需采用二次浇筑的施工方案进行施工。第一次浇筑高度为铁垫板底部位置，二次浇筑浮置板中间凸台部分混凝土。

道床模板根据两次浇筑混凝土的要求，分别支立道床板两侧模板、凸台两侧模板。模板采用不易变形的钢模板。道床模板必须平顺，位置正确，并牢固不松动。

浮置板道床混凝土运输根据现场实际情况，可灵活采用轨道车运输混凝土或固定泵直接泵送至浇筑位置的方案进行整体道床混凝土浇筑施工。混凝土浇筑前，用编织带覆盖钢轨、扣件、外套筒、轨架，以免对其造成污染后，难于清理。

二次浇筑凸台混凝土前，注意新旧混凝土的结合面的处理，满足施工及设计规范要求。

混凝土施工前对浮置板钢筋笼进行全面检查，混凝土施工完毕后，应加强对模板的校正，按照设计的尺寸及允许偏差认真检查各部位几何尺寸。

浮置板道床混凝土浇筑现场如图5-50所示。

图5-50　浮置板道床混凝土浇筑现场

6）轨道清理

施工完毕后，更换铁垫板下替代木板，安装线路钢轨配件，恢复线路，并对钢轨、扣件、混凝土道床等进行清理。

7）浮置板顶升作业

当混凝土浇筑28d后，且达到设计强度，用厂家提供的专用液压千斤顶从浮置板支承基础上抬起浮置板。浮置板顶升达到设计顶升高度。浮置板的顶升高度按设计要求进行控制，允许误差为±1mm。顶升完成后在浮置板自重作用下，浮置板下沉后达到设计高程。整个顶升过程在隔振器生产厂家的指导下进行。

4.钢筋笼施工浮置板施工要点

（1）垫层混凝土施工时，设置专用基标，在垫层范围内布置高程控制点网，严格控制垫层的顶面高程。混凝土抹面依据专用基标用长尺找平，分多次压光表面，严格控制垫层的平整度。

（2）根据每块浮置板的设计形状，在铺轨基地场地上划出钢筋笼的轮廓线，并划出套筒的位置。

（3）钢筋笼绑扎须牢固，轨排与钢轨之间用专用的扣件装置扣紧。

（4）钢筋笼吊装位置及连接件须可靠。钢筋笼及轨排总重不得超过起重设备的额定重量。

（5）运输过程中不得与其他物体碰撞，确保钢筋笼运输到位。

（6）钢轨架设须严格按照施工规范的要求进行，轨枕、扣件间距符合施工规范的要求，轨排状态即轨距、方向、高低、水平、三角坑满足施工规范的要求。

（7）设计定型模板，使道床混凝土浇筑时一次成型，保证道床的断面尺寸符合设计要求。

（8）混凝土浇筑前检查隔离层的完好性能，保证不漏浆。混凝土施工过程中小心振捣，振捣棒插入深度严格控制，保证不损坏隔离层。加强施工精度的控制，特别是承轨面及道床顶面高程。

（9）道床施工完成后，对浮置板道床进行养护。

（10）在道床铺设时，须预留顶升量，确保在顶升后钢轨顶面与相邻轨面在同一水平面上。

（11）浮置板顶升须分三次，严禁一次顶升完毕。

四、钢弹簧浮置板施工技术要求

（1）浮置板基础混凝土表面（用于支撑隔振器）施工误差：垂直方向公差－5mm、＋15mm，装隔振器的位置的表面一定平整，平面度为±5mm/m^2。

（2）混凝土强度应符合设计标准，无蜂窝、麻面和漏振等缺陷。表面平整度允许偏差3mm，变形缝直顺，在全长范围内允许偏差10mm。预埋件位置准确。水沟（圆）直顺，坡度与线路坡度一致，排水畅通，允许偏差：位置±10mm，垂直度±3mm。

(3)隔振器外套筒位置公差 ±3mm。

(4)剪力铰安装位置公差 ±5mm。

(5)每块浮置板的长度误差 ±12mm。

(6)每块浮置板的宽度误差 ±5mm。

(7)浮置板的高度误差 ±5mm。

(8)轨距为 1435mm,轨底坡为 1:40。

(9)曲线超高采用外轨抬高超高值一半,内轨降低超高值一半的方法设置;最大超高值为 120mm,最大欠超高为 61mm。超高顺坡率不大于 2‰,在圆曲线两端的缓和曲线或直线段顺坡。

(10)扣件安装时,直线段两股钢轨的扣件中心线线路中线垂直,曲线上则与线路中线的切线方向垂直。扣件安装距离允许偏差为 ±5mm。

复习思考题

1. 调查城市轨道交通减振降噪措施,并举例说明。
2. 调查城市轨道交通常用的无砟轨道结构类型。
3. 简述弹性支承块无砟轨道的施工工艺流程及轨道精调的步骤及要求。
4. 简述长轨枕埋入式无砟轨道同短轨枕无砟轨道的优缺点及具体应用情况。
5. 简述弹簧浮置板轨道结构的组成及各部分作用。
6. 调查浮置板轨道结构的类型及具体应用情况。
7. 分析城市轨道交通轨道结构与高速铁路轨道结构的差别。

第六章　高速铁路无砟轨道施工

教学目标

1. 了解高速铁路板式无砟轨道的特点。
2. 了解高速铁路双块式无砟轨道的特点。
3. 能完成单元板式、纵连板式和双块式无砟道床结构的施工。

在全球能源、环境等问题日益突出的今天，高速铁路作为一种高效、安全、节能、环保的运输方式，已成为各国争相发展的对象，我国也已进入全面建设高速铁路的阶段。列车在高速条件下运行，对轨道结构的持久稳定、高平顺性等方面提出了更高的要求。虽然理论上列车时速达到300km时，有砟轨道仍能保证列车的安全运行，但从经济角度和维修管理角度看，时速超过250km的高速铁路更适宜采用无砟轨道。

国际上目前比较常见的高铁无砟轨道类型有日本的板式无砟轨道（图6-1）、德国的博格板式无砟轨道（图6-2）、雷达2000型无砟轨道（图6-3）及旭普林型无砟轨道（图6-4）等。日本的板式无砟轨道，轨道板与轨道板之间纵向不连接，不设横向挡块，主要靠凸形挡台限位并承受纵、横向水平力，故称为单元板式无砟轨道；博格板式无砟轨道，轨道板与轨道板之间纵向要连接，并设有横向挡块，属于纵连板式无砟轨道；雷达2000型无砟轨道及旭普林型无砟轨道均是将带钢筋桁架的双块式轨枕浇筑到钢筋混凝土道床内形成整体，故又称为双块式无砟轨道。

图6-1　日本新干线板式无砟轨道

我国高速铁路无砟轨道技术起步较晚，通过技术创新、技术引进、消化吸收、再创新，目前已形成具有世界先进水平的高速铁路技术标准体系和成套工程技术，其中包括具有自主知识产权的 CRTS 无砟轨道技术系列:CRTS Ⅰ型板式无砟轨道(CRTS Ⅰs)、CRTS Ⅱ型板式无砟轨道(CRTS Ⅱs)、CRTS Ⅲ型板式无砟轨道(CRTS Ⅲs)、CRTS Ⅰ型双块式无砟轨道(CRTS Ⅰb)、CRTS Ⅱ型双块式无砟轨道(CRTS Ⅱb)。

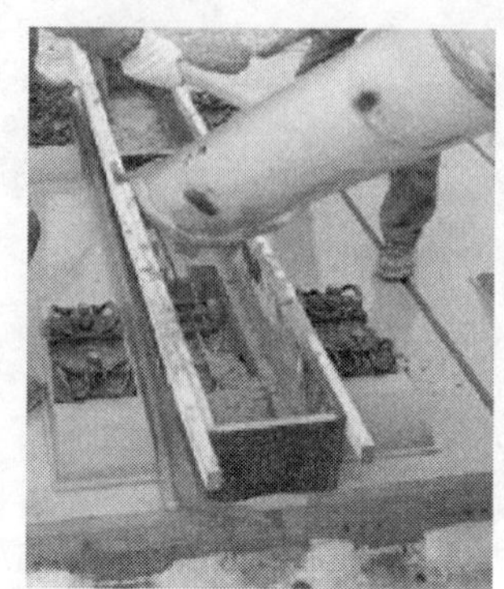

图 6-2　德国博格板式无砟轨道

图 6-3　雷达 2000 型无砟轨道

图 6-4　旭普林型无砟轨道

第一节　单元板式无砟轨道施工

一、单元板式无砟轨道结构及特点

单元板式无砟轨道起源于日本,我国在引进日本技术的基础上逐步形成具有自主知识产权的单元板式无砟轨道技术,即 CRTS Ⅰ型板式无砟轨道(CRTS Ⅰs)。

单元板式无砟轨道是在路基基床顶面或梁面上浇筑钢筋混凝土底座及凸形挡台,将高精度单元轨道板铺设在底座上,并在轨道板与凸台混凝土间用树脂填充,在底座及轨道板间灌注 5cm 厚的水泥乳化沥青砂浆(CA 砂浆)调整层,承受轨道板传来的荷载,并将其传至底座上,如图 6-5 所示。

同其他类型轨道结构相比,单元板式无砟轨道具有以下特点。

①桥上、隧道和路基上轨道结构型式基本相同,有利于轨道结构与线下工程的标准化设计。

②轨道板为工厂预制,质量易于保证;轨道板通用性较好,方便预制,建厂投资相对较小。

③可采用框架结构,经济性好。

④现场混凝土施工量少;水泥沥青砂浆袋装灌注,施工工效高、进度快。

⑤轨道板下的 CA 砂浆层和轨下的充填式灌注袋可矫正下部结构带来的误差。

⑥可修复性较好，水泥沥青砂浆可实现上下部结构分离，维修时只需将损坏的单元板或CA砂浆层置换即可。

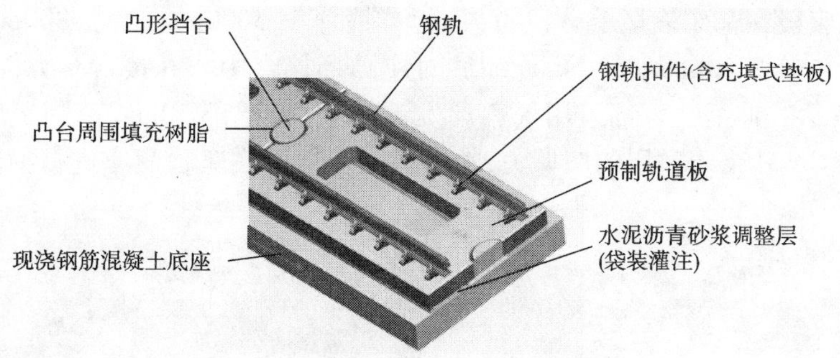

图6-5　单元板式无砟轨道结构

⑦钢轨铺设后，轨道精细调整工作量较大。

⑧水泥乳化沥青砂浆、凸形挡台填充树脂、充填式垫板材料的生产、施工等专业性强。

二、单元板式无砟轨道施工工艺

我国目前主要采用轮胎式运输法和线间运输轨道法，作为单元板式无砟轨道的主要施工方法，其施工工艺流程基本相同，详见图6-6。

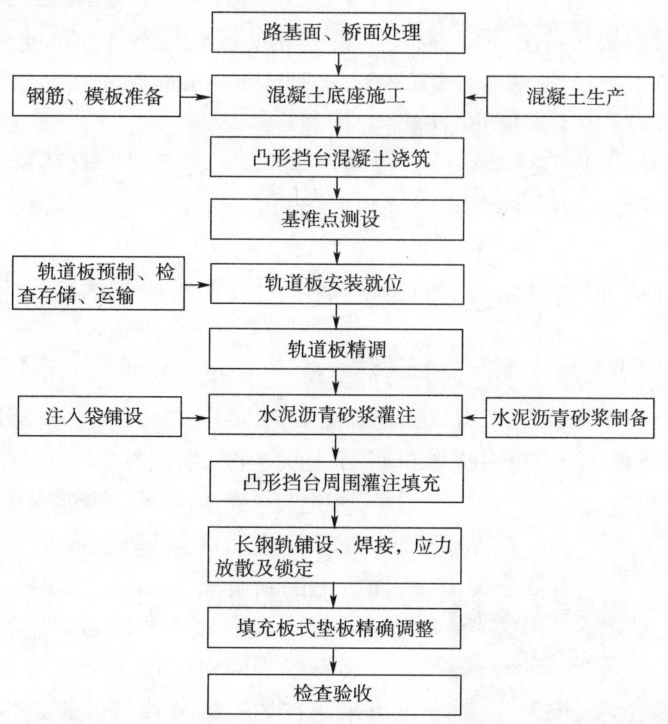

图6-6　单元板式轨道施工工艺流程图

1. 混凝土底座施工

1)底座板及凸形挡台结构形式

底座板为C40钢筋混凝土，双层配筋。凸形挡台分圆形和两个半圆形两种，梁端及路基上无砟轨道结束端为半圆形,其余为圆形,半径为260mm,高度为250mm,均与底座板连成一体,如图6-7所示。

路基上的底座板在基床表层上分段设置,标准底座宽3000mm、厚度300mm,通常每4块轨道板长度设置1道宽20mm伸缩缝,伸缩缝对应凸形挡台中心并按行车方向向前绕过凸形挡台,如图6-8所示。伸缩缝下部采用聚乙烯发泡板填充,上部30mm范围采用聚氨酯封闭。为了增加底座与CA砂浆调整层的摩擦力,轨道板宽度范围底座顶面应进行横向拉毛,拉毛深度1mm。

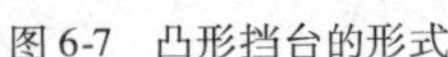

图6-7 凸形挡台的形式

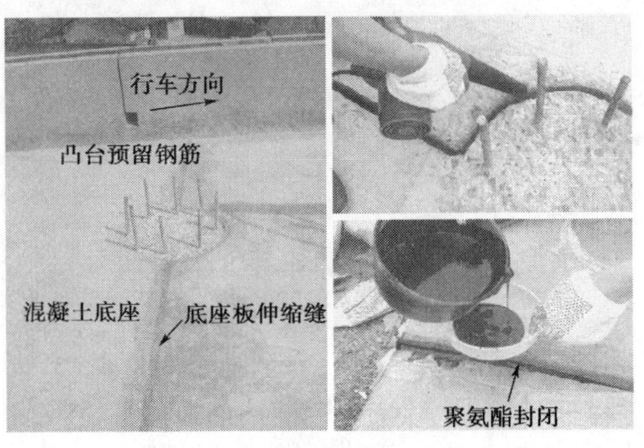

图6-8 凸形挡台伸缩缝布置及施工

桥上底座板在梁面构筑并分段设置,箱形桥上标准底座板宽3000mm、厚200mm,简支梁、连续梁及其他形式桥梁上标准底座板宽2800mm、厚198.8mm,在每块轨道板端部对应位置均应设置伸缩缝,方法与路基底座板伸缩缝设置相同。

在路基上底座伸缩缝将凸形挡台分割成两个半圆形的凸形挡台,桥梁上底座伸缩缝对应凸形挡台中心位置,并按行车方向向前绕过凸形挡台。

2)路基面、桥面凿毛清理

①路基基床表面清理:清理路基上的杂物和积水,局部需修整的地方用钢钎人工整平,清理完的地段限制通行。

②桥面凿毛清理:先对桥上预埋钢筋进行复位,按图纸对预埋钢筋清点,如有缺失,可按图纸及相关规范要求进行植筋。用小型风镐对桥面底座范围进行凿毛,局部用钢钎凿毛。凿完后人工将浮渣、杂物清理干净,并用吹风机将灰尘吹干净,如图6-9所示。清理的废弃物严禁向桥下和伸缩缝中倾倒。清理完毕的桥面限制通行。

图6-9 桥面凿毛清理

处理完成后的路基表面、桥面应无杂物和积水,桥面凿毛的新鲜面不得小于50%。

3)底座及凸形挡台钢筋绑扎

底座钢筋网根据现场情况可采用现场绑扎成型,也可采用在加工场分段绑扎钢筋网片,运输到工地现场组装连接成整体的方案。

现场绑扎时,人工将钢筋按设计间距摆放,在钢筋交叉点放上绝缘卡,然后用绝缘扎丝和绝缘扎带绑扎好。底层钢筋用预制的砂浆垫块垫起。对于凸台位置的绝缘钢筋或采用分段绑扎好的钢筋网片,在运输和搬运的过程中注意对绝缘漆(卡)的保护,钢筋之间、钢筋和其他接触物之间尽量避免发生碰撞。

路基上在每一单元伸缩缝位置,安放剪力棒。先将剪力棒一端涂上沥青,裹上一层麻布,再套上塑料套筒。剪力棒应与混凝土断面垂直。

钢筋间距允许偏差为±20mm,保护层厚度允许偏差为+10mm、-5mm;钢筋绝缘检测须合格。

4)模板安装

模板应采用工厂加工而成的定型钢模。

路基上模板可采用方木或角钢支撑,用钢钎固定在路基上,如图6-10所示。为防止损坏桥梁顶面防水层,桥上不允许采用钻孔的加固方式,左右两幅内侧模板宜采用钢管互为支撑的加固方法,外侧模板可直接支撑在箱梁防撞墙上,如图6-11所示。

图6-10　路基上底座模板加固方式

图6-11　桥上底座模板加固方式

底座模板安装必须牢固稳定、接缝严密、不得漏浆,安装施工质量应符合表6-1要求。

底座模板安装施工质量验收标准表　　表6-1

序号	检验项目	允许偏差(mm)	检验方法
1	顶面高程	-5	每5m测1处
2	宽度	±5	每5m测3处
3	中线位置	2	每5m测3处
4	伸缩缝位置	5	每条伸缩缝检查一次

5)底座混凝土浇注

立好模板后,清理底座范围内的杂物,用喷雾器将路基或桥面表面湿润。Ⅰ线混凝土施工时,混凝土运输车行走于另一线的路基上,对立好的模板直接布料;Ⅱ线混凝土施工时,混凝土运输车行走于Ⅰ线混凝土底座之上,通过移动溜槽进行布料。混凝土入模前进行温度和坍落度检测,坍落度不得超过设计要求范围。混凝土宜采用插入式捣固棒振捣,振捣时不得漏捣、过振,尽量避免振捣棒触碰钢筋,以防钢筋发生移位或绝缘卡脱落,同时应加强检查模板支撑的稳定性和接缝的密合情况,以防漏浆。振捣完成后,用抹光机对混凝土表面进行抹光,在底座边缘30cm范围内,人工用抹子对混凝土表面抹光,做出向外的2%的坡度。混凝土抹光后,用靠尺检查混凝土表面的平整度和顶面高程。

底座混凝土施工质量应符合表6-2要求。

底座混凝土施工质量验收标准　　表 6-2

序号	检验项目	允 许 偏 差		检 验 方 法
1	外观	混凝土结构表面应密实、平整、颜色均匀,不得有露筋、蜂窝、孔洞、疏松、麻面和缺棱角等缺陷		目测
2	底座外形尺寸	顶面高程	+3,-10mm	每项每 5m 测 1 处
3		宽度	±10mm	
4		中线位置	3mm	
5		平整度	10mm/3m	

2. 凸形挡台混凝土浇筑

底座板混凝土硬化后,将凸形挡台范围内的底座混凝土凿毛,准备进行凸台施工,施工时注意不要损坏绝缘钢筋。

凸台精确放样需先用全站仪对凸台中心进行定位,测量凸台前后左右模板位置底座混凝土高程,计算出此四个位置凸台顶面高程,再以放设的中心点为圆心安装凸台模板,如图 6-12 所示。根据已测四个位置的高程确定混凝土浇注位置,在模板上做出标记。用膨胀螺栓和角钢将模板固定好。立好模板后,对底座混凝土湿润,然后浇注混凝土。轨道板精调采用基准器法时需在凸台中心位置放入规定尺寸的木模,预留基准器的位置,如图 6-13 所示。

图 6-12　凸形挡台模板施工

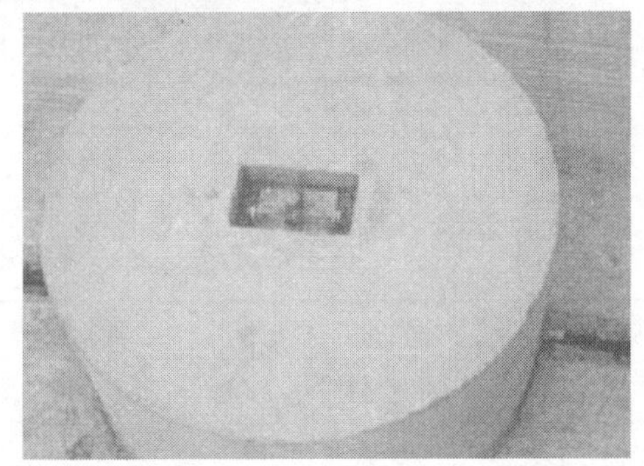

图 6-13　凸台顶基准器凹槽预留

凸形挡台模板安装要求接缝严密、稳固牢靠,其偏差符合表 6-3 规定。

凸形挡台模板安装允许偏差　　表 6-3

序号	项　目	允许偏差(mm)	序号	项　目	允许偏差(mm)
1	圆形挡台模板的直径	±3	4	挡台中心间距	±2
2	半圆形挡台模板的半径	±2	5	顶面高程	+40
3	中线位置	2			

3. 基准点测设

基准点应埋设在凸形挡台顶部,并位于线路中心线上,纵向间距与凸台中心间距一致,是轨道板铺设的重要量测依据,其测设精度直接影响到轨道板的精调结果。当采用基准器法时,其测设主要方法如下。

①用全站仪精确测定出基准点的设计坐标中心位置,并在凸形挡台上做出十字线。

②在凸台预留槽中放入基准器，使其中心大致对准凸台上的十字中心线，用膨胀螺栓固定好。

③在凸台前后中线点拉上悬线，调节基准器的横向螺丝，使基准点位于悬线上，锁定横向调节螺钉。

④测定基准点的高程，根据实测高程与设计高程的差值拧动基准点螺杆上下移动，使基准点高程与设计高程相同，调整完成后用锚固砂浆将基准器锚固，进行编号并记录基准点三维坐标。

基准器埋设如图6-14所示，基准点测设偏差应符合表6-4规定。

图6-14　基准器埋设

基准点测设允许偏差　　表6-4

序号	项　目	允许偏差(mm)	序号	项　目	允许偏差(mm)
1	与线路中线差	2	3	距离	1/5000
2	高程	±2	4	相邻基准点高程差	±1

4. 单元轨道板的铺设

1）单元轨道板运输

单元轨道板在工厂集中预制，经检查验收合格后用卡车运往铺装现场。运输时，单元板中心尽量与车厢中心重合，装载高度不得超过3层，每层横向放置2根80mm×80mm×2200mm方木在单元板起吊螺母处支垫，且每块板支撑位置上下一致，如图6-15所示。用尼龙带将单元板捆绑牢靠、稳固，保证运输过程中不发生相对位移。

2）单元轨道板存放

单元轨道板运到施工现场可在施工沿线每隔200m设一单元板临时存放平台。单元轨道板长时间存放时，为防止其发生挠曲变形，应采用立放，如图6-16所示。短时间（7d内）临时存放可采用平放，存放高度不得超过4层，每层之间用80mm×80mm×2200mm方木垫起，方木放置位置距板端1m。

图6-15　单元轨道板运输

图6-16　单元轨道板存放

3）单元轨道板粗铺

①铺板前对所铺设处的底座板高程进行复测，确保板腔最小空间不小于4cm（控制在4～6cm内），以避免CA砂浆填充层厚度不足。

②将底座板表面清理干净。利用 CPⅢ点放样出轨道板两边缘点并弹划墨线(轮廓线)。

③吊装前先在轨道板四角起吊螺栓附近布置 4 块支撑垫木,支撑垫木为 50mm × 50mm × 300mm 的杂木条,用变跨龙门吊将板吊起,施工人员扶稳轨道板缓慢下落,同时按底座板上弹好的轮廓线控制轨道板横向、纵向位置,将其落于支撑垫木之上,如图 6-17 所示,并保证轨道板和前后凸台的间隙差值不要大于 10mm。

粗铺板直线段定位要控制横向误差 ±10mm;曲线段向超高侧偏移 +5 ~ +15mm,以利于后期精调。

5. 单元轨道板精调

1)基准器法

基准器法轨道板精调技术形成于 40 多年前的日本东北新干线,该法根据每个凸形挡台中埋设的基准器的三维坐标经内业计算出对应三脚规的调整参数,通过调整游标来调整三角规,再根据三脚规气泡指示刻度进行轨道板调整,具体调整方法如下。

①单元板粗就位后,在侧面起吊螺栓孔内安装四个精调爪(图 6-18),取出支撑垫木。

图 6-17　单元轨道板粗铺

图 6-18　单元板精调

②将两把三角规带标尺的一端分别置于待调板两端凸台顶基准点上,如图 6-19 所示。两把三角规对称放置。根据当前施工段的线路设计超高及纵坡,首先将三角规通过游标预调整到位。

③调节精调爪使轨道板的中线与两端基准器连接弦线重合,板端距凸形挡台的距离与设计相符,板空间位置符合设计要求。

④进行单元板高低的调整,直至三角规的两个气泡都对中为止。待单元板高低水平调整完成后,重新检查横纵向的位置,若位置发生改变,重复以上步骤,直至合格为止。调整好的单元板用木楔楔好,以防发生位移,如图 6-20 所示。

图 6-19　三角规测量

图 6-20　单元轨道板精调完成

2）速调标架法

速调标架法是先利用CPⅢ控制网进行凸形挡台加密基标（基准点）测量后，将全站仪设于待调轨道板端基准点上，完成定向后，精调软件遥控智能全站仪自动跟踪测量待调轨道板上2副精调标架4个棱镜的三维坐标，软件对轨道板纵横向坐标和高程实测值与设计值进行较差后，将轨道板需调整量即时发送至与调整工位对应的显示器上，指导工人对轨道板进行纵横向和竖向调整，并对轨道板的实际调整结果做出即时评价。速调标架法精调板施工如图6-21所示。

图6-21　速调标架法精调板施工

速调标架法进行轨道板精调的具体操作流程如下。

①在基准点上通过强制对中三脚架分别架设智能全站仪和后视棱镜。

②对全站仪和笔记本电脑进行通信配置，通过精调标架上的蓝牙与集成电台建立三者的互联通信。

③全站仪通过后视基准点棱镜和已经精调完毕的轨道板的一对承轨台上的速调标架上的两个棱镜，进行定向后系统自动测量待调板2副精调标架上的4个棱镜。

④系统自动将轨道板空间坐标实测值与设计值进行比对，计算出各棱镜处的调整量，发送待调整数据至对应工位的无线数据显示器上。

⑤各工位根据显示器显示的调整量用通过精调爪对轨道板进行纵向、横向和竖向调整，直至残差符合设计规定。

⑥系统再次重测各标架上的棱镜，获取精调成果的残差，合格后保存测量成果，开始调整下一块板。

轨道板的调整精度为板内4个承轨台螺栓孔位处的平面和高程差控制在0.3mm，板与板间相邻承轨台螺栓孔位处的平面和高程差控制在0.4mm。

6.水泥乳化沥青砂浆施工

水泥乳化沥青砂浆简称CA砂浆，由水泥、乳化沥青、聚合物乳液、细集料、混合料、水、铝粉和各种外加剂等组成，混合灌注于单元板和混凝土底座之间作为单元板式无砟轨道的调整层，其设计厚度为5cm。其力学性能和耐久性能直接影响到整个轨道系统的使用性能与维护周期，其拌和物是否具有良好的可工作性也直接影响施工进度，所以CA砂浆技术是无砟轨道的关键技术。

CA 砂浆施工，系在单元轨道板精调完成后，在板下布设灌注袋，将搅拌好的 CA 砂浆灌进袋子硬化而成。其主要工艺包括 CA 砂浆的拌制、运输、灌注和养生等。

图 6-22　CA 砂浆搅拌现场

1）CA 砂浆的拌制

①根据灌注点的位置，就近选择地势较平坦的地点安放砂浆搅拌车，如图 6-22 所示。

②将干粉料、乳化沥青、P 乳剂、消泡剂和引气剂用载重卡车运至搅拌现场，乳化沥青宜采用吨桶运输。

③检查砂浆搅拌车运转是否正常，试验人员检测车内和环境温度，并做好记录。

④将袋装的干粉料拆袋加入加料斗中，用吊车吊起从砂浆搅拌车车顶加料口放入，乳化沥青和 P 乳剂用泵抽入储料仓，消泡剂和引气剂等外加剂分别由人工加入。每次加完乳化沥青和 P 乳剂后，必须用水清洗齿轮泵。

⑤现场试验人员开具 CA 砂浆施工配料单，砂浆搅拌车操作人员向电脑中输入配料单上的施工配合比，并设定预先确定的搅拌时间和搅拌转数等参数，启动按钮，开始搅拌。

⑥搅拌完成后，打开搅拌机检修口取样进行检测。测定砂浆的温度、空气含量和流动度，所检指标合格方可进行灌注。

CA 砂浆的性能指标要求见表 6-5。

水泥乳化沥青砂浆的技术要求　　　　表 6-5

序号	项目		单位	指标要求
1	砂浆温度		℃	5～35
2	流动度		s	18～26
3	可工作时间		min	≥30
4	含气量		%	8～12
5	表观密度		kg/m^3	>1300
6	抗压强度	1d	MPa	>0.10
		7d		>0.70
		28d		>1.80
7	弹性模量（28d）		MPa	100～300
8	材料分离度		%	<1.0
9	膨胀率		%	1.0～3.0
10	泛浆率		%	0
11	抗冻性		300 次冻融循环试验后，相对动弹模量不得小于 60%，质量损失率不得大于 5%	
12	耐候性		无剥落、无开裂、相对抗压强度不低于 70%	

2）CA 砂浆的运输

CA 砂浆拌制完成后，用吊车将储料斗吊至带中转仓的运输车上，经左、右两线之间运输至灌注工作面，如图 6-23 所示。注意应保证 CA 砂浆在运输和灌注过程中一直在搅拌。

3）CA 砂浆的灌注

CA 砂浆的灌注设备布置方法如图 6-24 所示。具体施工工艺如下。

①压紧及防滑移处理。CA 砂浆灌注时浮力可以使板上浮或侧移（曲线超高段），故须在轨道板灌注前设置防止轨道板上浮的扣压装置和在曲线段设置防侧滑装置，如图 6-25、图 6-26 所示。扣压力分别为桥上 15kN、路基上 18kN，必须保证灌注 CA 砂浆时轨道板不能上浮。

图 6-23　CA 砂浆线间运输

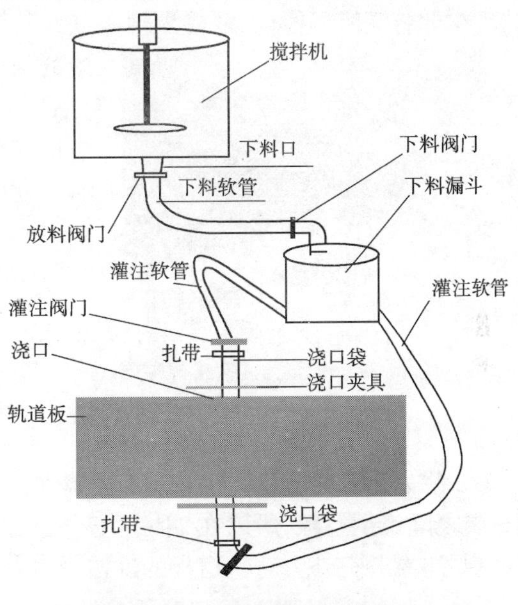

图 6-24　CA 砂浆灌注示意图

图 6-25　轨道板扣压装置施工

图 6-26　轨道板压紧和防滑移装置布置

②灌注前须复查轨道板的安装精度，用钢尺检查水泥乳化沥青砂浆注入厚度，并做好记录。厚度检查 10 个点，两边各 3 个点，中间 4 个点。

③清理轨道板下杂物和积水。先人工将混凝土块、木屑等杂物清理干净，再用高压风进行清理。

④放置灌注袋。检查灌注袋的型号是否与轨道板型号一致，是否有破损。将灌注袋平铺于轨道板上，两端向中间对折，从轨道板中部放入，然后拉直，灌注袋横向中心线和轨道板横向中心线重合。在直线地段，使灌注袋的袋口向轨道板外侧；在曲线地段，灌注袋袋口朝向低的

一侧。铺好后用木楔固定。

⑤用塑料布覆盖轨道板,以防 CA 砂浆污染轨道板。并在袋口位置的底座上也铺上塑料布。

⑥将灌注漏斗放在轨道板上,使灌注口和袋口对齐,把灌注袋口套在灌注漏斗的出料口用尼龙绳捆好,准备灌注。在灌注点放置两个塑料桶,用来装漏斗中剩余的砂浆。

⑦带中转仓的运输车到达灌注点后,接好灌注软管,打开阀门,使砂浆缓缓流进灌注袋,如图 6-27 所示。注意观察砂浆在灌注袋中的流动情况,在砂浆即将充满木楔位置时,要及时拔掉木楔,在即将灌满的时候,放慢灌注速度,用手感觉每个支撑螺栓的松动情况,每条灌注袋对应的两个支撑螺栓有一个松动即停止灌注。

图 6-27　CA 砂浆灌注施工

⑧当砂浆灌注饱满后,用扎带扎紧袋口,在灌注袋口部分,要留 20cm 左右的砂浆,并用支撑架支撑。

⑨砂浆灌注 40min 后,将袋口砂浆慢慢挤入灌注袋,然后用铁夹沿灌注袋缝纫线夹住。

CA 砂浆施工时的控制标准如下:

①保证砂浆灌注厚度为 4 ~ 10cm;

②砂浆灌注要饱满,砂浆灌注袋不得有褶皱;

③砂浆灌注后悬空长度不得大于 3cm。

4)CA 砂浆的养生

CA 砂浆采用自然养生。由于 CA 砂浆在经过了 24h 后,会出现收缩现象,使轨道板和砂浆填充层之间产生空隙,所以在 24h 后必须迅速拆除轨道板支撑螺栓,让 CA 砂浆支撑轨道板自重,但要注意避免外力对轨道板的冲击。待养生强度大于 0.7MPa 后,方允许在轨道板上行走;CA 砂浆强度大于 1.8MPa 时机车方可通行。

在拆掉支撑螺栓的同时,可沿袋口缝纫线将袋口砂浆切除,并用胶水或防水卷材将袋口封好。

7. 凸形挡台周围灌注填充树脂

在单元板铺设完成后,板两端圆弧与凸台之间有宽约 40mm 的间隙,该空隙现场用树脂填充,作为单元板与凸台之间的纵向传力的媒介。其主要施工工艺如下。

1)施工准备工作

①将凸台周围杂物、积水和灰尘清理干净,如有凸台施工的混凝土残留,亦应凿除清理干净。

②在灌注树脂的轨道板表面周围和凸形挡台表面用木板或塑料布覆盖,以防树脂污染单元板和凸台。

③确保灌注部位干燥。若凸形挡台和轨道板在灌注位置潮湿,需用酒精喷灯或热风机烘干。

2)灌注袋的安放

①将聚乙烯泡沫条塞入灌注袋底部衬孔内,然后将灌注袋沿凸形挡台与单元板空隙塞入。

②用方木条顶紧泡沫和混凝土底座完全接触,并沿凸形挡台的弧形将灌注袋理顺。用手拉紧灌注袋的两个侧面,使其完全展开并使左右长度均等。

③分别在轨道板凹面和凸形挡台侧面涂上胶水,将灌注袋的两个侧面分别与其粘接,一般先粘凸形挡台的一侧,再粘轨道板的一侧,粘接时要避免出现褶皱,如图 6-28 所示。

④在直线地段,切除灌注袋多余部分,使灌注袋上沿和轨道板倒角下沿平齐。

⑤将侧面聚乙烯泡沫塞入轨道板中间，使其挡住灌注袋的侧面。

3）树脂的搅拌

①打开 A 组分桶盖，用手持搅拌机将桶底的沉淀物搅起。

②待搅拌均匀后，将 B 组分缓缓倒入，用手持搅拌机搅拌，使 A、B 组分充分混合均匀，如图 6-29 所示。注意将 B 组分倾倒干净，否侧会影响树脂的硬化。

图 6-28　凸形挡台灌注袋的安放

图 6-29　凸形挡台周围填充树脂的搅拌

4）树脂的灌注

将搅拌好的树脂倒入较小容器里，以方便灌注。

①在灌注口放好漏斗，将树脂缓缓倒入，即将灌满时，要放慢速度灌注，使树脂完全流平，如图 6-30 所示。

②树脂灌注至轨道板倒角下沿位置，停止灌注。在曲线段，要以灌注口为准，必要时在第一次灌注后 10min 左右进行补灌。

③树脂灌满后，在表面会释放内部一些气体附着表面，影响树脂表观质量，此时要用带针尖的工具将其刺破。

④树脂灌注完成后，用塑料薄膜撑紧后覆盖住树脂，并用封箱胶粘牢，防止在树脂凝固前杂物及雨水侵入。

图 6-30　凸形挡台周围灌注填充树脂

5）树脂浇铸体的修整处理

①在曲线地段，树脂高出部分用钢刀凿除，表面修理平整。

②特殊情况下，在树脂硬化后需进行二次灌注时，可以在要灌注的树脂表面插入螺钉增加连接强度，螺钉长度应大于 40mm，螺钉插入深度控制在 25mm 以上，宜 10cm 间距均匀分布，并在原来的树脂表面拉毛，增加黏结力。

凸台周围树脂灌注质量控制标准应满足如下条件。

①灌注树脂的凸台间隙要大于 3cm。

②树脂混合液性能指标要求见表 6-6。

③树脂常规检验指标：弹性系数 10kN/mm ± 2kN/mm。

④树脂浇筑体指标要求：

a. 外观质量：表面无明显杂质、气泡、皱褶、裂纹；

b. 硬度(绍尔 C)≥50 度。

树脂混合液性能指标要求　　表 6-6

序号	项　目	单　位	指 标 要 求
1	黏度	Pa · s	≤10
2	可工作时间(工艺适应性)	min	≥20
3	硬化时间	h	≤24
4	承载时间	h	≤48
5	固化收缩量	mm	≤10

第二节　纵连板式无砟轨道施工

京津城际轨道交通工程是我国首次采用 CRTS Ⅱ 板式无砟轨道技术的客运专线,因板式无砟轨道系统的特点和工程的实际特点,轨道板的生产及运输、存放、底座混凝土施工、CA 砂浆灌注和轨道板精调则是施工中的重难点工程,也是施工工艺上需要突破的难点。CRTS Ⅱ 型板式无砟轨道系统,是指通过沥青水泥砂浆,将已精调到位的轨道板和浇筑在梁面滑动层上的底座板混凝土黏结在一起的无砟轨道。从轨道板生产预制到现场安装全部实现自动化控制,机械使用率较高,具有高精度性、高平顺性、高稳定性、维修少的特点。

一、纵连板式无砟轨道施工工艺

无砟轨道的施工工艺流程:施工准备→桥上两布一膜铺设→硬泡沫板铺设→桥上底座板混凝土施工→线间和两侧堆砟(设计有要求时)→圆锥体安装定位→轨道板粗放→轨道板精调→轨道板沥青水泥砂浆灌注→轨道板纵向连接→轨道板锚固和剪切连接→侧向挡块施工。

二、纵连板式无砟轨道施工方法

1. 滑动层施工

滑动层铺设前首先检查桥面,核对梁面高程、平整度,检查梁面防水层质量等,检查验收合格后,对桥面进行清洗,保证桥面清洁,表面无残留的细小石子、砂粒等杂质。根据测量放样的中线点,用墨斗弹出底座板的边线,因两布一膜的铺设宽度比设计宽 10cm,弹线宽度比设计的要宽 10cm,以便于施工。

1)两布一膜滑动层铺设

两布一膜滑动层的铺设方向,从桥梁的固定连接端开始至支座活动端为止,由一层土工布 + 聚乙烯薄膜 + 一层土工布组成。由于土工布整卷能够达到一跨梁的长度,所以为整体铺设。

铺设第一层土工布:先将黏结剂在土工布范围纵向两边和中间 30cm 宽在桥面上用刮板刮涂均匀,人工沿着墨线推着辊轴进行铺设。该层土工布可以连续铺设,也可以接缝,搭接长度不小于 20cm,且最小单块长度不小于 5m。

铺设聚乙烯薄膜:在第一层土工布上铺设聚乙烯薄膜,薄膜不得起皱。接缝采用熔接的方法,接缝长度和最小单块长度的要求同第一层土工布,熔接采用电烙铁使其接缝充分融合,满足滑动系数的要求。

铺设第二层土工布：连续整块铺设，不留对接缝，铺设前将该层土工布先用水润湿，这样铺设时可使土工布吸附在聚乙烯薄膜上便于铺设，不易起皱。两布一膜铺设完成后，任何一层都不得起皱或破损，如出现起皱应立即处理，若出现破损，第一层土工布和聚乙烯薄膜的处理方法是：全部更换或以破损处为中心，截去不小于4.6m的范围搭接1块不小于5m的土工布（聚乙烯薄膜）；第二层土工布若出现破损，则要全部更换掉。

两布一膜铺设完成后，上面不得行车，施工人员作业区内禁止吸烟。安装底座板钢筋笼时，选择大平面的混凝土垫块，以免钢筋笼将无纺布刺破。底座板混凝土浇筑完毕后，将土工布和聚乙烯薄膜的外露部分，紧贴底板座混凝土剪去。

2）硬泡沫塑料板铺设

为了平衡梁段两端高低不平，减弱底座板因温度变化产生变形形成的剪切力，要在梁缝两端各1.5m范围设硬泡沫塑料弹簧板。铺设前先将桥面彻底清洗干净，防止桥面残留的细小石子、砂粒等杂质损伤硬泡沫塑料板。桥梁固定端处的硬泡沫塑料板与桥面采用胶合剂粘贴处理，先将胶合剂用刮板均匀满涂在桥面上，然后将硬泡沫塑料板粘贴在桥面上。桥梁活动端处的硬泡沫塑料板直接铺设在滑动层上，该处的硬泡沫塑料板不用胶合剂黏结。硬泡沫塑料板可采用榫接或阶梯连接，四周多余部分切直，接缝要严密不得有通缝。泡沫板必须在桥梁接缝的中心线处对接，为避免混凝土的渗入，在硬泡沫塑料板上覆盖一层薄膜。铺设的硬泡沫塑料板不能破损，安装钢筋笼时要选择合适的垫块间距，以免钢筋将硬泡沫塑料板刺穿，如有损坏必须更换。

2. 底座板混凝土施工

底座板混凝土施工主要包括钢筋的制作安装，模板安装，混凝土浇筑，后浇带连接器的张拉及混凝土浇筑。因为京津城际轨道交通工程桥梁占有很大的比例，桥上CRTSⅡ型板式无砟轨道底座板为连续钢筋混凝土板带结构，为适应长桥施工需要，底座板与桥梁之前的固定连接通过增设临时端刺方案，起路基上常规端刺的作用，靠临时端刺段底座板混凝土的自重产生的摩擦力来实现，通过增设后浇带连接器来解决混凝土温度应力及变形应力放散等一系列问题。

1）钢筋的制作安装

（1）钢筋加工连接。底座混凝土钢筋采用HRB500型精轧钢筋，因为我国铁路信号传输采用轨道传输，为避免由钢筋笼内产生磁场影响信号传输，其纵横向连接均采用绝缘卡连接，进行绝缘。底座板钢筋加工制作，复核钢筋加工表与设计图，检查无误后，按下料表放出实样，试制合格后成批进行制作。对不同曲线段的底座板，根据不同的超高地段，选择加工区段内相对应超高的钢筋笼进行加工，加工完成后钢筋笼必须进行“身份”注明，并注明超高、适应的墩跨、左右线、方向等。钢筋笼的制作是在固定的钢筋模具上进行，并根据不同超高范围安装钢筋间距定位卡。绑扎前模具必须经过检查和复核，防止钢筋间距定位卡放置出现偏差，所有钢筋不得进行搭接焊，采用绝缘卡连接。绝缘卡采用硬质绝缘有机合成材料制成，分为同向和异向两种形式，绝缘卡设圆形卡口，弹性小，硬度大，将钢筋压入卡口内就能将钢筋牢靠固定，起到隔离作用。在纵横向钢筋交叉点处，安装异向绝缘卡，绝缘卡上下两个方向的卡口（互相垂直）分别卡住纵、横向钢筋；通长钢筋则采用同向绝缘卡，两个卡口分别卡住主筋和连接筋。上下两层钢筋网之间的构造钢筋，则采取涂层钢筋，以保证两层钢筋网之间不形成回路。钢筋交叉点采用强度高、耐久性好的有机合成材料代替扎丝绑扎，严禁铁丝绑扎或焊接，绑扎完的钢筋骨架需能保持稳定，运送钢筋笼时钢筋的位置不变。

(2)钢筋笼存放。钢筋笼加工完成、检查合格后，挂上注明超高范围、墩跨、左右线以及方向的标牌，存放至钢筋笼存放区。每个存放台座长为15m，宽3m，分4层每层间距50cm，采用40mm钢管搭设。为了保证施工进度，另外在存放台座上设置钢筋笼存放区，每个存放台座分2层设置，尺寸同钢筋厂存放区相同。

(3)连接器安装。底板座后浇带的钢筋连接器由一块钢板组成，钢板的一边用防松螺母与HRB500型精轧钢筋焊接(也可以采用HRB500型精轧钢筋与连接器钢板直接焊接)，另一边的精轧螺纹钢筋通过钢板的预留洞穿过钢板，用分置于钢板两边的螺母与钢板连接，在其施工完后铺设底座板钢筋，如图6-31所示。

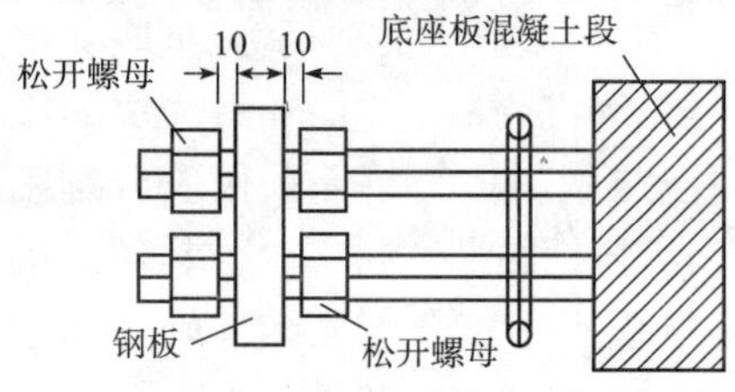

图6-31 连接器后浇带示意(尺寸单位:mm)

为了避免底座板混凝土因温度变化和收缩引起变形而产生的强制力传入下部结构，特别是传入桥梁支座和桥墩，在底座板浇灌混凝土前，人工拧紧底座板后浇带中与精轧螺纹钢筋连接的螺母，在后浇带接缝处用不导电的金属网格遮挡。混凝土浇筑硬化结束后，立即松开后浇带中连接器中的螺母，等到全桥底座板施工完成后，在24h内将所有的后浇带螺母再次拧紧，并同时浇筑后浇带混凝土。

(4)钢筋笼安装。在吊装绑扎的钢筋笼前，须安装较大面积的混凝土垫块，以确保混凝土保护层厚度。钢筋笼吊装采用悬臂龙门吊垂直提升吊装就位。吊装不能损坏桥面上的滑动层、硬塑料泡沫板和防水层，如有损坏应及时更换。由于底座板整体施工要求精度高，吊装钢筋骨架时钢筋在钢筋骨架中的位置不能变动，否则会直接影响定位锥锚杆的安装。

2)底座板模板安装

模板安装前采用全站仪每隔6.5m(一块轨道板的长度)放1个底座板的左右边线及中线点，并根据放样点用墨斗弹出底座板的左右边线(弹线宽度比设计宽10cm，因两布一膜铺设宽度比底板尺寸大10cm)，模板沿着墨线安装；对梁面高程进行测量，根据超高选择合适的模板组合，并根据所测高程的情况，从根部采用调节螺栓调整模板高度。模板使用前先清污、满涂脱模剂，模板安装采用法兰螺杆式调节杆件和方木组合加固，模板接缝处采用双面胶条填塞，根部内贴角钢。每75cm一道调节螺杆有效地将角钢固定于滑动层上，内用垫块支撑，有效地解决了根部露浆、烂根、线形的平顺性等问题。

3)混凝土施工

混凝土浇筑采用泵送混凝土或门式起重机(悬臂)加吊斗。混凝土从装车运输到灌注结束，不得超过90min，为避免离析，混凝土的自由落度不大于1m，新拌混凝土的温度不允许超过+30℃，环境温度低于+5℃或超过+30℃时，必须测量和记录混凝土的温度(以便采取相应的措施)，记录每次混凝土灌注的起止时间、持续时间及每个施工段从施工到拆模板期间的环境温度和气候情况。混凝土灌注和振捣时，派专人检查模板的稳定性和接缝有无变化，混凝土施工安排有经验的混凝土工进行操作，提浆整平采用混凝土三辊轴整平机施工，振捣到没有气泡冒出和表面封闭时为止。混凝土灌注时必须稍微突出一点，然后用刮板刮平，并刮到施工设计图中规定的高度为止，最后用毛刷进行表面刷毛处理。待底座板混凝土初凝后将超高面做出2%的倒角反坡，以利于底座板混凝土表面排水。底座板施工完成满足一个端刺一个常规区后，进行后浇带的施工。底板施工过程中所有的后浇带连接器是拧紧的，在段落混凝土浇筑完24～48h后松开，当全部的底板混凝土施工完成后，以800m临时端刺为施工单元，在24h之内将全部的连接器拧紧，48h内浇筑混凝土。

3. 轨道板铺设

1）轨道板现场粗铺

底座板粗铺前首先要进行GRP点的测设，并经过复核满足要求的方可进行轨道板粗铺。粗铺前先进行定位锥的安装，圆锥体用硬塑料制成，高120mm，最大直径135mm，圆锥体有一中心孔，直径20mm，在上缘设有凹槽或孔，利用它可借助夹具将圆锥体从圆筒形窄缝中取出。固定圆锥体前，清洗混凝土底座板，测出轨道基准点和安装位置，轨道基准点GRP和安装点位于Ⅱ型板的横接缝中央且接近轴线，圆锥体的轴线与安置点重合。用电钻钻孔，孔径20mm，直线上孔深（$u \leqslant 45$mm）为15cm，有超高的线路上（$u > 45$mm）为20cm，将锚杆用合成树脂胶泥胶粘锚杆于钻孔内。锚杆的胶粘需注意：孔要绝对垂直于底座板；安装锚杆前先将锚杆上涂黄油，以便于精调灌浆后拆除锚杆；保证每个孔内锚杆能承受30kN的拉拔力；锚杆必须伸出底座板表面35cm方可保证轨道板的正确安装。轨道板采用沿线存放的方式储存，存放地点在悬臂式起重机横移范围内。轨道板运到铺设地点后核对轨道板的编号，检查合格后的轨道板才能进行吊装铺设。轨道板安装前，要在精调装置的安放部位放上发泡材料制成的T形模件，用硅胶固定，在垫层灌浆时作密封使用，以防砂浆溢出。轨道板采用悬臂式龙门吊进行轨道板的垂直提升（图6-32），起吊横梁上装有距离定位器，直接对准轨道板，挂上吊钩以后起吊，转到铺设地点的正上方下落，放在已安放好的长为30cm、宽为5cm、厚3.3cm的木条上，并和定位圆锥结合紧密。接近混凝土底板时必须缓慢下降，以便放置时不损伤轨道板。轨道板粗铺的允许偏差控制在1cm内。

图6-32　轮胎式铺板龙门吊

2）轨道板精调

测量仪器必须达到以下要求。

（1）智能全站仪：测角精度＜1″，测距精度（$1 + 1 \times 10^{-6}$）mm（如：徕卡TCA1800）。

（2）电子数字水准仪：高程测量标准偏差每公里往返水准测量使用因瓦水准尺时＜0.9mm，使用标准水准尺时＜1.5mm；测距标准偏差＜1cm/20m（5×10^{-4}mm），并含精密水准配件（如：徕卡Na3003）。

精确定位装置安装在轨道板两侧的指定位置，旋紧高度调节轴使所有的支承点几乎相同，使其保持一天的均匀受力，以便提前产生沉降。轨道板精调前，要旋开中部轴杆，使之有大约10mm的余量。精调时使用专用三角架将全站仪安置在轨道定位标志点GRP点上，开启无线电装置建立设备间的通信；将带有棱镜的测量标架架设在所需要精调轨道板的第一、中间、最后以及已精调好的轨道板的承轨台上（图6-33），并通过固紧调节装置单面与支点面相触。利用全站仪进行程控设站，通过已精确调好轨道板上的棱镜进行定向，铺设第一块板时则不用参考此数据,根据6个显示器上的测量数据,使用调节装置千斤顶对轨道板进行纵向、横向和高程调整,先调整板四角的方向、高程再调整板的中间高程,最后进行完测,数据满足要求后可转入下一块板,否则重新测量调整直至合格转入下一块板的作业。

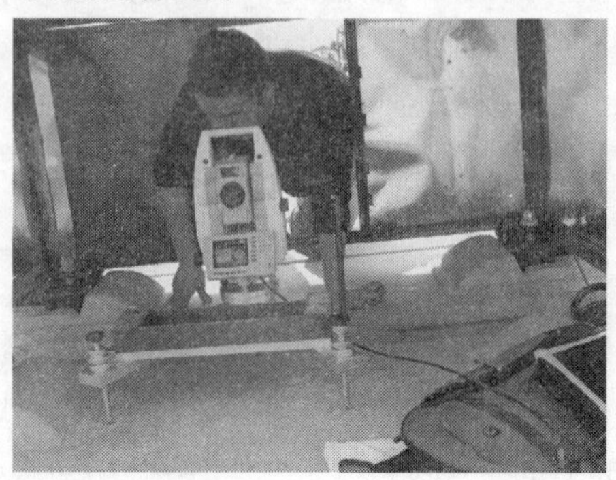

图6-33　轨道板精调示意图

4. 沥青水泥砂浆灌注

1)轨道板边缝密封

轨道板精调完成并满足精度要求后,进行封边处理。轨道板和混凝土底座板之间有2~4cm厚的缝隙,为防止灌浆时砂浆从轨道板侧面溢出,将每块轨道板的侧缝采用一种特殊的、稳固的水泥砂浆进行密封再用水泥沥青砂浆对轨道板逐块填充。在密封工作开始时,混凝土底座板的表面,包括轨道板以外的部分应清扫干净,并进行润湿处理。如图6-34所示。

2)轨道板纵向密封

轨道板纵向密封可采用稠度较大的砂浆来完成。密封砂浆用砂浆搅拌机在施工现场配制,人工操作,并确保轨道板与底座板之间的密实粘连不脱落。从节约材料、减少砂浆等强时间以加快进度,同时使成型后的轨道结构更加美观等方面考虑,目前现场开始大量采用50角钢内衬薄泡沫板并辅以自制对称夹紧装置代替砂浆纵向封边,如图6-35所示。在对轨道板的定位完成以后,封边及以后所有工序不得再踩到轨道板上面去,以防轨道板移位。

图6-34　轨道板封边及排气孔

图6-35　无砂浆纵向封边与"L"形压紧装置

3)横向接缝的密封

轨道板对接处横向接缝的密封使用与垫层砂浆有着同等弹性模量要求的沥青水泥砂浆,以排除垫层灌注后产生应力不平衡。垫层砂浆的注入量应超出轨道板底边至少2cm。灌浆时为防止各标志点被垫层砂浆污染、掩盖,可使用一段短管来保护标志点。封边砂浆浇筑后要压实并均匀抹平。为确保灌浆过程中使轨道板下面全面积灌满砂浆，在封边砂浆硬化前设有相应的排气孔（图 6-34）。排气孔需在紧靠轨道板下面设置，边角附近 4 个，轨道板中间每侧 1 个，最小直径为 20mm。

4）轨道板固定

为了保证在垫层砂浆灌浆时轨道板不浮起，安装钢构件压紧装置，在轨道板的中央两侧各设“L”形固定装置（图 6-35），两块板的接缝处中间部位设置“一”字形固定装置，利用预埋在混凝土底座板中的锚杆向下压住。安装“一”字形固定装置前先要拆除圆锥体，利用在轨道板粗放时固定圆锥体的锚杆压紧，用翼形螺母拧紧，以防轨道板移动。在超高大于 45mm 时，固定装置设在轨道板的侧面中部和底座板上，超高为 0 时，只在中部设“一”字形压紧装置。轨道板垫层砂浆硬化后再拆除锚杆。

5）轨道板垫层灌注

（1）灌浆前的准备。混凝土底座板和轨道板底面预先浇湿，可采用喷雾器或带喷嘴的高压水枪进行润湿。垫层砂浆的拌制，用移动式搅拌设备在灌浆地点生产垫层砂浆，砂浆从搅拌设备注入中间储存罐，一块板的灌注必须连续完成。

（2）轨道板的垫层灌浆。轨道板灌浆时将已装满料的中间储存罐从搅拌设备下方向后面旋转伸出，并同时被吊装到桥面高度。垫层砂浆通过一条软管注入轨道板的灌浆孔，软管的两端各设有截断装置。一般情况下灌浆过程利用 3 个灌浆孔的中间孔进行，灌浆孔中有 PVC 管，垫层砂浆从管中注入，通过其他两个灌浆孔和排气孔观察灌浆过程。所有的气孔处冒出垫层砂浆，证明砂浆垫层全部灌满，用小木塞塞住排气孔，灌浆孔内垫层砂浆表面高度至少要达到轨道板的底边，不能回落到底边以下，灌浆过程即告结束。储存罐可重新转回到搅拌设备下面改换到下一块轨道板的施工。垫层砂浆灌注时砂浆保持在搅动状态，不断测量搅拌器的传动电动机耗用电流，砂浆的稠度越大电动机耗用电流也越大，当耗用电流超出某一固定值时砂浆的稠度也就超出设计值，储存罐内的砂浆必须倒入配备的废物容器中，用新材料继续灌浆。

6）轨道板纵向连接及灌注孔填补

（1）清洁接缝和拆除安装件。在灌缝开始前，将所有的安装件和组装辅助件清除到连接接缝区以外，并清理干净连接接缝区表面。

（2）填充窄接缝。垫层砂浆灌注后填充窄接缝。填充窄接缝首先安装模板，设在轨道板的外侧固定在窄接缝的侧面，用螺杆张紧，此模板也用于宽接缝的填充；然后，进行窄接缝砂浆灌注，高度控制在轨道板上缘以下 6cm，砂浆颗粒规定为 0 ~ 10mm，填充时的环境温度不得高于 25℃。

（3）张拉装置的安装和张拉。垫层砂浆的强度达到 9MPa 和灌注窄接缝砂浆强度达到 20MPa 时可对轨道板实施张拉。强度达到后再将内模板拆除。

（4）填充宽接缝。填充宽接缝时的环境温度不允许高于 25℃。

安装配置钢筋：根据配筋图配置钢筋，每个宽接缝安放两个钢筋骨架并附加一根 8mm，$L=2.45$m 的钢筋，安装在横向接缝的上方，配筋要绑扎牢固，并进行绝缘处理。

灌注宽接缝：采用添加抑制剂和膨胀剂的灌注砂浆填充，材料 28d 以后达到的抗压强度至少为 45MPa，最大颗粒粒径为 10mm。填充时应灌注稠度较大的砂浆，以避免有超高的区域内出现“自动找平”现象。灌注的材料用插入式振动器捣实，表面与轨道板表面齐平并找平，并通过使用合适的楔形垫块生产轨道板连接带。

(5)填充灌浆孔。宽接缝填充时也要将灌浆孔填充封闭。灌浆孔填充与连接接缝区的填充使用同样的灌注混凝土和同样的操作方法。

5.轨道板剪切连接

根据设计图要求,对轨道板进行剪切连接。剪切连接的施工工序流程如下:

①按照规定的深度钻剪切连接的孔;

②清洁钻孔;

③填充钻孔和放入暗销;

④达到所要求的强度后,用扭力扳手按规定扭矩将锚栓拧紧。

第三节　双块式无砟轨道施工

一、双块式无砟轨道结构及特点

双块式无砟轨道道床主要由双块式轨枕、现浇混凝土道床板和支承层(路基地段)或底座(桥梁地段)组成,属于埋入式无砟轨道,即把预制的双块式轨枕通过一定的方式浇筑到钢筋混凝土道床内形成整体,其主要代表类型是德国雷达(Rheda)2000 型无砟轨道和旭普林型无砟轨道。我国在引进德国技术的基础上逐步形成具有自主知识产权的双块式无砟轨道技术,即 CRTS Ⅰ型双块式无砟轨道(CRTS Ⅰb)和 CRTS Ⅱ型双块式无砟轨道(CRTS Ⅱb)。

CRTS Ⅰ型双块式无砟轨道结构特点如下。

①由 2 根桁架型配筋组成的特殊双块式轨枕取代了原雷达型中的整体轨枕,与现场灌筑混凝土的新、老界面大大减少,有利于提高施工质量和结构的整体性。

②取消了原结构中可能开裂和渗水的槽形板,统一了隧道、桥梁和路基上的结构形式,技术要求、标准相对单一,施工质量容易控制,更适用于高速铁路。

③由于桁架式轨枕与现浇道床混凝土为非预应力混凝土,最大限度上降低了混凝土体积收缩和温度应力形成的变形。

④两轨枕块之间用钢筋桁梁连接,有利于轨距保持稳定。

⑤道床表面简洁、平整、美观漂亮。

⑥采用专门的机械设备及调整定位装置精确的铺设技术。

CRTS Ⅱ型双块式无砟轨道的结构设计与 CRTS Ⅰ型双块式无砟轨道无本质区别,只是改变了埋入式道床传统的施工方法,即并非先组装轨排,精调完成后立模浇筑道床混凝土(图 6-36),而是在现场浇筑的混凝土道床的同时,用轨枕框架固定双块式轨枕,并利用机械振动法嵌入混凝土道床内,如图 6-37 所示。

CRTS Ⅱ型双块式无砟轨道的主要特点如下。

①采用德国 Zublin 公司开发的专用成套施工设备,施工机械化程度高,提高了现浇混凝土结构的施工效率,施工进度快,但一次性机械投入成本巨大。

②施工不需要工具轨,且受环境条件影响小。

③为适应其振动压入式施工方法,道床混凝土的水灰比较大。

图6-36　CRTS Ⅰ型双块式无砟轨道施工

图6-37　CRTS Ⅱ型双块式无砟轨道施工

二、CRTS Ⅰ型双块式无砟轨道施工工艺

我国目前主要采用的CRTS Ⅰ型双块式无砟道床施工方法有机组法、排架法和轨排框架法。机组法本质就是成套引进德国(Rheda)2000型定型设备,自动化程度较高,但设备投入很大。排架法对机组法设备进行了优化,但还是引进了散轨和精调等设备。轨排框架法引入了类似旭普林型无砟轨道采用的轨排固定框架,轨枕安装精度高,可以有效减少小轨距病害,但设备投入较排架法大,工效较低。各种施工法的工艺流程基本相同,下面以排架法为例进行讲述,其工艺流程见图6-38。

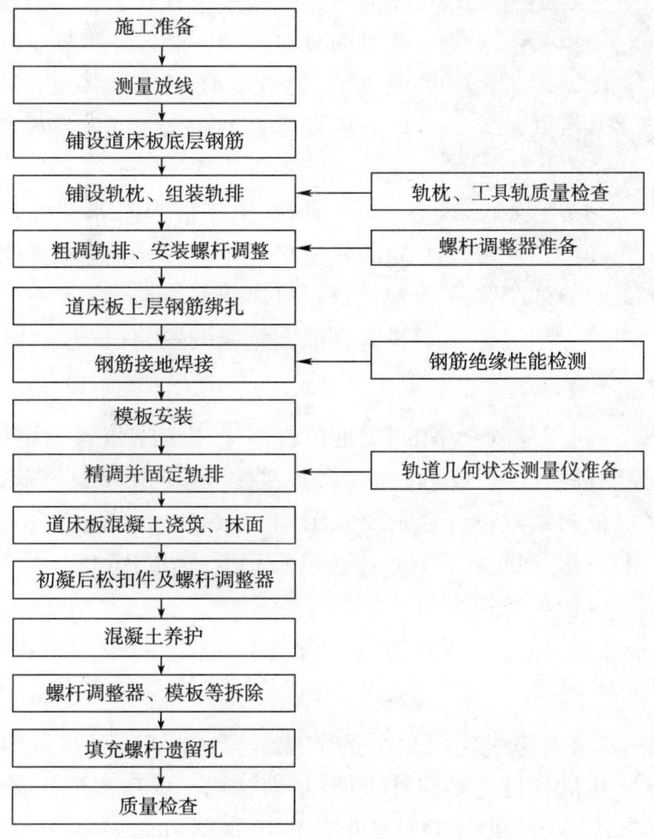

图6-38　双块式无砟轨道施工工艺流程图

1. 支承层与底座板施工

支承层施工可以采用人工模筑法(图6-39)或滑膜摊铺机摊铺法(图6-40)施工,底座板可以采用人工模筑法施工,均与其他板式无砟轨道施工方法大致相同,此处不再赘述。

图6-39 人工模筑法

图6-40 滑膜摊铺机摊铺法

2. 轨枕、工具轨等施工材料运输和线间存储

轨枕、工具轨和钢筋、模板等施工材料采用卡车或自制的轨道平板车经过二次倒运后运输到施工现场,在现场可采用移动式吊车或轮胎式龙门吊将双块式轨枕、工具轨等沿线路方向纵向散布。双块式轨枕每5根一层,每4~6层一垛沿线路纵向分布堆放,每垛底部及层间用10cm×10cm方木支垫,如图6-41所示。每垛轨枕间距为6.5~10m,堆放数量要满足铺设需要,特殊情况下,轨枕垛之间最小间距不得小于0.5m。

图6-41 双块式轨枕存储

工具轨、道床板钢筋和模板等亦可采用卡车或自制的轨道平板车运输,并紧靠轨枕边散布。路基地段施工材料可沿线路中心散布,桥梁和隧道地段施工材料应存放在线路两侧。

3. 铺设道床板底层钢筋

工作面清理完成后,利用复测合格的CPⅢ控制网采用全站仪进行道床板中线、边线以及轨枕边线的放线,各控制桩直线地段间距为6.25m,曲线地段为5m。在施工放线完毕后,人工在下部基础顶面按底层纵向钢筋设计数量及间距均匀散布。散布后的钢筋应平顺无重叠,并满足两根纵向相对钢筋搭接长度大于70cm,且接头错开最少1m的。钢筋绑扎完成后,应在底层钢筋下设置混凝土保护层垫块。

4. 布枕、组装轨排

1)布枕

底层钢筋摆放完毕后,由跨线龙门吊上的散枕装置进行散枕,门吊司机将液压散枕器落下,听从指挥人员命令,将散枕器落到轨枕上面,从轨枕垛上一次夹取5根轨枕进行布枕,如图6-42、图6-43所示。布枕时相邻两组轨枕的间距应控制在5mm的误差范围内,轨枕的边线控制在10mm的范围内,且要控制两组轨枕的左右偏差。

2)铺设工具轨

工具轨采用与正线轨型相同的60kg/m钢轨,进场后应按表6-7要求进行检验合格后方可使用。工具轨在使用、拆卸、装载和运输过程中,应采取措施加强保护,防止变形、污染,并经常进行检验,确保工具轨能满足施工要求。

图6-42　跨线龙门吊及散枕装置

图6-43　布枕

工具轨检测内容　表6-7

序号	检验项目	技术要求	检验要求	检验方法
1	平直度	轨端0~2m范围: 垂直方向:向上≤0.4mm/2m; 向下≤0.2mm/2m。 水平方向:≤0.6mm/2m	在钢轨两端和中部3个位置测量。垂直方向的平直度在踏面中心线上测量;水平方向的平直度在距离轨顶面下约20mm的侧面进行	(1)对自动检测数据进行检查; (2)端头采用2.0m直尺,轨中采用1.5m直尺及塞尺进行手工复查
		轨身:垂直方向:0.25mm/1.5m 水平方向:0.45mm/1.5m		
2	扭曲	钢轨端部和距之1m的横断面之间的相对扭曲不应超过0.45mm	在钢轨两个轨端测量	采用技术条件要求的扭曲尺测量
3	表面质量	表面裂纹:钢轨表面不应有裂纹,轨底下表面不应有划痕;表面缺陷修磨(最大表面修磨深度):钢轨踏面0.35mm;钢轨其他部位0.5mm。钢轨10m长范围内表面缺陷不应多于3处,每10m可修磨一处	(1)轨头、轨底部位涡流自动探伤结果; (2)人工肉眼检查钢轨全表面	(1)自动检测; (2)肉眼检查

在双块式轨枕铺设达50m后,将轨枕承轨槽表面清理干净,即可利用起重运输车或跨线龙门吊等通过专用吊架将工具轨吊放到轨枕上。工具轨接头应使用鱼尾板连接(图6-44),且每处不少于4个螺栓,以确保接头平顺,无错牙错台,工具轨接头轨缝宜控制在10~30mm内。左右两股工具轨接头应对齐,且不得位于承轨槽上。

3)组装轨排

铺设完工具轨后,应检查工具轨的轨距及工具轨与轨枕的垂直度等(图6-45),不合格时进行调整。合格后使用螺栓紧固机同步拧紧扣件螺栓,并用扭矩扳手复检螺栓扭矩,使用塞尺检查扣件弹条中部下颚与塑料轨距挡板是否密贴(间隙不大于0.5mm)。轨排组装允许偏差见表6-8。

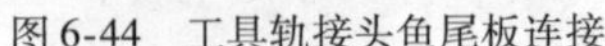

图6-44　工具轨接头鱼尾板连接

图6-45　工具轨与轨枕的垂直度检

轨排组装允许偏差　　表6-8

序号	检查项目	允许偏差(mm)	附　注
1	轨距	±1	变化率不大于1/1500
2	轨枕间距	±5	

5. 安装螺杆调整器托盘

轨排组装完成后,应安装螺杆调整器托盘。直线地段每隔3根轨枕、曲线地段每隔2根轨枕安装一对螺杆调整器托盘,同时应在轨排端头轨枕间安装一对螺杆调整器托盘。调整器安装位置应在两轨枕中间,如图6-46所示。在遇到道床板钢筋时,将钢筋或调整器进行微量调整,保证调整器处于受力位置。螺杆调整器托盘安装前应清理干净并确保托盘伸缩灵活居中。托盘安装时应检查插销与插孔对应位置正确,确保托盘与轨底密贴,各部螺栓紧固到位。

6. 粗调轨排

使用全站仪和轨排粗调机(图6-47)或人工粗调的方式对轨排进行初步调整,将轨排方向和高程调整到正确位置。采用轨排粗调机调整应按照先中间后两端的顺序进行,人工粗调应遵循“先中线、后高程”的原则进行。调整后轨顶高程允许偏差为0,-5mm,中线位置允许偏差为5mm。轨排粗调后的高程只允许比设计低,是因为后期精调时降低轨排的调整难度很大,且不利于轨排稳定。

图6-46　螺杆调整器

图6-47　轨排粗调机粗调

轨排粗调到位后,应及时安装螺杆调整器螺杆,确保各螺杆受力均匀无松动,螺杆下部应安装波纹管或其他隔离套管。检查螺杆基本垂直后,拧紧侧面锁定小螺栓。

7. 道床板上层钢筋绑扎、综合接地处理

1）上层钢筋绑扎

轨排粗调完成后，即可安装道床板上层钢筋，钢筋施工过程中不得扰动粗调过的轨排。对纵向钢筋与横向钢筋及轨枕桁架钢筋交叉处、纵向钢筋搭接范围搭接点，按设计要求设置绝缘卡并用塑料带绑扎，绑扎后剪去多余的塑料带。

2）综合接地处理

根据设计要求，利用道床板内两根纵向结构钢筋和一根横向接地钢筋作为综合接地钢筋，综合接地钢筋交叉处采用搭接焊工艺，用 $\phi16$ 的“L”形钢筋进行单面或双面焊接。单面焊焊缝长度不小于200mm，双面焊焊缝长度不小于100mm，焊接厚度不小于4mm。接地端子采用焊接方式固定在道床两侧接地钢筋上，如图6-48所示。

3）绝缘检测

首先通过目测检查每处钢筋的搭接接触情况，绝缘卡安装是否良好，有无脱落现象；然后用手摇的兆欧表测量钢筋间的绝缘电阻，如图6-49所示，道床板绝缘电阻实测值必须达到2MΩ以上。

图6-48　接地钢筋及接地端子焊接

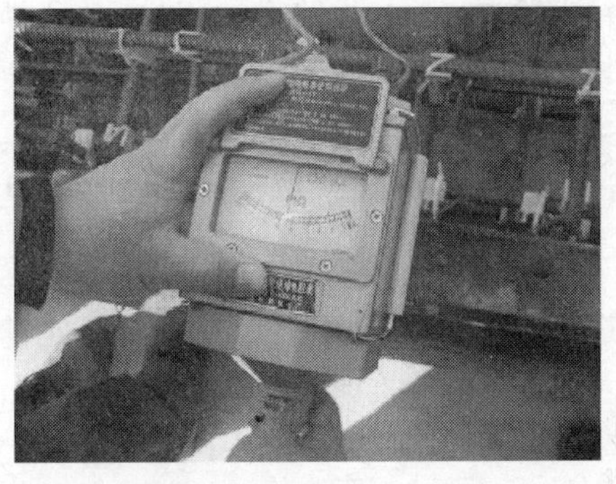

图6-49　钢筋绝缘处理及电阻测试

8. 安装纵横向模板

道床板模板分纵向模板、横向模板。纵向模板长度分4m、4.6m两种类型，横向模板长度为2.8m。钢筋绝缘性能检测合格后，清除钢筋网内的杂物，根据提前弹好的模板边线安装道床模板，相邻的两块模板应采用螺栓连接，以保证相邻两块模板之间不出现错台，并在两模板连接面处贴双面胶或胶条，以防止模板间出现缝隙漏浆。模板安装后应加固牢靠，加固装置不得依托轨排进行固定。

9. 精调轨排

精调轨排前需对前面已施工工序进行检查验收。由下往上依次检查基层表面杂物、钢筋绑扎、钢筋焊接、接地端子设置、保护层厚度、模板尺寸、轨枕间距、扣件扭矩、施工缝布置等，各项尺寸及位置在监理旁站下经现场检查确认满足设计要求后，方可进行精调作业。

精调是关键的一道工序，它对轨道的几何尺寸最终位置能否达到设计及验标的要求起着决定性作用。最终线形调整应在混凝土浇筑之前1.5～2h开始进行。调整长度比当班计划浇筑段长度保持50m以上距离。精调应使用钢轨调整器和GRP1000测量系统配合进行，如图6-50所示。将轨道状态测量仪（轨道小车）放置于轨道上，安装棱镜，使用全站仪测量轨道状态测量仪棱镜,轨检小车自动测量轨距、超高、水平位置,接收全站仪观测数据并通过配套软件计算轨道平面位置、水平、超高、轨距等数据,与设计值较差后将误差值迅速反馈到轨检小车的电脑显示屏上,现场通过转动螺杆调整器竖向螺杆,调整轨排高程,通过转动钢轨调整器水平螺杆,实现水平调整。

图 6-50　轨排精调作业

轨排精调工作必须满足以下要求。

①高温、大风、雨雪等恶劣气候条件下不得进行精调作业。

②每次精调时需与上次或前一站重叠至少 8 根轨枕,同一点位的横向和高程的相对偏差均不应超过 2mm。精调过程中,应先调整偏差较大处,相邻几对螺杆调整器同时调整,调整时步调协调一致。曲线地段调整时竖直和水平方向同时调整。

③轨排精调到位后,应对轨排采取相应的措施进行加固,防止混凝土浇筑时轨排横向移位及上浮,并采集数据作为最终的精调数据。

④精调合格后,对线路进行保护,禁止轨排上进行任何作业或行人。

⑤轨排精调好后,应及时浇筑混凝土。如间隔时间过长,或环境温度变化超过 15℃,或受到外部条件影响,必须重新检查或调整轨排。

精调后支撑点处的轨道位置误差控制在中线 ±0.5mm,高程 -0.5 ~0mm,水平 0.5mm。

10. 混凝土浇筑

在进行无砟轨道道床板混凝土浇筑之前,应综合检查前面各工序的施工质量,尤是轨道几何状态和各种预埋件、钢筋网架绝缘性能等,合格后方可进行混凝土的浇筑。

混凝土浇筑采用拌和站集中拌和、混凝土运输车运送,配置软管泵送混凝土,使用高频插入式振捣器振捣密实、人工收面的施工方法。混凝土浇筑时,必须 1 个轨枕间距接 1 个轨枕间距单向连续浇筑,如图 6-51 所示。让混凝土从轨枕块下漫流至前一格,不致在轨枕下形成空洞,当混凝土量略高于设计高程后,前移到下一格进行浇筑。混凝土振捣时振捣器应快插慢拔,直到轨枕底部没有气泡为止,但也不得过振,以防止混凝土离析,振捣过程中应防止振捣器触碰模板和钢轨支撑架,并跟踪监测轨排几何形位的变化。浇筑完的混凝土,应经过 3 次找平收光(图 6-52):第一次是在浇筑完成后;第二次是在混凝土刚初凝的时候;第三次是在初凝后快产生强度的时候。第三次收光之后,立即清理轨枕和钢轨面的污染。

11. 初凝后松螺杆调整器及扣件

混凝土浇筑后 0.5 ~1h(掺加缓凝剂时可延长至 2 ~3h),竖向调节螺杆放松 1/4 圈(即逆时针旋转 90°,高度约降低 1mm)。混凝土浇筑后 2 ~4h,当用手指压混凝土表面无痕迹时,提松横向模板和施工缝模板,松开全部扣件,释放钢轨应力,否则会因为钢轨温度力而产生的对轨枕的纵向力,影响新浇混凝土的结构,破坏轨枕和道床板混凝土的黏结性。螺杆调整器的放松须始终沿逆时针,否则将会抬高轨道,破坏轨道几何形位,导致无法恢复。

12. 混凝土养护

每浇筑 10 ~12m 道床混凝土,在浇筑完毕后 12h 以内对混凝土开始进行覆盖洒水或喷养护剂养护，养护时间不宜少于7昼夜。混凝土达到设计强度的75%前禁止在道床板上行车及碰撞轨枕。

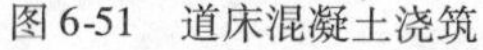

图6-51　道床混凝土浇筑

图6-52　道床混凝土抹面收光

13. 拆除模板、螺杆调整器及工具轨

拆除模板、螺杆调整器、工具轨应符合下列规定。

①侧模应在混凝土强度达到2.5MPa以上，其表面及棱角不因拆模而受损时，方可拆除。

②道床混凝土强度达到5MPa后，即可拆除螺杆调整器及工具轨，拆除模板、螺杆调整器及工具轨时，应避免对道床板混凝土的扰动。

③拆除下来的模板、螺杆调整器及工具轨应及时清理干净并涂油，利用道床板混凝土浇筑的间歇时间往前倒用，不得堆放在道床上。

④螺杆调整器的松解须始终沿逆时针旋转，应缓慢施力，避免破坏调整器和道床。取出螺杆调整器后，应采用同强度无收缩混凝土及时封堵拆除螺杆后留下的孔洞。

浇筑完成的混凝土道床板外形尺寸允许偏差应满足表6-9要求。

混凝土道床板外形尺寸允许偏差　　表6-9

序　号	检　查　项　目	允　许　偏　差
1	顶面宽度	±10mm
2	道床板顶面与承轨台面相对高差	5mm
3	中线位置	2mm
4	平整度	3mm/1m

复习思考题

1. 单元板式无砟轨道由哪几部分组成？其主要特点有哪些？
2. 简述单元板式无砟轨道的主要施工工艺流程。
3. 单元板式无砟轨道凸形挡台周围灌注填充树脂应如何进行？有哪些注意要点？
4. 简述Ⅱ型板式无砟轨道桥上设置“两布一膜”滑动层的作用。
5. 简述纵连板式无砟轨道施工工艺。
6. 简述纵连板式无砟轨道精调的方法。
7. 简述Ⅰ型双块式无砟轨道施工工艺流程与施工要点。
8. Ⅰ型双块式无砟轨道施工使用的工具轨应检查哪些项目？应如何检测？应满足哪些要求？

第七章　钢轨及钢轨接头施工

教学目标

1. 了解钢轨类型、作用与使用要求。
2. 掌握钢轨胶接绝缘接头施工。
3. 掌握钢轨焊接方法。
4. 会进行长钢轨铺设与锁定。

第一节　钢　　轨

一、钢轨的作用

钢轨是铁路轨道的主要组成部件。它的功用在于引导列车的车轮前进，承受车轮的巨大压力，并传递到轨枕上。钢轨必须为车轮提供连续、平顺和阻力最小的滚动表面。在电气化铁道或自动闭塞区段，钢轨还可兼做轨道电路之用。

二、钢轨的断面

钢轨断面形状为工字形，由轨头、轨腰、轨底三大部分组成。工字形断面，受力好、省材料，具有最佳抗弯性能，如图 7-1 所示。

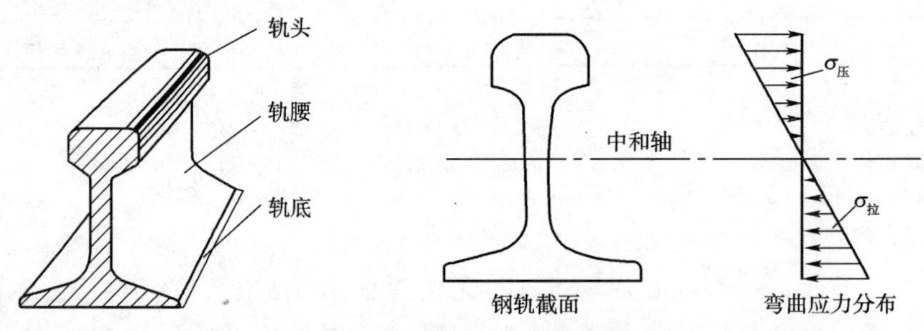

图 7-1　钢轨截面形式及受力示意图

三、钢轨类型

钢轨的类型，以每 1m 大致质量 kg 数表示。目前，我国铁路的钢轨类型主要有 75kg/m、60kg/m、50kg/m 及 43kg/m。

世界上最重型的钢轨已达到77.5kg/m,我国也在重载线路上逐步铺设75kg/m钢轨。

四、钢轨长度

世界各国的钢轨长度不同,我国一般为12.5m和25m两种,为适应客运专线建设的需要,开始生产100m的长定尺钢轨。

五、钢轨使用要求

1.一般使用要求

(1)较高的强度和耐磨性能,提高承载力和使用寿命。

(2)较高的抗疲劳强度,以防止轨头内侧剥离及可能由此引起的钢轨横向断裂,钢轨在长期列车周期性重复荷载下,应具有较高的疲劳强度和冲击韧性。

(3)较强的抗不均匀磨耗性和全长范围的硬度均匀性。

(4)较好的焊接性能。

(5)较好的道岔机械加工性能。

(6)化学成分便于进行热处理。

(7)严格的尺寸公差及较好的工作边平顺性,以减少轨道周期不平顺。

2.客运专线和高速铁路对钢轨的要求

(1)保证材质纯净,提高钢轨可靠性。

(2)保证轧制精度,提高钢轨质量。

六、钢轨外观质量要求

(1)轧制后的钢轨应尽量避免弯曲。钢轨均匀弯曲不得超过钢轨全长的0.5/1000。钢轨全长扭曲不得超过钢轨全长的1/10000。

(2)轨底中间较两边凸出不得超过0.5mm,钢轨两端在与夹板相接触处如有凸出部分应予以消除。

(3)钢轨表面不得有裂纹、折叠和横向划痕。

七、钢轨选择的主要规定

《铁路线路设计规范》(GB 50090—2006)对钢轨的选择作出了以下规定。

(1)正线上使用的钢轨应根据轨道类型表的规定选用。

(2)大于或等于60kg/m的钢轨宜采用全长淬火轨;铺设无缝线路的曲线地段宜采用全长淬火轨。

(3)长度大于或等于1000m的隧道内,应采用耐腐蚀钢轨或比隧道外重一级的钢轨。

(4)次重型及以上的轨道应采用25m的标准轨,中、轻型轨道宜采用25m标准长度的钢轨。

(5)钢轨接头应采用对接,曲线内股应使用厂制缩短轨调整接头位置。

(6)不同类型的钢轨应采用异型钢轨连接。

第二节　钢轨接头施工

钢轨接头是线路的薄弱环节之一，由于机车车辆的作用，使钢轨接头低塌，道床翻浆、钢轨产生鞍形磨耗和螺栓孔断裂、轨枕开裂等，因而需要投入大量维修工作，对于12.5m标准轨线路，几乎一半的工作在接头处，因此必须对接头予以充分的重视，选择合理的结构形式。

我国普通线路上普遍采用相对悬空式接头，即左右股钢轨轨缝相对接且悬于两轨枕之间。对接式可减少车轮对钢轨的冲击次数，使左右钢轨受力均匀，旅客舒适，也有利于机械化铺设轨枕，而悬空式接头结构简单，且受力条件较好，便于维修和养护。

钢轨接头按接头连接的用途及工作性能分，有普通接头和特种接头，特种接头又包括异型接头、导电接头、绝缘接头、伸缩接头、减振接头及焊接接头等。

钢轨接头种类虽然很多，但随着无缝线路的普及，焊接接头与胶接绝缘接头作为其最重要的两种接头形式在轨道结构中的重要地位是不可替代的。焊接接头是指用焊接方法把钢轨连成整体，有同类型钢轨的焊接接头，也有不同类型钢轨焊成的异型焊接接头。钢轨焊接施工将在本章第三节中具体介绍。

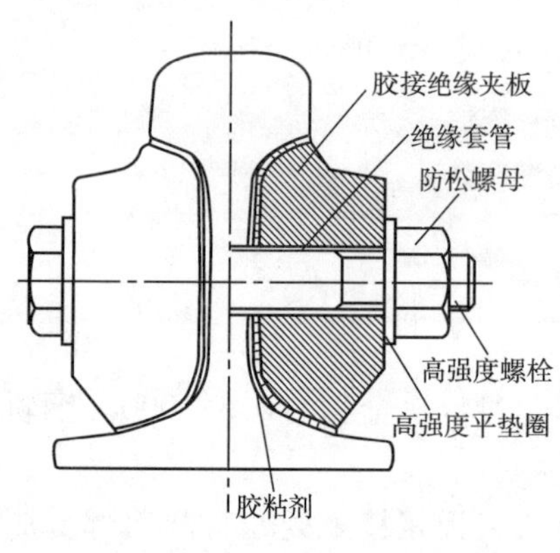

图7-2　胶接绝缘接头断面结构

胶接绝缘接头安装在无缝线路地段铁路信号机的闭塞分区分界点或区间内，它是将绝缘接头进行胶接，在满足轨道电路闭塞分区的分隔需要的同时，不允许轨端伸缩，可保证绝缘接头的平顺和整体性，减轻列车轮对钢轨接头的附加动力作用，同时延长绝缘接头使用寿命。胶接绝缘接头主要由绝缘夹板、轨端绝缘塞片、绝缘套管、高强螺栓（60kg/m钢轨用10.9级、M27螺栓；50kg/m钢轨用12.9级、M24螺栓）、10H级防松螺母及高强度平垫圈、胶粘剂等组成，如图7-2所示。胶接绝缘夹板为夹板和绝缘胶板经热压结合成一体。由于现场施工条件的限制，胶接绝缘接头安装时对天气、施工工具、施工工艺有较高要求。

一、施工技术要求

（1）绝缘接头与焊接接头距离不得小于20m。

（2）安装完成后接头轨端垂直错牙不应超过0.3mm，水平错牙不得超过0.3mm。

（3）为减小绝缘塞片与钢轨之间的缝隙，安装绝缘塞片时必须与拉伸器配合。

（4）安装前检查绝缘夹板电阻性，电阻大于10MΩ的方可使用。

（5）合成胶凝固后潮湿状态下钢轨间电阻应大于1000Ω。

二、施工程序与工艺流程

1. 工艺流程

现场进行胶接绝缘接头施工时，轨温不宜低于10℃，其施工基本工序为：钢轨准备→绝缘缝切割→轨端钻孔→打磨除锈→干燥处理→对轨→预安装→合成胶涂抹→安装→紧固→检查。

2. 各工序及注意事项

1）钢轨准备

胶接钢轨应采用同一根钢轨切割；胶接绝缘钢轨 1m 范围内，不得有硬弯；轨头和钢轨轨底的受力表面不得有伤损；对于再用钢轨需对其端部超声波检查，确保内部无裂纹。

2）绝缘缝切割

切割绝缘缝（图 7-3）时应尽量使用一张锯轨片，断面平直度要求在 0.5mm 范围内。轨底毛刺用角磨机打磨平顺，防止夹破塞片。

3）轨端钻夹板螺栓孔

使用 ϕ31mm 空心钻头对接头两侧钻孔。钻孔前须精确确定孔位，钻孔后用直尺测量孔距，不合格的应重钻。

4）打磨除锈

用直砂机、角磨机将绝缘缝两端钢轨轨腰、轨底角各打磨 60cm，要求打磨后钢轨具有金属光泽。打磨后必须用毛刷和棉纱将铁屑清理干净，以便上胶，如图 7-4 所示。钢轨端头应倒角 1mm × 45°。安装绝缘塞片时，塞片与钢轨顶面平齐。钢轨有油迹的用四氯化碳清洗。

图 7-3　钢轨绝缘缝切割

图 7-4　轨端打磨清理

5）干燥处理

如阴雨天钢轨表面潮湿须用汽油喷灯或丙烷气体喷枪烘烤钢轨和绝缘夹板，去除附着水分。雨天作业需准备遮雨棚。

6）对轨

用一米直尺检查平直度，用钢楔子调整钢轨。调直后平直度满足如下要求：轨顶 0 ~ 0.3mm，严禁低凹，侧面工作边 ±0.3mm。

7）预安装

预安装的主要作用是复查螺栓孔，确保绝缘接头安装和胶结成功；保证安装方向的正确性。对安装不成功的应重新钻孔。绝缘塞片厚6mm，对于大于或不足 6mm 的必须与拉伸器配合，保证轨缝能夹紧绝缘塞片。塞片应稍稍高出钢轨顶面。绝缘塞片与钢轨间不得有缝隙，否则会因雨水进入造成绝缘失效，如图 7-5、图 7-6 所示。上胶前用毛刷仔细清理绝缘塞片处铁屑、灰尘，防止短接。

8）合成胶涂抹

合成胶开盖搅拌时间应在绝缘夹板试安装成功后，作业时不能接触到水分，在强烈阳光下施工时,搅拌或涂抹和成胶需在阴凉处进行,合成胶搅拌后必须立即使用,且从调胶到完成抹胶应掌握在3min以内。作业时在调胶板上将A、B双组分胶调匀,达到颜色一致,即可在绝缘鱼尾板的干燥内表面上涂抹调好的合成胶,涂胶厚度应均匀一致。

图7-5 轨端钻孔、打磨、清理安装塞片后效果

图7-6 采用拉伸器进行塞片间隙调整

9)安装绝缘夹板

合上夹板时应检查绝缘胶套是否安装,有无掉落,然后用对位棒将带胶的夹板对准螺栓孔挑入轨腹;将螺栓交叉穿入螺栓孔,螺栓两端各套入一个平垫圈(严禁用锤打入螺栓),拧上螺母,用手快速带紧螺栓。

10)紧固螺栓

先用活口扳手或电动扳手按2—5—3—4—1—6顺序初次紧固直至接触到垫片,然后用扭力扳手由内向外按规定扭力矩逐个拧紧螺母,如图7-7所示。多余胶泥用抹布擦干净,绝缘塞片高出轨顶的,待胶泥干燥后用锉刀挫平。合成胶泥达到最终硬化之后,再按规定扭力矩从中间向两端复紧两遍,并做到扭矩一致,每条螺栓均匀受力。

图7-7 扭力扳手复拧螺栓

11)质量检查

胶接绝缘接头安装完成后用1m直尺和塞尺检查,接头应平顺无错牙,顶面和作用边矢度不超±0.3mm(250km/h地段不超过±0.2mm);用万用表测量钢轨与夹板间电阻值,电阻值应大于2kΩ(参考值);当合成胶完全固化后,在干燥状态下测量绝缘电阻值应大于10kΩ(参考值),潮湿状态下电阻值>1000Ω为合格;电阻值≤1000Ω视为绝缘不合格;电阻值≤20Ω视为绝缘失效。

第三节 钢轨的焊接与加工

一、钢轨焊接方法

1.钢轨闪光焊

闪光焊是我国钢轨焊接的发展方向,其具有焊接质量优良、力学性能接近钢轨母材、便于自动化控制等优点。

1)焊接工艺原理

闪光焊就是利用对焊机使两端钢筋接触,通过低电压的强电流产生的电阻热使金属达到熔化温度,产生强烈飞溅,形成闪光,迅速施加顶锻力形成完整焊缝的一种电阻焊工艺。闪光对焊操作简单、生产效率高,但焊接工艺参数复杂多变。主要工艺参数有:不同闪光阶段的焊接电压和焊接时间、不同闪光阶段的闪光速度、闪光流量、顶锻量、顶锻力、有电顶锻时间和无电顶锻时间、顶锻速度等。

2)存在问题

无缝线路中闪光焊缝数量最多,一般来讲,接触焊缝质量较稳定,出现的问题较少,但某些偶然因素也会引起焊接质量不良。闪光焊存在的主要问题包括以下几个方面。

(1)一些新焊机使用不正常,性能不够稳定,对部分新焊机的性能没有完全掌握,使得焊接质量不易控制;对旧焊机维修和配件更换不及时,使焊机不能正常工作,致使焊接接头综合性能下降,焊接质量不稳定;精磨机等焊接配套设备未能正常使用,使外观及质量达不到要求。

(2)在焊钳接触部位的底部出现电弧击伤现象,在电弧击伤处形成马氏体组织,从而形成裂纹,引起钢轨断裂。

(3)焊接参数选择不当,闪光过程不稳定、烧化不够、顶锻力不足、顶锻速度过低,导致焊接缺陷。

2. 钢轨气压焊接

1)焊接工艺原理

钢轨气压焊接工艺原理,是指通过气体火焰对钢轨两紧密贴合的清洁端面加热至塑性状态,金属原子具有了足够的“活化能”,能够穿过贴合面互相急剧扩散时。即对贴面加压顶锻,在高温高压的条件下施以足够的挤压力。使焊接表面之间的距离缩短到原子之间的相互作用半径,达到分子之间的金属键连接,完成重新再结晶。从而获得两钢轨牢固连接的焊接接头。

焊接过程一般分为氧气乙炔火焰预热、预顶施压、低压顶锻、高压顶锻、保压推凸等阶段。主要设备为压接机(包括推凸装置)、加热器、控制箱、水冷装置、高压电动泵站;辅助设备为直轨器、除瘤割炬、短磨机、顶磨机、氧气瓶、乙炔瓶及发电机组等。

2)存在问题

气压焊时对焊接接头端面的处理要求十分严格,焊接工艺受诸多人为因素影响,接头质量波动较大,不易控制。一般只作为闪光焊的补充,用于长轨在现场铺设时联合接头的焊接,或跨区间无缝线路的接头焊接。

移动式气压焊接缺陷包括以下部分。

(1)光斑。一般产生于轨头及轨底三角区,危害性很大。产生原因:焊前钢轨端面加工不良,加热过程中雨水或污物污染端面;焊接加热时间短,加热器状态不良。摆动频率及宽度不当,气体流量匹配不合适等,导致焊接热输入不足;顶锻过早或顶锻量过小等。

(2)过烧。一般产生于焊缝轨底角处。断口呈暗褐色,为松散的颗粒状组织。过烧组织极脆,无强度、塑性。产生原因:加热器火焰不均,加热火焰燃烧能量过大,使局部加热温度过高。操作人员技能欠佳也是其主要原因之一。

(3)下塌。产生原因:加热器安装不正,或摆动量过宽,或气体匹配不当,或火焰温度低以及加热时间过长等。

(4)凹陷。该缺陷多产生于轨底。产生原因:隧道内施工时因照明条件不良,推凸失败后用手工气割除瘤时,由于操作人员技能、环境条件困难而形成的人为气割损伤缺陷。

(5)外形偏差。轨头焊缝处表面高低差和左右错牙均超过标准。产生原因:对轨时工艺操作方法不当,钢轨顺直距离不够,方向偏差及垫轨不实;压接机油缸不同步、轨底紧固螺栓不平是其主要原因。

(6)裂纹。其常出现于轨底角部位。产生原因:轨端处理不当,对轨或焊接过程中端面受污染侵蚀而不能熔合;加热器轨底角处火孔不良,加热能量不足,致使轨底角局部未熔合。

3. 钢轨铝热焊

钢轨铝热焊一般用于钢轨的现场焊接,是道岔焊接、线路维修不可缺少的方法。

1)焊接工艺原理

钢轨铝热焊就是用铝和铁的氧化物进行氧化还原反应,从而将两根钢轨焊接起来的铸造工艺。

2)存在问题

铝热焊焊缝为铸态组织,其强度低,质量欠稳定,断头率高,综合性能较差。因此,铝热焊接头是无缝线路的薄弱环节,特别是如果焊接工艺选择不当产生焊接缺陷时,将更易出现焊接接头的早期伤损和折断。

铝热焊缺陷包括以下部分。

(1)焊接接头上拱,外观超标。其原因是对轨时预留上拱度过大,焊后不按时复位;接头两侧钢轨受力不对称。新旧轨差异亦会出现高低接头的现象。

(2)未焊透。钢轨预热温度低,或预热后温度降低过量,轨端处理不彻底,焊剂失效。

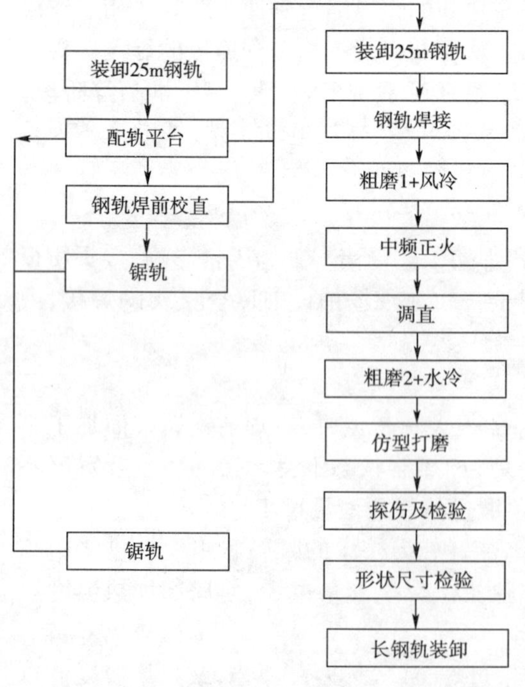

图 7-8　基地接触焊焊接工艺流程

(3)过烧。待焊钢轨预热温度不均匀,出现熔融现象。

(4)裂纹。在高温时,焊接接头受到了外力作用,拆除砂模打口柱以及推瘤时间过早,焊接接头降温速度过快引起裂纹。

(5)气孔夹杂物,砂模、坩埚受潮以及焊剂质量存在的问题,均会在焊接后产生气孔。

二、接触焊焊接钢轨(以上海地铁 11 号线为例)

1. 接触焊焊接工艺流程(图 7-8)

2. 钢轨卸车及堆放

进场钢轨采用两台 10t 移动龙门吊卸车。钢轨要排列整齐、稳固。多层堆码时,层间垫木必须平直,上下同位。同一层垫木的间距为 4.5 ~5m。不同钢种及轨型的钢轨分类堆放,禁止混放。

3. 钢轨进场检验

(1)对照《质保书》,检查进场钢轨的钢种、型号。

（2）检查钢轨外观有无硬弯、扭曲、裂纹、毛刺、折叠、重皮、夹渣、结疤、划痕、压痕、碰伤等缺陷。

（3）对钢轨批次、炉号、长度做好记录；钢轨型式尺寸检验项目、要求和方法见表7-1，缺陷超标钢轨严禁使用。

钢轨型式尺寸检验项目、要求和方法　　表7-1

项　目	偏差（mm）	检查工具和方法
钢轨高度	±0.6	专用样板检查、游标卡尺测量尺寸
轨头宽度	±0.5	专用样板检查、游标卡尺测量尺寸
轨头顶部断面	±0.6	专用样板检查测量是否合格
轨腰厚度	±1.0	专用样板检查、游标卡尺测量尺寸
轨底宽度	±1.0	专用样板检查、游标卡尺测量尺寸
距轨底边缘20cm处轨底厚度	±0.5	专用样板检查是否合格
轨底边缘厚度	+0.75，-0.5	专用样板检查是否合格
轨底凹陷	≤0.3	直角尺、塞尺检查是否合格
端面垂直度（垂直、水平方向）	≤0.6	直角尺、塞尺检查是否合格
端面不对称	±1.2	专用样板极限检查是否合格并分等级
长度	±6	钢卷尺实测

注：①垂直方向（V）平直度测量位置在轨头踏面中心；水平方向（H）平直度测量位置在轨头侧面圆弧以下5～10mm处。

②轨身为除去轨端0～1.5m的其他部分。

③当钢轨正立和倒立在检测台上时，钢轨端部的上翘不应超过5mm。

④当钢轨轨头向上立在检测台上能看见明显的扭曲时，用塞尺测量钢轨端部轨底和检测台面的间隙，当间隙超过2.5mm时钢轨报废。

⑤钢轨端部和距之1m的横断面之间的相对扭曲不超过0.45mm。以轨端断面为测量基准，用特制量规（长1m）对轨底表面两点（分别距轨底边缘10mm处）进行测量。

4．配轨

（1）根据无缝线路设计图纸，编制配轨表。

（2）按配轨表的顺序和要求，丈量每根钢轨长度，依次配轨，并在自动流水作业线上按顺序焊接钢轨。配轨时，用于正线钢轨的最小长度不得短于9m，特殊地段不小于6m，两根短轨不得焊接在一起。

（3）选配轨前对钢轨的端部尺寸进行测量。以1.5m钢直尺检查钢轨端部平直度，游标卡尺检测钢轨断面尺寸，目视检查钢轨全长表面质量，做好焊接顺序编号。被焊两根钢轨轨头宽度、轨底宽度、钢轨高度、钢轨不对称性的尺寸偏差不得大于0.3mm。对于轨端1.5m范围内平直度超标的钢轨，用焊前矫直机矫正至合格，不合格钢轨单独存放并做好标识。钢轨平直度、扭曲检验项目和要求需符合表7-2规定，并按要求进行检测。

钢轨平直度、扭曲检验项目和要求 表 7-2

部 位	项 目	允许偏差
距轨端 0~1.5m 部位	垂直方向(V)(向上) 垂直方向(V)(向下)	≤0.5mm/1.5m ≤0.2mm/1.5m
	水平方向(H)	≤0.7mm/1.5m
距轨端 1~2.5m 部位	垂直方向(V)	≤0.4mm/1.5m
	水平方向(H)	≤0.6mm/1.5m
轨身	垂直方向(V)	≤0.4mm/3m,≤0.3mm/1m
	水平方向(H)	≤0.6mm/1.5m

5. 钢轨校直

(1)校直是用 1.5m 钢直尺检测钢轨的平直度和扭曲,用液压调直机对超出规定公差范围的钢轨予以适当的调直。

(2)距轨端 0.5m 范围内无法调直的死弯、翘头和扭曲超限的钢轨、需要用锯轨机锯掉。

6. 钢轨除锈

采用手提砂轮机清除钢轨表面锈斑、脏物以及其他有害物质,保证焊机的电极与钢轨有良好的导电性能。

(1)钢轨的焊接质量与端面的除锈刷磨加工质量有重要的关系,必须十分严格地对钢轨电极面、端面进行除锈处理。处理好的钢轨除锈面应显出金属光泽,在距端面 400mm 以内的钢轨应无锈垢。母材打磨深度不超过 0.2mm。焊前轨面除锈时,打磨光泽应达到母材的 90% 以上。

(2)除锈结束,用除锈质量专用检验表测量,并且及时、准确、真实填写除锈记录。除锈刷磨面待焊时间超过 24h 以上,必须重新处理。

7. 钢轨焊接

钢轨在基地焊接采用 K922 型触焊车进行焊接,经对中、调尖峰、闪光、顶锻、推凸工序将短轨焊接成 150m 的长钢轨。

(1)焊接前要确认前一班的焊接记录,并确认供电、液压、控制、冷却等系统正常。

(2)焊机的各项参数一经选定,不得随意改动。确认待焊钢轨除锈处理符合工艺要求,焊接参数与所焊轨种一致。

(3)焊机主机、附属设备及控制、记录系统必须完好,各工艺参数应按标准工艺调整定位,并使作业保持稳定正常。

(4)选定焊轨基准面,进轨、夹持、对齐、确认、焊接。对中后,工作边错位偏差≯0.1mm,非工作边错位偏差≯0.6mm。

(5)当轨端加热到塑性状态后,焊机能自动夹紧钢轨,轨端顶压,使轨端焊成整体。

(6)钢轨焊接后,由于焊接时的顶压,使焊接轨端处凸处,利用推瘤刀将焊瘤推掉。

(7)为保证钢轨与钳口接触良好,每焊接一个焊头对钳口清理一次,每焊接五个焊头用高压风对钳口清理一次。

(8)焊后不得有夹渣、电击伤、推亏母材等缺陷。

(9)对焊后情况进行确认,并及时、准确、真实填写焊接记录。

8. 粗磨1+风冷

粗打磨是对焊接接头范围内轨底角上表面、轨底面、轨顶面及内侧工作面的焊瘤打磨到规定程度。

(1)焊后打磨质量好坏是影响焊接接头几何形状质量的关键工序。打磨前先要对接头进行检查。

(2)粗打磨时,应将轨顶面和两侧面及颚部、轨底角上表面及轨底面的残留焊接瘤凸及全部毛边除尽,保持轨顶面弧部形状,但不能打亏母材。

(3)人工打磨过程中,砂轮不得冲击钢轨,不得在钢轨上跳动,打磨力量不宜过大。打磨面应平整、光洁,不得有凹坑;打磨钢材表面不得有发黑、发蓝现象。

(4)将钢轨轨底角上表面及轨底面的全部焊瘤及毛边除尽,轨底的不平度达到≤1mm/m。焊接接头的轨腰及其上、下圆角、轨头的非工作边等部位的不平度≤1mm/m,使轨顶面及工作边打磨余量≤0.8mm/m。

(5)打磨应纵向打磨,不得横向打磨。

用4台SF4-4型号的轴流通风机对焊头进行吹风冷却,使钢轨焊头温度冷却至200℃以下。

9. 中频正火

正火是细化焊缝结晶颗粒,以提高其延伸率和冲击韧性。正火后立即进行强制风冷以提高焊缝的硬度。当焊头温度降到500℃以下后,利用正火机把焊头重新加热到860℃(轨底角)~920℃(轨头)。所选择最佳正火温度是以焊接接头为对象,通过实验确定的,焊接接头表面正火加热温度检查,采用测温仪自动测量,并且焊接接头的正火都应逐个做好记录,以备考查。

10. 钢轨四向调直

用四向调直机对焊接接头进行焊后冷凋直。

(1)校直前按操作规程对设备进行检查确认。钢轨焊接后必须经过四向调直机调直处理,先垂直方向校直,后水平方向校直。在成品焊缝两侧各500mm范围内校直,使焊接接头的平直度达到轨顶面和工作面≤0.3mm/m。四向调直机的测量系统可以记录储存测量数据,应妥善保管,不得随意删除。

(2)焊后调直人员,应在每班工作前对液压四向调直机做运行状态检查,做好接班记录。如发现异常,应立即通知工班长及领工员进行维修检查。

(3)焊后调直人员应根据规定,对焊接接头焊后的错位及推凸后的残留量进行检查。发现有超出工艺要求范围的焊接接头,立即与焊机操作人员联系,及时调整。若发生连续超限情况,应立即报告质量检验人员,进行质量控制处理。

11. 粗磨2+水冷

再次对焊好的钢轨进行粗打磨。打磨方法如粗磨1。用水泵抽水循环喷淋焊缝区300mm范围,使焊缝快速冷却,确保调直工位前焊头温度降至50℃以下。

12. 仿型打磨

(1)用 FMG-22/2 型电动手推摆式钢轨仿形打磨机对焊接接头左右 500mm 范围内的轨顶面和工作面作进一步打磨,使得钢轨工作面的不平度≤0.3mm/m。

(2)打磨过程中辊轮和导向法兰应紧贴钢轨两侧,确保仿形精确。打磨钢轨时,只能往复运动打磨,不得静止打磨,亦不得一面纵向往复打磨,一面又摆动打磨机,造成斜向打磨痕迹。摆动只能在往复运动到头后,再摆动一个适当的角度。

(3)打磨钢轨必须注意磨削量的调整,磨削量不得过大,严禁打亏,打磨表面严禁发黑、发蓝。

13. 探伤及检验工位

探伤采用 CTS-23 型探伤仪进行探伤。探伤是为了判定焊缝各部位是否存在伤损缺陷以检验焊接质量。对焊缝逐个探伤,探伤人员必须持有二级以上无损检测资格证书。

(1)按照规定要求,每一个焊接接头均应进行超声波探伤。

(2)探伤仪使用前,先用对比试块校准,再进行基线校准和灵敏度测试,确认性能良好。

(3)清理焊缝两侧各 40cm 范围内的锈斑、焊渣、水渍,确保探头和钢轨耦合良好并减少探头磨损。

(4)探伤范围:轨头、轨腰、轨底角、轨底三角区。

(5)锁上输送线、探伤。探伤时要一看波形显示,二量水平距离,三作波形分析,四定缺陷性质,以便采取措施。

(6)探伤记录必须完整、及时、准确。发现缺陷,应将情况附图说明,并填写处理意见。

14. 钢轨焊缝外观检验

(1)长钢轨进入存放区存放前,还要对钢轨焊缝进行外观质量检验。用 1m 直靠尺和塞尺测量,记录焊接接头平直度。

(2)钢轨焊缝要纵向打磨平顺,不得有低接头。用 1m 直靠尺测量,焊缝不平度允许偏差见表 7-3。

焊缝不平度允许偏差表 表 7-3

部位	轨顶面	轨头内侧工作面	轨底
平直度	0 ~ +0.3mm	±0.3mm	0 ~ +0.5mm

(3)轨头及轨底上圆角在 1m 范围内圆顺。不允许横向打磨,母材打磨深度不超过 0.5mm。

(4)轨底上表面焊缝两侧各 150mm 范围内及两侧轨底角边缘各 35mm 的范围内,要打磨平整。

(5)焊缝两侧各 100mm 范围内不得有明显压痕、碰痕、划伤缺陷。焊头不得有电击伤。

15. 长钢轨存放

(1)150m 长钢轨的存放采用 8 台 2T 固定龙门吊,同步集中控制吊送作业。

(2)固定龙门吊在起吊、横移、落钩时同步进行。

(3)长钢轨在存放台上存放时,整齐摆放,存放台在同一水平面上。多层堆码时,层间设轻型旧钢轨或方木支垫，支垫上下同位，间距5～5.7m。

第四节　长钢轨铺设与锁定(以京沪高铁某段为例)

一、施工准备

500m长钢轨铺设前需做好充分准备，主要包括调度集中运输指挥系统建立、机车乘务和列检组织、长轨运输通道、长轨和扣配件集中存储、线路道床检查。为保证长轨工程列车正点运行，铺轨前必需建立高度集中指挥的行车调度所，沿线车站按临时开站管理。设置铺轨基地预先存储长钢轨和扣配件是确保WZ500-TY型铺轨机不间断连续作业的基本条件。机车乘务换班和列检作业则需根据施工进度和每日工程列车发车要求，提前规划。线路道床检查是在铺设长轨前，首先评定无砟整体道床是否具备铺轨条件、勘查现场是否存在铺轨障碍。

二、螺栓孔注油和散铺扣配件

1. 螺栓孔注油

在拧套螺纹道钉前，逐一揭开螺栓孔保护帽，检查螺栓孔，清理杂物。采用BADGER型防锈脂加注机配合人工，按福斯罗扣件在螺栓孔中添注10～15g润滑剂，对套管和螺纹道钉进行润滑防护。

2. 散铺扣配件

京沪高铁预制CRTSⅡ型板式(博格板式)无砟轨道，需待整体道床形成后，扣配件再组织运输到现场临近堆料点，采用垂直运输机械和物料运输车转运至道床上人力散铺安装，并按隔一紧六，拧紧预上的扣配件。

三、编制配轨计划

根据单元轨节设计和铺轨前方桥梁、隧道、道岔设置情况，编制配轨计划。按配轨计划组织长钢轨运输车在存轨场装车线吊装长钢轨，拼装式长轨运输车按两层6km每车，每层12根长钢轨装车。装车时，选择轨端高低公差相近的长钢轨配对为前后两对长轨。装车完毕，逐根逐层检查长钢轨锁定状态，确保锁固。

四、长钢轨运输

长钢轨装车和锁固完毕，经列检作业，以东风4型机车为牵引动力，从存轨场经由接轨站、长钢轨运输临时通道按超长货物运输组织方案组织运输至铺轨现场。途中，列车尾部、锁定装置旁派遣随车人员，进行引道和监控长轨运行中的稳定状态，随时与机车上乘务长保持联系，确保运行安全。

五、长钢轨推送喂轨

当运输列车停好就位后，由引道员准确安放铁鞋。松开要拖拉钢轨的锁定装置，将分轨导框调到与拖拉钢轨位置相应的宽度，用 WZ500-TY 型长轨推送器上的卷扬机钢丝绳（带夹轨器）牵拉长钢轨至推送器钢轨夹钳处，锁定钢轨夹钳并关闭卷扬机，启动 WZ500-TY 型长轨推送器推送长轨至 WZ500 型铺轨牵引车钢轨夹钳处，将钢轨头与牵引车钢轨夹钳锁固好。

六、牵引机牵引拖拉长钢轨

长钢轨轨头与 WZ500 型牵引车钢轨夹钳锁固就绪后，启动拖拉钢轨前行，在无砟轨道轨枕边缘（靠近前进方向），每隔 12m 左右随着运行依次放置一对滚轮。运行中每间隔 50m 左右各设防护员监护长轨运行，确保不刮碰螺杆扣件及滚轮正位滑移。在长大上坡或曲线地段，摩擦阻力增大运行困难时，开启推轨器加力推送，提高铺轨效率。牵引运行限速 5km/h，离末端还有 10m 时，降速至 0.5km/h，开启过渡桥吊缓慢引导钢轨下滑，钢轨末端下滑至前分轨小车滑槽时停车，前拉或后退微调，把钢轨后端平稳移拉到与已铺好的钢轨连接，后端安装钢轨接头应急保护夹轨器，前端将铺轨牵引车钢轨夹钳处松开，推出轨头。

七、收取滚轮和整理紧固扣件

依次取出滚轮，采用 ROBEL 型内燃液压紧固机按直线地段隔 7 紧 1、曲线及大坡度地段隔 5 紧 1 拧紧一组扣件，接头前后各 5 根轨枕扣件应安装齐全拧紧。用运输小平车收取滚轮，在牵引车尾部平台码放好。铺轨列车以不大于 5km/h 的速度推进，循环进行下一对长钢轨的铺设。

八、500m 长钢轨工地焊接

长钢轨铺设进度超过 1 个区间后，按邻线行车，采用 K922 型移动闪光焊轨机组织本线将相邻 500m 长钢轨工地焊接成 1500～2000m 的单元轨节，顺铺轨方向依次进行，焊轨时需要在线路两端设置防护，以保证施工设备及人员安全。

1. 拆除扣件和支垫滚轮

拆除待焊钢轨所有扣件以及待焊轨相邻后端钢轨约 10m 范围的扣件，在待焊钢轨下每隔 12.5m 支垫滚轮，使待焊钢轨处于自由状态，满足焊接过程拉轨的需要。

2. 钢轨除锈

采用手提砂轮打磨机打磨轨缝两侧的轨腰及轨端面，对焊轨接头处除锈。要求表面光洁，不得有锈斑，打磨量 1 次不超过 0.2mm，接头前后各打磨 700mm。

3. 焊机就位和钢轨对位

当载有移动焊机的平板车第一个轮对距焊接位置 2.4m 左右，焊机对位完成，迅速安放铁鞋；利用液压支腿顶升平板车，使其前轮离开轨顶面 6～8cm。利用手摇式起道机将钢轨顶起，在距待焊端面 1m 左右钢轨轨底敲入斜铁，夹紧两待焊钢轨进行对位，满足预拱度为 1.7～2mm，轨头水平和垂直方向错边不得超过 0.5mm，轨底边缘错边不得大于 1mm。

4. 钢轨焊接

使用 K922 型移动闪光焊机对钢轨进行焊接。焊机夹紧钢轨后自动焊接钢轨并推除焊瘤。焊机操作人员应认真观察焊接过程并填写焊接记录。焊接结束后立即检查焊机钳口部位及钢轨与钳口接触处，如果焊头存在被钳口烧伤、严重错位、推瘤推亏、裂纹等缺陷都应判为不合格。每焊完一个焊头应对钳口进行清理，保证钳口表面光洁、平整。

5. 焊后正火

正火使用火焰加热器对接头进行加热。正火过程中应控制好氧气、乙炔流量及摇火摆动频率。加热起始阶段轨头表面中心线温度应在400℃以下，加热终了轨底表面中心线温度应为850℃左右。正火结束后用光电测温仪测量并记录温度，用波磨尺测量轨顶面和内侧工作面的平直度是否满足规范要求。

6. 粗磨及精磨

利用钢轨角磨机对焊接接头的轨顶面、侧面、轨底角表面进行粗打磨，打磨时不宜横向打磨焊缝。接头降温至50℃以下后，采用仿形打磨机对焊缝两侧各450mm范围内的轨顶面、轨头内侧工作边进行精打磨。精磨后接头表面的不平度应满足焊缝中心线两侧各100mm范围内不大于0.2mm。轨顶面及轨头内侧工作边母材打磨深度不应超过0.5mm。

7. 钢轨焊接接头探伤检查

每个钢轨焊接接头均应进行超声波探伤检查，探伤时接头的温度不应高于40℃。焊接接头中发现缺陷当量大于探伤灵敏度规定值时，应判定为不合格，经外观和探伤检查不合格者均必须锯切重焊。

九、应力放散及锁定

应力放散是拆除单元轨节的扣件，解除约束，抬上滚筒，通过滚筒、拉轨器、撞轨器、小锤等工具，使积累在单元轨节内的温度力得到释放，然后落槽，上好扣件锁定，保证钢轨在锁定轨温下达到零应力状态。

应力放散有滚筒放散法与综合放散法两种。

1. 当轨温在设计锁定轨温范围内时采用“滚筒放散法”

滚筒放散法是用撞轨器和小锤敲击单元轨节放散应力。作业时，施工人员用撞轨器沿放散方向撞击钢轨，用小锤敲击轨腰，待轨端位移出现反弹且零点归零时落槽，锁定单元轨节。

2. 当轨温在锁定轨温范围以下时采用“综合放散法”

综合放散法亦须先将单元长轨条放散至呈零应力状态，再根据基本公式 $\Delta L=\alpha L\Delta t$ 计算出钢轨拉伸量，将钢轨均匀拉伸至设计锁定轨温所对应的长度，并注意零点归零及临时位移观测点的位移量成线性比例。当与理论计算值相差不大于3mm时，钢轨落槽，即刻锁定线路。

3. 滚筒放散法施工工艺流程及技术要求

确定待放散线路钢轨的长度，并每隔100m左右设1处临时位移观测点。解除本次待放散线路及上次已放散线路末端75m左右线路上的扣件。抬起钢轨，每隔10m左右在轨底放置滚筒。

每隔500m左右设一处撞轨点，用撞轨器撞击钢轨，同时观测各点的位移量变化情况。当钢轨位移发生反弹且各点位移变化均匀时，则视为钢轨达到自由伸缩状态，此时停止撞轨；否则，应检查滚筒有无倾斜、脱落，钢轨有无落槽及撞击力不够等现象。撤掉滚筒，使长轨平稳地落入承轨槽内,同时检查橡胶垫,有错位者纠正。

将作业人员均匀分布待应力放散长轨范围内,测量并记录开始紧扣件时的轨温,同时进行紧扣件作业,每隔两根紧一根,无缝线路尾端25~75m范围内的扣件全部紧完,并上紧无孔钢轨接头,此时视为长轨已锁定。记录此时轨温为结束时轨温,同时继续紧完其余全部扣件。

做好位移观测标记,读取并记录初始读数。

无缝线路锁定时,实际锁定轨温应在设计锁定轨温范围内,相邻单元轨节间的锁定轨温差不应大于5℃,同一单元轨节左右股钢轨的锁定轨温差不应大于3℃,同一区间内单元轨节的最高与最低锁定轨温差不应大于10℃。无缝线路应力放散应做到均匀、准确、彻底。

无缝线路锁定后,应立即在钢轨上标记位移观测"零点"位置,应力放散后连续5d进行观测钢轨位移情况并做好记录。

4. 综合放散法施工工艺流程及技术要求

当施工时钢轨的温度低于设计锁定轨温范围时,采用综合放散法进行施工。

长轨拉伸量按以下公式计算:

$$\Delta L = \alpha \times L \times (T_{SJ} - T_{d}) \tag{7-1}$$

式中:ΔL——拉伸量(mm);

α——钢轨的线膨胀系数,$\alpha = 1.18 \times 10^{-5}$/℃;

L——单元轨节长度(mm);

T_{SJ}——设计锁定轨温(℃);

T_{d}——锁定作业当时实际轨温(℃)。

使钢轨达到自由伸缩状态,施工方法与滚筒放散法相同。在各观测点上做出拉伸位移的零点标记。

十、轨道精调与钢轨预打磨

1. 轨道精调

无缝线路形成之后,在联调联试前,采用轨道检测小车配合人工进行整理作业,使得线路的平顺性满足要求。

2. 钢轨预打磨

在线路验收前,采用PGM—48型钢轨打磨列车对全线钢轨进行全长预打磨作业,使钢轨表面光滑、平顺、无斑点,以进一步提高轨道平顺性。

复习思考题

1. 简述钢轨的作用及组成。
2. 简述钢轨的接头类型。
3. 对比分析钢轨常用焊接方法的优缺点。
4. 简述接触焊钢轨的施工工序。
5. 简述长钢轨铺设与锁定方法。

第八章　扣件施工

教学目标

1. 了解扣件的类型及技术特点。
2. 熟悉弹条型扣件、WJ 系列等主流扣件的安装步骤及技术要求。
3. 能够根据具体情况选择适当的扣件类型。
4. 能够进行钢轨扣件的安装与更换。

第一节　扣件类型与技术特点

一、扣件的功能与分类

扣件是轨道的中间联结零件,钢轨与轨枕通过扣件联结在一起。扣件的作用是固定钢轨的正确位置,阻止钢轨和轨枕间的纵向和横向位移,防止钢轨倾翻,同时还能提供必要的弹性、绝缘性能,便于调整轨距、水平,并且构造简单,便于安装及拆卸。

根据铺设轨枕的不同,扣件分为木枕扣件和混凝土轨枕扣件两种类型。

根据扣件的弹性不同,可分为刚性和弹性扣件。

根据轨枕结构不同,扣件分为有挡肩和无挡肩扣件。

根据扣件与钢轨、轨枕联结的形式不同,分为不分开式和分开式扣件。

根据道床的类型,扣件分为有砟轨道和无砟轨道扣件。

以上各类型扣件在我国铁路和城市轨道交通中都有广泛使用。

二、有砟轨道扣件

(一)木枕扣件

新中国成立初期我国铁路基本上铺设木枕。木枕不分开式扣件就是直接用钩头道钉将钢轨和木枕连接起来,后来在钢轨下增设了铁垫板,用勾头道钉将钢轨和铁垫板同时连接于木枕上。该扣件结构简单,但木枕上的道钉孔易磨损,钢轨受荷载后挠曲,易将道钉拔起,线路稳定性差,需辅设防爬设备、轨距杆等加强,该扣件至今在部分线路仍然使用,是我国传统型式扣件。

20 世纪 60 年代,铁路科技人员研制了木枕分开式 K 形扣件,该扣件是钢轨与铁垫板用轨卡及 T 形螺栓连接,铁垫板与木枕用螺旋道钉连接,其优点是轨卡的扣压力可调整,螺旋道钉消除了道钉浮起的病害。该扣件适用于有砟桥和钢梁明桥面木枕轨道,防止了钢轨爬行并减少了梁、轨之间的相互作用力，大大提高了轨道稳定性。

随着生产力的发展、铁路运量及速度的提高，木枕分开式弹性扣件问世，该扣件结构基本上移植混凝土枕弹性扣件主要部件，钢轨与铁垫板用ω形弹条及T形螺栓连接，铁垫板与木枕用螺旋道钉连接，该扣件结构合理，有适量的弹性，并且具有一定的调整轨距、水平的能力，加大了起拨道周期，减少了对碎石道床的扰动，线路稳定，节省维修工作量。

（二）混凝土枕扣件

1. 我国混凝土枕扣件的发展

20世纪50年代末至60年代初我国开始研制铺设混凝土枕，混凝土枕逐渐取代木枕，混凝土枕扣件应运而生。目前，混凝土枕定型产品有Ⅰ型、Ⅱ型、Ⅲ型三大类，另外还有混凝土宽枕。Ⅰ型和Ⅱ型及宽枕为有挡肩混凝土枕，Ⅲ型混凝土枕为有挡肩和无挡肩两种形式。

有挡肩扣件用于有挡肩混凝土枕，扣件中的螺旋道钉不承受横向水平力，由轨枕承轨槽的混凝土挡肩承受钢轨传递于扣件的水平力。无挡肩扣件用于无挡肩混凝土枕，扣件依靠螺旋道钉承受钢轨传递于扣件的水平力。

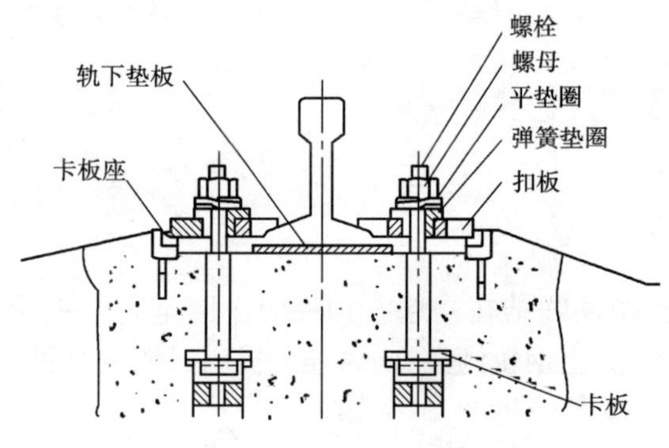

图8-1 螺栓扣板式扣件

1）刚型扣件——扣板式扣件

目前我国混凝土枕使用的扣件均为不分开式，除早期研制的螺栓扣板式（图8-1）、63型（图8-2）及70型（图8-3）扣板式扣件为刚性扣件外，其他均为弹性扣件。63型扣板式扣件由于当时生产水平所限，尚无硫磺锚固技术，只能在混凝土枕中预埋木栓，拧入螺栓道钉，供扣件与轨枕的连接，此形式已成历史，现在已很难见到。70型扣板式扣件为有挡肩型，适用于50、43kg/m钢轨，用扣板扣压钢轨、更换不同号码的扣板可调整轨距，螺旋道钉与轨枕的连接采用硫磺锚固形式，取消了木栓。目前，新建铁路已很少铺设，仅在既有线维修时用。

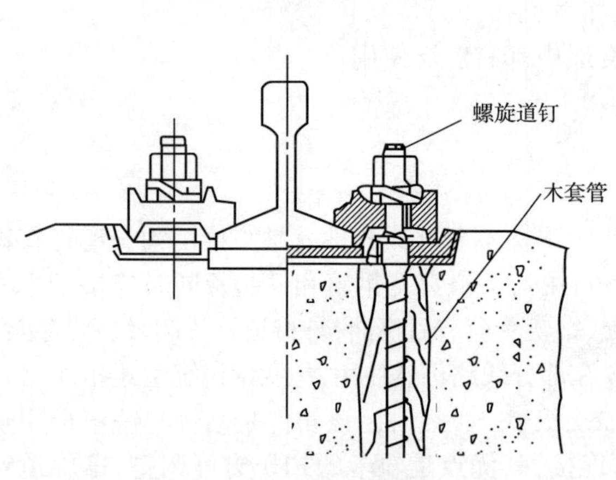

图8-2 63型扣板式扣件

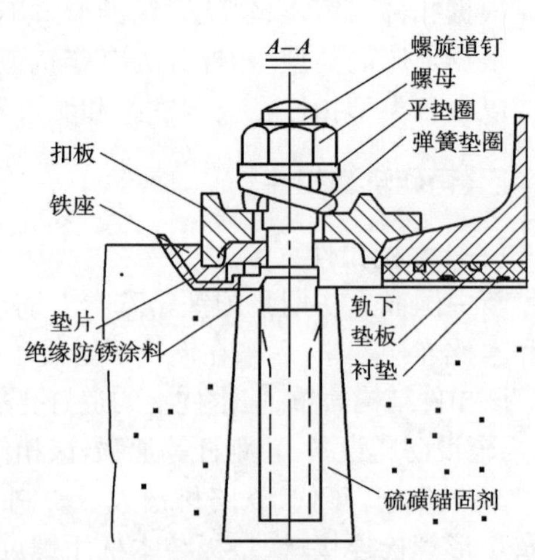

图8-3 70型扣板式扣件

2）弹性扣件

弹性扣件具有扣压力大、连接牢固、良好的弹性，能保持钢轨处于正确位置和稳定状态，延长轨道各部件使用寿命，减少线路的养护维修工作量等优点。混凝土枕弹性扣件由螺旋道钉、螺母、平垫圈、弹性扣压件、轨距挡板、绝缘缓冲垫片、绝缘缓冲垫板和衬垫等组成。螺旋道钉与混凝土枕采用硫磺水泥砂浆锚固并涂刷绝缘防锈涂料，或在混凝土枕中预埋尼龙套管等方式连接。

目前常用的弹性扣件有以下几种产品。

（1）弹条Ⅰ型扣件为有挡肩型，适用于50、60kg/m钢轨，扣压件为ω形弹条，利用轨距挡板调整轨距，并有一定的调高能力。图8-4中弹条用于弹性扣压钢轨，要求保持一定的扣压力及足够的强度。弹条由直径为13mm的$60Si_2Mn$或$55Si_2Mn$热轧弹簧圆钢制成。弹条有A、B两种型号，其中A型弹条较长。对于50kg/m钢轨除14号接头轨距挡板安装B型弹条外，其余均安装A型弹条。60kg/m钢轨则一律安装B型弹条。由于扣压力大，使用弹条Ⅰ型扣件，可不安装钢轨防爬设备，线路稳定，目前铁路仍广泛使用。

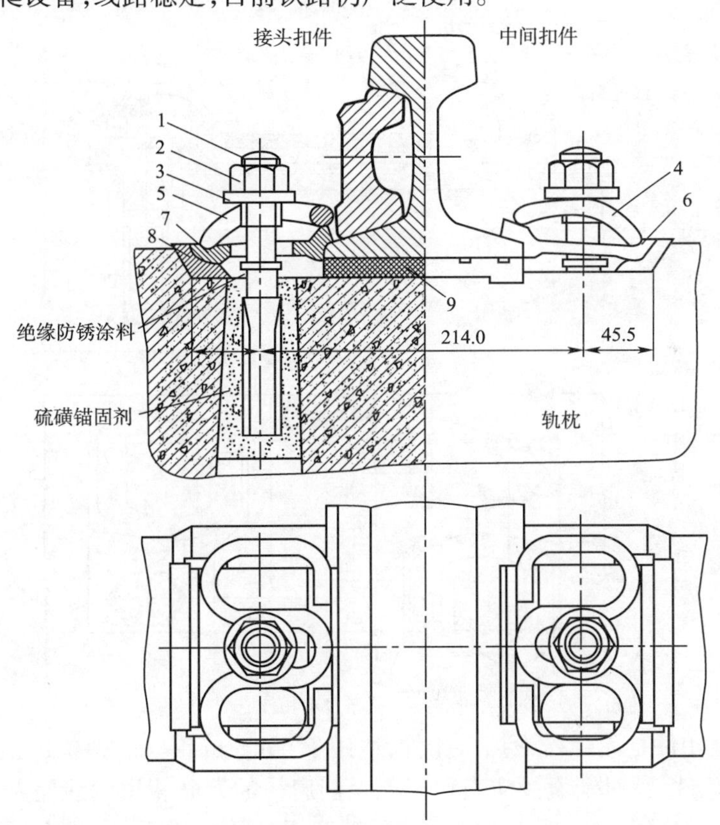

图8-4　60kg/m钢轨弹条Ⅰ型扣件(尺寸单位：mm)

1-螺旋道钉；2-螺母；3-平垫圈；4、5-弹条；6、7-轨距挡板；8-挡板座；9-橡胶垫板

（2）弹条Ⅱ型扣件为有挡肩型，适用于60、50kg/m钢轨，除弹条采用新材料设计以外，其余部件与弹条Ⅰ型扣件通用，其弹程由8mm增加到10mm，初始扣压力由8.2kN增加为10kN。在保证轨距、防止钢轨爬行等方面均体现出极大的优越性，可铺设在重载、提速线路上。

（3）弹条Ⅰ型调高扣件为有挡肩型，适用于60kg/m钢轨，在弹条Ⅰ型扣件基础上改进，将轨距挡板加高，增设调高垫板，调高量由弹条Ⅰ型扣件的10mm增加到20mm，在混凝土桥枕或整体道床地段，可用轨下调高垫板对轨顶高程进行调整，如图8-5所示。

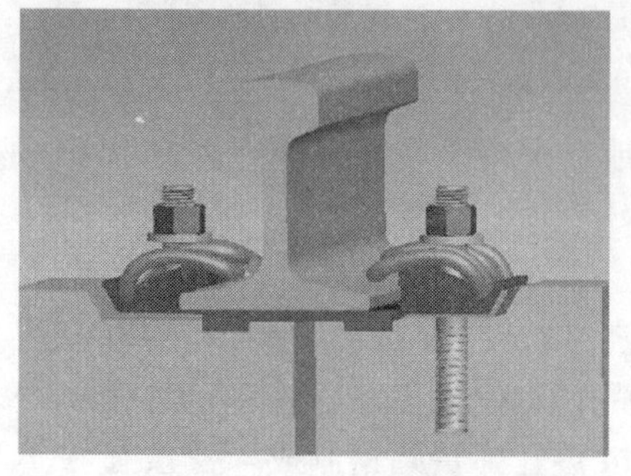

图8-5 弹条Ⅰ型调高扣件

(4)弹条Ⅲ型扣件是无螺栓无挡肩扣件。无螺栓无挡肩扣件是世界各国轨枕扣件发展的趋势，特别适用于重载大运量、高密度的运输条件。图8-6为弹条Ⅲ型扣件，采用e形弹条，直径<20mm，弹程13mm，初始扣压力11kN。轨枕预埋铁座、弹条安装在铁座上，不需用螺栓连接，可使用轨距垫调整轨距。弹条Ⅲ型扣件适用于标准轨距铁路直线或半径$R>350$m的曲线上，铺设60kg/m钢轨和Ⅲ型无挡肩混凝土枕的无缝线路轨道，该扣件已大量铺设在我国重载、提速线路上。

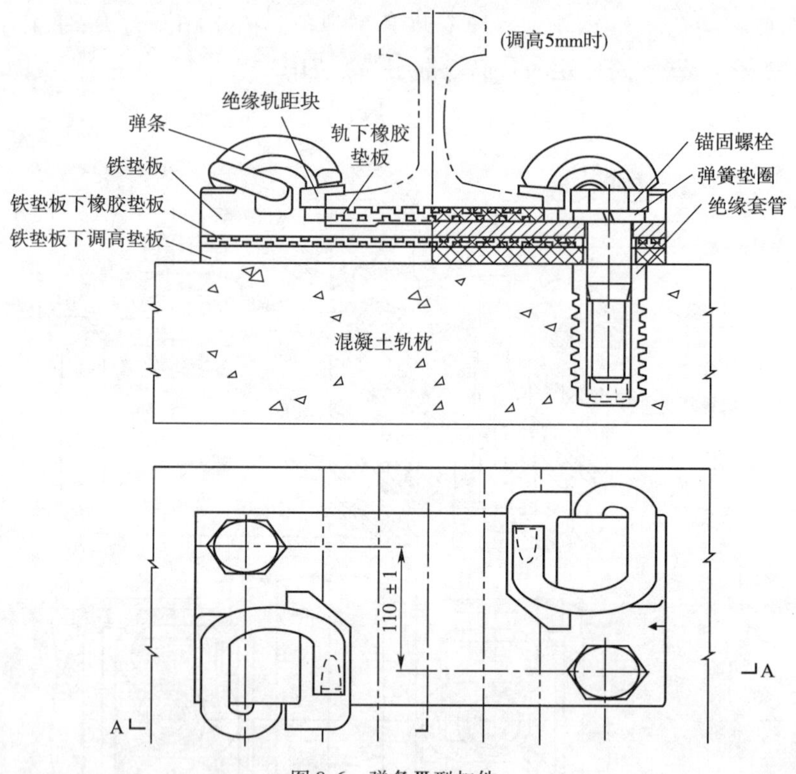

图8-6 弹条Ⅲ型扣件

(5)弹条Ⅳ型扣件是无螺栓无挡肩扣件，适用于60kg/m钢轨。弹条Ⅳ型扣件系统是为满足客运专线运营条件，针对铺设预应力混凝土无挡肩枕的有砟轨道的线路条件，并依据《客运专线扣件系统暂行技术条件》而设计的一种无挡肩无螺栓扣件系统，是在原弹条Ⅲ型扣件系统的基础上经多年深入研究和大量试验优化改进而成的。弹条Ⅳ型扣件系统重点在四个方面进行了优化完善：

①对弹条的结构进一步优化，降低其工作应力，减小残余变形；

②橡胶垫板物理性能采用UIC标准与国际接轨；

③为实现轨距的精确调整，绝缘轨距块号码按1mm一级配置；

④对零部件的制造验收提出更高要求。

2. 我国混凝土枕扣件的主要技术性能

我国混凝土枕扣件的主要技术性能,见表 8-1。

我国混凝土枕扣件的主要技术性能表 表 8-1

性能指标 技术性能 \ 扣件类型	70 型扣板式扣件	弹条Ⅰ型扣件 A 型弹条	弹条Ⅰ型扣件 B 型弹条	弹条Ⅰ型扣件调高扣件	弹条Ⅱ型扣件	弹条Ⅲ型扣件
单个弹条的初始扣压力(kN)	7.8	>8	9	>8	≥10	≥11
弹性变形量(mm)	—	9	8	9	10	13
抗横向力的能力(疲劳 200 万次)(kN)	40	60	60	60	70	70
扣件结点静刚度(kN/mm)	110~150	90~120	90~120	90~120	60~80	60~80
轨距调整量(mm)	0/+16	-4/+8	-4/+8	-4/+8	-8/+12	-8/+4
调高量(mm)	0	≤10	≤10	≤20	≤10	0
扣压件形式	扣板	ω 弹条	ω 弹条	ω 弹条	ω 弹条	e 弹条
备注	目前少用	常用	常用	多用于无砟轨道	近年推广使用	近年推广使用

三、无砟轨道扣件

无砟轨道扣件除了应具备普通钢轨扣件所具有的所有功能外,它还应具有其特殊的功能,具体表现在以下方面:①更强的保持轨距能力;②足够的防钢轨爬行扣压力;③良好的减振性能;④结构简单和养护维护工作量少;⑤可靠度高和较好的绝缘性能等。目前无砟轨道扣件主要应用于铁路客运专线和城市轨道交通中。

1. 客运专线用扣件

我国从 20 世纪 60 年代开始对无砟轨道进行研究,采用过多种扣件类型,如 TF-M 型和 TF-Y 型扣件、64-Ⅲ型扣件,秦岭隧道整体道床用弹性扣件,弹条Ⅰ、Ⅱ(WJ-3 型)、Ⅲ型(WJ-4 型)弹性分开式扣件,WJ-1 型(图 8-7)和 WJ-2 型扣件,以及新研发的 WJ-7 型和 WJ-8 型客运专线无砟轨道扣件等。

1)WJ-2 型扣件

用于无缝线路的无砟轨道扣件,要求具有较小的线路纵向阻力。图 8-8 是我国目前仅在桥上采用的无砟轨道小阻力的扣件 WJ-2 型扣件,适用于桥上无砟轨道标准轨距铺设 60kg/m 钢轨和混凝土整体道床,满足高速铁路桥上铺设无缝线路对钢轨扣件的要求。在轨下及其垫板下均设置调高垫板,扣件具有 -12mm 至 +10mm 的轨距调整量,0mm 至 +30mm 的钢轨高低调整量。每副扣件钢轨纵向阻力为 6.5kN ±0.5kN。如果采取结构措施,可降低至 3.6kN ±0.4kN,其钢轨纵向阻力值低于普通扣件 7kN。

2) WJ-7 型扣件

为适应铺设无挡肩无砟轨道,我国研发了带铁垫板的无挡肩弹性分开式结构的 WJ-7 型无砟轨道扣件系统(图 8-9),可用于桥梁、隧道和路基轨枕埋入式和板式无砟轨道。混凝土轨枕或轨道板承轨槽不设置挡肩,钢轨传来的横向荷载主要依靠铁垫板的摩擦力消除。铁垫板通过锚固螺栓与预埋套管配合紧固。钢轨轨底与铁垫板间设橡胶垫板,通过更换不同刚度的轨下垫板满足运营要求。铁垫板适用多种类形弹条(常规扣压力弹条和小扣压力弹条),使用不同摩擦系数的轨下垫板(橡胶垫板或复合垫板)可获得不同的线路阻力。弹条的弹程较大并且疲劳强度高,采用较低刚度轨下弹性垫层时扣压力衰减小。铁垫板上钢轨挡肩与钢轨间设有绝缘块,与轨枕或轨道板间设置绝缘缓冲垫板,以提高绝缘性能。方向和轨距调整通过移动带有椭圆孔的铁垫板实现,无需任何备件,为连续无级调整,可精确设置轨向和轨距。

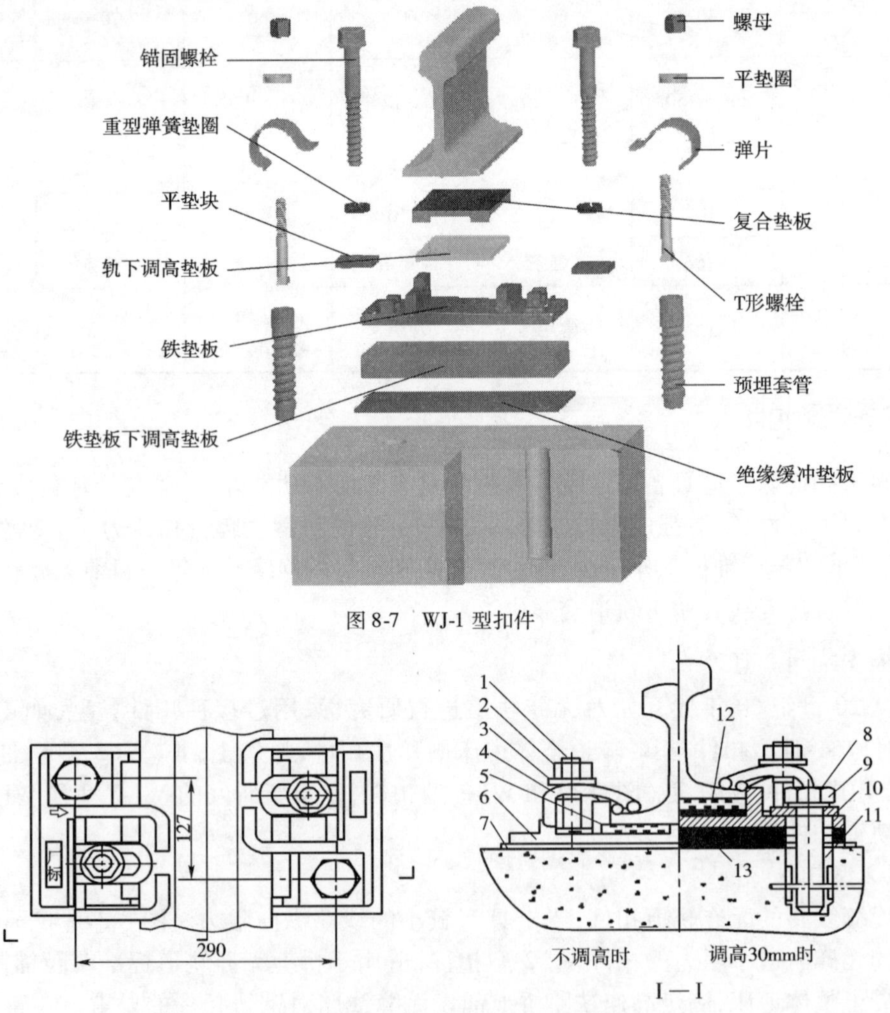

图 8-7　WJ-1 型扣件

图 8-8　WJ-2 型扣件(尺寸单位:mm)

1-T 形螺栓;2-螺母 M22;3-平垫圈;4-弹条;5-复合胶垫;6-铁垫板;7-绝缘缓冲垫板;8-锚固螺栓;9-弹簧垫圈 30;10-平垫块;11-绝缘套管;12-轨下调高垫板;13-铁垫板下调高垫板

3)WJ-8 型扣件

为适应铺设有挡肩无砟轨道,我国研发了带铁垫板的弹性不分开式结构的客运专线 WJ-8 型无砟轨道扣件系统(图 8-10)。混凝土轨枕或轨道板承轨槽设挡肩,钢轨传来的横向荷载通过铁垫板和轨距挡板,最后传至混凝土挡肩,降低了横向荷载的作用位置,结构稳定。铁垫板上挡肩与钢轨间设置工程塑料制成的绝缘块,可缓冲钢轨对铁垫板的冲击,大幅度提高扣件系统的绝缘性能。铁垫板与混凝土挡肩间设置工程塑料制成的轨距挡板,以保持与调整轨距,同时起绝缘作用。采用的弹条类型与 WJ-7 型扣件系统相同。铁垫板下设弹性垫层,具有良好的弹性,弹性垫层采用长寿命热塑性弹性体材料制成。

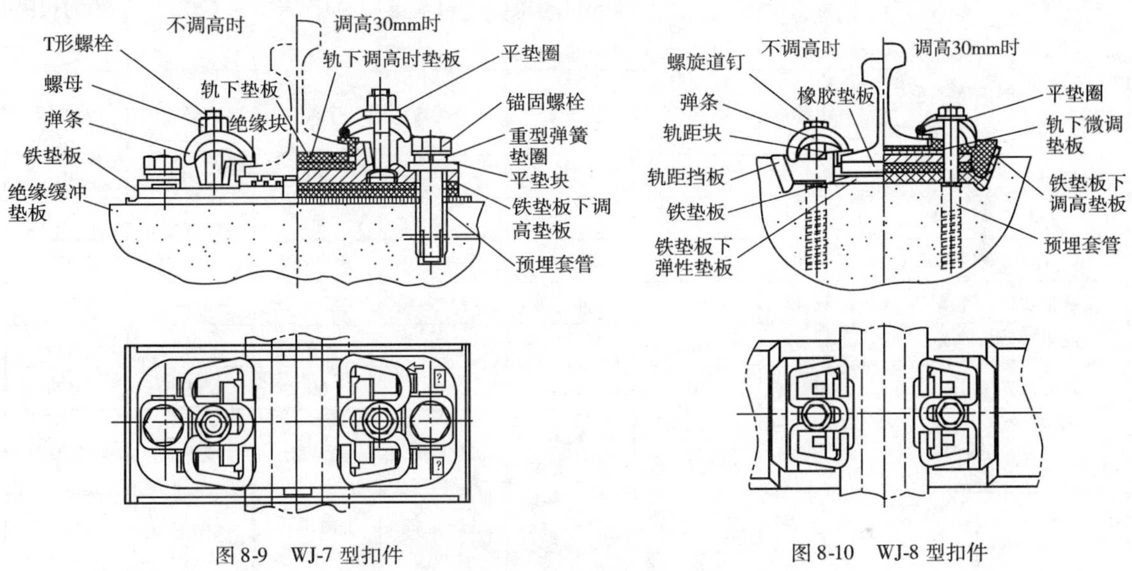

图 8-9　WJ-7 型扣件　　　　图 8-10　WJ-8 型扣件

4)300 型扣件

300 型扣件为无砟轨道扣件,属轨枕轨道板带混凝土挡肩的不分开式扣件,有 300-1a 型和 300-1U 型两种。主要结构特征如下:

①通过轨枕螺栓与轨枕/轨道板中预埋的套管配合紧固弹条;

②钢轨与混凝土挡肩间设置轨距挡板,通过更换轨距挡板实现钢轨左右位置的调整;

③可垫入调高垫板实现钢轨高低调整。

2. 城市轨道交通用扣件

1)一般弹性扣件

地铁与轻轨的地面线路使用的扣件基本上是铁路定型扣件,为了满足地下线路、高架线路的不同要求,地铁与轻轨建设项目自行设计了专用扣件。地下线路、高架线路一般铺设混凝土整体道床,整体道床刚度大,轨道弹性主要依靠扣件及橡胶垫板提供,因此扣件应具有较好的弹性,以减少列车荷载冲击,扣件还应具有良好的扣压力,同时满足整体道床需要的轨距和高低调整量。在高架桥上的扣件,需要较大的高低调整量以适应预应力梁的徐变和桥墩的不均匀沉陷,同时为满足高架桥无缝线路的需要,研制小阻力扣件以减少梁轨的温度力作用。我国已建和在建的地铁与轻轨铺设的扣件类型较多,主要类型详见表 8-2,除天津地铁 1 号线既有线改建前曾铺设刚性扣板扣件外,其他均铺设弹性扣件。这些扣件基本上是在铁路弹条扣件基础上研制的,以无挡肩、分开式为主要形式。

我国城市轨道交通扣件主要类型 表 8-2

扣件名称		DTⅢ-2 型扣件	DTⅣ-1 型扣件	DTⅥ-1 型扣件	DTⅥ-2 型扣件	WJ-2 型扣件	弹条Ⅱ型分开式	WJ-5 型扣件
扣件类型	有无挡肩	无挡肩	无挡肩	无挡肩	无挡肩	无挡肩	无挡肩	无挡肩
	是否分开式	分开式	分开式	分开式	分开式	分开式	分开式	分开式
弹条形式	形式	ϕ13 国铁Ⅰ型弹条	ϕ13 国铁Ⅰ型弹条	ϕ18DⅠ弹条	ϕ18DⅠ弹条	ϕ13 弹条	ϕ13 国铁Ⅱ型弹条	G型弹条(小阻力)国铁Ⅰ型(B)弹条
	有无T形螺栓	有螺栓	有螺栓	无螺栓	无螺栓	有螺栓	有螺栓	无螺栓
抗横向水平(kN)	疲劳荷载	—	—	35	—	40	30	40
	静载	—	—	—	—	—	45	60
结点垂直静刚度(kN/mm)		20~40	—	20~40	—	40~60	35~50	—
调整量(mm)	轨距	+12/-12	+4/-8	+4/-8	+12/-12	+20/-20	+8/-12	+12/-12
	水平	+30/-5	+10	—	+30	+40	+15	+30
适用轨型(kg/m)		60	50	60	60	60	60	50
适用范围		地下线	木枕碎石道床	木枕碎石道床	地下线	高架线	地下线	高架线
铺设地点		上海地铁9号线	深圳地铁一期车辆段	天津地铁1号线	北京地铁复八线	上海地铁3号线一期	深圳地铁一期	大连现代有轨电车
备注		ω形弹条	ω形弹条	e形弹条	e形弹条	ω形弹条	ω形弹条	ω形弹条

2)减振扣件

地铁运营后对环境振动影响应满足国家《城市区域环境振动标准》(GB 10070—88)规定。其超标地段采取减振措施以满足国家环保及相关规范要求,因此,在线路通过市区敏感地段根据需要铺设轨道减振扣件,以满足环保要求。以下介绍几种减振扣件。

九广轻轨铁路

北美地铁

上海地铁一号线

广州地铁一号线

图 8-11 减振器扣件

(1)减振器扣件(图 8-11):其主要特点是承轨板与铁座之间用减振橡胶硫化黏结为一整体,利用橡胶圈剪切变形,获得弹性,减振器扣件的垂直静刚度约为10kN/mm,最低为6kN/mm,该扣件较一般扣件降低振动噪声4~5dB。该扣件上海、广州地铁均有铺设。

(2)高弹性扣件(图 8-12):美国 LORD 公司生产的高弹性扣件,静刚度为 10~15kN/mm,可比一般扣件减少振动 5dB。

我国研制的高弹性扣件,轨下设两层铁垫板,上下铁垫板之间嵌入橡胶垫板，扣件垂直静刚度在10～15kN/mm时可降低振动噪声6.8dB，天津地铁1号线高架桥上已铺设。

(3)Vanguard扣件(图8-13)：该扣件是英国PANDROL公司研制的一种减振扣件，钢轨通过两块较大的橡胶楔块支撑在轨头下及轨腰两侧，使轨底悬空并通过两侧铸铁挡板，固定于轨枕上。该扣件我国已经引进并在广州地铁3、4号线上使用，减振效果良好，在其他地铁线路上也已推广使用。

图8-12　高弹性扣件

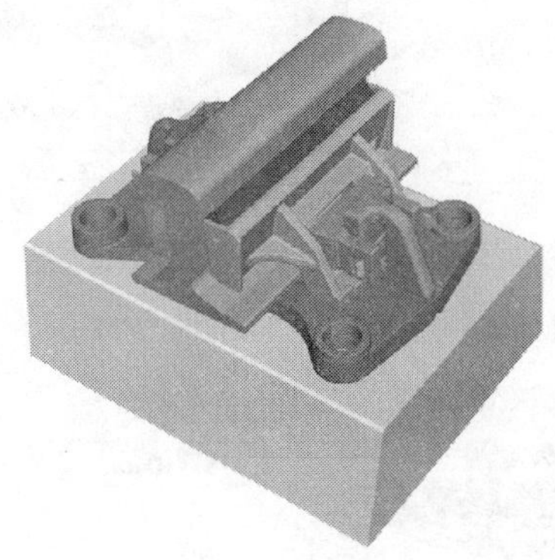

图8-13　Vanguard扣件

第二节　扣件安装铺设

由于轨道扣件的种类繁杂，本节主要针对有砟轨道介绍弹条Ⅳ型扣件的安装作业，针对无砟轨道介绍无挡肩分开式WJ-7型扣件和有挡肩不分开式300型扣件的安装作业。

一、弹条Ⅳ型扣件安装作业

1.作业范围

线路行车最高速度350km/h客运专线(高速铁路)及线路行车最高速度250km/h客运专线(兼顾货运)运营条件的有砟轨道扣件系统。弹条Ⅳ型扣件组装，如图8-14所示。

图8-14　弹条Ⅳ型扣件组装

2.作业质量

1)弹条

弹条分C4型、JA型和JB型三种，如图8-15所示。一般地段安装C4型弹条，钢轨接头处安装 JA 和 JB 型弹条,C4 型弹条的直径为 20mm,JA 和 JB 型弹条的直径为 18mm。JA 型弹条防锈涂料为灰色,与 7 号、8 号和 9 号接头绝缘轨距块配用;JB 型弹条防锈涂料为黑色,与 10 号、11 号、12 号和 13 号接头绝缘轨距块配用。

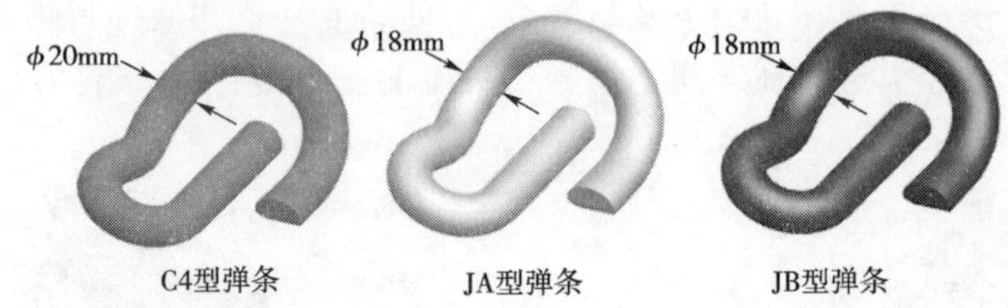

图 8-15　弹条形式

弹条就位以其小圆弧内侧与预埋铁座端部相距 8 ~ 10mm 为准,如图 8-16 所示。不得顶紧或距离过大,如图 8-17 所示。

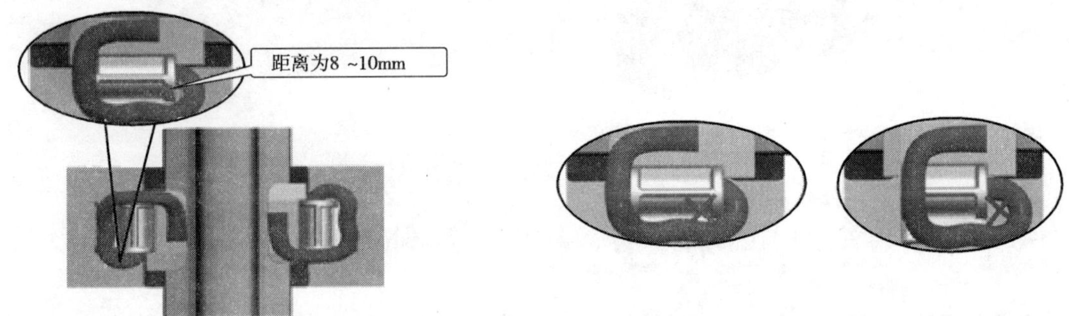

图 8-16　弹条正确就位

图 8-17　弹条位置不正确

2)预埋铁座

该部件预先埋设于轨枕中,埋设精度应满足图 8-18 所示要求。

3)绝缘轨距块

绝缘轨距块(简称轨距块)分一般地段使用的轨距块 G4 和钢轨接头处使用的轨距块 G4J 两种,每种轨距块又各有 7 个规格,即 7 号、8 号、9 号、10 号、11 号、12 号、13 号。标准轨距时采用 9 号和 11 号,如图 8-19 所示,除 7 号、8 号和 9 号接头轨距块为非黑色外,其他轨距块均为黑色。

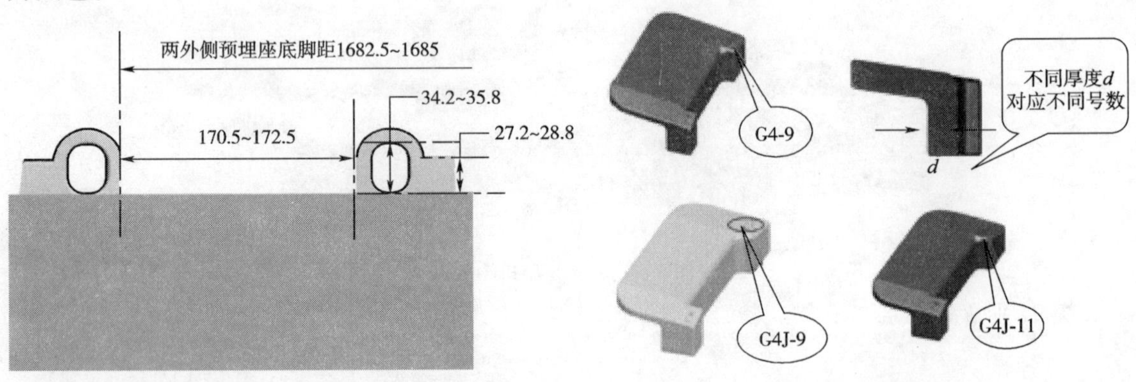

图 8-18　弹条Ⅳ型扣件预埋件埋设精度图(尺寸单位:mm)

图 8-19　绝缘轨距块

3. 作业程序与要领

1）安装前准备

（1）按表8-3 选择并准备9 号和11 号轨距块，适当准备8 号、10 号和12 号轨距块，以备轨距不合适时调整轨距之用；同时还要适当准备相应号码的接头轨距块，以备用于钢轨接头处。

（2）准备 C4 型弹条，适当准备 JA 和 JB 型弹条，以备用于钢轨接头处。

轨距块号码配置表　　表8-3

轨距调整量（mm）	左 股 钢 轨		右 股 钢 轨	
	外侧	内侧	内侧	外侧
−8	13	7	7	13
−7	12	8	7	13
−6	12	8	8	12
−5	11	9	8	12
−4	11	9	9	11
−3	10	10	9	11
−2	10	10	10	10
−1	9	11	10	10
0	9	11	11	9
+1	8	12	11	9
+2	8	12	12	8
+3	7	13	12	8
+4	7	13	13	7

（3）上道轨枕中预埋铁座的埋设位置必须准确。凡预埋铁座埋设位置歪斜、上翘或埋设高度、同一侧两预埋铁座的间距或两外侧预埋铁座的底角距不符合规定的轨枕不得上道，如图8-20 所示。

（4）清除两预埋铁座间轨枕承轨面的泥污和预埋铁座孔内的砂浆，如图8-21 所示。

图8-20　预埋铁座的底角距不符合要求

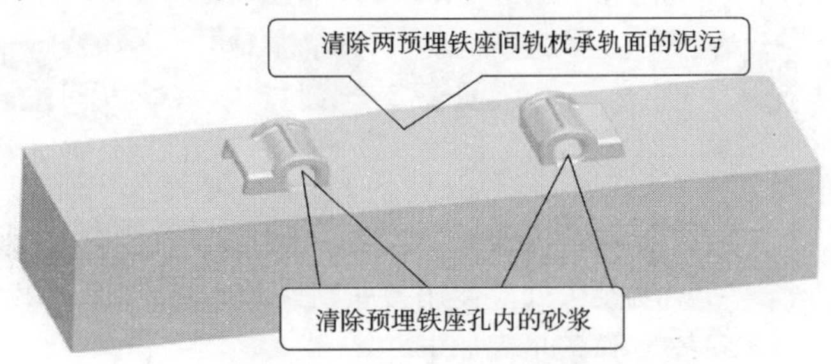

图8-21　清除预埋铁座泥污砂浆

（5）清除轨底的泥污。

2）安装顺序及要求

（1）铺设橡胶垫板。

将橡胶垫板放在两预埋铁座之间，橡胶垫板两侧的槽口中心线与预埋铁座中心线应对齐，

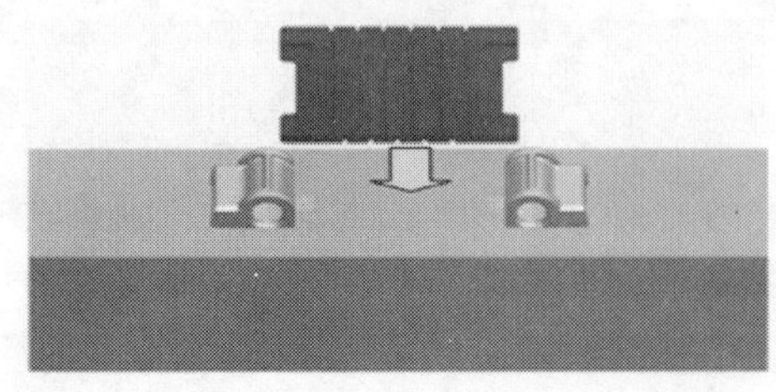

图 8-22　橡胶垫板位置铺设图

如图 8-22 所示。

图 8-23 所示，a）图为错误的安放橡胶垫板方位，b）图是正确的方位。

（2）铺设钢轨，如图 8-24 所示。

（3）安装轨距块。

根据所检查的轨距调整量，对照表 8-3，选取合适的轨距块型号安装，如图 8-25 所示。

标准轨距按表 8-3 安设 9 号和 11 号轨距块，轨距块的边耳应扣住预埋铁座，如图 8-26 所示。若因钢轨，轨枕和轨距块的制造偏差，安设规定号码的轨距块不能满足轨距要求或轨距块不能安装入位时，可根据实际情况予以调换，不得猛烈敲击使其入位。

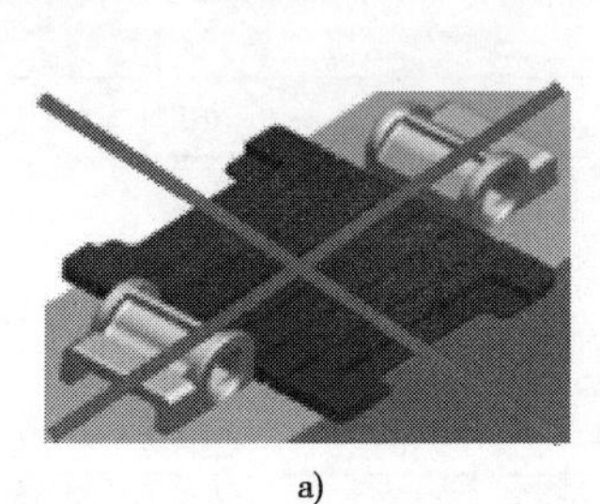

a)

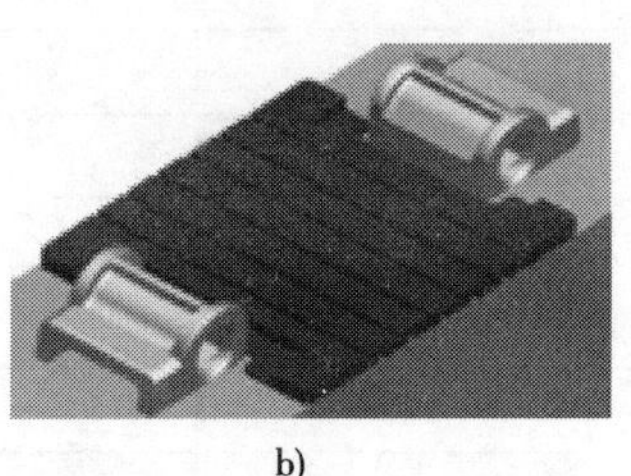

b)

图 8-23　安放橡胶垫板方位

a）错误；b）正确

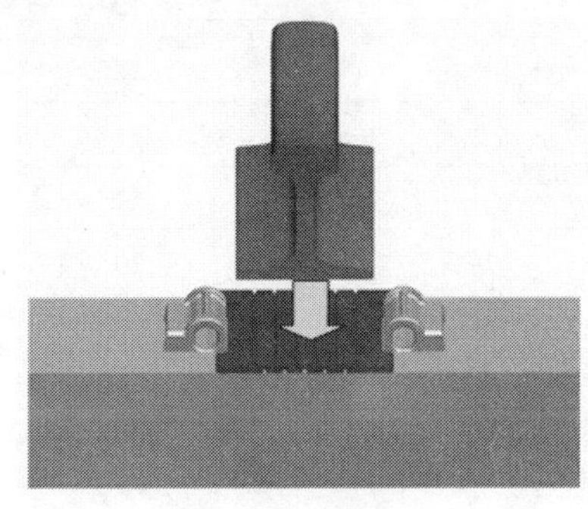

图 8-24　铺设钢轨

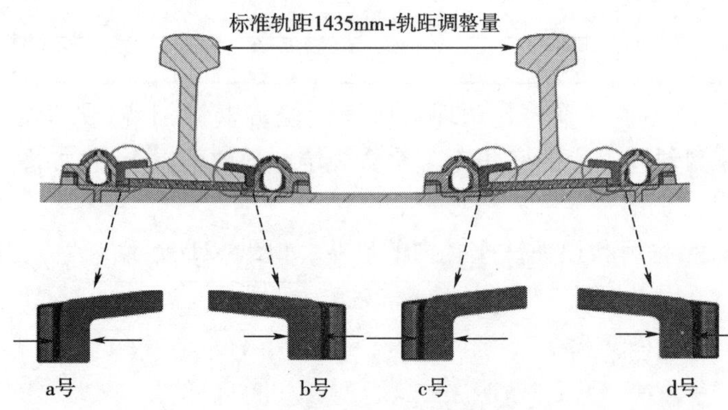

图 8-25　不同型号轨距块选择

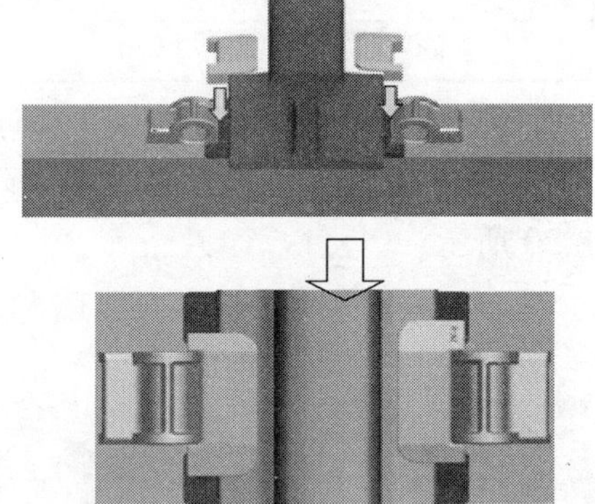

图 8-26　轨距块安装

（4）钢轨接头处应使用接头轨距块 G4J，如图 8-27 所示。

（5）安装弹条步骤如下。

①安装弹条前，钢轨、橡胶垫板和轨枕承轨面之间，以及轨距块扣压钢轨面与钢轨轨底上表面均应密贴，如图 8-28 所示。

②安装弹条时应采用专用工具、弹条中肢入孔位置要平放、放正，不得歪斜，如图 8-29 所示。

安装时切忌生拉硬扳，用力要适中，支点与加力点要正确，如图 8-30 所示。

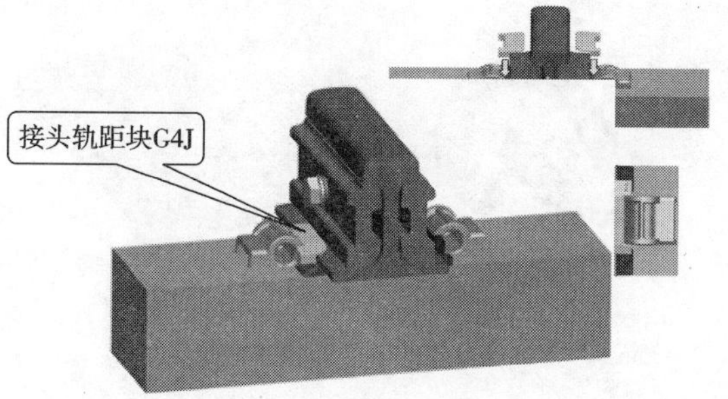

图 8-27　接头轨距块 G4J

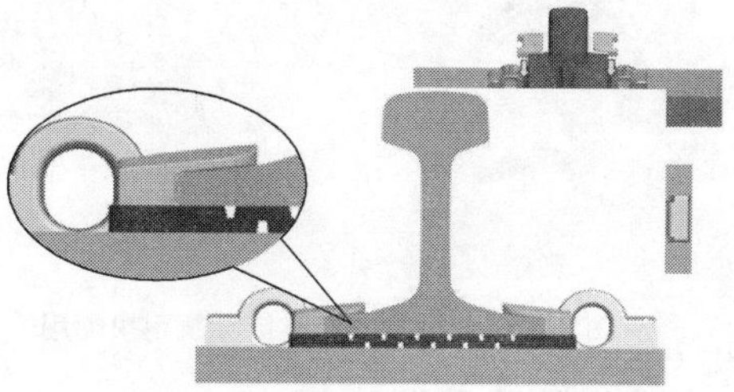

图 8-28　安装弹条前各部件要求

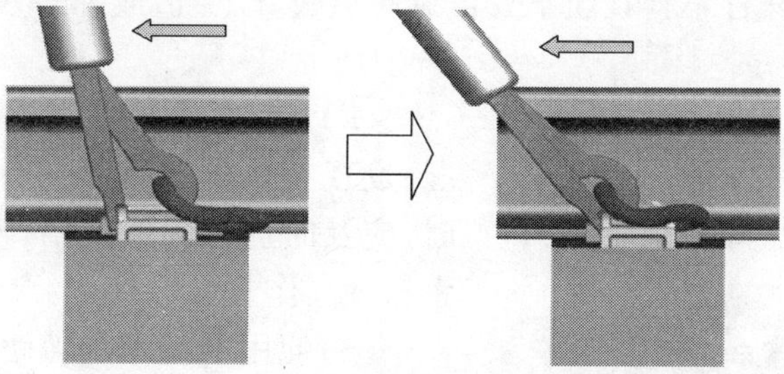

图 8-29　安装弹条专用工具

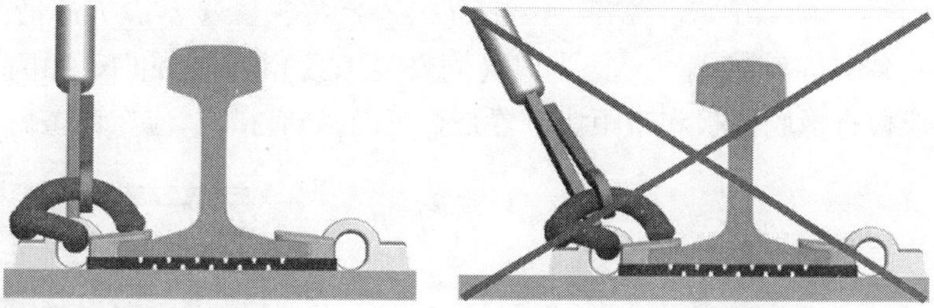

a)

b)

图 8-30　安装弹条

a）正确；b）错误

如遇到个别弹条就位困难时，在使用安装工具的同时可用小锤轻敲弹条尾部，使其就位，如图 8-31 所示。

③在钢轨接头处应安装 JA 和 JB 型弹条，如图 8-32 所示；灰色的 JA 型弹条与非黑色的 7 号、8 号和 9 号接头轨距块配用，如图 8-33 所示；黑色的 JB 型弹条与黑色的 10 号、11 号、12 号和 13 号接头轨距块配用，如图 8-34 所示。

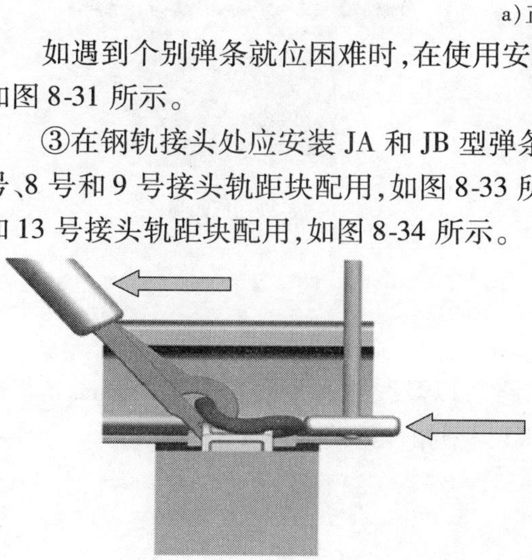

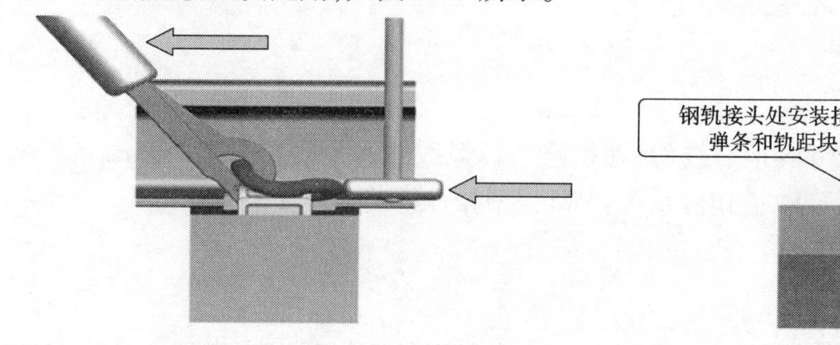

图 8-31　小锤轻敲弹条尾部

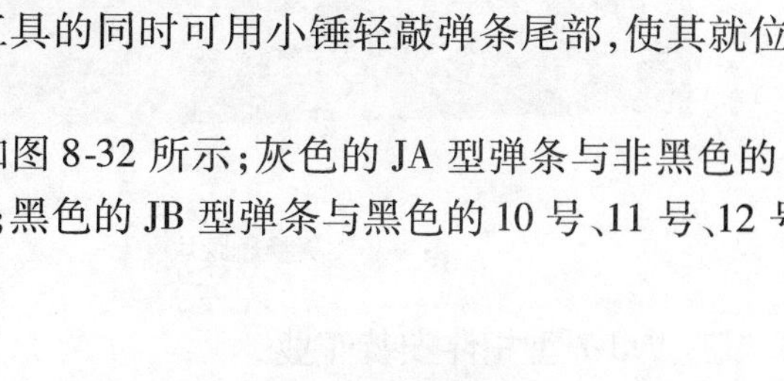

图 8-32　钢轨接头处弹条

图 8-33　灰色与非黑色接头轨距块配用　　　　图 8-34　黑色与黑色接头轨距块配用

4. 安全注意事项

(1)使用弹条Ⅳ型扣件不得在轨下安设调高垫板,以免造成弹条残余变形甚至折断,如图 8-35 所示。

图 8-35　错误安装调高垫板

(2)运营初期应注意观察轨枕和扣件的使用情况,发现有轨枕空吊、高低和水平不平顺或三角坑时,应及时进行起道捣固,不得使用调高垫板进行钢轨调高作业。

(3)使用中若发现轨距块破裂、橡胶垫板破裂或弹条折断应及时更换,如图 8-36 所示。

(4)在进行无缝线路应力放散时,须用专用工具(同安装工具)将弹条卸下,如图 8-37 所示。应力放散结束后,应检查橡胶垫板和轨距块位置是否正确,如有错位,应在调整后再安装弹条。

图 8-36　更换轨距块

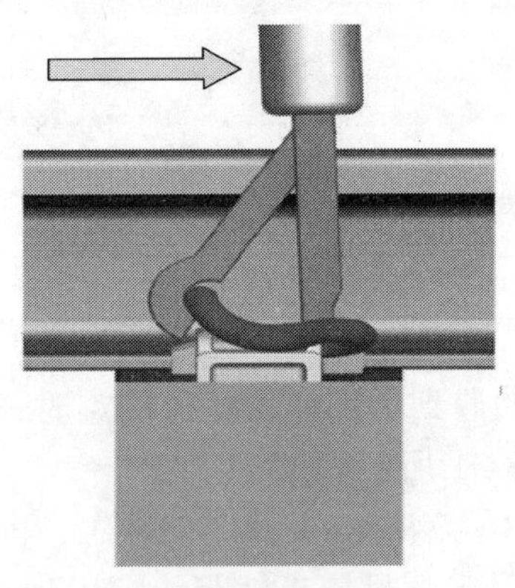

图 8-37　拆卸弹条

二、WJ-7 型扣件安装作业

1. 作业范围

线路行车最高速度 350km/h 客运专线(高速铁路),以及线路行车最高速度 250km/h 客运专线(兼顾货运)运营条件的无砟轨道扣件系统。WJ-7 型扣件组装如图 8-38 所示。

2. 作业质量

1)弹条

弹条分两种,即一般地段使用的 W1 型和桥上可能使用的 X2 型,W1 型弹条的直径为

14mm,X2 型弹条的直径为 13mm,如图 8-39 所示。

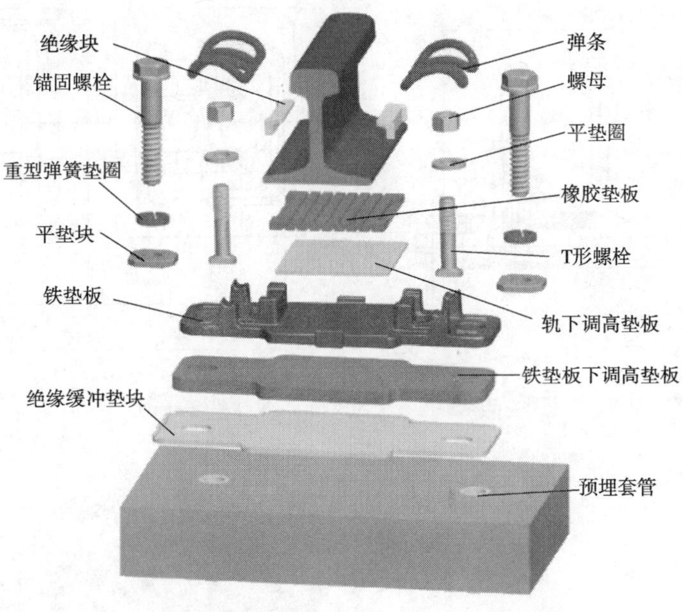

图 8-38　WJ-7 型扣件组装

2)轨下垫板

轨下垫板分 A、B 两类。A 型用于兼顾货运的客运专线。B 类用于客运专线。每一类又分一般地段使用的橡胶垫板和桥上可能使用的复合垫板两种,如图 8-39 所示。桥上需要降低线路阻力时,可采用 X2 型弹条并配用复合垫板,此时每组扣件的钢轨纵向阻力为 4kN。

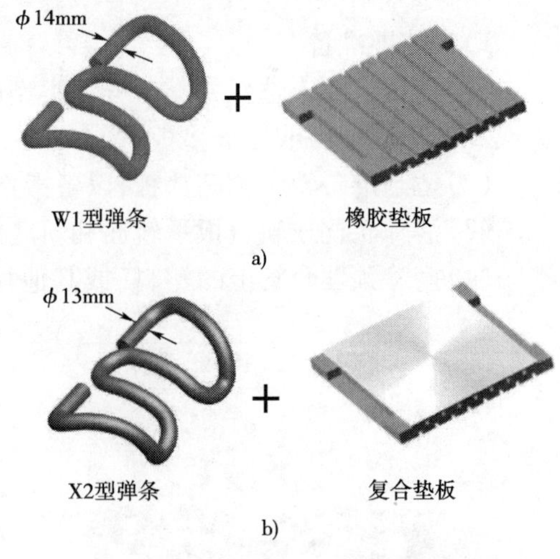

图 8-39　弹条与垫板图

a)一般地段使用;b)桥上可能使用

3)预埋套管

该部件预先埋设于轨枕或轨道板中,埋设精度应满足表 8-4 和图 8-40 所示的要求,且预埋套管顶面应与轨枕或轨道板承轨面齐平。预埋套管埋设后,应加盖塑料(或其他材料)盖以防雨水和泥污进入。

4)调高垫板

调高垫板分轨下调高垫板和铁垫板下调高垫板两种,分别放置于轨下垫板与铁垫板之间和铁垫板与绝缘缓冲垫板之间。轨下调高垫板按厚度分为 1mm、2mm、5mm、和 8mm 四种规格,铁垫板下调高垫板按厚度分为 5mm 和 10mm 两种规格,如图 8-41所示。

WJ-7 型扣件预埋套管埋设精度表(单位:mm)　　表 8-4

轨下垫板类型	WJ7-A 橡胶垫板	WJ7-A 复合垫板	WJ7-B 橡胶垫板	WJ7-B 复合垫板
h	211	212.2	213	214.2

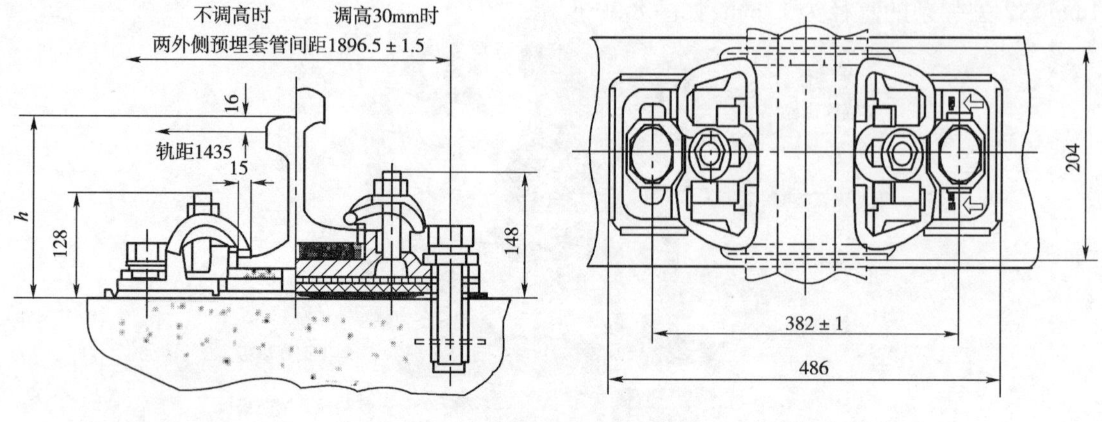

图 8-40　预埋套管埋设精度(尺寸单位:mm)

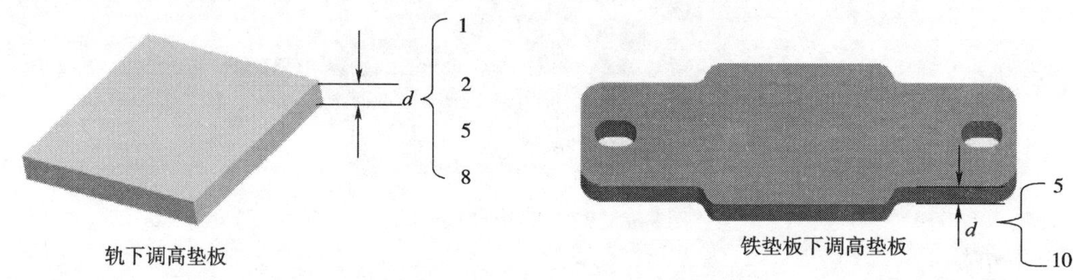

图 8-41　调高垫板尺寸(尺寸单位:mm)

3. 作业程序与要领

1)安装前准备

(1)按以上要求选择并准备合适类型的弹条(W1 型或 X2 型)和合适类型的轨下垫板(A 类或 B 类橡胶垫板或复合垫板)。

(2)适当准备轨下调高垫板,以备微量调整钢轨高低之用。

(3)清除轨枕或轨道板承轨面和轨底的泥污,如图 8-42 所示。

(4)摘除预埋套管上的塑料(或其他材料)盖,如图 8-43 所示。

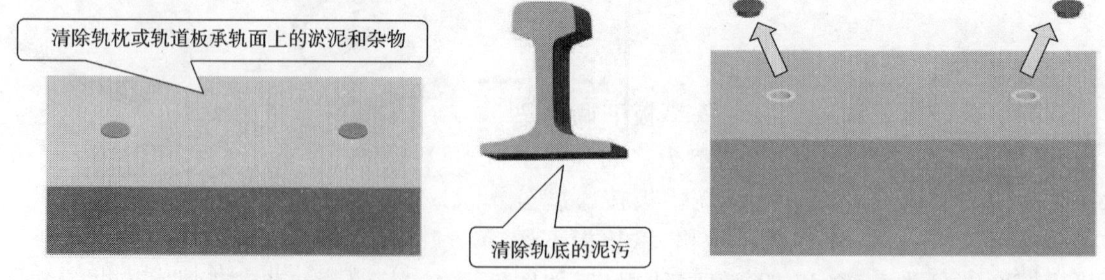

图 8-42　轨枕或轨道板承轨面和轨底泥污　　图 8-43　预埋套管上塑料盖

2)安装顺序及要求

(1)铺设绝缘缓冲垫板,使垫板孔与预埋套管孔对中,如图 8-44 所示。

(2)安放铁垫板,使轨底坡朝向轨道内侧(按铁垫板上的箭头方向)。铁垫板的螺栓孔中心应与预埋套管中心对正,如图 8-45 所示。

单根轨枕上安装两块铁垫板,如图 8-46 所示。

(3)将平垫块放在铁垫板上,并使平垫块距圆孔中心较长一侧朝内,如图 8-47 所示。

(4)将锚固螺栓套上弹簧垫圈,并将螺纹部分涂满专用防护油脂,旋入预埋套管中。在锚固螺栓拧紧前调整铁垫板位置,使铁垫板上标记线与平垫块上的标记线对齐,如图 8-48 所示。

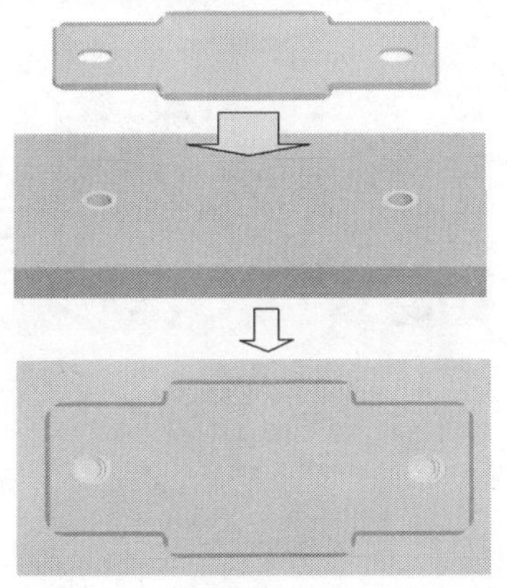

图 8-44　垫板孔与预埋套管孔对中

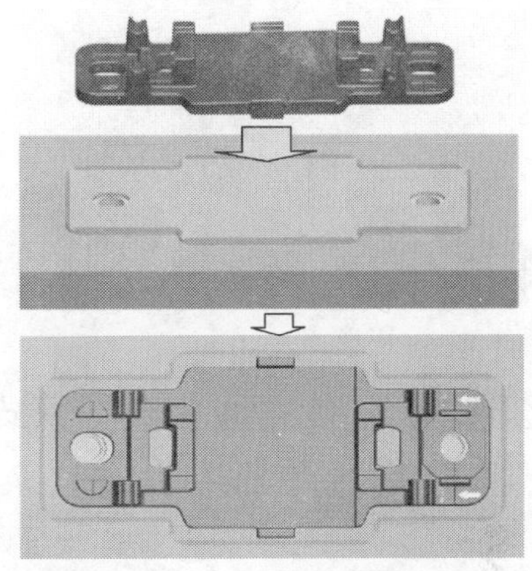

图 8-45　螺栓孔中心与预埋套管中心对正

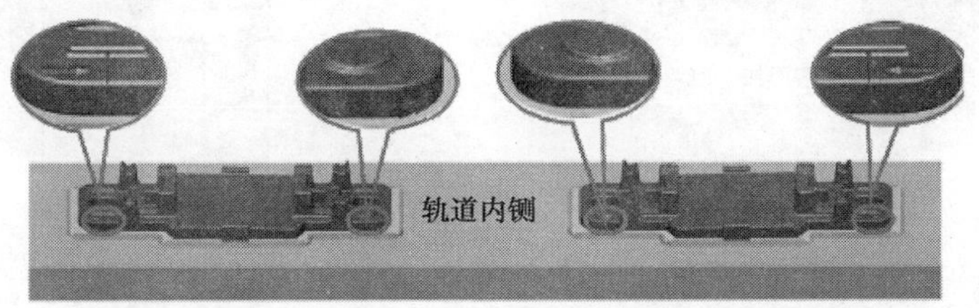

图 8-46　单根轨枕上安装两块铁垫板效果图

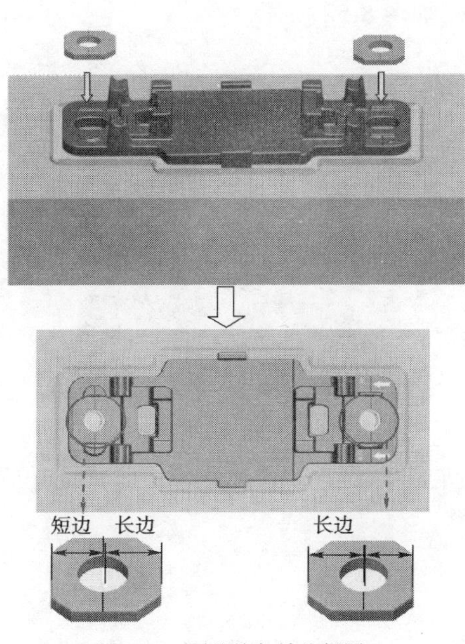

图 8-47　平垫块与铁垫板图

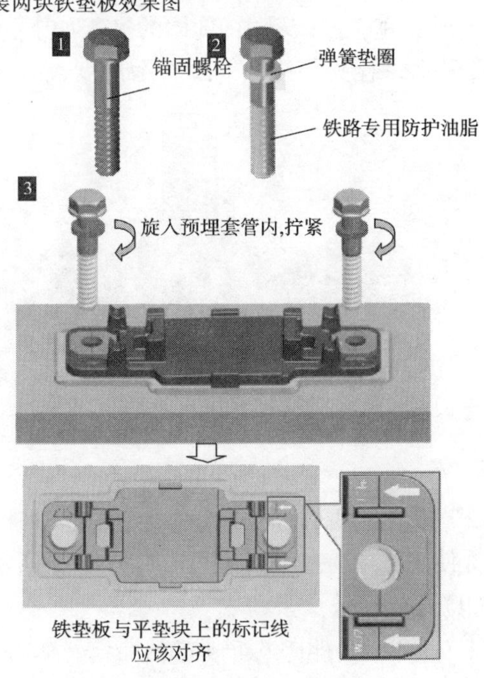

图 8-48　拧紧锚固螺栓

(5)将轨下垫板安放在铁垫板承轨面上,如图 8-49 所示。

(6)铺设钢轨。

(7)将绝缘块安放在钢轨和铁垫板挡肩之间,不得猛烈敲击使其入位,如图 8-50 所示。

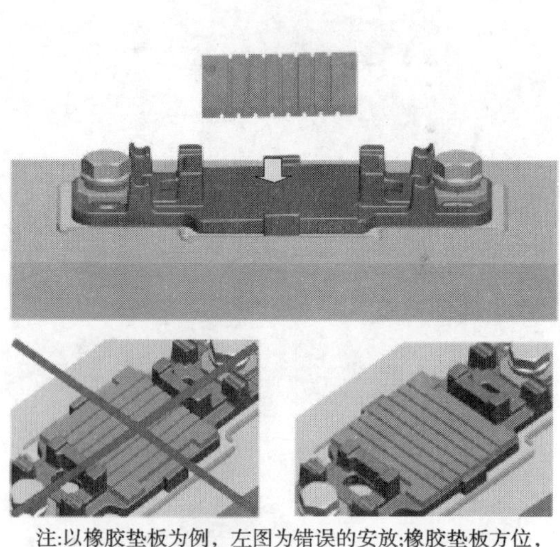

图 8-49　安放轨下垫板

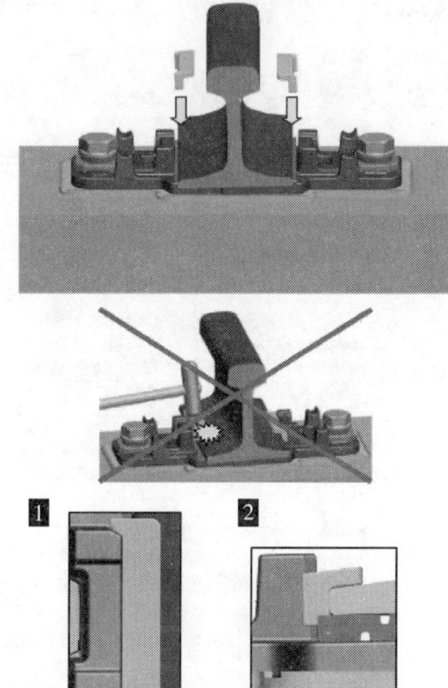

图 8-50　安放绝缘块

(8)安放 T 形螺栓,如图 8-51 所示。将 T 形螺栓头部插入铁垫板底部后旋转 90°,然后上提使 T 形头完全嵌入槽中,具体的过程如下:

①T 形螺栓头部按照下图所示角度,插入铁垫板,如图 8-52 所示。

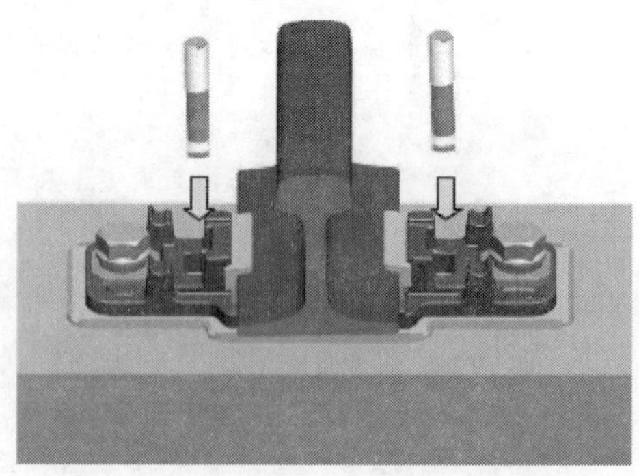

图 8-51　安放 T 形螺栓

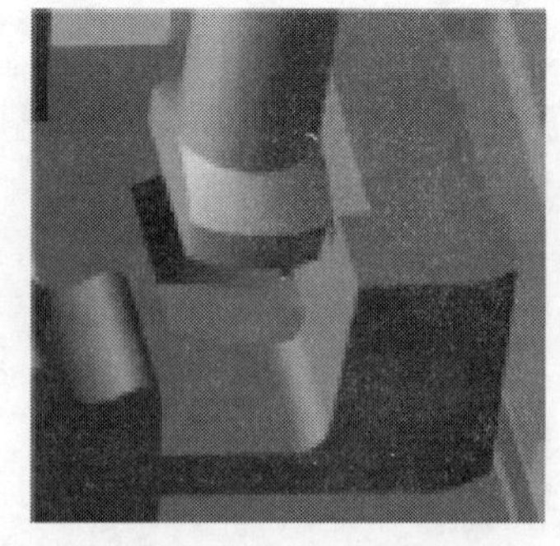

图 8-52　插入 T 形螺栓

②T 形螺栓头部插入铁垫板后,按顺时针方向旋转 T 形螺栓 90°,螺栓头部到预定位置,然后上提使 T 形头完全嵌入槽中,如图 8-53 所示。

(9)安放弹条及垫圈。

①安放弹条,如图 8-54 所示。

②安放平垫圈和拧紧螺母,在 T 形螺栓的螺纹部分涂油,然后紧固弹条,如图 8-55 所示。

图 8-53 T形螺栓安装

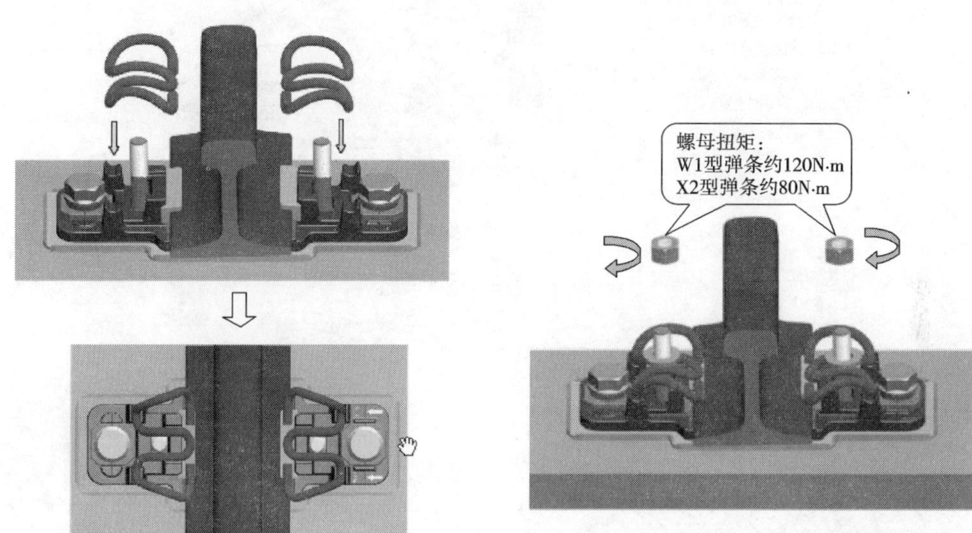

图 8-54 安放弹条

图 8-55 安放平垫圈

③弹条的紧固以弹条中部前端下颚与绝缘块接触为准，如图 8-56 所示，并按表 8-5 要求紧固扭矩值扭紧螺栓。

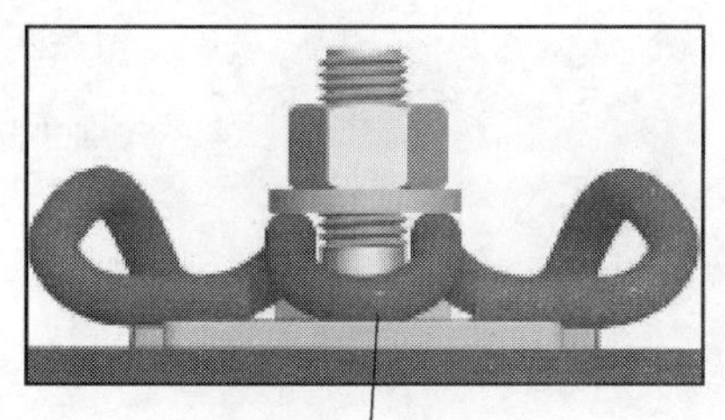

图 8-56 紧固弹条

紧固扭矩值 表 8-5

弹条类型	W1 型弹条	X2 型弹条
紧固扭矩(N·m)	约 120	约 80

(10)调整轨距和轨向，如图 8-57 所示。

①检查轨距和轨向，如有不适，调整轨距的步骤如图 8-58 所示。

②若出现卡阻时(图 8-59)，按图 8-60 所示步骤进行操作。

(11)检查钢轨空吊、高低和水平，如有不适，用轨下调高垫板进行钢轨高度调整。此时应

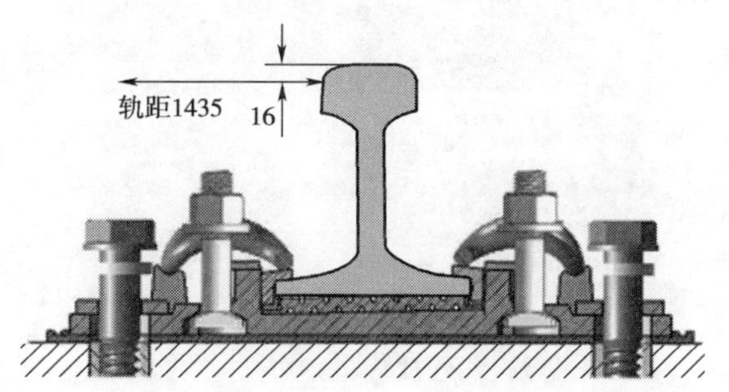

图 8-57 调整轨距和轨向(尺寸单位：mm)

松开弹条,提升钢轨,在轨下垫板下放轨下调高垫板,钢轨落下后,再拧紧弹条。

(12)轨下调高垫板应放在轨下垫板下,放入的轨下调高垫板总厚度不得大于10mm,轨下调高垫板的数量不得超过两块,并应把最薄的轨下调高垫板放在下面,以防轨下调高垫板窜出。如图8-61、图8-62所示。

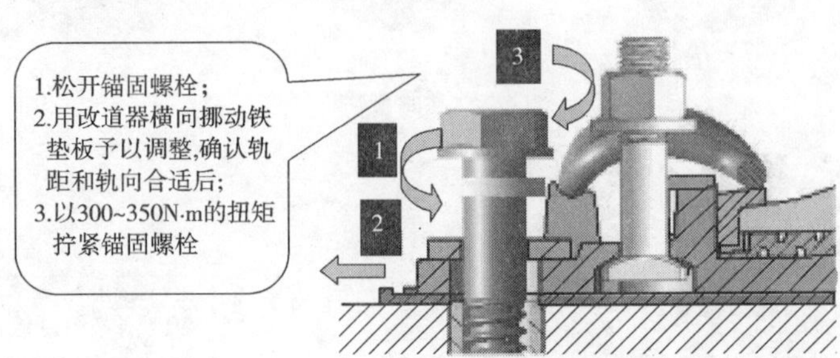

图8-58 调整轨距

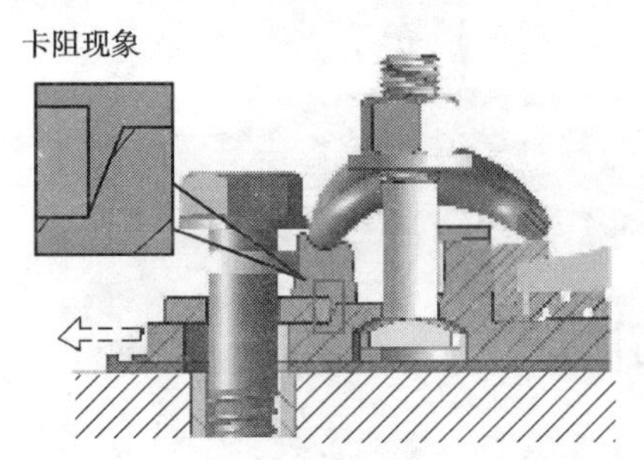

图8-59 卡阻现象

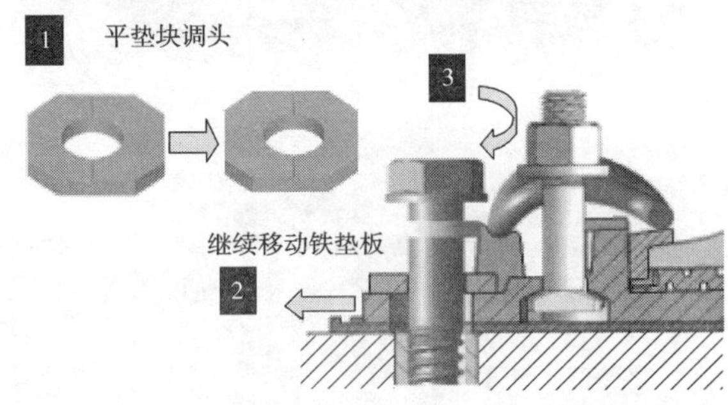

图8-60 调整卡阻

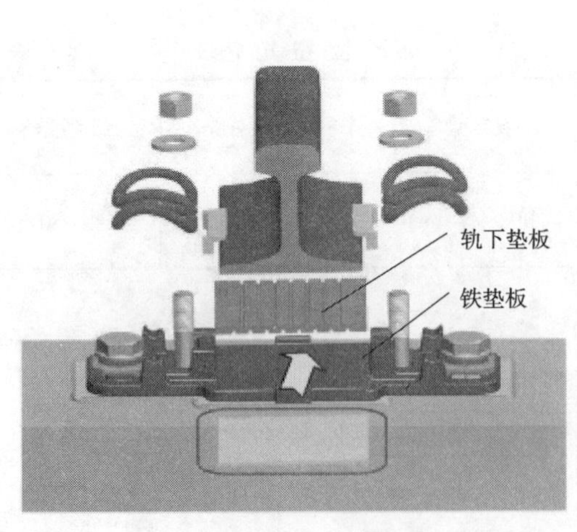

图8-61 钢轨下调高

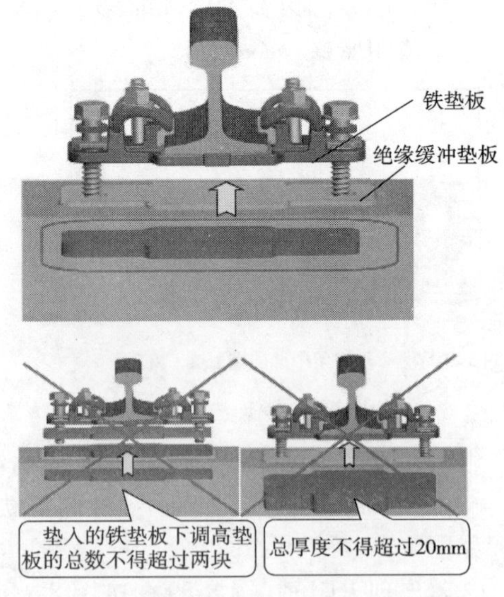

图8-62 铁垫板下调高

4. 安全注意事项

(1)运营初期应注意观察钢轨空吊和高低、水平不平顺,如发现上述情况,应及时垫入轨下调高垫板。如因轨下垫板压缩残余变形引起扣件松弛应及时复拧。

(2)在运营期间如因桥梁徐变上拱或基础下沉引发钢轨高低和水平不平顺时,可在轨下设置调高垫板,当调高量超过10mm时,可同时在铁垫板下设置调高垫板,此时,应卸下锚固螺栓,提升钢轨,垫入需要厚度的铁垫板下调高垫板,钢轨复位后检查轨向和轨距,必要时予以调整,确认轨向和轨距合适后,再拧紧锚固螺栓。

(3)垫入的铁垫板下调高垫板的总数不得超过两块,总厚度不得超过20mm。

(4)当需要进行轨向和轨距调整时,松开锚固螺栓,用改道器移动铁垫板,如果移动铁垫板被平垫块阻卡时,应将平垫块调头使用。确认轨距和轨向合适后,再行拧紧锚固螺栓。

(5)应对T形螺栓进行定期涂油,防止螺栓锈蚀。

(6)应保持扣件系统的清洁,特别要防止缓冲垫板排水口堵塞,如图8-63所示。

(7)如遇需要卸下锚固螺栓的情况时,应避免泥污进入预埋套管。

三、300型扣件安装作业

1.作业范围

适用于高速铁路无砟轨道有挡肩轨枕/轨道板。300型扣件组装,如图8-64所示。300型扣件由弹条、绝缘垫片、轨距挡板、轨枕螺栓、绝缘套管、轨垫、铁垫板和弹性垫板组成。此外为了钢轨的高低调节的需要,还包括调高垫板。

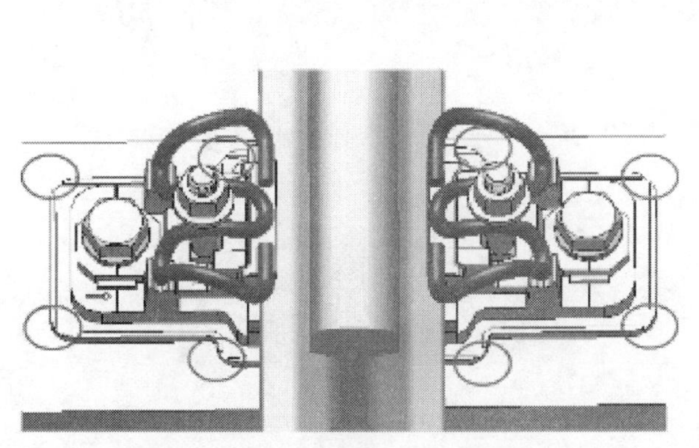

注:特别要防止缓冲垫板排水口(上图所圈位置)堵塞。

图8-63　保持扣件系统的清洁

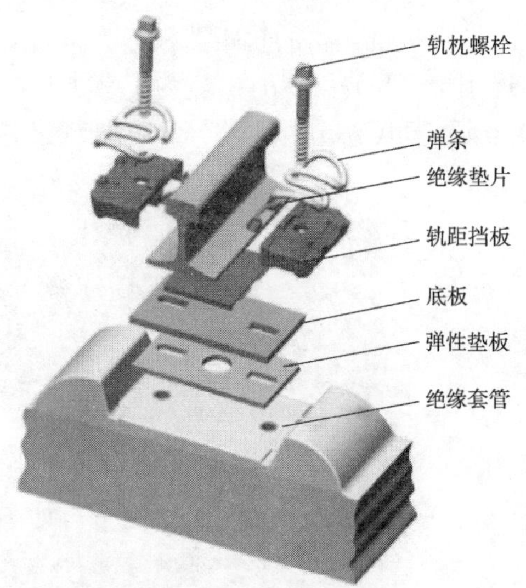

图8-64　300型扣件部件组成

2.质量标准

(1)弹条分两种,分别为一般地段使用的SKL15型弹条和桥上可能使用的小阻力弹条SKL B15型弹条。SKL 15型弹条(黑色)的直径为15mm,SKL B15型弹条(蓝色)的直径为13mm,如图8-65、图8-66所示。

(2)标准规格轨枕螺栓(Ss36-230)总长为230mm,为了钢轨调高的需要,还配有Ss36-240、Ss36-250、Ss36-260、Ss36-270和Ss36-280轨枕螺栓,如图8-67所示。

(3)标准规格的轨下垫板(Zw692-6)厚度为6mm,为了钢轨调高的需要,还配有Zw692-2、Zw692-3、Zw692-4、Zw692-5、Zw692-7和Zw692-8等不同厚度的轨下垫板,如图8-68所示。

图8-65 SKL 15型弹条

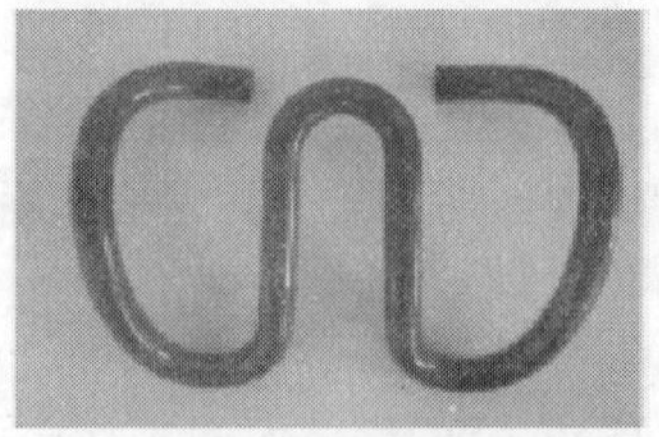

图8-66 SKL B15弹条扣件

图8-67 Ss36螺栓

图8-68 Zw692-6轨下垫板

(4)标准规格的轨距挡板分为Wfp 15a型挡板(适用于300-1a型扣件)和Wfp 15U型挡板(适用于300-1U型扣件)。为了钢轨左右位置调整的需要,还配有Wfp 15a ±1(Wfp 15U ±1)~Wfp 15a ±8(Wfp 15U ±8)各16种规格,如图8-69、图8-70所示。

图8-69 Wfp 15a轨距挡板

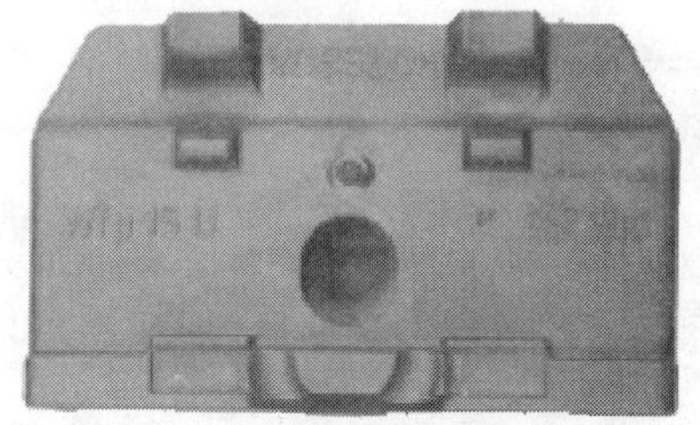

图8-70 Wfp 15U轨距挡板

(5)弹性垫板放置于铁垫板下。如图8-71所示,是两种不同颜色的弹性垫板,性能相同。

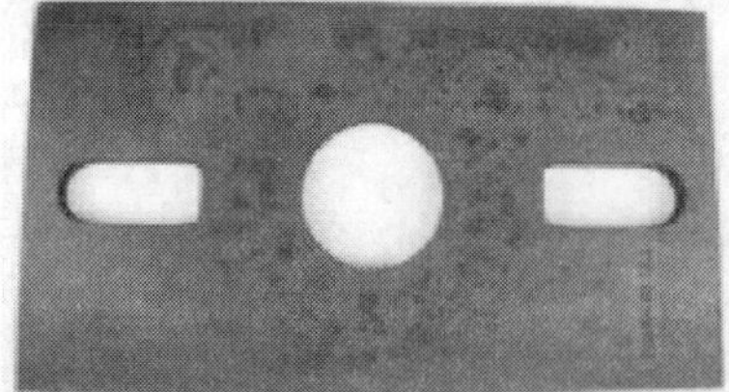

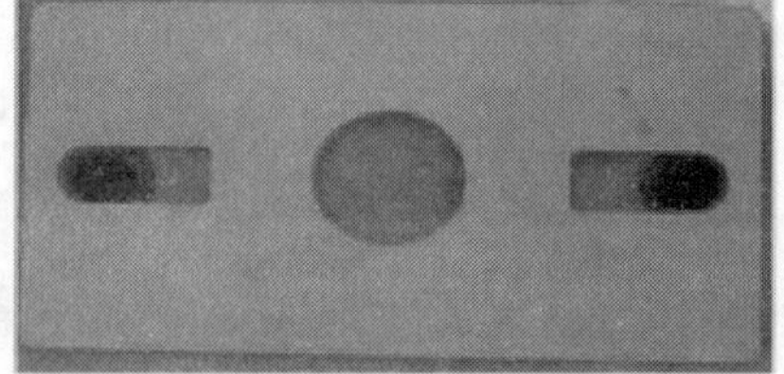

图8-71 弹性垫板

(6)预埋套管预先埋设于轨枕/轨道板中,埋设精度应满足要求,且预埋套管顶面应低于轨枕/轨道板承轨面0~2mm。预埋套管埋设后,如果不是在轨枕厂进行预先安装,则应盖上塑料(或其他材料)盖,以防雨水和泥污进入,如图 8-72 所示。

(7)绝缘垫片 Is15 露天存放时,如图 8-73 所示,现场必须加盖顶棚或苫布。在现场铺轨时,将其安装到弹条弹臂下正确位置。

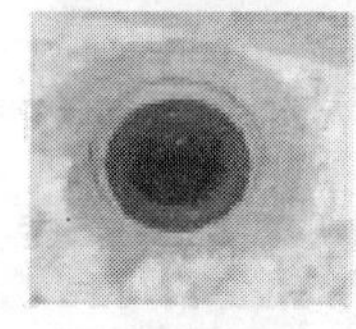

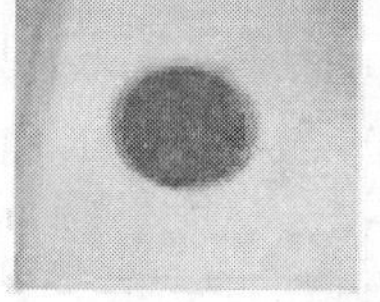

图 8-72　套管盖

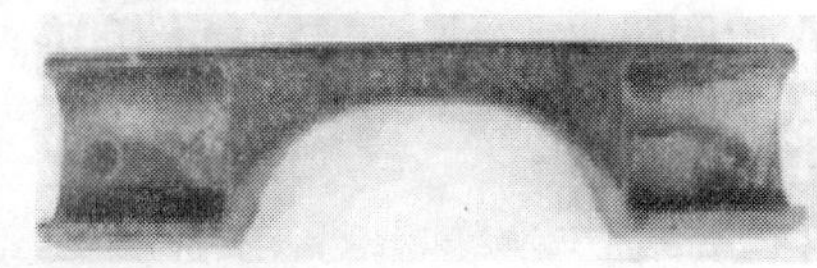

图 8-73　绝缘垫片 Is15

(8)调高垫板分塑料调高垫板和钢制调高垫板,其中塑料调高垫板按厚度分为 6mm 和 10mm 两种,标号分别为 Ap20-6(Ap20U-6)和 Ap20-10(Ap20U-10),钢制调高垫板为厚度 20mm 的 Ap20S(Ap20U-S)。如图 8-74、图 8-75 所示。

图 8-74　塑料调高垫板 Ap20-10(适用于 300-1a 型系统的塑料调高垫板)

图 8-75　钢制调高垫板 Ap20S

3. 作业程序与要领

1)安装前的准备工作

(1)清除套管中的杂质和积水。

(2)在套管中添加 10 ~ 15g 油脂。

(3)检查轨枕/轨道板承轨槽,不应有裂纹。清除轨枕/轨道板承轨槽的泥渣。

2)预安装

(1)铺设弹性垫板。将弹性垫板放在承轨面的中间位置,如图 8-76 所示。

(2)铺设铁垫板。将铁垫板放在弹性垫板上,如图 8-77 所示。

(3)铺设轨垫。将轨垫放在铁垫板上,如图 8-78 所示。

(4)安放轨距挡板。将轨距挡板放入承轨槽中,使轨距挡板压住轨垫边缘并与承轨槽密贴,如图 8-79 所示。

(5)安放弹条。将弹条放在轨距挡板预安装位置,如图 8-80 所示。

(6)安装轨枕螺栓。将轨枕螺栓拧入预埋套管,使用配套的套筒扳手拧紧,扭矩为 30 ~ 50N · m,如图 8-81 所示。不得使用锤子击打轨枕螺栓。

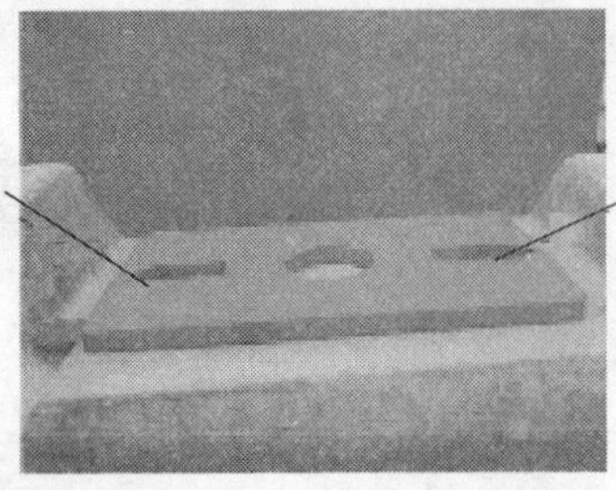

图 8-76　安放弹性垫板

图 8-77　铺设铁垫板

图 8-78　铺设轨垫

图 8-79　安放轨距挡板

图 8-80　安放弹条

图 8-81　安装轨枕螺栓

3)现场最终安装

(1)铺设钢轨。将钢轨安放在正确位置,即两个轨距挡板之间,轨垫之上,如图 8-82 所示。

(2)安放绝缘垫片。将绝缘垫片放于轨底上表面的弹条扣压肢待安装位置,注意方向,半圆,开口朝外,如图 8-83 所示。

图 8-82　铺设钢轨

图 8-83　安放绝缘垫片

(3)安放弹条。将弹条从预安装位置移到安装位置,如图 8-84 所示。

(4)安装轨枕螺栓。拧紧螺栓直至弹条的中肢前端与轨距挡板前端突起部分接触,扭矩约为 250N · m(采用 SKLB15 弹条时,扭矩约为 180N · m),如图 8-85 所示。

图 8-84 安放弹条

图 8-85 安装轨枕螺栓

4. 安装注意事项

(1)弹条安装到位的判断方法如图 8-86 所示。

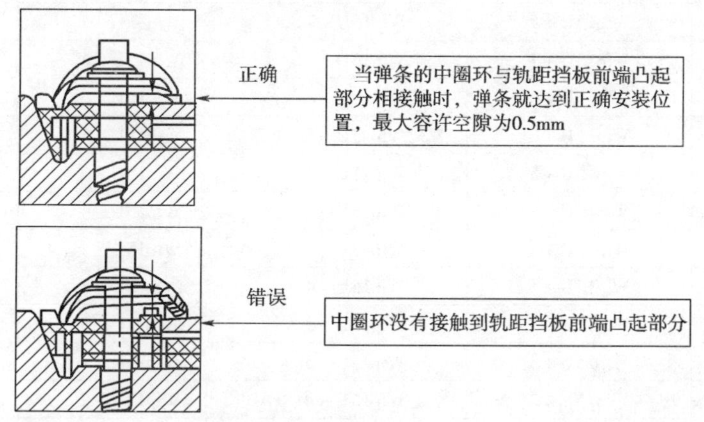

图 8-86 判断弹条安装到位

(2)现场大规模安装前,一般先取 10 个左右扣件结点进行安装,以测出弹条安装到位的实际扭矩进行大规模安装。正确安装位置如图 8-87 所示。

(3)安装时,请注意绝缘垫片方向和位置,圆弧段朝外,正确的安装方向和位置,如图 8-88 所示。

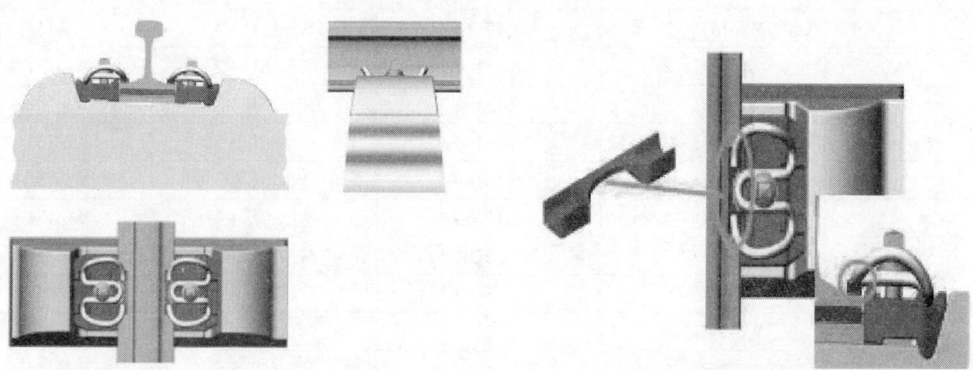

图 8-87 扣件正确安装位置　　图 8-88 绝缘垫片安装示意

(4)运营初期应注意观察扣件的使用情况,如通过目测发现弹条未达到最终安装位置,应及时按照前述方法拧紧到位。

当发现钢轨空吊、高低和水平不平顺时,应及时按下列要求进行调整。

1)轨距和轨向调整

(1)根据设计要求,轨距调整范围为±16mm。

(2)通过更换不同规格的轨距挡板,实现±8mm范围内的单轨横向调整,调整级别为1mm。调整时轨距挡板配置如表8-6所示。(以300-1U型扣件为例,300-1a型扣件调整原理与之相同)

轨距挡板配置表 表8-6

轨距调整量(mm)	左股钢轨		右股钢轨	
	外侧轨距挡板	内侧轨距挡板	内侧轨距挡板	外侧轨距挡板
-16	Wfp15U+8	Wfp15U-8	Wfp15U-8	Wfp15U+8
-15	Wfp15U+8	Wfp15U-8	Wfp15U-7	Wfp15U+7
-14	Wfp15U+7	Wfp15U-7	Wfp15U-7	Wfp15U+7
-13	Wfp15U+7	Wfp15U-7	Wfp15U-6	Wfp15U+6
-12	Wfp15U+6	Wfp15U-6	Wfp15U-6	Wfp15U+6
-11	Wfp15U+6	Wfp15U-6	Wfp15U-5	Wfp15U+5
-10	Wfp15U+5	Wfp15U-5	Wfp15U-5	Wfp15U+5
-9	Wfp15U+5	Wfp15U-5	Wfp15U-4	Wfp15U+4
-8	Wfp15U+4	Wfp15U-4	Wfp15U-4	Wfp15U+4
-7	Wfp15U+4	Wfp15U-4	Wfp15U-3	Wfp15U+3
-6	Wfp15U+3	Wfp15U-3	Wfp15U-3	Wfp15U+3
-5	Wfp15U+3	Wfp15U-3	Wfp15U-2	Wfp15U+2
-4	Wfp15U+2	Wfp15U-2	Wfp15U-2	Wfp15U+2
-3	Wfp15U+2	Wfp15U-2	Wfp15U-1	Wfp15U+1
-2	Wfp15U+1	Wfp15U-1	Wfp15U-1	Wfp15U+1
-1	Wfp15U+1	Wfp15U-1	Wfp15U	Wfp15U
0	Wfp15U	Wfp15U	Wfp15U	Wfp15U
+1	Wfp15U-1	Wfp15U+1	Wfp15U	Wfp15U
+2	Wfp15U-1	Wfp15U+1	Wfp15U+1	Wfp15U-1
+3	Wfp15U-2	Wfp15U+2	Wfp15U+1	Wfp15U-1
+4	Wfp15U-2	Wfp15U+2	Wfp15U+2	Wfp15U-2
+5	Wfp15U-3	Wfp15U+3	Wfp15U+2	Wfp15U-2
+6	Wfp15U-3	Wfp15U+3	Wfp15U+3	Wfp15U-3
+7	Wfp15U-4	Wfp15U+4	Wfp15U+3	Wfp15U-3
+8	Wfp15U-4	Wfp15U+4	Wfp15U+4	Wfp15U-4
+9	Wfp15U-5	Wfp15U+5	Wfp15U+4	Wfp15U-4
+10	Wfp15U-5	Wfp15U+5	Wfp15U+5	Wfp15U-5
+11	Wfp15U-6	Wfp15U+6	Wfp15U+5	Wfp15U-5
+12	Wfp15U-6	Wfp15U+6	Wfp15U+6	Wfp15U-6
+13	Wfp15U-7	Wfp15U+7	Wfp15U+6	Wfp15U-6
+14	Wfp15U-7	Wfp15U+7	Wfp15U+7	Wfp15U-7
+15	Wfp15U-8	Wfp15U+8	Wfp15U+7	Wfp15U-7
+16	Wfp15U-8	Wfp15U+8	Wfp15U+8	Wfp15U-8

2)钢轨高低位置调整

(1)根据设计要求,高低位置调整范围为 -4 ~ +56mm。

(2)三种高度调整方式分别通过嵌入塑料调高垫板 Ap20-6、Ap20-10、Zw692 轨垫和 Ap20S 钢制调高垫板实现。通过更换不同规格的轨垫,如图 8-89 所示,实现 -4 ~ +2mm 的调整,配置如表 8-7 所示。

高低调整量配置表一 表 8-7

高低调整量(mm)	塑料调高垫板(型号:Ap20-x,厚度:6 或 10mm)	钢制调高垫板(型号:Ap20S,厚度:20mm)	轨垫(型号:Zw692-x,厚度:2 ~ 8mm)	轨枕螺栓(型号:Ss36,长度:230 ~ 280mm)
+2			1 × 8mm	2 × 230mm
+41			1 × 7mm	2 × 230mm
0(标准设计)			1 × 6mm	2 × 230mm
-1			1 × 5mm	2 × 230mm
-2			1 × 4mm	2 × 230mm
-3			1 × 3mm	2 × 230mm
-4			1 × 2mm	2 × 230mm

通过嵌入塑料调高垫板和更换轨垫,如图 8-90 所示,实现 3 ~ 22mm 的调整,配置如表 8-8 所示,并根据高度调节量选择正确的轨枕螺栓。

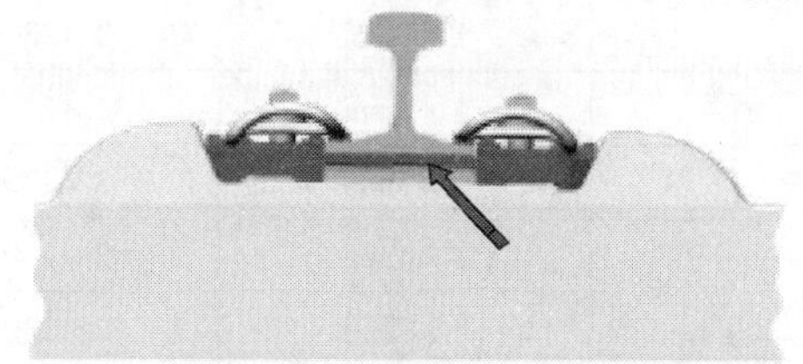

图 8-89 更换不同规格轨垫图

图 8-90 嵌入塑料调高垫板和更换轨垫

通过嵌入塑料调高垫板、钢制调高垫板和更换轨垫,如图 8-91 所示,实现 23 ~ 56mm 的调整,配置如表 8-9 所示,并根据高度调节量选择正确的轨枕螺栓。

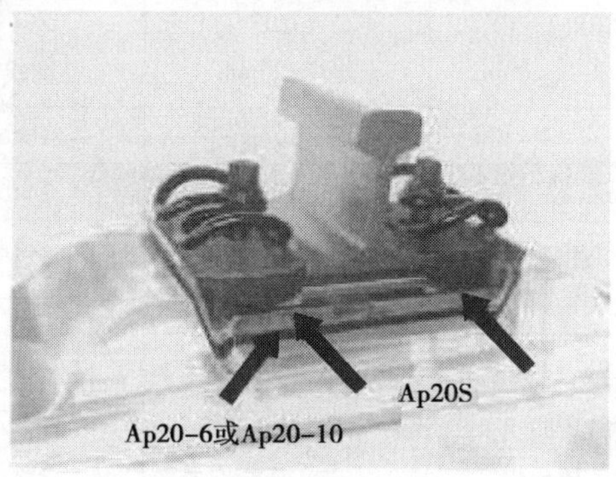

图 8-91 嵌入塑料调高垫板、钢制调高垫板和更换轨垫

高低调整量配置表二

表 8-8

高低调整量(mm)	塑料调高垫板（型号:Ap20-x，厚度:6 或 10mm）	钢制调高垫板（型号:Ap20S，厚度:20mm）	轨垫（型号:Zw692-x，厚度:2～8mm）	轨枕螺栓（型号:Ss36，长度:230～280mm）
+22	2×10mm		1×8mm	2×250mm
+21	2×10mm		1×7mm	2×250mm
+20	2×10mm		1×6mm	2×250mm
+19	2×10mm		1×5mm	2×250mm
+18	1×10mm+1×6mm		1×8mm	2×240mm
+17	1×10mm+1×6mm		1×7mm	2×240mm
+16	1×10mm+1×6mm		1×6mm	2×240mm
+15	1×10mm+1×6mm		1×5mm	2×240mm
+14	2×6mm		1×8mm	2×240mm
+13	2×6mm		1×7mm	2×240mm
+12	1×10mm		1×8mm	2×240mm
+11	1×10mm		1×7mm	2×240mm
+10	1×10mm		1×6mm	2×240mm
+9	1×10mm		1×5mm	2×240mm
+8	1×6mm		1×8mm	2×230mm
+7	1×6mm		1×7mm	2×230mm
+6	1×6mm		1×6mm	2×230mm
+5	1×6mm		1×5mm	2×230mm
+4	1×6mm		1×4mm	2×230mm
+3	1×6mm		1×3mm	2×230mm

高低调整量配置表三

表 8-9

高度调整量(mm)	塑料调整垫	钢制调节板	Zw 轨垫	轨枕螺栓
	组合型号：Ap20-x(1+r) 厚度:6 或 10mm	组合型号：Ap20S 厚度:20mm	组合型号：Zw692-x 厚度:2～8mm	组合型号：Ss36 长度:230～280mm
+56	1×10mm+1×6mm	2×20mm	1×6mm	2×280mm
+55	1×10mm+1×6mm	2×20mm	1×5mm	2×280mm
+54	2×6mm	2×20mm	1×8mm	2×280mm
+53	2×6mm	2×20mm	1×7mm	2×280mm
+52	3×10mm	1×20mm	1×8mm	2×280mm
+51	3×10mm	1×20mm	1×7mm	2×280mm
+50	3×10mm	1×20mm	1×6mm	2×280mm
+49	3×10mm	1×20mm	1×5mm	2×280mm

续上表

高度调整量(mm)	塑料调整垫	钢制调节板	Zw 轨垫	轨枕螺栓
	组合型号：Ap20-x(1+r) 厚度:6 或 10mm	组合型号：Ap20S 厚度:20mm	组合型号：Zw692-x 厚度:2~8mm	组合型号：Ss36 长度:230~280mm
+48	2×10mm+1×6mm	1×20mm	1×8mm	2×270mm
+47	2×10mm+1×6mm	1×20mm	1×7mm	2×270mm
+46	2×10mm+1×6mm	1×20mm	1×6mm	2×270mm
+45	2×10mm+1×6mm	1×20mm	1×5mm	2×270mm
+44	2×10mm+1×6mm	1×20mm	1×4mm	2×270mm
+43	2×10mm+1×6mm	1×20mm	1×3mm	2×270mm
+42	2×10mm	1×20mm	1×8mm	2×270mm
+41	2×10mm	1×20mm	1×7mm	2×270mm
+40	2×10mm	1×20mm	1×6mm	2×270mm
+39	2×10mm	1×20mm	1×5mm	2×270mm
+38	1×10mm+1×6mm	1×20mm	1×8mm	2×260mm
+37	1×10mm+1×6mm	1×20mm	1×7mm	2×260mm
+36	1×10mm+1×6mm	1×20mm	1×6mm	2×260mm
+35	1×10mm+1×6mm	1×20mm	1×5mm	2×260mm
+34	1×10mm+1×6mm	1×20mm	1×4mm	2×260mm
+33	1×10mm+1×6mm	1×20mm	1×3mm	2×260mm
+32	1×10mm	1×20mm	1×8mm	2×260mm
+31	1×10mm	1×20mm	1×7mm	2×260mm
+30	1×10mm	1×20mm	1×6mm	2×260mm
+29	1×10mm	1×20mm	1×5mm	2×260mm
+28	1×6mm	1×20mm	1×8mm	2×250mm
+27	1×6mm	1×20mm	1×7mm	2×250mm
+26	1×6mm	1×20mm	1×6mm	2×250mm
+25	1×6mm	1×20mm	1×5mm	2×250mm
+24	1×6mm	1×20mm	1×4mm	2×250mm
+23	1×6mm	1×20mm	1×3mm	2×250mm

复习思考题

1. 城市轨道交通主要的扣件类型有哪些？主要技术特点是什么？

2. 高速铁路扣件类型有哪些？主要技术特点是什么？

3. 弹条Ⅳ、WJ-7 型扣件及 300 型扣件主要由哪几部分组成？在安装过程中应注意哪些问题？

第九章　道岔施工

教学目标

1. 了解不同种类道岔的作用。
2. 熟悉单开道岔构造与技术特点。
3. 能够进行普通单开道岔的计算。
4. 能够进行道岔的铺设。

道岔是机车车辆从一股轨道转入或越过另一股轨道时必不可少的线路设备，是轨道结构的重要组成部分，也是制约列车运行速度的关键因素之一。根据用途和条件的不同，可以利用道岔把许多股道连接组合成不同形式的车站或车场。

道岔具有数量多、构造复杂、使用寿命短、限制列车速度、行车安全性低、养护维修投入大等特点，因此，道岔与曲线、接头并称为轨道结构的三大薄弱环节。

第一节　道岔类型与技术特点

根据道岔的用途和构造形式的不同，道岔可分为连接设备、交叉设备、连接与交叉设备。常用的线路连接设备主要有普通单开道岔、对称双开道岔和三开道岔；交叉设备主要有直交叉和菱形交叉；连接与交叉设备主要有渡线道岔和交分道岔，如图 9-1 所示。

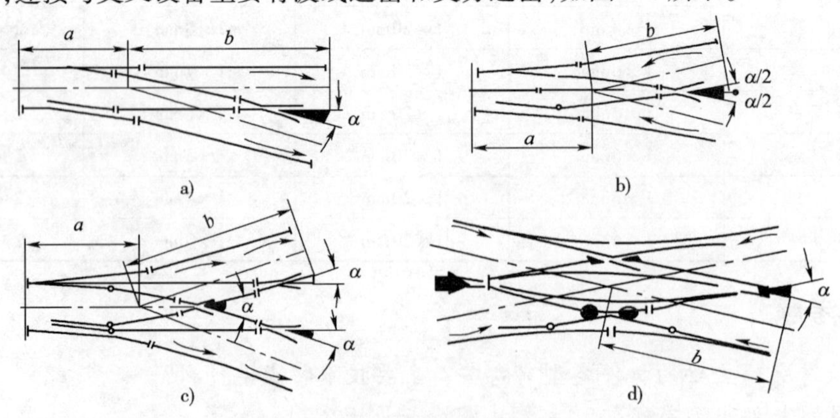

图 9-1　各种主要道岔

a）普通单开道岔；b）对称双开道岔；c）三开道岔；d）交分道岔

a-道岔前长；b-道岔后长；α-辙叉角

普通单开道岔，简称单开道岔，是目前我国轨道结构中使用最多的道岔形式，如图9-2所示。单开道岔主线一般为直线，侧线由主线向左侧（称左开道岔）或右侧（称右开道岔）岔出。单开道岔构造相对简单，但它具有其他道岔的共有特点和要求，是学习其他类型道岔的基础。因此，了解和掌握这种道岔的基本特征，对各类道岔的设计、制造、铺设、养护均具有十分重要的意义。关于单开道岔的构造及作用将在本章第二节中做详细说明。

对称道岔（图9-3）是单开道岔的一种特殊形式，整个道岔对称于主线的中线或辙叉角的平分线，列车通过时无直向及侧向之分，对称道岔尖轨长度相同时，尖轨作用边和主线方向所成的角约为单开道岔辙叉角的一半，如图9-1b）所示；导曲线半径相等时，对称道岔的长度要比单开道岔的短，其他条件相同时，导曲线半径约为单开道岔的两倍；在曲线半径和长度保持不变时，可采用比单开道岔更小号数的辙叉。因此在道岔长度固定的条件下，使用对称道岔可获得较大的导曲线半径，能提高过岔速度；同样的道理，在过岔速度一定的条件下，对称道岔能缩短道岔长度，从而缩短站坪长度，进而增加股道的有效长度。对称道岔的这些特点使得它在驼峰下、三角线上、工业铁路线和城市轻轨线上广泛应用。

图9-2　单开道岔

图9-3　对称道岔

三开道岔（图9-4），又称复式异侧对称道岔，是复式道岔中常用的一种形式。它相当于两组异侧顺接的单开道岔，但其长度却远比两组单开道岔的长度之和要短。基于三开道岔的这个特点，在有地形限制或者其他特殊需要地段时可采用此种道岔形式，如铁路轮渡桥头引线、驼峰编组场等。三开道岔主要由一组转辙器、一组中间辙叉和两组同号数的后端辙叉组成，如图9-1c）所示。三开道岔的构造较一般单开道岔、对称道岔复杂，铺装、维修较为困难，一般情况下，不轻易采用。

图9-4　三开道岔

图9-5　交分道岔

交分道岔(图9-5)有单式、复式之分。复式交分道岔相当于两组对向铺设的单开道岔,实现不平行股道的交叉。交分道岔具有道岔长度短、开通进路多及两个主要行车方向均为直线等优点,因此,交分道岔只需要占用很少部分的用地,就能起到提高调车能力、改善列车运行条件的作用。交分道岔由菱形交叉、转辙器和连接曲线等部分组成,如图9-1d)所示。菱形交叉一般是直线与直线的交叉,由两副锐角辙叉、两副钝角辙叉和连接钢轨组成。

第二节　普通单开道岔

一、单开道岔的结构

普通单开道岔主要由转辙器、连接部分、辙叉及护轨组成,如图9-6所示。

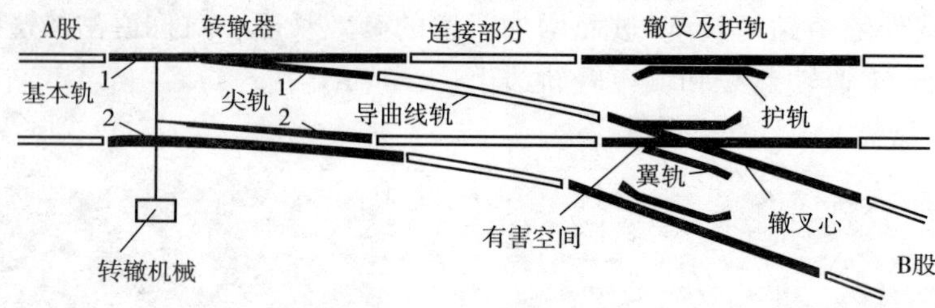

图9-6　单开道岔组成

尖轨尖端前基本轨端轨缝中心处称道岔始端(或称岔头),辙叉跟端轨缝中心处则称道岔终端(或称岔尾)。

站在道岔始端面向道岔终端,凡侧线位于直线左方的称左开道岔;侧线位于直线右方的称右开道岔。

列车经过道岔时,凡由道岔终端驶向道岔始端时,称顺向通过道岔;由始端驶向终端时,称逆向通过道岔。

目前,我国铁路干线上普遍使用60kg/m钢轨固定型辙叉12号单开道岔。为适应铁路提速改造要求,2007年11月,国内首组时速350km客运专线60kg/m钢轨18号单开道岔通过铁道部专家组的技术审查。这组道岔代表了当时我国铁路道岔研发制造的最高水平,已基本达到国际先进水平,为我国高速道岔研制奠定了坚实基础。

1. 转辙器

单开道岔的转辙器,是引导机车车辆沿主线方向或侧线方向行驶的线路设备,由两根基本轨、两根尖轨、各种连接零件及道岔转换设备组成。

1)基本轨

基本轨由标准断面的钢轨制成,直线方向的为直基本轨,侧线方向的为曲基本轨。

基本轨是用一根12.5m或25m标准断面的普通钢轨制成,主股为直线,侧股按转辙器各部分的轨距在工厂事先弯折成规定的折线或采用曲线型。通常,道岔中不设轨底坡,为改善钢轨的受力条件,提速道岔中基本轨设有1:40轨底坡。基本轨除承受车轮的垂直压力外,还与尖轨共同承受车轮的横向水平力。为防止基本轨的横向移动,可在其外侧设置轨撑,为了增加钢轨表面硬度,提高耐磨性并保持与尖轨良好的密贴状态,基本轨头顶面一般还进行淬火处理。

2）尖轨

尖轨是转辙器中的重要部件，依靠尖轨的扳动，将列车引入正线或侧线方向，如图9-7所示。尖轨在平面上可分为直线型和曲线型。我国铁路的大部分12号及12号以下的道岔，均采用直线型尖轨。直线型尖轨制造简单，便于更换，尖轨前端的刨切效少，横向刚度大，尖轨的摆度和跟端轮缘槽较小，可用于左开或右开，但这种尖轨的转辙角较大，列车对尖轨的冲击力大，当轨尖端易于磨耗和损伤。我国新设计的12、18号道岔直向尖轨为直线型，侧向尖轨为曲线型。这种尖轨冲击角较小，导曲线半径大，列车进出侧线比较平稳，有利于机车车辆的高速通过。但曲线型尖轨制造比较复杂，前端刨切较多，并且左右开不能通用。曲线型尖轨又分为切线型、半切线型、割线型、半割线型四种，我国铁路主要采用半切线型和半割线型曲线尖轨。

图9-7　配件中的尖轨

尖轨可用普通断面钢轨或特种断面钢轨制成。用普通断面钢轨制成的尖轨，一般在尖轨前端加补强板以增强其横向刚度。用特种断面钢轨制成的尖轨，其断面粗壮、整体性强、刚度大，稳定性比普通断面钢轨好。与基本轨高度相同的称为高型特种断面，较矮者称为矮型特种断面。为便于在跟端与连接部分连接，特种断面钢轨跟部要加工成普通钢轨断面。我国已广泛推广使用矮型特种断面钢轨。

为使转辙器正确引导列车的行驶方向，尖轨尖端必须细薄，且与基本轨紧密贴合。从尖轨尖端开始，尖轨断面逐渐加宽，其非作用一侧与基本轨作用边一侧应紧密贴合，保证直向尖轨作用边为一直线，侧向尖轨作用边与导曲线作用边为一圆曲线。尖轨与基本轨的贴靠通常有两种，即贴尖式与藏尖式。当采用普通钢轨刨切时，将头部经过刨切的尖轨置于较基本轨高出6mm的滑床板上，形成贴尖式尖轨；当采用矮型特种断面钢轨加工尖轨时，在轨头下额轨距线以下作1:3的斜切，使尖轨尖端藏于基本轨的轨距线之下，形成藏尖式结构，以保护尖轨尖端不被车轮轧伤。为保证尖轨具有承受车轮压力的足够强度，尖轨顶宽50mm以上部分方能完全受力，尖轨顶宽20mm以下部分，由基本轨受力，尖轨顶宽20～50mm的部分为轮载过渡段。尖轨与基本轨之间保持有必要的轨顶面相对高差。

尖轨跟端为尖轨与导曲线钢轨连接的一端。尖轨跟部结构保证尖轨能根据不同的转辙要求在平面上左右摆动，要求坚固稳定，制造简单，维修方便。

尖轨跟端主要采用间隔铁鱼尾板式和弹性可弯式跟端结构。间隔铁鱼尾板式跟端结构（图9-8）主要由间隔铁、跟端夹板及双头连接螺栓等组成，零件较少，尖轨扳动灵活，但稳定性较差。弹性可弯式尖轨在跟端前2～3根轨枕处，将轨底削去一部分，形成柔性部位，使尖轨具有能从一个位置扳动到另一位置足够的弹性。提速道岔中未对尖轨跟端轨底作刨切，虽增加了尖轨扳动力，但有利于保持尖轨跟端强度。跨区间无缝线路中，为限制尖轨伸缩位移，在跟部的基本轨和尖轨轨腰上安装有限位器，有利于将过大的温度力传递给外侧基本轨。

3）转辙器上的零配件

转辙器上的零配件有间隔铁、限位器、滑床板、轨撑、顶铁、各种特殊形式的垫板、道岔拉杆和连接杆、转辙机械等。

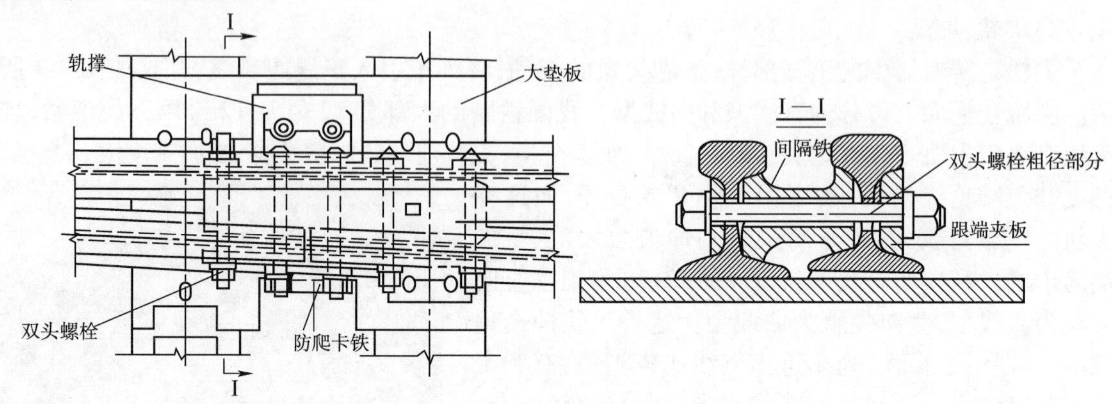

图 9-8　间隔铁鱼尾板式跟端结构

（1）间隔铁：间隔铁设置于尖轨跟端，在无缝道岔中可将尖轨中的温度力传至基本轨，限制尖轨尖端的伸缩位移，而在有缝道岔中则是间隔铁鱼尾板式跟端结构，保证尖端的扳动及其稳定性。

（2）限位器：在跨区间无缝线路中，为限制尖轨尖端的伸缩位移，在尖端跟部的基本轨和尖轨轨腰上可安装限位器，将过大的温度力传递给外侧基本轨。

（3）滑床板：在整个尖轨长度范围内的岔枕面上，有承托尖轨和基本轨的滑床板。滑床板有分开式和不分开式两种。分开式是轨撑由垂直螺栓先与滑床板连接，再用道钉或螺纹道钉将垫板与岔枕连接；不分开式用道钉将轨撑、滑床板直接与岔枕连接。尖轨放置于滑床板上，与滑床板之间无扣件连接。

（4）轨撑：用于防止基本轨倾覆、扭转和纵横向移动的轨撑，安装在基本轨的外侧。它用螺栓与基本轨相连，并用两个螺栓与滑床板连接。轨撑有双墙式和单墙式之分。不是所有道岔都有轨撑，比如提速道岔中由于扣件扣压力足够大，未设轨撑。

（5）顶铁：尖轨刨切部位紧贴基本轨，而在其他部位则依靠安装在尖轨外侧腹部的顶铁，将尖轨承受的横向水平力传递给基本轨，以防止尖轨受力时弯曲，并保持尖轨与基本轨的正确位置。

（6）各种特殊形式的垫板：如铺设在尖轨之前的辙前垫板和之后的辙后垫板；铺设在尖轨尖端和跟端的通长垫板；为保持导曲线的正确位置而设置的支距垫板等。

（7）道岔拉杆和连接杆：道岔拉杆连接两根尖轨，并与转辙设备相连，以实现尖轨的摆动，故又叫转辙杆。连接杆为连接两根尖轨的杆件，其作用是加强尖轨间联系，提高尖轨的稳定性。

（8）转辙机械：最常用的道岔转换设备的种类有机械式和电动式。若按操纵方式分类，则有集中式和非集中式两种。机械式转换设备可分为集中式和非集中式，电动式转换设备则为集中式。道岔转换设备必须具备转换（改变道岔方向）、锁闭（锁闭道岔，在转辙杆中间处尖轨与基本轨之间不允许有 4mm 以上的间隙）和显示（显示道岔正位或反位）三种功能。

2. 辙叉及护轨

辙叉是使车轮由一股钢轨越过另一股钢轨的设备。辙叉及护轨包括辙叉、护轨、主轨（安装护轨的基本轨）及其他连接零件。其中，辙叉主要由叉心、翼轨和连接零件组成。按平面形式分，辙叉有直线辙叉和曲线辙叉两类；按构造类型分，有固定辙叉和活动辙叉两类。在单开道岔上，以直线式固定辙叉最为常用。

1）固定辙叉

直线式固定辙叉分两种，即整铸辙叉和钢轨组合式辙叉。

整铸辙叉（图9-9）是用高锰钢浇筑的整体辙叉。高锰钢是一种锰碳含量均较高的合金钢（含锰约12.5%，碳约1.2%），具有较高的强度，良好的冲击韧性，经热处理后，在冲击荷载作用下，会很快产生硬化，使表面具有良好的耐磨性能。同时，由于心轨和翼轨同时浇筑，整体性和稳定性好，可不设辙叉垫板而直接铺设在岔枕上。这种辙叉还具有使用寿命长，养护维修方便的优点。

图9-9　整铸辙叉

钢轨组合式辙叉是用钢轨及其他零件经刨切拼装而成的，它由长心轨、短心轨、翼轨、间隔铁、辙叉垫板及其他零件组成，如图9-10所示。辙叉是由长心轨、短心轨拼装而成，长心轨应铺设在正线或运量较大的线路方向上。为尽可能保持长心轨断面的完整，而将短心轨刨去一部分，使短心轨轨底叠盖在长心轨轨底上，以保持叉心的坚固稳定。这种结构取材容易，无特殊工艺要求，加工制造方便。但这种结构零件多，养护工作量大，目前我国正线上已很少使用。

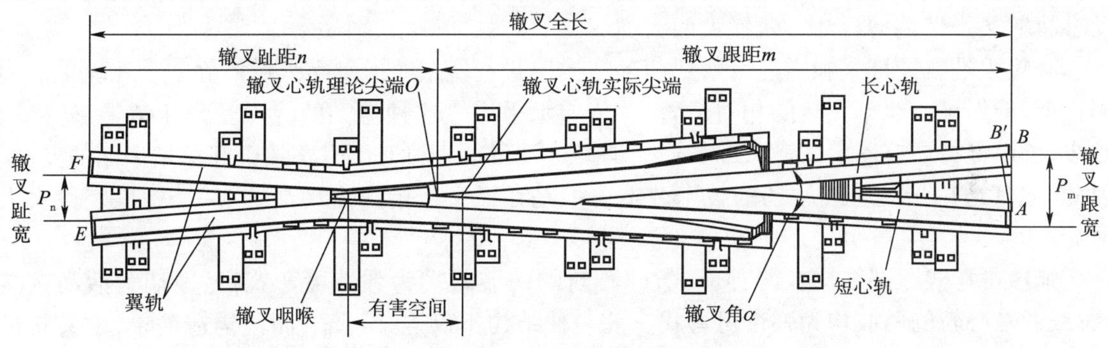

图9-10　组合辙叉及辙叉各部分名称

辙叉叉心两侧作用边之间的夹角称为辙叉角 α。心轨两侧工作边延长线的交点，称为辙叉理论中心（理论尖端）。由于制造工艺的原因，实际叉心尖宽为6～10mm，称为辙叉实际尖端。

辙叉上两翼轨工作边最小间距处称为辙叉咽喉。为保证直向和侧向两个方向的列车都能顺利通过，固定辙叉上从辙叉咽喉到心轨实际尖端之间的轨线出现中断，该区域称为“有害空间”。

道岔号数以辙叉号数 N 表示：

$$N = \cot\alpha \tag{9-1}$$

式中，α 为辙叉角，则

$$\alpha = \operatorname{arccot}\frac{1}{N}$$

辙叉号数越大,辙叉角越小,而有害空间则越大。

单开道岔辙叉从其趾端到跟端的长度 FA 或 EB,称为辙叉全长。从辙叉趾端到理论中心的距离 FO 或 EO,称为辙叉趾距,用 n 表示。从辙叉跟端到理论中心的距离 AO 或 BO,称为辙叉跟距,用 m 表示。辙叉趾端翼轨作用边间的距离 EF 和辙叉跟端叉心作用边间距 AB,分别称为辙叉趾宽 P_n 及辙叉跟宽 P_m,如图 9-10 所示。

2)可动辙叉

可动辙叉是指辙叉个别部件可以移动,以保证列车过岔时轨线的连续,消除固定辙叉上存在的有害空间,并可取消护轨,同时辙叉在纵断面上的几何不平顺也可以大大减少,从而显著地降低辙叉部位的轮轨相互作用,提高运行的平稳性,延长辙叉的适用寿命。可动辙叉有如下三种基本形式。

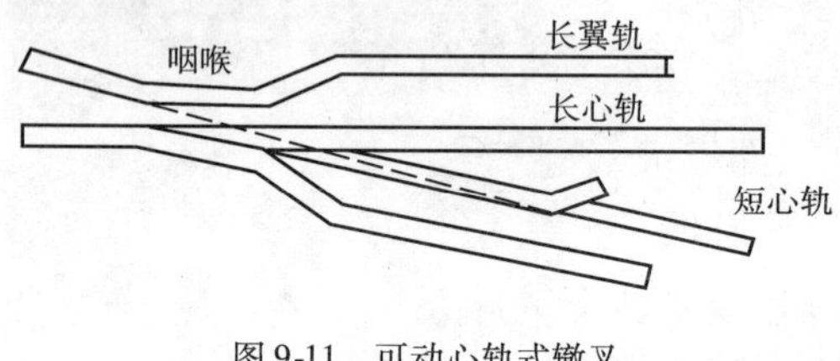

图 9-11　可动心轨式辙叉

(1)可动心轨式辙叉:可动心轨式辙叉,顾名思义是中心轨可动,翼轨固定的辙叉形式,如图 9-11 所示。这种辙叉的优点是列车作用于心轨的力能直接传递给翼轨,保证了辙叉的横向稳定性。由于心轨的转换与转辙器同步,不会因为误认进路时发生脱轨事故,保证行车安全。缺点是制造比较复杂,并较固定式辙叉长。

可动心轨辙叉包括两根翼轨、长心轨、短心轨、转换设备及各种连接零件,有钢轨组合型可动心轨辙叉及锰钢型可动心轨辙叉两大类。

心轨跟端有铰接式和弹性可弯式两种。铰接式心轨跟端通过高强螺栓固定在翼轨上的间隔铁上,能保证心轨与翼轨的相对位置,并传递水平力。这种辙叉的优点是便于铸造,转换力较小,可以保持原有固定式辙叉的长度。铺设这种可动心轨辙叉时不致引起车站平面的变动。因此,尤其适用于既有线站场的技术改造。但是在辙叉范围内出现活接头,结构稳定性大大降低。

弹性可弯式跟部结构有两种形式,即心轨的一肢跟端为弹性可弯式,另一端为活动铰接式;或者是心轨的两肢均为弹性可弯式。前一种结构不仅连接可靠,而且构造简单,辙叉转换力也较小,我国研制的可动心轨辙叉选用的就是此种形式。后一种结构在转换时长短心轨接合面上将产生少量的相对滑动,这种心轨较长,且转换力要求较大。

(2)可动翼轨式辙叉:可动翼轨式辙叉中心轨固定,翼轨可动,又可分为单侧翼轨可动和双侧翼轨可动两种形式。这类辙叉比较灵活,可设计成与既有固定式辙叉互换的尺寸,铺设时可以避免引起站场平面的变动,同时又满足了消灭有害空间的要求,缺点是可动翼轨的横向稳定性较差,翼轨的固定装置结构复杂。

(3)其他消灭有害空间的辙叉形式:我国新近研制的客运专线 18 号道岔采用单肢弹性可弯式心轨辙叉结构,心轨为 60D40 型钢轨组合结构,长心轨跟端弹性可弯,短心轨跟端滑动。沿用我国提速道岔中大量采用的 60AT 型钢轨局部锻压特种断面并加焊 60kg/m 标准轨的翼轨结构,为解决 60D40 型钢轨的断面难以锻制转换凸缘,采取了以下方案:心轨尖端不再锻制转换凸缘,而是改变锁钩结构并上移,同时将心轨尖端附近轨底刨切 10mm,翼轨内侧轨底刨切 17mm,轨底上表面也作适量刨切,以满足锁钩的结构要求。采用防跳卡铁和防跳顶铁限制心轨的跳动。翼轨跟端采用大间隔铁,并与心轨连接。

3)护轨

护轨设于固定辙叉两侧,主要作用是引导列车车轮轮缘,使之进入适当的轮缘槽,防止与叉心碰撞。目前我国道岔的护轨类型主要有钢轨间隔铁型、H形和槽形三种。护轨的防范范围应包括辙叉咽喉至叉心顶端50mm的一段长度,并要求有适当富余。辙叉护轨由中间平直段、两端缓冲段和开口段组成,成折线型。护轨平直段是实际起着防护作用的部分,缓冲段及开口段起着将车轮平顺地引入护轨平直段的作用。缓冲段的冲击角应与列车允许的通过速度相匹配。

3.连接部分

连接部分是转辙器和辙叉之间的连接线路,包括直股连接线和曲股连接线(也称导曲线)。直股连接线与区间线路构造基本相同。导曲线的平面形式可以是圆曲线、缓和曲线或变曲率曲线。我国目前线路上铺设的道岔导曲线均为圆曲线,两端一般不设缓和曲线。当转辙器尖轨或辙叉为曲线型时,其本身就是导曲线的一部分,确定导曲线平面形式时应将尖轨和辙叉平面一并考虑。导曲线由于长度及限界的限制,一般不设超高和轨底坡。

为防止导曲线钢轨在动荷载作用下的外倾及轨距扩大,可设置一定数量的轨撑或者轨距拉杆,也可同区间线路一样设置一定数量的防爬器及防爬木撑,以减少钢轨的爬行。

二、单开道岔的几何尺寸

1.道岔各部分轨距

直线轨道的轨距为1435mm,曲线轨道应根据曲线半径、运行速度及机车车辆的通过条件等因素来决定。单开道岔各部位的轨距,按机车车辆以正常强制内接条件计算并加一定的余量,需加宽部位有:基本轨前接头处轨距 S_1、尖轨尖端轨距 S_0、尖轨跟端直股及侧股轨距 S_h、导曲线中部轨距 S_c、导曲线终点轨距 S。我国铁路92型标准道岔上各部位的轨距值见表9-1。

标准道岔部分的轨距尺寸(单位:mm)　　表9-1

N	12		18
	直线尖轨	曲线尖轨	
S_1	1435	1435	1435
S_0	1445	1437	1438
S_h	1439	1435	1435
S_c	1445	1435	1435

道岔各部分的轨距加宽,应有适当的递减距离,以保证行车的平稳性。尖轨尖端的轨距加宽,应按不大于6‰的递减率向尖轨外方向递减。S_0 与 S_h 的差数,应在尖端范围内均匀递减。导曲线中部轨距加宽的递减距离,至导曲线起点为3m,至导曲线终点为4m,尖端、跟端直股轨距 S_h 的递减距离为1.5m。

我国新设计的道岔中,除尖轨尖端宽2mm处因刨切引起的轨距构造加宽外,其余部分轨距均为标准轨距1435mm。

道岔各部分的轨距应符合标准规定,如有误差,不论是正线、到发线、站线或专用线,一律

不得超过 +3mm 或 -2mm，有控制锁的尖轨尖端不超过 ±1mm，较一般轨道有更严格的要求。同时还需要考虑道岔轨距在列车作用下将有 2mm 的弹性扩张，由此可以计算出道岔各部分的最小、正常和最大轨距值。

2. 转辙器几何尺寸

道岔转辙器上需要确定的几何尺寸主要有最小轮缘槽 t_{min} 和尖轨动程 d_0。

1）尖轨的最小轮缘槽 t_{min}

当使用曲线尖轨直向过岔时，应保证在最不利条件下，即具有最小宽度的轮对一侧车轮轮缘紧贴直股尖轨时，另一侧车轮轮缘能顺利通过而不冲击尖轨的非工作边，如图 9-12 所示。此时，曲线尖轨在其最突出处的轮缘槽，较其他任何一点的轮缘槽为小，称曲线尖轨的最小轮缘槽 t_{min}。要保证轮对顺利通过该轮缘槽，而不以轮对的轮缘撞击尖轨的非工作边，轮缘槽的宽度应取以下最不利组合时的数值：

$$t_{min} \geqslant S_{max} - (T+d)_{min} \tag{9-2}$$

式中 S_{max} 为曲尖轨突出处直向线路轨距的最大值，计算时还应考虑轨道的弹性扩张和轨道公差。以提速道岔为例，采用车辆轮，代入具体值，求得：

$$t_{min} \geqslant 1435 + 3 - (1350 + 22 - 2) = 68\text{mm}$$

我国实际采用的 $t_{min} \geqslant 68$mm。同时 t_{min} 也是控制曲线尖轨长度的因数之一，为缩短尖轨长度，不宜规定得过宽，根据经验，t_{min} 可减少至 65mm。

对于直线尖轨来说，t_{min} 发生在尖轨跟端。尖轨跟端轮缘槽 t_0 应不小于 74mm。这时跟端支距 $y_g = t_0 + b$，如图 9-13 所示。B 为尖轨跟端钢轨头部的宽度。取 $b = 70$mm，代入有关数据，可得 $y_g = 144$mm。

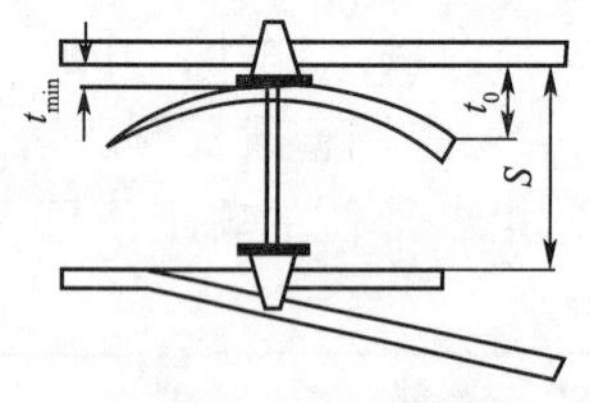

图 9-12　曲线尖轨轮缘槽

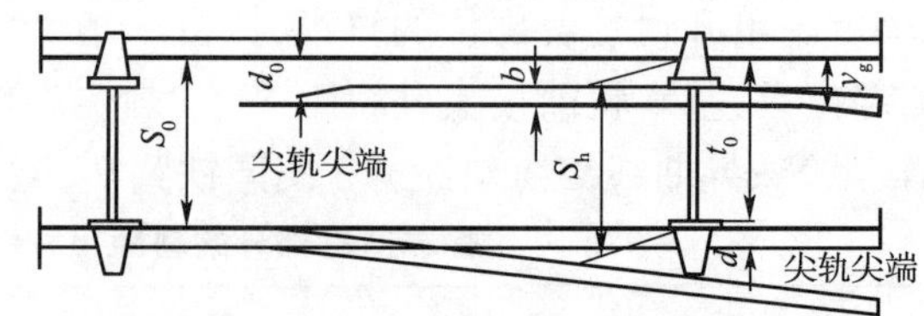

图 9-13　直线尖轨尖端与跟端

2）尖轨动程 d_0

尖轨动程为尖轨尖端非作用边与基本轨作用边之间的拉开距离，规定在距尖轨尖端 380mm 的第一根连接杆中心处量取。尖轨动程应保证尖轨扳开后，具有最小宽度的轮对尖轨非作用边不发生侧向挤压。曲线尖轨的动程由 t_{min}、曲线尖轨最突出处的钢轨轨宽、曲线半径 R 等因素确定。对直线尖轨要求轨尖端开口部小于（$y_g + S_0 - S_h$）。由于目前各种转辙机的动程业已定型，故尖轨的动程应与转辙机的动程配合。目前大多数转辙机的标准动程为 152mm，因此《铁路线路维修规划》规定：尖轨在第一连杆处的最小动程，直尖轨为 142mm，曲尖轨为 152mm。

3. 导曲线几何尺寸

导曲线部分需要确定的几何尺寸，主要是导曲线外轨工作边上各点以直向基本轨作用边为横坐标轴的垂直距离，也称导曲线支距。它对正确设置导曲线并经常保持其圆顺度起着十分重要的作用。

计算导曲线支距的方法有多种，当采用曲线尖轨、单圆曲线型导曲线时，取直股基本轨上正对尖轨跟端的 O 点为坐标原点，如图 9-14 所示。这时，导曲线始点的横坐标 x_0 和支距 y_0 分别为：

$$\begin{cases} x_0 = 0 \\ y_0 = y_g \end{cases} \tag{9-3}$$

导曲线终点的横坐标 x_n 和支距 y_n 则分别为：

$$\begin{cases} x_n = R(\sin\gamma_n - \sin\beta) \\ y_n = y_g + R(\cos\beta - \cos\gamma_n) \end{cases} \tag{9-4}$$

式中：R——导曲线外轨半径；

β——尖轨跟端处曲线尖轨作用边与基本轨作用边形成的转辙角；

γ_n——导曲线终点 n 所对应的偏角，$\gamma_n = \alpha$。

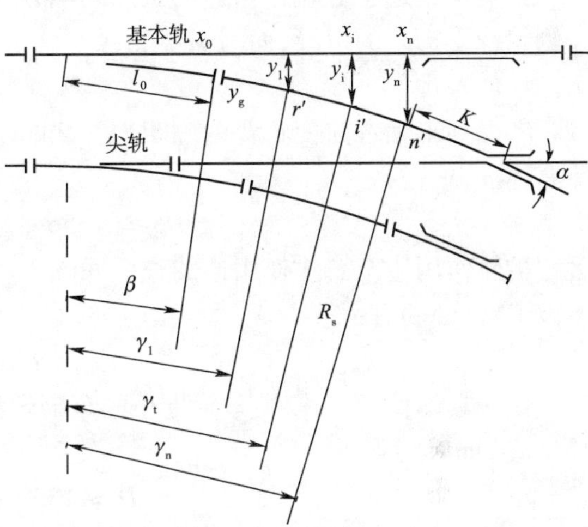

图 9-14 导曲线支距

令导曲线上各支距测点 i 的横坐标为 x_i（依次为 2m 的整数倍），则其相应的支距 y_i 为：

$$y_i = y_0 = R(\cos\beta - \cos\gamma_i) \tag{9-5}$$

式中的 γ_i 可用下式近似公式求得：

$$\sin\gamma_i = \sin\beta + \frac{x_i}{R} \tag{9-6}$$

最后计算得到的 y_n，可用式(9-7)进行校核，即

$$y_n = S - K\sin\alpha \tag{9-7}$$

式中：K——导曲线后插直线长。

4. 辙叉及护轨几何尺寸

1）固定辙叉及护轨

固定辙叉及护轨需要确定的几何形位主要是辙叉咽喉轮缘槽 t_1、查照间隔 D_1 及 D_2、护轨轮缘槽 t_g 翼轮轨缘槽 t_w 及有害空间 l_h。

(1) 辙叉咽喉轮缘槽 t_1

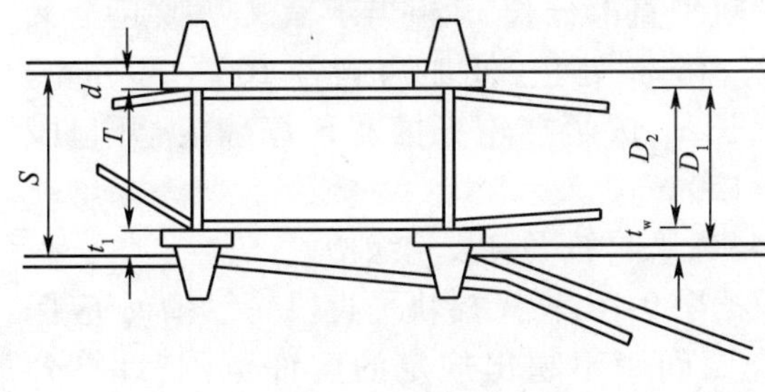

图 9-15 查照间隔

辙叉咽喉轮缘槽确定的原则是保证具有最小宽度的轮对一侧车轮轮缘紧贴基本轨时，另一侧车轮缘不撞击辙叉的翼轨。如图 9-15 所示，这时最不利的组合为

$$t_1 \geqslant S_{max} - (T + d)_{min} \tag{9-8}$$

考虑到道岔轨距允许最大误差为 3mm，轮对车轴弯曲后，内侧距减少 2mm，取车辆轮为计算标准（表 2-1），则

$$t_1 \geqslant (1435+3)-(1350-2)-22=68\text{mm}$$

t_1 不宜规定过宽，否则将不必要地增加有害空间。

(2)查照间距 D_1 及 D_2

护轨作用边至心轨作用边的查照间隔 D_1 确定的原则是具有最大宽度的轮对通过辙叉时，一侧轮缘受护轨的引导，而另一侧轮缘不冲击叉心或滚入另一线，这时最不利的组合为：

$$D_1 \geqslant (T+d)_{\max} \tag{9-9}$$

考虑到车轴弯曲使轮背内侧距增大 2mm，代入具体值，$T+d$ 取较车辆轮更大的机车轮为计算标准，求得：

$$D_1 \geqslant (1356+2)+33=1391\text{mm}$$

护轨作用边至翼轨作用边的查照间隔 D_2 确定的原则是具有最小宽幅的轮对直向通过时不被卡住，必须有：

$$D_2 \leqslant T_{\min} \tag{9-10}$$

代入具体值，T 取较机车轮更小的车辆轮为计算标准，并考虑车辆轴上弯后轮对内侧距的减小值 2mm，则：

$$D_2 \leqslant 1350-2=1348\text{mm}$$

显然，D_1 只能有正误差，不能有负误差，容许变化范围为 1391 ~ 1394mm。同样，D_2 只能有负误差，不能有正误差，容许变化范围为 1346 ~ 1348mm。

(3)护轨中间平直段轮缘槽 t_{g1}

如图 9-16 所示，护轨中间平直段轮缘槽 t_{g1} 应确保 D_1 不超过规定的容许范围，计算公式为：

$$t_{g1}=S-D_1-2 \tag{9-11}$$

式中，2mm 为护轨侧面磨耗限度。取 $S=1435\text{mm}$，$D_1=1391 \sim 1394\text{mm}$，得 $t_{g1}=39 \sim 42\text{mm}$，一般取为 42mm。

为使车轮轮缘槽能顺利进入护轨轮缘槽内，护轨平直段两端应分别设置缓冲段及开口段。终端轮缘槽 t_{g2} 应保证有和辙叉咽喉轮缘槽相同的通过条件，即 $t_{g2}=t_1=68\text{mm}$。在缓冲段的外端，再设开口段，开口段终端轮缘槽 t_{g3} 应能保证线路轨距为最大允许值时，具有最小宽度的轮对能顺利通过，而不撞击护轨的终端开口，由此得：

$$t_{g3}=1456-(1350+22-2)=86\text{mm}$$

实际采用 $t_{g3}=90\text{mm}$，采用将钢轨头斜切的方法得到。

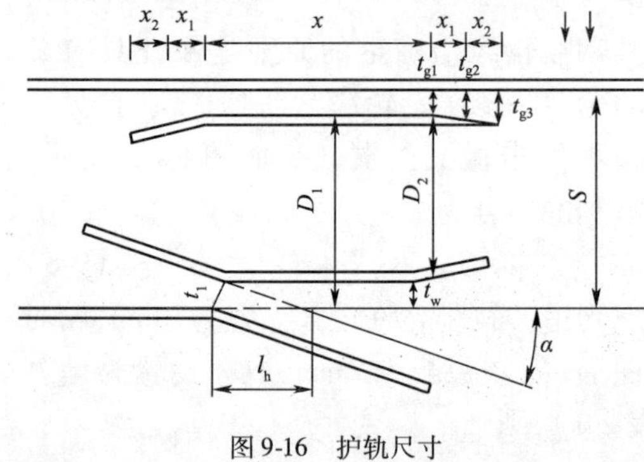

图 9-16 护轨尺寸

护轨平直部分长 x，相当于辙叉咽喉起至叉心顶宽 50mm 处止，外加两侧各 100 ~ 300mm。缓冲段长 x_1 按两端轮缘槽宽计算确定，开口段长 $x_2=150\text{mm}$。

(4)辙叉翼轨平直段轮缘槽 t_w

根据图 9-16，辙叉翼轨平直段轮缘槽 t_w 应保证两查照间距不超出规定的容许范围，计算公式为：

$$t_w=D_1-D_2 \tag{9-12}$$

采用不同的 D_1、D_2 组合，得到 t_w 的变化范围为 43 ~ 48mm。我国规定采用 46mm，从辙叉心轨尖端至心轨宽 50mm 处，t_w 均应保持此宽度。为了减少顺向过岔时的翼轨的冲击角，也可将翼轨平直段的防护宽度放宽至心轨顶宽 20 ~ 50mm 范围内。

辙叉翼轨轮缘槽也有过渡段与开口段，其终端轮缘槽宽度、缓冲段的转折角与护轨相同。辙叉翼轨各部分长度可比照护轨进行相应的计算。

(5)有害空间长度 l_h

辙叉有害空间长度 l_h 可采用下式计算：

$$l_h = \frac{t_1 + b_1}{\sin\alpha} \tag{9-13}$$

式中，b_1 为叉心实际尖端宽度，通常可取为 10mm。因 α 很小，可近似取 $\frac{1}{\sin\alpha} \approx \frac{1}{\tan\alpha} = \cot\alpha = N$，所以，式(9-13)可改写成：

$$l_h \approx (t_1 + b_1)N \tag{9-14}$$

取 $t_1 = 68$mm，$b_1 = 10$mm，则 9 号、12 号及 18 号的道岔有害空间分别为 702mm、936mm 及 1404mm。

2)可动心轨辙叉及护轨

可动心轨辙叉的主要几何形位有辙叉咽喉轮缘槽与翼轨端部轮缘槽。可动心轨辙叉与固定式辙叉不同，其咽喉宽度不能用最小轮背距和最小轮缘厚度进行计算，而应根据转辙机的参数来决定。现有电动转辙机的动程为 152mm，调整密贴的调整杆的轴套摆度最小可达 90mm，因此，可动心轨辙叉咽喉的理论宽度 t_1 不应小于 90mm，并不大于 152mm。现已使用的 60kg/m 钢轨提速 12 号可动心轨辙叉中，这个数值采用 120mm。翼轨端部的轮缘槽宽度 t_2 不应小于固定式的辙叉咽喉宽度 68mm，一般采用 $t_2 > 90$mm。若可动心轨辙叉中设置有防磨护轨，护轨轮缘槽确定的原则为确保心轨不发生侧面磨耗而影响心轨与翼轨的密贴。

三、单开道岔的总布置图

道岔的设计一般分为两种情况。

一种是给出钢轨类型、侧向容许通过速度、机车类型等条件进行道岔设计，这时必须按规定的容许离心加速度、加速度时变率及撞击动能损失的容许值来确定所需要得到道路号数、导曲线半径、各部分轨距，并进行整个道岔的设计。

另一种是在生产实际中大量遇到的情况，已知钢轨的类型和道岔号数、导曲线半径、转辙器类型及长度，来计算道岔布置总图。

单开道岔总图计算，包括以下几项主要内容：道岔主要尺寸计算、配轨计算、导曲线支距的计算、各部分轨距的计算、叉枕布置总图、提出材料数量表。

1. 曲线尖轨、直线辙叉单开道岔的计算

1)转辙器计算

曲线尖轨大多采用圆曲线型。半切线型尖轨如图 9-17 所示。

半切线型尖轨曲线的理论起点与基本轨相切，在尖轨顶宽为 b_1 处(通常为 20 ~ 40mm)开始，将曲线改为切线(若不改动，则为全切线型)，为避免尖轨尖端过于薄弱，在顶宽 3 ~ 5mm

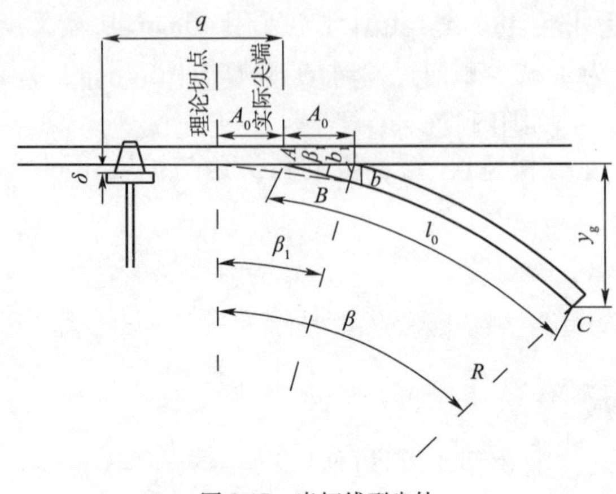

图 9-17 半切线型尖轨

处再作一斜切，这种形式的曲线尖轨的侧向行车条件较直线尖轨好，且尖轨比较牢固，加工也比较简单，是我国道岔应用较多的尖轨形式。

曲线尖轨转辙器中的主要尺寸包括：曲线尖轨长度 l_0、直向尖轨长度 l'_0、基本轨前端长 q、基本轨后端长 q'、尖轨曲线半径 R、尖轨尖端角 β_1、尖轨转辙角 β 和尖轨辙跟支距 y_g。

尖轨曲线半径通常与导曲线半径相同，保持转辙器与导曲线容许通过速度一致，并使道岔全长较短。设侧股轨道中心线的半径为 R_0，则标准轨距道岔中尖轨工作边的曲率半径为$R = R_0 + 717.5\text{mm}$。

尖轨尖端角为导曲线实际起点的半径与垂直线的夹角，又叫转辙角。由图 9-15 可得：

$$\beta_1 = \arccos \frac{R - b_1}{R} \tag{9-15}$$

图 9-15 中 AB 线为 B 点的切线，理论切点 O 与 A、B 点所形成的三角形中，有 $OA = OB$。由于转辙角极小，可近似认为尖轨实际尖端至理论起点的距离与尖轨实际尖端至尖轨顶宽 b_1 处的距离相等，则 A_0 可采用下式计算：

$$A_0 = R \cdot \tan \frac{\beta_1}{2} \tag{9-16}$$

基本轨前端长是道岔与连接线路或另一组道岔之间的过渡段，为使两组道岔对接时，道岔测线的理论顶点能设置在道岔的前端接头处，尖轨尖端前部基本轨的长度 q 应不小于 $A_0 - \dfrac{\delta}{2}$（δ 为基本轨端部轨缝）。同时，q 值还应满足轨距递变的限制，即 $q \geqslant \dfrac{S_0 - S}{i}$，$S_0$ 为尖轨尖端处的轨距值，S 为正常轨距值，i 为容许的轨距递变率，i 应不大于 6‰，q 值的长短还应考虑到岔枕的布置。我国在 9 号和 12 号 92 型标准道岔上，在满足岔枕合理布置的前提下，统一采用 $q = 2646\text{mm}$。

然后计算曲线尖轨的长度。尖轨跟部所对的圆心角为β，称转辙角。

$$\beta = \arccos \frac{R - y_g}{R} \tag{9-17}$$

由图 9-17 可知，曲线的长度为

$$l_0 = AB + BC = A_0 + \frac{\pi}{180} R(\beta - \beta_1) \tag{9-18}$$

曲线尖轨扳开后，与基本轨之间所形成的最小轮缘槽的位置在尖轨中部某个位置上，如图 9-18 所示，这个宽度应该满足最小轮缘槽的要求。因此，所算得的尖轨长度还是根据该尖轨扳开时所形成的轮缘槽的宽度来进行调整。这时可变更尖轨跟端支距 y_g，重新计算 l_0，并校核轮缘槽宽度，直至符合要求。最小轮缘槽的计算公式见式(9-2)。设尖轨跟端支距为 y_g，尖轨转彻杆安装在离尖轨尖端 x_0 处，尖轨的动程为 d_0。尖轨扳开后，尖轨突出处距尖轨理论起点

的距离为 x，这时该尖轨工作边与基本轨工作之间的距离为 T，根据图 9-18，利用曲边三角形的关系得：

$$T \approx \frac{x^2}{2R} + \frac{d_0(l_0 + q - x)}{l_0 - x_0} - b \tag{9-19}$$

令 $\frac{dT}{dx} = 0$，则可得到将会最突出处距尖轨理论起点的距离 x_t 为：

$$x_t = \frac{d_0 R}{l_0 - x_0} \tag{9-20}$$

因此尖轨非工作边与基本轨之间的轮缘槽最小宽度为：

$$t_{min} = \frac{x_t^2}{2R} + \frac{d_0(l_0 + q - x_t)}{l_0 - x_0} \tag{9-21}$$

尖轨的长度还与跟部的构造有关。如尖轨跟部为间隔铁式，则 l_0 可按式(9-18)计算。如果是弹性可弯式跟部结构，则公式求得的尖轨长度还需要增加 1.0～2.0m，作为尖轨跟部的固定部分。

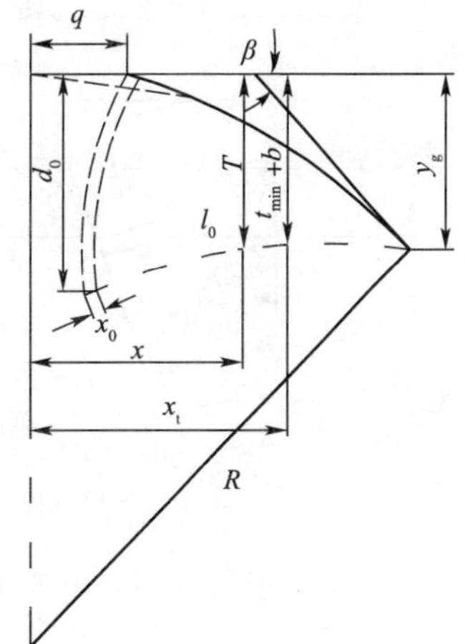

图 9-18　曲线尖轨轮缘槽

转辙器的另一根尖轨为直尖轨。直尖轨以曲线尖轨实际尖端与跟端在水平方向的投影长作为其长度，这样可保持两尖轨的尖端及跟端对齐。直尖轨长 l_0' 为：

$$l_0' = A_0 + R(\sin\beta - \sin\beta_1) \tag{9-22}$$

基本轨后端长 q' 主要决定于尖轨跟端连接结构、岔枕布置及配轨要求。新设计的 60kg/m 钢轨 12 号提速单开道岔转辙器中采用的是全切线型尖轨，仅在尖轨尖端轨头宽 2mm 处作补充刨切，使尖端藏于基本轨轨线以内。其尺寸的计算原理与半切线尖轨是一致的，基本参数如下。

$R = 350717.5\text{mm}$，$q = 2916\text{mm}$，$b_2 = 2\text{mm}$，$y_g = 311\text{mm}$，$l_0 = l_0' = 13880\text{mm}$，尖轨尖端轨距加宽值为 2mm，导曲线理论起点离实际尖端 886mm，导曲线实际起点离尖轨实际尖端 298mm。

2）锐角固定辙叉的主要几何尺寸

锐角固定辙叉的主要此尺寸包括趾距、跟距及辙叉全长。趾距影响道岔连接部分及配轨的长度，跟距决定道岔后端接头的位置，直接影响道岔的全长。直线锐角辙叉的长度，应根据给定的钢轨类型，辙叉角号数进行计算。首先根据辙叉的结构要求，即根据我国夹板的孔型布置，能使各个夹板螺栓顺利穿入为控制条件，计算辙叉的容许最小长度，再按岔枕布置及护轨长度等条件进行调整，最后确定其采用值。新设计的 60kg/m 钢轨 12 号提速道岔中锰钢固定式辙叉的长度是 $n = 2038\text{mm}$，$m = 3954\text{mm}$。

3）道岔的主要尺寸

半切线尖轨、直线辙叉单开道岔中主要尺寸如图 9-19 所示，图中各项符号的意义如下：道岔号数 N，辙叉角 α，转辙角 β，尖轨长 l_0、l_0'，尖轨跟端支距 y_g，基本轨前端长 q；辙叉趾距 n，辙叉跟距 m；导曲线外轨半径 R、导曲线后插直线长 K。O 点为道岔直股中心线与侧线辙叉部分中心线的角点，又称道岔中心。

需要计算的尺寸如下：道岔前长 a（道岔前轨缝中心到道岔中心的距离），道岔后长 b（道岔中心到道岔后轨缝中心的距离）；道岔理论全长 L_t（尖轨理论尖端至辙叉理论尖端的距离）；道岔实际全场 L_Q（道岔前后轨缝中心之间的距离），导曲线后插直线长 K（当 R 为已知时）或者

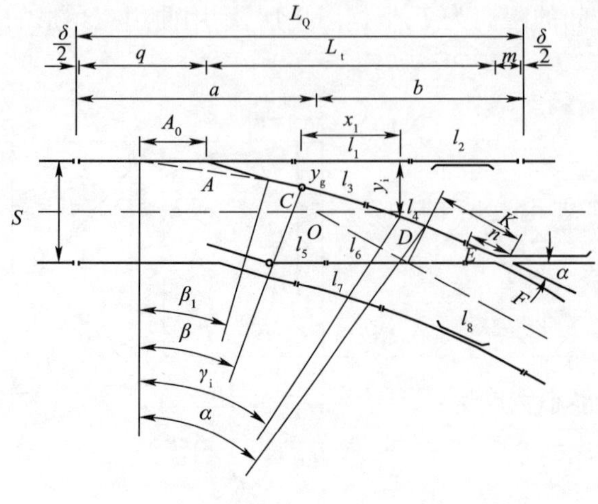

图 9-19 单开道岔总图

曲线外轨半径 R（当 K 已知时）。导曲线后插直线段是为了减少车辆对辙叉的冲击作用，避免车轮与辙叉前接头相撞，而使辙叉两侧的护轨完全铺设在直线上，一般要求 K 有 2 ~ 4m 的长度，最短的不得小于辙叉趾距 n 加上夹板长度 l_H 的 1/2，即

$$K_{\min} \geqslant n + \frac{l_H}{2}$$

为求得道岔有关数据，把导曲线外股作用边 $ACDEF$ 投影到直股中线上，得

$$L_t = R\sin\alpha + K\cos\alpha - A_0 \tag{9-23}$$

再把它投影到直股中线的垂直线上，得

$$S = y_g + R(\cos\beta - \cos\alpha) + K\sin\alpha \tag{9-24}$$

由此得道岔各主要尺寸的计算公式为

$$K = \frac{S - R(\cos\beta - \cos\alpha) - y_g}{\sin\alpha} \tag{9-25}$$

或者

$$R = \frac{S - K\sin\alpha - y_g}{\cos\beta - \cos\alpha} \tag{9-26}$$

$$L_Q = q + L_t + m + \delta \tag{9-27}$$

$$b = \frac{S}{2\tan\frac{\alpha}{2}} + m + \frac{\delta}{2} \tag{9-28}$$

$$a = L_Q - b \tag{9-29}$$

【例 9-1】 60kg/m 钢轨 12 号提速道岔曲线尖轨、固定型直线辙叉式单开道岔（图 9-20），$R = 350717.5$mm，$n = 2038$mm，$m = 3954$mm，曲线尖轨长 $l_0 = 13880$mm，直线尖轨长 $l_0' = 13880$mm，基本轨前端长 $q = 2916$mm，$S = 1435$mm，跟端支距 $y_g = 311$mm，$\delta = 8$mm，导曲线理论起点离尖轨实际尖端 866mm，导曲线实际起点离尖轨实际尖端 298mm，试进行道岔主要尺寸计算。

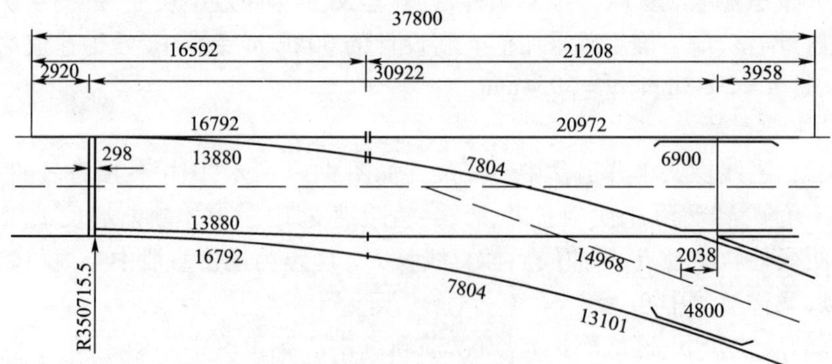

图 9-20 12 号固定型辙叉提速道岔平面主要尺寸（尺寸单位：mm）

有关计算结果如下：

$\beta=2°24'47'', \cos\beta=0.9991132$

$\alpha=4°45'49'', \cos\alpha=0.99654580, \sin\alpha=0.08304495$

$\tan\frac{\alpha}{2}=0.0415931$

$$K=\frac{S-R(\cos\beta-\cos\alpha)-y_{g}}{\sin\alpha}$$

$$=\frac{1435-350717.5(0.999113-0.996545480)-311}{0.08304495}=2692\text{mm}$$

$$L_{t}=R\sin\alpha-A_{0}+K\cos\alpha$$

$$=350717.5\times0.08304495-886+2692\times0.99654580=30922\text{mm}$$

$$L_{Q}=q+L_{t}+m+\delta=2916+30922+3954+8=37800\text{mm}$$

$$b=\frac{S}{2\tan\frac{\alpha}{2}}+m+\frac{\delta}{2}=\frac{1435}{2\times0.0415931}+3954+4=21208\text{mm}$$

$$a=L_{Q}-b=37800-21208=16592\text{mm}$$

4）配轨计算

一组单开道岔，除转辙器、辙叉及护轨外，一般有 8 根连续轨，分 4 股，每股 2 根。所谓配轨就是计算这 8 根钢轨的长度并确定其接头的位置。

配轨时应考虑如下原则：

（1）转辙器及辙叉的左右基本轨长度，应尽可能一致，以减少基本轨备件的数量，并有利于左右开道岔的互换；

（2）连接部分的钢轨不宜过短，小号码道岔一般不小于 4.5m，大号码道岔不小于 6.25m；

（3）配轨时应保证对接接头，并尽量使岔枕布置不发生困难，同时要考虑安装轨道电路绝缘接头的可能性；

（4）充分利用整轨、缩短轨、整轨的整分数倍的短轨，做到少锯切，少废弃，选用钢轨利用率较高的方案。

单开道岔配轨计算公式为（图 9-19）

$$l_{1}+l_{2}=L_{Q}-l_{j}-3\delta$$

$$l_{3}+l_{4}=(R+\frac{b_{0}}{2})(\alpha-\beta)\frac{\pi}{180}+K-n-3\delta l_{5}+l_{6}=L_{t}-l_{0}'-n-3\delta$$

$$l_{7}+l_{8}=q+A_{0}-S_{0}\tan\beta_{1}+(R-S-\frac{b_{0}}{2})(\alpha-\beta_{1})\frac{\pi}{180}+K+m-2\delta-l_{j}$$

式中：S_0——尖轨尖端处的轨距；

$S_0\tan\beta_1$——曲线尖轨起点超前内轨起点的距离；

l_j——基本轨的长度。

仍对 60kg/m 钢轨 12 号提速单开道岔进行计算，基本轨长 $l_j=16584$mm，其他数据采用以上的计算结果。

$$l_{1}+l_{2}=37800-16584-3\times8=21192\text{mm}$$

取 $l_1 = 7770\text{mm}, l_2 = 13422\text{mm}$

$$l_3 + l_4 = (350717.5 + 35) \times 2.350555° \times 0.01745329 + 2692 - 2038 - 3 \times 8 = 15024\text{mm}$$

$$l_3 = 7804\text{mm}, l_4 = 7220\text{mm}$$

$$l_5 + l_6 = 30922 - 13880 - 2038 - 3 \times 8 = 14980\text{mm}$$

$$l_5 = 7770\text{mm}, l_6 = 7210\text{mm}$$

$$l_7 + l_8 = 2916 + 298 - 1437 \times 0.0003377 + (350717.5 - 1435 - 35) \times 4.760234° \times 0.01745329 + 2692 + 3954 - 2 \times 8 - 16584 = 22271\text{mm}$$

$$l_7 = 7804\text{mm}, l_8 = 14467\text{mm}$$

5)导曲线支距计算

导曲线支距计算已在前面作了介绍。现仍对60kg/m钢轨12号提速单开道岔进行计算。

已知的参数为:$\beta = 2°24'47''$,$\alpha = 4°45'49''$,$y_g = 311\text{mm}$。

支距计算起始点:$x_0 = 0\text{mm}$,$y_0 = 311\text{mm}$。

支距计算终点坐标为:

$$x_n = R(\sin\alpha - \sin\beta) = 350717.5 \times (0.08304495 - 0.0431047) = 14358\text{mm}$$

$$y_n = S - K\sin\alpha = 1435 - 2692 \times 0.08304495 = 1211\text{mm}$$

其余各点支距可按公式(9-5)进行计算。

2. 直线尖轨转辙器的计算

直线尖轨、直线辙叉与上述的曲线尖轨、直线辙叉单开道岔的计算方法和步骤基本上一致。在计算时需要考虑如下特点:

(1)两根尖轨都是直线型的,因此冲击角、始转辙角和转辙角都是一样的,同时尖轨也比较短;

(2)尖轨的跟部结构通常采用间隔铁鱼尾板式,尖轨非工作边与基本轨工作边之间的最小距离发生在尖轨辙跟处;

(3)一般在导曲线前插直线K,以减少车轮对尖轨辙跟的冲击;

(4)侧股线路的轨距加宽要比曲线尖轨的大。

3. 可动心轨辙叉的计算

1)主要参数

可动心轨的主要参数有:心轨转换过程中不发生弯折的长度l_1,弹性肢长l_2,转辙机必需的扳动力P,心轨角β,第一、第二转辙杆处的心轨动程等,如图9-19所示。

在计算这些参数时,心轨可作为l_1段,为绝对刚体,l_2段为弹性可弯的一端固定的梁,在第一、第二转辙杆处作用有P_1和P_3力。根据这样的力学模型便可得到这些参数的一系列计算公式。但是上述参数都是互相关联的未知量,无法直接计算出来。实用的工程方法是先假定某几个值,计算其他的量,从而得到一系列曲线。在此曲线上查找合适的数据,同时考虑构造上的要求及岔枕布置,最后定出合理的参数。

如果可动心轨只设一根转辙杆,其参数的选择主要取决于转辙设备的动程、功率的大小、心轨截面及可弯部分在心轨转换时的弯曲应力值。通常可根据经验,参照转辙器部分尖轨的转换条件进行选定。

2)心轨摆动部分的长度

心轨实际尖端至弹性可弯中心的一段(图9-21中的AN)为心轨摆动部分。心轨摆动部分的长短与转辙机的扳动力及摆度、心轨危险截面的弯曲应力等因素有关。心轨摆动部分的长度加长,对上述各项指标有利。

3)辙叉趾距n

可动心轨辙叉的最小趾距,不能采用固定式辙叉趾端接头,即按构造计算的方法据趾端的稳定性来决定,而要与道岔配轨,岔枕布置等一并考虑。

4)辙叉跟距m

辙叉跟距是指辙叉轨距线交点至辙叉跟端的距离。当叉跟不设置伸缩接头时,辙叉跟距指轨距线交点至心轨跟端间的距离,这时

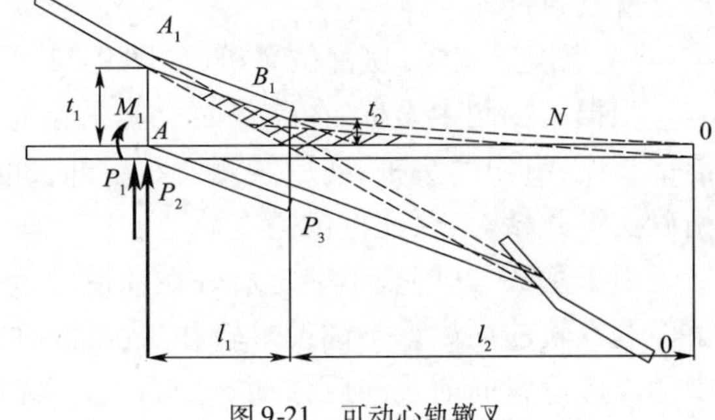

图9-21　可动心轨辙叉

$$m_{\min} \geqslant L + l_1 - \frac{t_1}{2\sin\dfrac{\alpha}{2}} \tag{9-30}$$

式中:L——长心轨的尖端到可弯中心的距离;

l_1——心轨可弯中心到辙叉跟端的距离,此值不应小于2m;

t_1——心轨尖端处的咽喉宽。

第三节　道岔的铺设

道岔的铺设,主要可分为新线铺设道岔和运营线铺设道岔两类。由于两类铺设道岔的现场施工条件差别很大,故施工方法也不尽相同。现将一般正常条件下的施工步骤、方法介绍如下。

一、新线铺设道岔

在新线路上铺设道岔,有人工铺设和机械铺设两种方法。

1.人工铺设道岔

人工铺设道岔的工作工程,可按三个步骤进行,即准备工作、基本工作和检查整理工作。

1)准备工作

为保证新铺道岔的质量,在铺设前应充分做好以下几个方面的准备。

(1)熟悉道岔布置图。不同轨型不同号码的道岔,各有其相应的标准布置图,铺设前应熟悉该道岔的类型、构造、主要尺寸、各部零件及数量等。

(2)料具准备。

①材料准备。道岔材料运至现场后,应进行详细的检查、核对。可按转辙器、辙叉及护轨、连接部分分类整理,主要检查规格型号。对于钢轨、垫板等都应丈量其长度,并分类堆码整齐。垫板数量应充足,尺寸、类型应与设计相符。此外,道岔前后所用的短轨,异形夹板等也应事先

准备好。

②工具准备。铺钉道岔用的各种工具,如撬棍、道钉锤、夹轨钳、钢轨锯、枕木夹钳、道尺、方尺、木钻、间隔绳、钢尺及记号笔等,应事先准备齐全。

(3)整平路基面。道岔范围类的路基顶面如有凹凸不平现象时,应进行整平处理,以便铺放岔枕及轨件。

(4)测定(校核)道岔位置桩,如图 9-22 所示。

根据站场图中坐标,在路基面上首先确定道岔中心桩,然后分别由道岔中心向前量测道岔前部长度,钉出岔头桩,向后量测道岔后部长度,钉出岔尾桩。钉设道岔位置桩时,必须用钢尺精确丈量并核对,保证桩位精度。

由于岔头、岔尾桩不一定恰好在铺设的接头位置上,因此还需要在道岔前后插入短轨。为了使基本轨前面尽量不铺设短轨和减少锯轨的数量,允许将道岔实际钉设位置较站场布置图中的设计位置向前或向后移动 6.25m,但不能影响股道的有效长度。

2)基本工作

(1)铺摆岔枕:沿道岔直线上股轨枕头位置,由岔头至岔尾插立间隔绳(绳距直线中心线为 1.25m),绳上标有岔枕间距尺寸标记,作为散布和摆放岔枕的依据,并注意将岔枕由岔头至岔尾按规定长度及根数依次对正标记摆放。

(2)散布配件:按照道岔布置图中规定的部位,散放相应的垫板、夹板、轨撑、螺栓和道钉等,注意某些配件有左右和前后之分,防止颠倒错放。

(3)岔枕钻孔:由于道岔内的垫板形式、尺寸以及钢轨在岔枕上的位置不同,因此,在钻孔前必须仔细正确地打出道钉孔的位置,然后进行钻孔。不同的股道,其钻孔方法也不尽相同。

①直股。铺设平垫板的岔枕,可用普通轨道的枕木钻孔样板标记,铺设其他垫板的岔枕,要根据轨距、轨头、轨底和垫板尺寸,计算出枕木端头至垫板的距离,划出垫板的边线位置,然后摆上垫板,按垫板孔眼标记。

②曲股。曲股的道钉孔,应在直股道钉打入后,根据支距及轨距尺寸划出垫板的边线,再照垫板孔眼标记。

(4)铺钉轨道:铺钉道岔钢轨,一般可按下述步骤进行:

①铺钉直轨及辙叉:按图 9-23 中所示Ⅰ-1 ~ Ⅰ-9 的顺序,将基本轨、中轨、主轨及护轨、尖轨及辙叉抬摆到岔枕上,使岔头、岔尾与中心桩对齐,各点轨距符合要求。

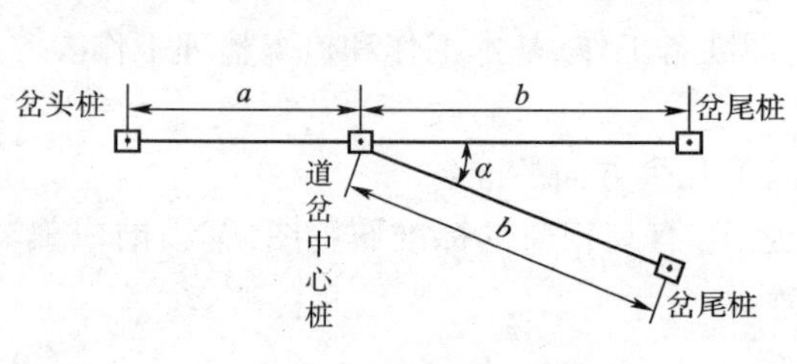

图 9-22　道岔位置桩

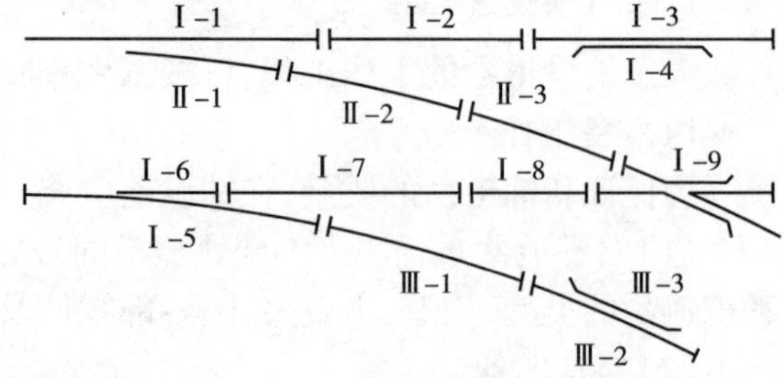

图 9-23　铺钉道贫钢轨示意图

②铺导曲线上股钢轨:抬摆图中Ⅱ-1 ~ Ⅱ-3 的上股尖轨和导曲线钢轨,连接好接头。

③铺导曲线下股钢轨:抬摆图中Ⅲ-1 ~ Ⅲ-3 的导曲线下股钢轨和护轨,连接好接头,放入

垫板,以导曲线上股为准,按规定的轨距及递减距离钉好下股。

④安装连接杆:在两尖轨中间部分安装连接杆,第一根长度最短,第三(四)根最长。要求两根尖轨应连成一个整体,使摆动灵活,尖轨竖切部分与基本轨密贴,尖轨动程符合规定。

最后安装转辙机械。

3)检查整理工作

(1)检查各部间隔尺寸

①全面检查道岔各部轨距,其允许误差在尖轨尖端处为 ±1mm(指有控制锁的道岔),其他处为 +3,-2mm。

②检查 1391mm 及 1348mm 两个间隔尺寸是否符合规定数值。

③全面检查各部垫板的位置是否正确,有无错置倒放以及轨底未落槽等现象,结合检查进行岔枕的全面方正。

④检查核对导曲线支距尺寸,允许误差 ±2mm。

(2)检查尖轨密贴情况

扳动转辙器检查尖轨摆动是否灵活,是否与基本轨完全密贴,如果发现不密贴时,应找出原因进行调整。影响尖轨不密贴的原因,主要有以下几种情况:

①闸座位置不对,应进行调整;

②连接杆长度不合适,应对连接杆的顺序、长度及类型进行检查,有无颠倒安错等情况,最后可将尖轨的接头铁(耳铁)螺栓进行调整,使尖轨全部密贴;

③尖轨本身弯曲不直或有硬弯,背面有飞边或顶铁过长等。

(3)整理

①补足全部道钉,上紧各部螺栓;

②仔细拨正道岔位置,使之与前后轨道连接方向顺直;

③若铺设完毕后向直线开通(侧向不开通)时,应将道岔转辙器加锁,或用夹板及道钉将尖轨钉固,确保安全。

2. 机械铺设道岔

为进一步提高道岔铺设的效率和质量,或由于地区条件和劳力等的限制,可采用机械化铺设的方法进行,即把需要铺设的道岔,在轨排组装基地预先钉好,再拆开分成三个或四个分块,这些分块按铺岔顺序装在轨排运送车山运至现场。分块的划分应考虑道岔中接头的位置,起重设备的起重能力,以及分块的先后顺序等因素。在分块时,分块数量不宜过多,以免过于分散,不利于施工。

二、运营线铺设道岔

运营线铺设道岔常见于在进行股道延长,增设支线以及专用线接轨等需要在既有线路上铺设新道岔的工程。在运营线路上铺设新道岔是一项复杂而又细致的工作,其特点是在不影响列车运营的条件下,在一定的封锁线路时间内,做到准备工作完善,施工组织严密,安全且高质量地完成铺设工作。

1. 道岔位置的测定

在现场测定道岔位置时,必须掌握出岔点、道岔号码及道岔主要尺寸。具体步骤如下:

(1)拨正出岔处及其前后的线路方向,定出直线中心位置。

(2)根据设计图规定位置,在直线中心线上定出新铺道岔的中心位置。一般可利用原来的钢轨接头作为新铺道岔的基本轨前接头(岔头),相应的定出岔心位置和岔尾位置,这样做的好处是可以避免岔头配短轨。

(3)以道岔中心为基准,向前量取道岔前部长度,定出岔头桩,向后分别沿直线、侧线各量取道岔后部长度,定出岔尾桩。

2. 道岔铺设的施工方法

运营线铺设道岔应遵循的原则:首先必须充分做好准备工作,把一切能预先做的工作放在准备工作内完成,争取最大限度地压缩基本作业(即需要封锁线路才能进行的工作)时间;其次,集中力量先铺直股,开通直线保证行车,侧线在不封锁线路的条件下,利用列车间隔进行铺设与整修。

现将一次双股铺设法的作业步骤介绍如下。

1)准备工作

(1)施工前的调查。主要调查内容为施工条件、工作情况、材料堆放位置等,作为编制作业计划的依据。

(2)测量道岔长度。施工负责人在施工前对道岔中桩要用钢尺进行精细的丈量核对,同时对道岔前后的钢轨长度,也应进行精细量测,以便锯配短轨和确定两端接头位置及轨缝大小。

(3)整道岔前后轨缝及锁定线路。道岔前后的线路轨缝如有连续瞎缝或大轨缝时,应先调整并加强防爬锁定,防止拆开线路铺入道岔钢轨时,发生钢轨拔不出或连不上的现象。

(4)运送材料、工具及岔枕钻孔。将铺设道岔所需要的全部材料及工具运至现场,岔枕按预先编号顺序堆放好。岔枕前后所配短轨进行准确量距,并钻好螺栓孔。

(5)画岔枕间隔及抽换岔枕。

①画岔枕间隔印:根据已测定的道岔位置,在原线路钢轨的腹部内侧,按道岔布置图规定的岔枕间距尺寸画标印。

②抽换岔枕:根据已画好的岔枕间隔印,每隔6根枕木将原铺枕木换成岔枕,交错进行,并注意将每根新岔枕下面的道床捣固密实。

(6)散布道岔垫板、道钉及各种零件。将道岔各部垫板按顺序位置散布于岔枕头上,连杆、轨撑等零件散布于所在位置的枕木盒内。

(7)松动螺栓加垫圈。将计划拆开接头的螺栓,逐个松开涂油并加垫垫圈再拧紧。

(8)做好下股基本轨的弯折工作。新道岔的下股基本轨如尚未弯折时,应按规定进行弯折。

(9)连接道岔钢轨构成轨组。将道岔直股钢轨(包括道岔前后所配短轨)分别连接成钢轨组,留够轨缝,上紧螺栓,然后将已连接好的道岔钢轨组放在道心内拨正位置,注意新轨组距原有钢轨头部内侧的净距应不少于200mm,轨面不应高出原轨面25mm,并用道钉将轨组临时钉固,轨组两端安装木梭头以保证行车安全。

(10)检查料具。上述各项准备工作完成后,施工负责任应进行全面检查落实,召集所有施工人员交代施工方法和安全注意事项,准备施工。

2)基本作业

(1)防护。施工负责人得到车站值班人员允许封锁线路的施工命令后,应按施工地点的防护方法设好防护，方可进行施工。

(2)取道钉、卸螺栓。根据施工计划分工，负责拆除原有线路两端接头的工人，分别在两端接头卸下螺栓及钢轨夹板，其余工人在规定的范围内取下全部道钉。

(3)换轨。将原有钢轨向外横移拔出，然后将置于道心的道岔轨组横移拨入原轨位置，随即将两端接头连接好。

(4)钉道。将旧垫板撤出，逐根插入道岔垫板，摆正位置钉入道钉(钉道作业顺序与新线铺设道岔作业相同，不重述)。

(5)检查整修质量。道岔铺完后，由施工负责人进行全面检查，确认各部轨距、间距无超限，配件、螺栓、道钉齐全，尖轨与基本轨完全密贴合格后，方可撤去防护，设置减速信号，通知车站开通直线线路，准许第一趟列车以 15 ~ 25km/h 的速度通过。列车通过后应进行第二次全面仔细检查和整修，经确认各部完全符合规定无误后，方可结束工作。

3)注意事项

(1)在运营线上铺设道岔的特点是不能影响列车运行，在施工前及施工中应与电务、运输部门密切联系配合，以确保行车安全。

(2)全部基本作业应在封锁线路时间内完成，如遇故障困难时，应保证直线线路开通。未完成部分在不封锁线路的条件下，利用列车间隙铺钉侧线。因此，在安排作业顺序时，也应遵循先直线后侧线的原则。

(3)预换岔枕，是针对在运营线上铺设道岔的特点，为了压缩封锁时间而采取的措施。因此，必须注意少钉道钉，换轨后废弃的钉孔，应及时灌注防腐油，打入木塞并削平。

(4)尖轨跟及护轨间隔铁、辙后垫板以及连接杆等零件，安装时应注意检查，避免出现左右颠倒、前后错位等现象。

(5)钢轨长度应用钢尺精确丈量，最好在整个施工过程中，使用同一钢尺，若道岔轨型与原线路轨型不同时，应在道岔前后各铺一节长度不小于 6.25m 与原道岔同类型的钢轨，其与邻近道岔连接的一端，长度可减小到 4.5m。两邻近道岔间距小于 9m 时，道岔轨型应一致。

(6)在运输较繁忙的线路上铺道岔时，可以采用封锁时间短的小封锁点的方法进行单股铺设，用两个施工点即可开通直线，侧线部分利用列车间隙完成。需要注意的是，采用单股铺设法时，必须先铺带护轨的外直股，以确保安全。

复习思考题

1. 简述道岔的主要类型。

2. 单开道岔的主要组成部分及功用是什么？

3. 怎样理解辙叉咽喉、有害空间、查照间隔、道岔中心、道岔前长、道岔后长、道岔实际全长及道岔理论全长的物理意义？

4. 道岔导曲线支距计算方法是什么？

5. 单开道岔总布置图有何用途？图中应标明哪些主要内容和数据？

6. 按施工作业顺序，详述新线人工铺设单开道岔的具体施工方法和步骤。

7. 在运营线上铺设道岔，与新线铺设道岔相比有何不同特点？

8. 在运营线上更换道岔有哪几种基本情况？确定道岔位置时应遵循哪些布置原则？

第十章　无缝线路的施工

教学目标

1. 了解无缝线路的工作原理。
2. 熟悉无缝线路的特点。
3. 能够进行无缝线路的相关计算。
4. 能够进行无缝线路的施工。

第一节　概　　述

一、基本概念

所谓无缝线路就是把钢轨焊接起来形成的线路，国外又称焊接长钢轨线路，因其消除了线路上的大部分轨缝，故一般又称为无缝线路。

新线无缝线路铺设时通常是在焊轨厂将无孔标准轨焊接成200～500m的长钢轨，然后用专用长轨运输车运送到铺轨现场铺设，再在现场采用气压焊或接触焊等方式焊接形成1000～2000m的单元轨节，最后经过应力放散与锁定焊接形成跨区间无缝线路。2004年上海铁路局铺设的上海至南京的无缝线路长度就达到了303km，是当时我国最长的一条跨区间无缝线路。

二、无缝线路发展历程

随着无缝线路一系列理论和技术问题的解决，无缝线路于20世纪50年代得以迅速发展。德国是无缝线路发展最早的国家，1926年就开始试铺，到50年代，已将无缝线路作为国家的标准线路。到60年代已开始试验把无缝线路和道岔焊连在一起，至今大部分道岔已焊成无缝道岔。美国虽然从30年代开始铺设无缝线路，但进展较缓慢，直到70年代才得以迅速发展，以年平均铺设7590km的速度增长，最多时年铺设达到1万km。到1979年底无缝线路已超过12万km，是目前全世界铺设无缝线路最多的国家。

大量的铺设无缝线路能收到节约材料、劳力、能耗等综合技术经济效果，因此深受各国重视。

日本20世纪50年代开始铺设无缝线路，现已铺设5000余公里。近年来日本在新干线上采用了一次性铺设无缝线路技术。

前苏联由于大部分地区温度变化幅度较大，对无缝线路的发展有所影响，直到1956年才正式开始铺设。近十年发展较快,无缝线路已达5000余公里。

我国无缝线路从1957年开始试铺,开始时采用电弧焊法,分别在北京、上海各试铺了1km,以后逐步扩大。后来在工厂采用气压焊或接触焊将钢轨焊成250~500m的长轨条,然后运至铺设地点在现场用铝热焊或小型气压焊将其焊连成设计长度。一般情况下,一段无缝线路长度为1000~2000m。每段之间铺设2~4根调节轨,接头采用高强度螺栓连接。

目前主要干线均已铺设无缝线路。20世纪90年代又开始了对跨区间无缝线路的研究和试铺工作,至今无缝线路已铺设6万余公里。

我国铁路规定:今后新建线路,条件许可时均要设计铺设无缝线路或跨区间无缝线路。

三、无缝线路的基本特点及分类

1. 特点

与普通线路相比,无缝线路在其长钢轨段内消灭了轨缝,从而消除了车轮对钢轨接头的冲击,使得列车运行平稳,旅客舒适,延长了线路设备和机车车辆的使用寿命,减少了线路养护维修工作量,并能适应高速行车的要求,是轨道现代化的发展方向。

2. 分类

无缝线路根据处理钢轨内部温度应力方式的不同,可分为温度应力式和放散温度应力式两种类型。

温度应力式无缝线路是在相邻长轨节间设置2~4根25m标准轨(称为缓冲轨),长轨节和普通轨之间采用普通钢轨接头。无缝线路锁定后,长轨节因受扣件及道床纵向阻力等约束,两端自由伸缩受到一定的限制,中间部分的自由伸缩则完全受到限制,故随着温度的变化,长轨节内夏季会产生温度压力,冬季则产生温度拉力。

放散温度应力式无缝线路,又分为自动放散式和定期放散式两种,适用于年轨温差较大的地区。它们分别采用允许长轨节两端自由伸缩及每年定期松开长轨节扣件,使其自由伸缩放散应力后重新锁定的方式,防止长轨节内产生过大的温度力使钢轨拉断或胀力过大导致线路失稳。

无缝线路根据轨节长度和是否跨越闭塞分区划分为普通无缝线路、全区间无缝线路和跨区间无缝线路。普通无缝线路轨节长度一般为1~2km,两根长轨间设置2~4根25m标准轨组成缓冲区,普通无缝线路的钢轨接头虽然大大减少,但在缓冲区仍有普通钢轨接头存在。全区间无缝线路是整个自动闭塞分区内无普通钢轨接头,但与车站道岔仍用普通钢轨组成的缓冲区隔开。跨区间无缝线路是将连续的几个区间的钢轨焊接起来,区间线路也与道岔焊接或采用胶接接头,信号闭塞区间采用胶接绝缘接头,因而最大限度地消灭了轨缝,是名副其实的无缝线路。

第二节　无缝线路工作原理

一、温度力、伸缩位移与轨温变化的关系

一根长度为L,可自由伸缩的钢轨,当轨温变化Δt℃时,其伸缩量为:

$$\Delta L = \alpha \cdot L \cdot \Delta t \tag{10-1}$$

式中：α——钢轨的线膨胀系数，取 11.8×10^{-6}/℃；

L——钢轨长度（mm）；

Δt——钢轨温度变化幅度（℃）。

如果将处于自由状态的钢轨两端完全固定，则钢轨内部将产生温度应力：

$$\sigma = E\varepsilon = E\frac{\Delta L}{L} = E\frac{\alpha L\Delta t}{L} = E\alpha\Delta t \tag{10-2}$$

式中：E——钢的弹性模量，$E = 2.1\times10^{5}$MPa；

ε——钢轨在温度变化下发生的应变。

将 E、α 值代入式（10-2），则温度应力为：

$$\sigma_t = 2.1\times10^{5}\times11.8\times10^{-6}\Delta t = 248\Delta t\text{MPa} \tag{10-3}$$

一根钢轨所受的温度力 P_t 为：

$$P_t = F\sigma_t = 2.48F\Delta t(\text{N}) \tag{10-4}$$

式中：F——钢轨截面积（mm^2）。

由以上公式可知：

（1）两端固定的钢轨中所产生的温度力，与 L 无关，与 Δt 呈线性关系。

（2）不同类型的钢轨在同一轨温变化幅度下所产生的温度力大小不同。钢轨断面积越大，同一轨温变化幅度下所产生的温度力越大。

（3）无缝线路钢轨自由端伸长量与轨温变化幅度 Δt、轨长 L 有关，与钢轨断面积无关。

二、轨温与锁定轨温

轨温是指钢轨的温度。钢轨温度与气温不同。影响轨温的因素较多，它与气候变化、风力大小、日照强度、线路走向、钢轨所处地段和测量部位等有关。无缝线路的钢轨温度力大小和分布与轨温变化幅度有直接的关系，而它又是影响无缝线路的强度和稳定性的主要因素，所以钢轨的温度变化幅度就成为无缝线路设计、铺设和维修养护的重要资料。

轨温可采用专用轨温计进行测量，轨温计按测量方式可分为吸附式轨温计和非接触式红外线轨温计，按显示方式分有指针式轨温计和数显式轨温计。采用吸附式轨温计测量时，应先清除待测钢轨表面铁锈污物，再将轨温计吸附在钢轨表面，5min 后读取轨温计示数，即为实测轨温。需要连续测量时，可将轨温计吸附在轨腰部位，但列车通过后需等待 3min 后再去读数，因为列车行驶的时候会产生较大的气流，导致钢轨表面温度下降，此时读数会有较大的误差。

1. 轨温与气温的关系

根据长期大量的测量结果，最高轨温一般要比当地最高气温高 18～25℃，最低轨温比当地最低气温低 2～3℃。在无缝线路设计时，一般取当地历年最高气温加 20℃作为当地最高轨温，当地历年最低气温作为最低轨温。

2. 中间轨温

中间轨温 T_z 是最高轨温 T_{max} 与最低轨温 T_{min} 的平均值，即

$$T_z = \frac{T_{max} + T_{min}}{2} \tag{10-5}$$

3. 锁定轨温

无缝线路锁定时的轨温称锁定轨温,因线路刚锁定时温度应力为零,又称零应力轨温。锁定轨温在设计、施工和运营时的含义并不相同。

为降低无缝线路铺设后长轨条内的温度应力,保证夏天不胀轨,冬天不断轨,应根据气象资料和无缝线路允许温升、温降,计算确定无缝线路锁定轨温,称为设计锁定轨温 T_{sf},又称中和轨温。为便于指导施工,应明确一个允许无缝线路作业的轨温范围,一般定为 $T_{sf} \pm 5℃$,称为设计锁定轨温范围。

在铺设无缝线路时,将长轨条始终端落槽就位时的平均轨温称为施工锁定轨温,其值必须确保在设计锁定轨温范围之内。施工锁定轨温同时也是管理和维修保养无缝线路的重要依据。

无缝线路运营过程中处于温度力为零状态时的轨温称为实际锁定轨温。由于施工、运营、养护等方面的原因,在无缝线路长度范围内会因钢轨的伸缩位移引起锁定轨温的变化,使长轨条各个截面的实际锁定轨温与原施工锁定轨温不同。若通过应力法或应变法等方法,监测到无缝线路实际锁定轨温超出设计锁定轨温范围,则必须调整钢轨内力或放散温度力后重新锁定。

三、线路纵向阻力

1. 接头阻力

钢轨接头处由钢轨夹板通过螺栓拧紧,产生阻止钢轨纵向位移的阻力称接头阻力。接头阻力由钢轨与夹板间的摩阻力和接头螺栓的抗剪力提供。为了安全,对接头阻力我国仅考虑钢轨与夹板间的摩阻力。

接头阻力的特点有:接头阻力是摩擦力,只有存在相对运动或相对运动趋势时才会产生;钢轨首先要克服接头阻力,然后才能伸长或缩短;钢轨从伸长转入缩短或从缩短转入伸长状态要克服两倍接头阻力,如图 10-1 所示。

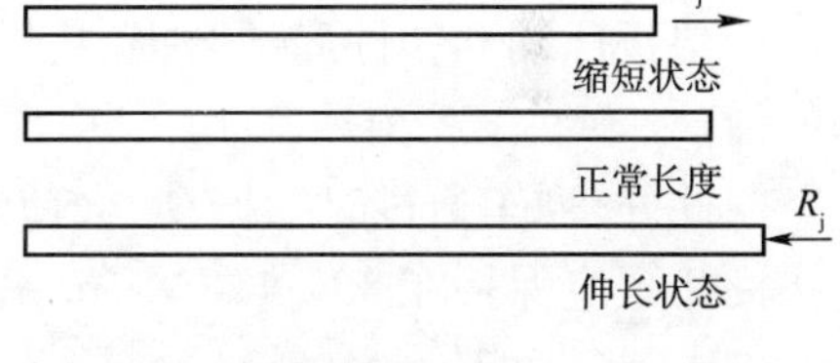

图 10-1　钢轨伸缩克服接头阻力示意图

接头阻力与螺栓个数 n、材质、直径和拧紧程度有关。研究表明,一根接头螺栓的拉力 P 接近它所产生的接头阻力 P_H。因此,接头阻力 P_H 可近似表示为:

$$P_H = n \cdot P \tag{10-6}$$

在其他条件相同的情况下,接头螺栓的拧紧程度是保持接头阻力的关键。螺栓拧紧程度用螺栓的扭矩 T 表示。扭矩 T 与螺栓拉力 P 的关系为:

$$T = K \cdot D \cdot P \tag{10-7}$$

式中:T——拧紧螺母时的扭力矩(N · m);

D——螺栓直径(mm);

P——螺栓拉力(kN);

K——扭矩系数,取 0.18 ~0.24。

列车通过钢轨接头时产生的振动,会使接头螺栓扭矩下降,接头阻力值降低。据国内外资料,可降低到静力测定值的 40% ~50% 。所以,定期检查螺栓扭矩,重新拧紧螺母,保证接头阻力值在长期运营过程中保持不变,是一项十分重要的措施。《铁路线路维修规划》规定无缝线路钢轨接头必须采用10.9级螺栓，扭矩应保持在700～900N·m。

2. 扣件阻力

中间扣件和防爬设备抵抗钢轨沿轨枕面纵向位移的阻力，称为扣件阻力。为了防止钢轨爬行，要求扣件阻力必须大于道床纵向阻力。

扣件阻力是由钢轨与轨枕垫板面之间的摩阻力和扣压件与轨底扣着面之间的摩阻力所组成。摩阻力的大小、取决于扣件扣压力和摩擦系数的大小。一组扣件的阻力 F 为：

$$F = 2(\mu_2 + \mu_2)P \tag{10-8}$$

式中：P——一侧扣件对钢轨的扣压力(kN)；

μ_1——钢轨与垫板之间的摩擦系数；

μ_2——钢轨与扣件之间的摩擦系数。

据铁道科学研究院试验，如果混凝土轨枕下采用橡胶垫板，不论是扣板式扣件还是弹条式扣件，其摩擦系数为：$\mu_1 + \mu_2 = 0.8$。

扣压力 P 的大小与螺栓所受拉力的大小有关。以扣板式扣件为例：

$$P = \frac{b}{a+b}P_{拉} \tag{10-9}$$

式中：$P_{拉}$——扣板螺栓拉力，与螺母扭矩有关(kN)；

a、b——扣板着力点至螺栓中心的距离(m)。

代入(10-8)式，得扣件摩阻力 F 为：

$$F = 2(\mu_1 + \mu_2)\frac{b}{a+b}P_{拉} \tag{10-10}$$

实测资料指出，在一定的扭矩下，扣件阻力随钢轨位移的增加而增大。当钢轨位移达到某一定值之后，钢轨产生滑移，阻力不再增加。

垫板压缩和扣件局部磨损，将导致扣件阻力下降，通常垫板的压缩与扣件的磨损按1mm估计。

此外，列车通过时的振动，会使螺母松动，扭矩下降，导致扣件阻力下降。为此规定：扣板扣件扭矩应保持在80～120N·m；弹条扣件为100～150N·m。

3. 道床纵向阻力

道床纵向阻力系指道床抵抗轨道框架纵向位移的阻力。一般以每根轨枕的阻力值，或每延厘米(或毫米)分布阻力表示。它是抵抗钢轨伸缩，防止线路爬行的重要参数。

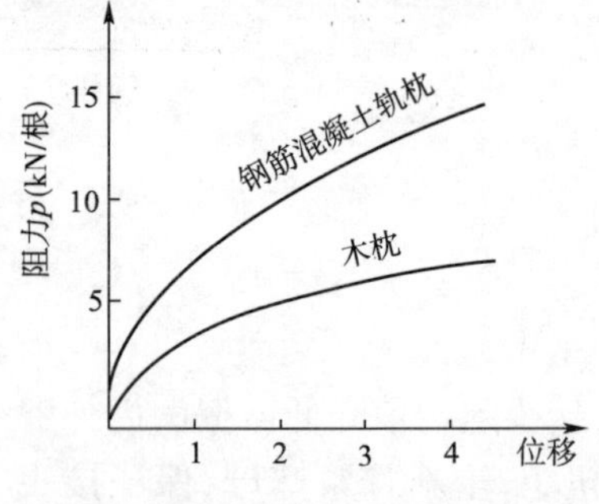

图10-2 轨枕纵向阻力与位移关系曲线

道床纵向阻力受道砟材质、颗粒大小及级配、道床断面、捣固质量、脏污程度、轨道框架重量等因素的影响。只要钢轨与轨枕间的扣件阻力大于道床抵抗轨枕纵向移动的阻力，则无缝线路长钢轨的温度应力将完全由接头阻力和道床纵向阻力承担。与钢轨接头阻力类似，当长钢轨从缩短转为伸长状态时，也要克服2倍的道床纵向阻力。

道床抵抗轨道框架纵向位移的阻力由轨枕与道床之间的摩阻力和枕木盒内道砟抗推力共同组成。图10-2为实测得到的单根轨枕在正常轨道状态下，道床纵向阻力与位移关系曲线。由图可以看出：道床纵向阻力值随轨枕位移增大而增大，当位移达到一定值后，轨枕盒内的道砟颗粒之间的结合被破坏，在此情况下，即便位移再增加，阻力也不再增大；在正常轨道条件下，混凝土轨枕位移小于2mm、木枕位移小于1mm，可认为道床处于弹性工作范围，对应道床纵向阻力值如表10-1所示。

道床纵向阻力值　　表10-1

道床特征	单根轨枕的道床纵向阻力 R(N)	一股钢轨下单位道床纵向阻力 p(N/mm)	
		1840根轨枕/km	1760根轨枕/km
木枕线路	7000	6.4	6.1
混凝土轨枕线路	10000	9.1	8.7

线路维修作业会扰动道床，导致道床纵向阻力下降，容易引起轨道爬行，甚至影响到轨道稳定性，因此道床作业后应加强道床捣固夯实，并加强动力稳定，以尽快恢复道床阻力。

四、温度力分布图

温度力沿长钢轨的纵向分布，常用温度力分布图（简称温度力图）来表示，其实质是钢轨内力图。温度力图的横坐标表示钢轨长度，纵坐标表示钢轨温度力（拉力为正，压力为负）。钢轨内部温度力和钢轨外部阻力随时保持平衡，是温度力纵向分布的基本条件。一根焊接长钢轨沿其纵向的温度力分布并不是均匀的，它不仅与阻力和轨温变化幅度等因素有关，而且还与轨温变化的过程有关。

1. 长钢轨变形约束条件

1）接头阻力约束

无缝线路长轨条锁定后，当轨温变化不大时会在钢轨全长范围内产生温度力 P_t，当产生的温度力 P_t 不超过接头阻力 R_j 时，由于有接头约束长轨条不会产生伸缩。而当温度力 P_t 大于接头阻力 R_j 时，钢轨开始伸缩。

2）道床纵向阻力约束

接头阻力被克服后，当轨温继续变化时，道床纵向阻力开始阻止钢轨伸缩。但道床纵向阻力的产生是体现在道床对轨枕的位移阻力，随着轨枕位移的根数的增加，相应的阻力也增加。为计算方便，常将单根钢轨的阻力换算为钢轨单位长度上的阻力 p，并取为常量。由上述特征可见，道床纵向阻力是以阻力梯度 p 的形式分布。故在克服道床纵向阻力阶段，钢轨有少量伸缩，钢轨内部温度力放散，因而各截面的温度力并不相等，以斜率 p 分布。

2. 温度力图

下面以秋季无缝线路作业时锁定轨温大于中间轨温（$T_{sf} > T_z$），之后经历降温到最低轨温，然后升温到最高轨温之后再次降温的过程，分析各阶段钢轨温度力沿钢轨纵向分布的规律。

（1）当 $t = T_{sf}$ 时，长钢轨内温度力 $P_t = 0$，接头阻力为零。

（2）轨温下降时，首先温度力与钢轨接头阻力平衡，如图10-3中Ⅰ线，为平行 x 轴的直线。当温度力达到接头能提供的最大阻力 R_j 前，钢轨与接头夹板不产生相对移动。结合图10-4式知：

$$P_t = R_j = 2.48F\Delta t_j \tag{10-11}$$

则接头阻力能阻止钢轨发生相对位移的轨温变化幅度 Δt_j 为：$\Delta t_j = \dfrac{R_j}{2.48F}$。

(3)轨温再下降，则温度力大于钢轨接头阻力，钢轨与夹板产生相对移动，道床阻力开始发挥作用，温度力图为图 10-3 中的Ⅱ线，其中部为直线，两端为斜率为 p 的斜线。

$$P_t = 2.48(T_{sf} - t) \cdot F = R_j + px \tag{10-12}$$

式中：p——单位道床纵向阻力(N/mm)；

x——从轨端算起提供纵向道床阻力的长度(mm)。

(4)当温度继续下降至 $t = T_{min}$ 时，温度力图为图 10-3 中的Ⅲ线，此时钢轨温度拉力达到最大值 $P_{t拉max}$，提供纵向道床阻力的长度 x 亦达到最大值，即为伸缩区长度 l_s，此时：

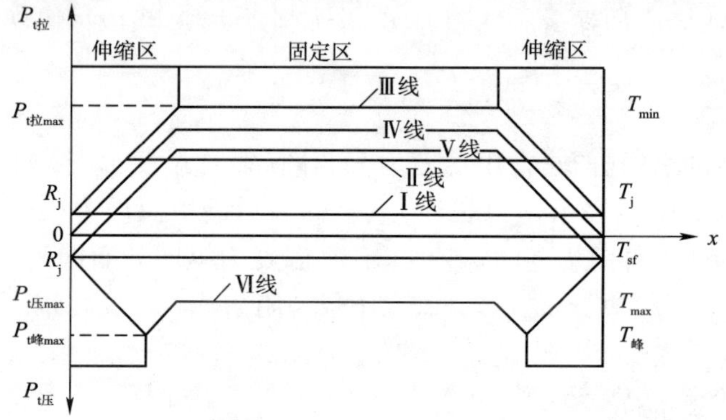

图 10-3　长钢轨温度力分布图

$$P_{t拉max} = 2.48(T_{sf} - T_{min}) \cdot F = R_j + pl_s \tag{10-13}$$

$$l_s = (P_{tmax} - R_j)/p = 2.48\Delta T_{max} \cdot F/p \tag{10-14}$$

最低轨温时的无缝线路伸缩区长度 l_s 为：

$$l_s = (P_{t拉max} - R_j)/p = 2.48(T_{sf} - T_{min}) \cdot F/p$$

(5)反向升温过程。

长钢轨处于最低轨温时接头阻力及道床阻力分布如图 10-4a)所示。轨温回升时，钢轨有伸长趋势，接头阻力逐渐减小，如图 10-4b)所示。此时钢轨全长范围内温度拉力都减小，温度力图平行下移，如图 10-3 中Ⅳ线所示。

轨温继续升高至锁定轨温 T_{sf} 时，反向接头阻力起作用(由拉力变为压力)，如图 10-4c)所示，此时温度力图继续平行下移，如图 10-3 中Ⅴ线所示。

轨温继续升高，钢轨端部开始伸长，反向道床阻力开始起作用，如图 10-4d)所示。当轨温升高到最高轨温 T_{max} 时，长钢轨中部固定区温度压力达到最大，而此时温度图上出现了温度压力峰 $P_{t峰max}$，其值大于固定区的最大温度压力 $P_{t压max}$，如图 10-3 中Ⅵ线所示。温度压力峰等于固定区最大温度拉力与最大温度压力的平均值，即：

$$P_{t峰max} = \frac{1}{2}(P_{t压max} + P_{t拉max}) \tag{10-15}$$

压力峰所对应的伸缩区长度：

$$L_{峰}=\frac{(P_{t压max}+P_{t拉max})-2R_j}{2p} \tag{10-16}$$

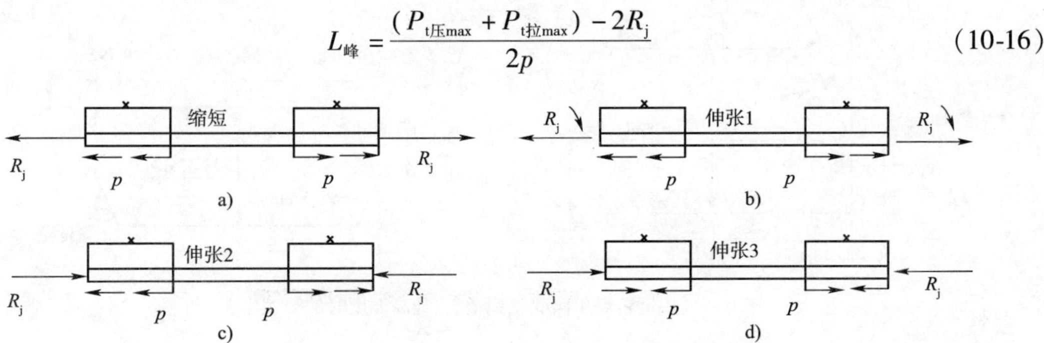

图 10-4　反向升温接头阻力及道床阻力变化过程

a)最低轨温时纵向阻力分布;b)反向升温时接头阻力下降;c)反向继续升温接头阻力反向;d)反向继续升温道床阻力反向

由于无缝线路作业时,锁定轨温往往高于中间轨温,则轨温从最低轨温向最高轨温反向变化时,会在伸缩区出现温度压力峰而影响到无缝线路的稳定性。而从国内外无缝线路失稳的事故来看,事故多发季节不是在夏季高温季节,而是在春夏之交的 3 ~5 月。其主要原因是此时轨温接近锁定轨温,容易放松对道床阻力的重视,而此时由于温度压力峰的存在,诱发了胀轨跑道事故的发生。因此在温度回升时,更应注意保持无缝线路尤其是伸缩区的道床阻力,预防胀轨跑道事故的发生。

3. 伸缩区长度计算

无缝线路伸缩区长度可按式(10-14)计算,式中 ΔT_{max} 取 $T_{max}-T_{sf}$ 与 $T_{sf}-T_{min}$ 中的大值计算。伸缩区长度一般取 50 ~100m,宜取为标准轨长度的整数倍。

【例 10-1】　某地区铺设无缝线路,已知该地区年最高轨温为 65.2℃,最低轨温为 −20.6℃,道床阻力梯度为 9.1N/mm,接头阻力为 490kN,60kg/m 钢轨断面面积为 7745mm²,当锁定轨温为当地中间轨温加 5℃时,试计算:

(1)克服接头阻力所需升降的轨温;

(2)固定区最大拉、压温度力;

(3)伸缩区长度;

(4)绘制轨温从锁定轨温单向变化到最低、最高温度时的温度力图,并标注有关数据。

解:　(1) $\Delta t_j=\dfrac{R_j}{2.48F}=\dfrac{490\times1000}{2.48\times7745}=25.5℃$

(2) $T_z=\dfrac{T_{max}+T_{min}}{2}=\dfrac{65.2-20.6}{2}=22.3℃$

$T_{sf}=T_{sz}+5=22.3+5=27.3℃$

$P_{t拉max}=2.48(T_{sf}-T_{min})\cdot F=2.48(27.3+20.6)\times7745=927464\text{N}=927.464\text{kN}$

$P_{t压max}=2.48(T_{max}-T_{sf})\cdot F=2.48(65.2-27.3)\times7745=733839\text{N}=733.839\text{kN}$

(3) $l_{s1}=(P_{t拉max}-R_j)/p=(927.464-490)\times1000/9.1=48073\text{mm}=48.073\text{m}$

$l_{s2}=(P_{t压max}-R_j)/p=(733.839-490)\times1000/9.1=26795\text{mm}=26.795\text{m}$

取 $l_s=50\text{m}$

(4)绘制轨温从锁定轨温单向变化到最低、最高温度时的温度力图如图 10-5 所示。

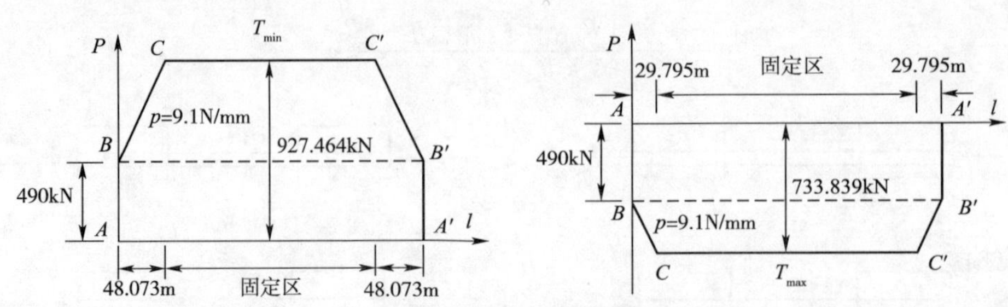

图 10-5　锁定轨温单向变化到最低、最高温度时的温度力图

五、钢轨端部伸缩量

从温度力图 10-3 中可知，无缝线路长轨条中部承受大小相等的温度力，钢轨不能伸缩，称为固定区。在固定区两端，温度力是变化的，在克服道床纵向阻力阶段，钢轨有少量的伸缩，称为伸缩区。伸缩区两端设置的 2 ~4 根 25m 标准轨称为缓冲区。在无缝线路设计中要对缓冲区的轨缝进行计算，因此需对长轨及标准轨端的伸缩量进行计算。

1. 长轨一端的伸缩量

由温度力图 10-6 可见，其中阴影部分为克服道床纵向阻力阶段释放的温度力，从而实现了钢轨伸缩。由材料力学可知，长轨端部伸缩量 λ 与阴影线部分面积的关系为：

$$\lambda = \frac{\triangle ABC}{EF} = \frac{p \cdot l_s^2}{2EF}$$

式中，$l_s = (P_{tmax} - R_j)/p = \dfrac{2.48F\Delta T_{max} - R_j}{pF}$

故长轨一端的最大伸缩量为

$$\lambda_{长} = \frac{p \cdot l_s^2}{2EF} = \frac{(2.48F\Delta T_{max} - R_j)^2}{2EF \cdot p} \tag{10-17}$$

2. 标准轨一端的缩量

标准轨轨端伸缩量计算与长轨一端的伸缩量计算方法基本相同。轨温变化时产生的温度力，先克服接头阻力，再克服道床纵向阻力。由于标准轨长度短，轨枕根数有限，温度下降到一定程度后道床阻力就被全部克服，其温度力图如图 10-7 所示。之后，钢轨可以自由伸缩，温度力得到释放。与长轨一端的伸缩量计算类似，可得到标准轨一端伸缩量 $\lambda_{短}$ 的计算公式：

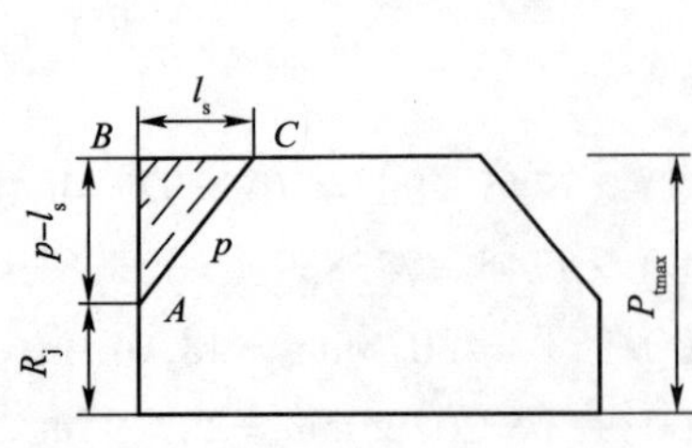

图 10-6　长轨条轨端伸缩量计算图

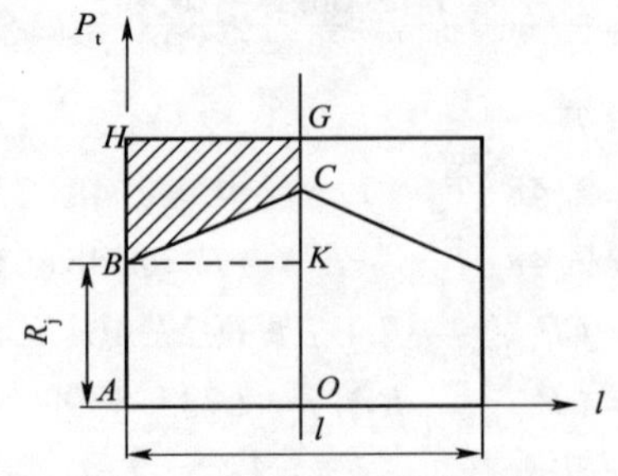

图 10-7　标准轨轨端伸缩量计算图

$$\lambda_{短}=\frac{\square BKGH}{EF}-\frac{\triangle BKC}{EF}=\frac{(P_{tmax}-R_{j})l}{2EF}-\frac{p\cdot l^{2}}{8EF} \tag{10-18}$$

式中：l——标准轨长度(mm)；

P_{tmax}——从锁定轨温到最低或最高轨温时所产生的温度力，$P_{tmax}=\alpha EF(T_{sf}-T_{min})$(拉)或 $P_{tmax}=\alpha EF(T_{max}-T_{sf})$(压)。

温度力图中梯形 $ABCO$ 的面积对应着标准轨一端由于接头阻力和道床纵向阻力限制而不能实现的缩短量。

$$\frac{1}{2}C=\frac{\square ABKO}{EF}+\frac{\triangle BKC}{EF}=\frac{R_{j}l}{2EF}=\frac{p\cdot l^{2}}{8EF}$$

将上式代入式(10-18)，则有：

$$\lambda_{短}=\frac{P_{tmax}l}{2EF}-\frac{C}{2} \tag{10-19}$$

因此，当钢轨接头两端都为标准轨时，轨缝的变化量为：

$$a_{短}=2\lambda_{短}=2\left(\frac{P_{tamx}l}{2EF}-\frac{C}{2}\right)=\alpha l\Delta tT_{max}-C=\alpha l(T_{sf}-T_{min})-C \quad (最低轨温时)$$

或

$$a_{短}=\alpha l(T_{max}-T_{sf})-C \quad (最高轨温时)$$

式中：C——由于接头阻力和道床纵向阻力限制轨缝两端标准轨的伸缩量(mm)。

六、预留轨缝

若无缝线路设置缓冲区，在缓冲区的标准轨之间，以及标准轨与长轨之间要预留轨缝。预留轨缝应满足冬季轨温达最低轨温 T_{min} 时，轨缝值不超过构造轨缝 a_{g}(即 $a_{max}\leqslant a_{g}$)，夏季轨温达最高轨温 T_{max} 时，轨缝不挤严(即 $a_{min}\geqslant 0$)。

这里令最低轨温 T_{min} 时，使轨缝达到最大值 $a_{max}=a_{g}$ 预留轨缝值为预留轨缝的上限($a_{上}$)；最高轨温 T_{max} 时，轨缝达到最小值 $a_{min}=0$ 的预留轨缝值为预留轨缝的下限($a_{下}$)。

1. 普通线路或无缝线路缓冲区标准轨之间的预留轨缝值 a_0

1)预留轨缝的上限计算

在最低轨温 T_{min} 时，轨缝达到最大值 a_{max}：

$$a_{max}=a_{0}+a_{短}=a_{0}+\alpha L(T_{sf}-T_{min})-C\leqslant a_{g} \tag{10-20}$$

令 $a_{max}=a_{g}$，则 $a_{0}=a_{上}$，上式改写为：

$$a_{上}=a_{g}-[\alpha L(T_{sf}-T_{min})-C]$$

2)预留轨缝的下限计算

在最高轨温 T_{max} 时，轨缝达到最小值 a_{min}：

$$a_{min}=a_{0}-a_{短}=a_{0}-[\alpha L(T_{max}-T_{sf})-C]\geqslant 0 \tag{10-21}$$

令 $a_{min}=0$，则 $a_{0}=a_{下}$，上式改写为：

$$a_{下}=\alpha L(T_{max}-T_{sf})-C$$

3)预留轨缝的计算

根据预留轨缝的上下限，《铁路线路维修规则》建议取 $a_{上}$ 和 $a_{下}$ 的中间值，作为预留轨缝的 a_0 值。即

$$a_0=\frac{a_{上}+a_{下}}{2}=\alpha L\left(\frac{T_{max}+T_{min}}{2}-T_{sf}\right)+\frac{a_g}{2}=\alpha L(t_z-T_{sf})+\frac{a_g}{2} \tag{10-22}$$

2. 无缝线路长轨节与标准轨之间的预留轨缝值 a_0

无缝线路长轨节与标准轨之间的预留轨缝值与标准轨之间的预留轨缝的原则相同。

因此预留轨缝的上限为

$$a_{上}=a_g-(\lambda_{长}+\lambda_{短})$$

预留轨缝的下限为

$$a_{下}=(\lambda'_{长}+\lambda'_{短})$$

同理，预留轨缝的 a_0 值为

$$a_0=\frac{a_{上}+a_{下}}{2}$$

式中：$\lambda_{长}$，$\lambda_{短}$——T_{sf} 至轨温 T_{min} 时，长轨、标准轨一端产生的缩短量(mm)，分别由式(10-18)和式(10-19)计算；

$\lambda'_{长}$，$\lambda'_{短}$——T_{sf} 至轨温 T_{max} 时，长轨、标准轨一端产生的缩短量(mm)，计算方法同上。

3. 允许铺轨的年轨温差

式(10-20)减式(10-21)得

$$\alpha L(T_{max}-T_{min})-2C\leqslant a_g$$

即

$$T_{max}-T_{min}\leqslant\frac{a_g+2C}{\alpha L}$$

即允许铺轨的年轨温差 $[\Delta T]=\dfrac{a_g+2C}{\alpha l}$。

七、无缝线路稳定性

1. 稳定性概念

无缝线路作为一种新型轨道结构，其最大特点是在夏季高温季节在钢轨内部存在巨大的温度压力，容易引起轨道横向变形。在列车动力或人工作业等干扰下，轨道弯曲变形有时会突然增大，这一现象常称为胀轨跑道，在理论上称为丧失稳定，这将严重危及行车安全。

从大量的室内模型轨道和现场实际轨道的稳定试验以及现场事故观察分析，轨道胀轨跑道的发展过程基本上可分为三个阶段，即持稳阶段、胀轨阶段和跑道阶段，胀轨跑道总是从轨道的薄弱地段(即具有原始弯曲的不平顺)开始。在持稳阶段，轨温升高，温度压力增大，但轨道不变形。胀轨阶段，随着轨温的增加，温度压力也随之增加，此时轨道开始出现微小变形，此后，温度压力的增加与横向变形之间呈非线性关系。当温度压力达到临界值时，这时轨温稍有升高或稍有外部干扰时，轨道将会突然发生鼓曲，道砟抛出，轨枕裂损，钢轨发生较大变形，轨道受到严重破坏，此为跑道阶段，至此稳定性完全丧失。

2. 影响无缝线路稳定性的因素

对无缝线路大量调查后表明，很多胀轨跑道事故并非温度压力过大所致，而是由于对无缝线路起稳定作用的因素认识不足，在养护维修中破坏了这些因素而发生的。因此，我们必须研究丧失稳定与保持稳定两方面的因素，注意发展有利因素，克服、限制不利因素，防止胀轨跑道事故，以充分发挥无缝线路的优越性。

1）保持稳定因素

（1）道床横向阻力：道床抵抗轨道框架横向位移的阻力称道床横向阻力，它是防止无缝线路胀轨跑道，保证线路稳定的主要因素。

道床横向阻力是由轨枕两侧及底部与道砟接触面之间的摩阻力和枕端的砟肩阻止横移的抗力组成。其中，道床肩部占30%，轨枕两侧占20%～30%，轨枕底部占50%。道床单位横向阻力 q 可用单根轨枕的横向阻力 Q 和道轨枕间距 a 表示：$q = Q/a$（N/cm）。

影响道床横向阻力的因素很多，主要与道床的材料、肩宽以及维修作业等方面有关。

①道砟。道床是由道砟堆积而成，道床的饱满程度、道砟的材质及粒径尺寸对道床横向阻力都有影响。饱满的道床可以提高道床的横向阻力。道砟的材质不同，提供的阻力也不一样。据国外资料，砂砾石道床比碎石道床阻力低30%～40%。道床粒径较大提供的横向阻力也较大，例如粒径由25～65mm减小到15～30mm，横向阻力将降低20%～40%。

②道床肩。适当的道床肩宽可以提供一定的横向阻力，但当肩宽增加到一定程度，超出轨枕端部滑动面之后，横向阻力不再增大。经验表明，道床肩部堆高比肩部加宽提高道床横向阻力效果更明显，且节约道砟。

③线路维修作业的影响。凡可能扰动道床的维修作业，如起道捣固、清筛等改变道砟间或道砟与轨枕间的接触状态，都会导致道床阻力的下降。

（2）轨道框架水平刚度：轨道框架刚度是反映其自身抵抗弯曲能力的参数。轨道框架刚度愈大，弯曲变形愈小，所以是保持轨道稳定的因素。轨道框架水平刚度，等于两股钢轨的水平刚度及钢轨与轨枕接点间的阻矩之和。越是重型的钢轨，截面积越大，其水平刚度越大。扣件的强度越大，扣压力越大，与轨枕的连接刚度越大，其阻矩也越大。

2）诱发失稳因素

（1）温度压力：由于温度升高引起的钢轨轴向温度压力是构成无缝线路稳定问题的根本原因。为控制胀轨跑道的发生，无缝线路相邻单元轨节的锁定轨温之差不应大于5℃，同一区间内单元轨节的最高最低锁定轨温之差不应大于10℃，左右股锁定轨温差当车速大于160km/h时不大于3℃，车速为160km/h以下时不应大于5℃。

（2）轨道初始弯曲：轨道初始弯曲主要有塑性初始弯曲（硬弯）和弹性初始弯曲，是影响稳定的直接因素，胀轨跑道多发生在轨道的初始弯曲处，因而控制初始弯曲的大小，对保证轨道稳定有重要作用。无缝线路的钢轨，用1m直尺测量，要求不得有0.5mm以上的硬弯，直线无缝线路的方向误差不得超过4mm。

第三节　轨排换铺法施工无缝线路

一、概述

轨排换铺法施工无缝线路是充分利用我国铁路轨道工程现有的工程机械和技术，并加以合理组合进行无缝线路长钢轨铺设施工。此法先在铺轨基地利用工具轨、轨枕、扣件组装成标准轨排后与基地焊接长钢轨一起运至工地，再利用常规铺轨机将标准轨排铺设在底层道砟上，轨排铺完后，铺轨机及轨排运输列车退至轨排铺设起点，拆除工具轨，用长钢轨推送装置将长钢轨直接推送入轨枕承轨槽，上好扣件完成长钢轨换铺施工。随后回收工具轨，运回铺轨基地再次利用。轨排换铺法的优点是设备简单，施工速度快，安全可靠；缺点是需要大量工具轨周转，同时需要进行长钢轨换铺作业。该方法在我国铁路与城市轨道交通中均有采用，效果良好。

轨排换铺法，是在常规有砟轨道轨排法机械铺轨基础上，进行换铺长钢轨并进行无缝化作业施工，其轨排组装、运输与铺设方法详见第四章，长钢轨焊接、应力放散与锁定工作详见第七章，此处不再重复讲述。

二、长钢轨换铺作业

长钢轨换铺作业应在第一次上砟整道后线路基本稳定后进行。长钢轨长度受焊轨厂设备、场地、长钢轨运输车等条件限制，一般采用 250 ~ 500m。长钢轨采用专用长钢轨运输车组运输，运输车前端配有过渡车（上有滚道）和下道装置。

1. 长钢轨装车、运输与卸车

图 10-8　采用群吊进行长钢轨装车

1）长钢轨装车

①长钢轨一般采用横向装车法，装车时应按铺设里程左右股配对装车。因钢轨长度长，吊装时应采用集中电气控制的群吊同步起吊（图 10-8），以防止不均匀受力造成钢轨扭曲、变形。

②应使每根长钢轨在同一个钢轨滚道上只压在一个滚子上，且同根钢轨在不同断面的滚道上的位置相同，如图 10-9 所示。每装完一层钢轨，应在钢轨锁定车上对已装载的钢轨进行锁定，每根钢轨在同一个钢轨锁定车上应锁定两次，如图 10-10 所示，以防止在运输过程中长钢轨出现滑移。

图 10-9　长钢轨运输车上钢轨布置

图 10-10　长钢轨锁定方式

2）长钢轨运输

根据施工进度安排，将长钢轨从焊轨基地运输到长钢轨换铺现场。在长钢轨运输过程中，机车启动与制动加速度不大于0.2m/s^2，当运输车到达离距换铺现场500m时，机车应减速到3km/h以下并准确对位。

3）长钢轨卸车

卸轨时应先确定长轨端头位置，并用机车控制准确对位，用钢丝绳将对称的一对长钢轨轨端系牢，钢丝绳另一端固定在已铺好的线路钢轨上，利用机车反向牵引，以不大于5km/h的速度退车，长钢轨经过渡车上的滚道和下道装置卸到线路两侧（人工换铺长轨的作业方式一般卸于线路中心以减少拨轨工作量）。将长钢轨按放送位置由前往后依次放送到位，直到将全部长轨卸完。卸轨过程中要统一指挥，防止长轨扭曲变形。

2. 长钢轨换铺

长钢轨换铺的作业方式主要有三种，分别是人工方式进行长钢轨换铺、采用换轨小车组进行换轨作业和采用新型组合式换轨车作业。其中采用换轨小车组换铺长钢轨的作业方式所需设备简单，效率也比较高，使用较为广泛。换轨小车组由Ⅰ号小车和Ⅱ号小车组成，配有牵引车和引导架，两个小车之间用钢丝绳柔性连接。作业时Ⅰ号小车在前走在工具轨排上，用于拨入新轨，Ⅱ号小车在后走在刚拨入的长钢轨上，用于拨出工具轨，如图10-11所示。其施工工艺如下。

图10-11　采用换轨小车组进行换轨作业

①长钢轨卸完后，机车牵引长轨运输车返回铺轨基地，工地开始换轨作业。首先拆除一对长钢轨范围内轨排的钢轨扣件，将拆下的扣件摆放在钢轨两侧的轨枕面上。

②将Ⅰ、Ⅱ号换轨小车从平板运输车上卸下，Ⅰ号小车在前、Ⅱ号小车在后安放在轨道上，两小车间用钢丝绳连接形成小车组，最前面由轨道车连接牵引，然后将线路上的工具轨及长钢轨分别穿入换轨车上的相应框架。

③轨道车牵引换轨小车组以3～5km/h的速度前行，换轨小车Ⅱ将工具轨拨出到轨枕的两侧，同时换轨小车Ⅰ将长钢轨引导进入刚拨出工具轨的轨枕承轨槽内。

④换轨结束后，工具轨落在轨道内侧，等待收轨小车回收，长钢轨经过轨距调整后将扣件安装齐全固定。

3. 工具轨回收

工具轨回收车采用两辆平板车作为一组，每辆平板车中部设T形吊轨架，吊轨架上横梁两端设电动葫芦，横梁长度4m。回收作业时一组回收车与一对工具轨对应停放，两个吊轨架上电葫芦的夹轨钳夹住工具轨颚部将工具轨吊上平板车并密排在转向架上，每组回收车可装载

25m 工具轨 80 根。工具轨回收装车结束后由轨道车牵引返回铺轨基地,将工具轨卸放到钢轨垛上以便重复利用组装轨排。工具轨每倒用 3 ~ 5 次,应进行一次检验矫直方可继续使用。

第四节　有砟轨道一次铺设无缝线路技术

一、概述

新建铁路只有铺设无缝线路,才能保证轨道具有良好的平顺性,使新建铁路开通时的速度进一步提高。一次性铺设无缝线路技术改变了传统的先铺 25m 标准轨再换长轨实现无缝化的方法,是轨道铺设技术的一次重大进步,它不仅大大减轻了劳动强度,而且作业效率高、施工进度快,是客运专线铁路和高速铁路轨道铺设技术的主要发展方向。

比较成熟的有砟轨道一次性铺设无缝线路方式,包括单根轨枕铺设法和长轨排铺设法两种。

①单根轨枕铺设法:将长钢轨和轨枕运至工地,先将长钢轨拖卸在线路两侧底层道床上,再将轨枕按设计间距布放在底层道床上,然后用收轨装置将长钢轨收入轨枕承轨台,铺枕铺轨车边布枕、边收轨,随即上扣件,构成浮放在道床上的长钢轨轨道。

②长轨排铺设法:将长钢轨和轨枕组装成长轨排,用专用的运输机械将长轨排运送到工地,再用多台龙门吊将长轨排吊放在底层道床上,构成浮放在道床上的长钢轨轨道。

从施工效率看,单枕铺设法优于长轨排铺设法,近年来在我国新建铁路上得到了广泛运用。

二、有砟轨道一次铺设跨区间无缝线路

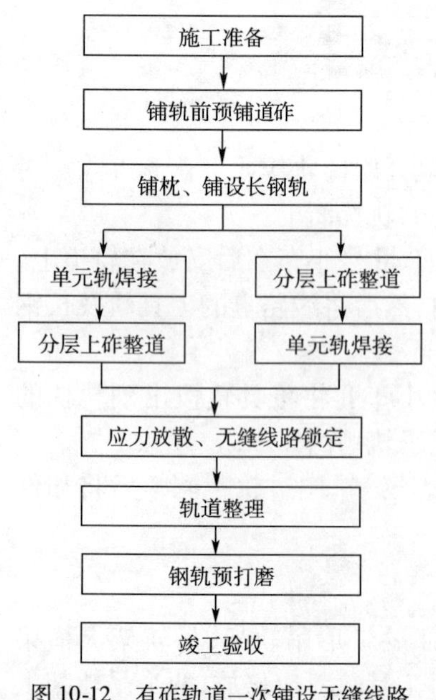

图 10-12　有砟轨道一次铺设无缝线路基本工艺流程图

新建有砟轨道无缝线路铺轨施工时,应采用一次铺设跨区间无缝线路的“流水作业法”,其基本工艺流程见图 10-12。

1. 施工准备工作

轨道工程的施工准备工作,主要包括与轨道施工有关技术资料的收集、审核经批准的设计和施工技术文件、进行施工调查、编制实施性施工组织设计、轨道部件的质量检验及储存、施工人员培训及机械准备、检测机构设置及相应设备、线路基桩设置、铺轨基地的建设等内容。铺轨准备工作中需强调以下两点。

1)道砟储备

由于新规范对道砟质量要求进一步提高,加上铺轨作业相对集中,因此道砟供应是保障铺轨进度的主要控制因素之一,应根据施工工期要求制订道砟供应方案,必要时可设专门道砟存储场提前生产并储存道砟,确保道砟供应。底层道砟可分散备料,面层道砟集中存储于铺轨基地的道砟存储场。

2）铺轨基地

平均每个铺轨基地承担正线铺轨工程量不超过400km为宜，具体情况应进行具体分析。铺轨基地均应设置焊轨场和道砟储存场，根据铺轨进度指标要求设置。铺轨基地储存轨道材料的能力应满足铺轨进度和连续铺轨要求。

2. 铺轨前预铺底层道砟

预铺底层道砟是一次铺设跨区间无缝线路施工的第一个正式工序，它必须为后续工序提供良好的基础，它的施工质量好坏直接影响到铺设的跨区间无缝线路质量，故要求底层道砟具有良好的平整度，以保证轨道在铺设初期就具有一定的平顺性，避免工程列车在轨道上运行对轨道造成伤损，同时保证轨枕受力良好，不被折断；底层道砟要有较高的密实度，使轨道初期就有一定的支撑刚度，为轨道提供初步的稳定条件。

预铺底层道砟主要设备包括道砟摊铺机或布砟机、压实机械、自卸车、装载机等。铺轨前铺砟厚度宜为15～20cm，单线顶宽4.0m，底宽4.5m，预铺底层道砟完成后砟面应平整，中间不应凸起。铺轨前铺砟的施工基本工艺流程见图10-13。

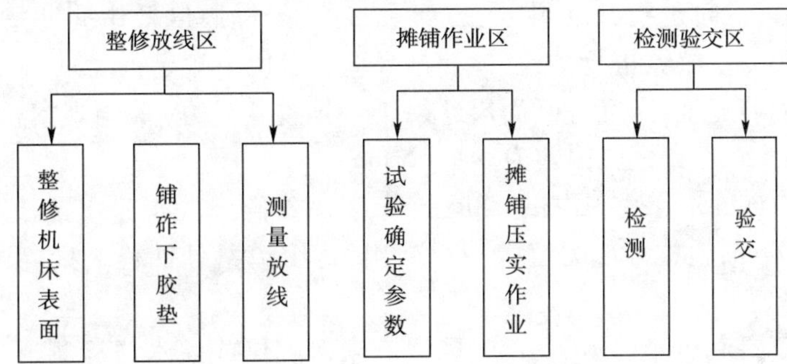

注：铺设砟下胶垫按设计执行。

图10-13　铺轨前铺砟施工基本工艺流程图

1）整修基床表面

对基床表面进行检测验收评估，检测路段高程、几何外形尺寸是否正确，并对因施工或其他原因造成的基床表面的损伤进行整修处理，使之符合要求。

2）铺砟下胶垫

我国高速铁路规定在通过居民区的桥上有砟轨道道砟下铺设厚度为2.5cm的胶垫，来改善轨道结构弹性，起到减振降噪效果。因此，当设置砟下胶垫时应按设计要求对胶垫质量进行检测，合格后按设计铺设范围进行铺设。

3）测量放线

用全站仪放设摊铺外边线，并在距外连线外侧约0.3m处每隔10m打下一根钢钎，钢钎上装有可调带孔横杆，钢弦挂在横杆上。钢弦线一次拉挂长度为200m，每隔50m用加紧器将钢弦拉紧。摊铺作业时，摊铺机随机自动找平装置通过传感器与钢弦线接触来接收信号以控制摊铺底砟的厚度及方向。

4）试验确定参数

摊铺机设置参数包括结构参数和运行参数，作业前根据需要进行选择和调整确认。需要调整的参数包括：熨平板宽度和拱度，按照摊铺底砟的外形尺寸要求调整；熨平板的工作仰角，根据摊铺厚度选择仰角，然后再根据实际摊铺厚度检查结果再予调整；摊铺机的作业速度和振动频率，确定摊铺作业速度一是要根据底砟摊铺的质量，如密实程度要求，二是要考虑供料设备如何保证摊铺作业连续不间断地进行，充分发挥机械的效能。经过试铺、检验、复核、比选，熨平板工作仰角选择2% ~4% 为宜，走行速度 1.2 ~1.8m/min 为宜。

5）摊铺压实作业

①道砟检验装车：道砟装车前应先检验道砟质量是否符合设计的特级或一级道砟标准。

②道砟倒运：新建铁路第Ⅰ线必须采用汽车自道砟存储场向正线倒运道砟，可沿线路方向每隔 3 ~5km 设一上道口，汽车由上道口驶上路基。汽车在路基表层行驶时，应做到缓行缓停，禁止突然加速和紧急制动，运载速度应控制在 15km/h 左右。

③摊铺作业：单线底砟摊铺顶宽 4.0m，底宽 4.5m，摊铺厚度为 15 ~20cm，并在轨枕中间位置拉出凹槽，其宽度为 60cm，深度为 40mm。

④压实作业：底层道砟应采用压强不小于 160kPa 的机械碾压，压实密度不低于 1.6g/cm^3。

6）检测

对已摊铺好底砟及时进行几何尺寸、表面平整度、摊铺厚度及中间凹槽等外形方面的检测，对底砟密实度用专用仪器进行抽检，检测结果应符合以下规定：

①砟面外形：铺砟宽度、厚度等断面尺寸每千米抽检 4 处，应采用观察检查、尺量，底砟厚度允许偏差为 ±50mm，半宽允许偏差为 0 ~ +50mm。

②表面平整度：砟面应平整，用 3m 直尺检查，基本线路地段每千米抽检 4 处，各方向平整度偏差不应大于 20mm，轨枕中部的道床不得凸出；每组道岔处抽检 4 处，其平整度允许偏差为 10mm。

③压实密度：底层道砟摊铺压实后，应采用道床密度仪或灌水法检测道床密度，基本线路地段每 5km 抽检 5 处，每处测 2 个点位，密度不宜小于 1.6g/cm^3；每组道岔处底砟抽检 3 个点，压实密度不低于 1.7g/cm^3。

3. 铺枕、铺设长钢轨

正线轨道铺设宜采用单枕铺设法，主要设备为长钢轨铺设和轨枕布设一体机（图 10-14），由履带式牵引拖拉机、铺轨主机、轨枕转运龙门吊、收轨装置、长钢轨抽送装置、枕轨运输列车等部分组成。

图 10-14　长钢轨铺设和轨枕布设一体机

单枕法施工主要作业程序是：将轨枕、厂焊长钢轨装至枕轨双层运输车上，上层装轨枕，下层装长钢轨→机车推送枕轨运输车至铺轨现场与铺轨机组连挂→铺轨主机与牵引车分离，钢轨抽拉装置抽拉长钢轨至牵引车，牵引车拖拉长钢轨卸至路基两侧→铺轨主机前进，布枕机构按要求布设轨枕，同时收轨器将路基两侧的长钢轨收至承轨槽内，后续人员补上扣件。如此循环，将枕、轨运输车的所有轨料铺设完毕，枕轨运输车与铺轨机组分离，由机车牵引返回基地装料，然后进行下一单元的铺设，基本工艺流程如图10-15所示，其施工作业要点如下：

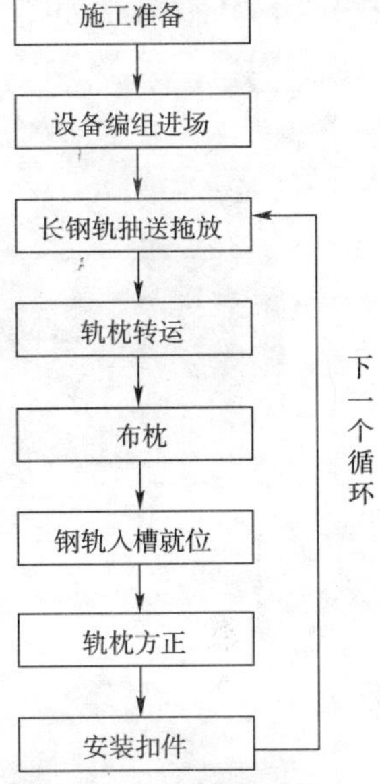

图10-15　单枕铺设法施工基本工艺流程图

①铺轨作业前应按设计要求精确测量线路中心线，直线地段每隔50m、缓和曲线每隔10m、圆曲线每隔20m加密测设线路中心桩，并按铺轨机作业要求，用醒目颜色设置铺轨机走行标示线或设置导向边桩及钢弦，如图10-16所示。

②铺轨铺枕所需轨料包括长钢轨、轨枕和扣配件，采用特制的双层枕轨运输车按枕轨运输技术要求进行装载和运输。双层枕轨运输车的底层用来存放长钢轨，上层用来存放轨枕，配件放在最后一个平板车上。长钢轨装车时应按铺设里程左右股配对装车，由于拖拉长轨时是由两侧向中间逐根拖拉，故装轨时必须对号入座。在装车过程中要防止长钢轨扭曲、倾覆，装车完毕后要保证其锁定牢固。长钢轨装车完毕才可以开始轨枕装车，装车中必须注意堆放整齐，确保轨枕中心线与车辆中心线重合，避免偏载。每装完一层须在轨枕承轨槽的正中央位置放置10cm×8cm的通长木条，严禁装偏、漏垫支垫物。

③铺轨列车进场应按履带式牵引拖拉机、主桁架、轨枕存放车、枕轨运输车的顺序编组进场。履带式牵引拖拉机提前开至作业现场，轨枕转运龙门吊在运输过程中必须锁定牢固以确保安全，如图10-17所示。

图10-16　铺轨机走行标示设置及长轨拖放

图10-17　运枕龙门吊运输时锁定

④在底层道砟上按纵向10m、横向3～3.25m间距成对布放拖轨滚筒，牵引车或长钢轨拖放车在长钢轨推送装置的配合下，将长钢轨沿滚筒拖放到线路两侧，如图10-18、图10-19所示。

⑤长钢轨拖拉完毕后，牵引车解除与长钢轨的联结，原路返回与主桁架联挂，并将长钢轨收拢到牵引车的初始导向装置内，做好布枕、收轨的准备。之后，铺轨机沿线路中心线匀速前行，轨枕布设装置按规定间距在平整的底层道砟上布设轨枕，如图10-20所示。

⑥铺轨机布设轨枕的同时,可用门式吊车进行轨枕转运,起吊前应先整理轨枕端部后缓慢起吊,每次可转运 28 根混凝土枕。轨枕转运宜分层进行,避免各轨枕运输平车之间由于载重悬殊产生车面高差,如图 10-21 所示。

图 10-18　长钢轨抽送拖放

图 10-19　铺轨机布枕

图 10-20　轨枕转运龙门吊分层转运轨枕

图 10-21　轨底橡胶垫板安放

⑦长钢轨入槽前将橡胶垫板放至轨枕承轨槽中,如图 10-22 所示。

⑧收轨装置在铺轨机前进时自动将长钢轨收入至轨枕承轨槽中,长钢轨就位应准确,并避免碰伤轨枕预埋铁座和长钢轨。左右两股长钢轨接头应相对,相错量不超过 100mm,接头处应采用临时连接器连接。

⑨长钢轨就位后,应初装约 10% 扣件(图 10-23),保证铺轨机组安全通过。铺轨机组通过后要及时补齐扣件,并对施工现场进行收尾作业。

图 10-22　钢轨入槽就位

图 10-23　扣件安装

4. 分层上砟整道

在铺枕铺轨之后,必须采用大型机械化整道作业车组进行分层上砟、起道、拨道、捣固、夯拍道床和动力稳定，使道床尽快进入初期稳定阶段，道床状态参数指标达到设计要求，方可进行无缝化施工作业。

分层上砟整道施工主要设备包括风动卸砟车，以及机械化整道作业车组，简称 MDZ 车组，由配砟整形车（图 10-24），起、拨道捣固车（图 10-25）和动力稳定车（图 10-26）等设备组成。分层上砟整道次数及起道量由枕下道床厚度及起道作业后道床的回落量和设备能力决定。一般分层上砟整道次数为 3～4 次，起道量由下至上逐层递减，第一、二层宜为 80mm，第三、四层宜为 50mm，最后一次达到设计高程，并考虑机养作业后的道床沉落量（约为起道量的 20%）。

图 10-24　SPZ-200 型配砟整形车

分层上砟整道施工基本工艺流程如图 10-27 所示。

图 10-25　08-32 型起、拨道捣固车

图 10-26　WD-32 型动力稳定车

上砟整道施工应注意以下几点。

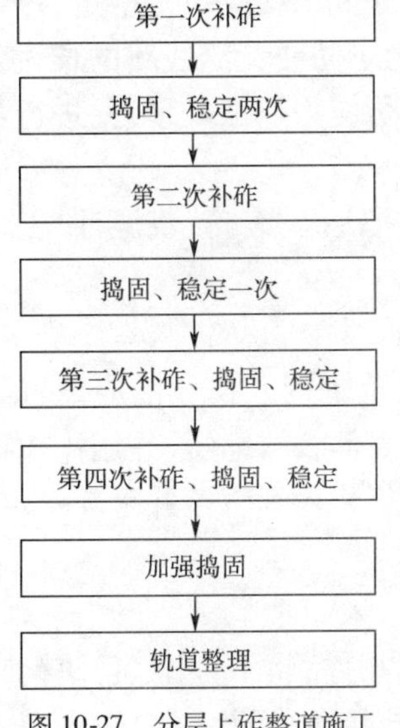

图 10-27　分层上砟整道施工基本工艺流程

①长钢轨铺设后应及时上砟整道，第一次上砟整道必须与铺轨紧密衔接，以免轨节变形。

②上砟整道基本作业严格按已选的综合整道作业参数进行。为保证长轨条的稳定性，要求一次起道量不大于 80mm，起、拨道量超过最大时，应分多次作业，作业应在长轨铺设温度的 -20～+15℃范围内进行，严禁超温作业。

③捣固作业结束前，应在作业终点划上标记，并以此开始按不大于 2.0‰的坡度递减顺坡，达到安全行车的要求。一般情况下不在圆曲线上顺坡，严禁在缓和曲线上顺坡结束作业。

④在碎石道床的桥上，枕下道砟厚度不足 150mm 时不能进行捣固作业。

⑤为保证捣固质量，一次起道量 60～80mm 时，宜捣固两次、夹持时间 0.6s 左右；同时，捣固车捣固频数每分钟不得超过 20 次。插镐深度从枕下算起至镐尖一般不少于起道高度。对桥头、焊接接头等薄弱处应加强捣固。

⑥曲线超高大于20mm时，宜分次设置，每次不大于20mm。

5. 单元轨焊接

单元轨焊接宜在整道作业基本完成，线路基本达到稳定后实施。现场钢轨焊接方法一般包括接触焊、铝热焊和气压焊三种，宜优先采用接触焊，道岔内及两端与线路连接的钢轨锁定焊可采用铝热焊。

采用接触焊时，应采用工地钢轨接触焊作业车，包括拉轨、锯轨、打磨、正火、调直、探伤等工序。

每个焊接接头都应在焊后（焊缝冷却到50℃以下）按规定进行外观检查并进行超声波探伤，发现不合格应切除重焊。工地钢轨焊接接头平直度允许偏差应符合表10-2的规定。

钢轨焊头平直度允许偏差（单位：mm/1m） 表10-2

序号	部位	旅客列车设计行车速度 v(km/h)	
		$v<200$	$200<v\leqslant250$ 及 $300\leqslant v\leqslant350$
1	轨顶面	+0.3，0	+0.2，0
2	轨头内侧工作面	+0.3，0	+0.2，0
3	轨底	+0.5，0	+0.5，0

注：①轨顶面中，符号"+"表示高出钢轨母材规定基准面；

②轨头内侧工作面中，符号"+"表示凹进；

③轨底中，符号"+"表示凸出。

6. 应力放散与无缝线路锁定

应力放散与无缝线路锁定是一次铺设跨区间无缝线路施工中继预铺底砟、铺枕铺设长轨、上砟整道、单元轨焊接之后的又一道关键工序，是一次铺设跨区间无缝线路成功与否的关键。由于铺设长钢轨时的轨温与单元轨设计锁定轨温并不一致，另外在上砟整道、动力稳定、焊轨等作业时，造成钢轨温度的变化，所以钢轨内部会产生温度应力。为了防止无缝线路的长轨条因气温变化和车辆运行等引起的折断或胀轨跑道，必须对长轨条进行应力放散处理，并进行强有力的锁定，以确保线路的高稳定性。

无缝线路应力放散与锁定主要设备包括钢轨拉伸器、撞轨器、锯轨机、滚筒、轨温计、工地焊接设备等。采用的方法主要有滚筒放散法和综合放散法。

1）滚筒法

采用滚筒法放散应力时，施工作业时的轨温应在设计锁定轨温范围内。作业前应设置好临时位移观测点，松开扣件和防爬器，长钢轨下垫滚筒，使钢轨能自由伸长或缩短，并用撞轨器配合撞轨，当钢轨发生反弹现象时，即视为钢轨内为零应力，此时可落轨入承轨槽并重新锁定。滚筒法施工基本工艺流程见图10-28。

2）综合放散法

综合放散法是作业轨温在设计锁定轨温范围以下时，松开全部扣件，轨下垫滚筒，使钢轨能自由伸缩，并利用钢轨拉伸器和撞轨器配合作用，通过均匀拉伸长轨条，以提高它的零应力轨温，使锁定轨温一步到位的方法。综合放散法施工工艺流程见图10-29。

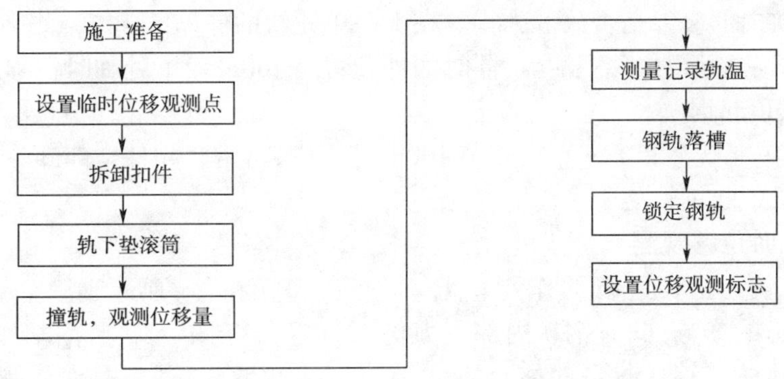

图 10-28　滚筒法施工基本工艺流程图

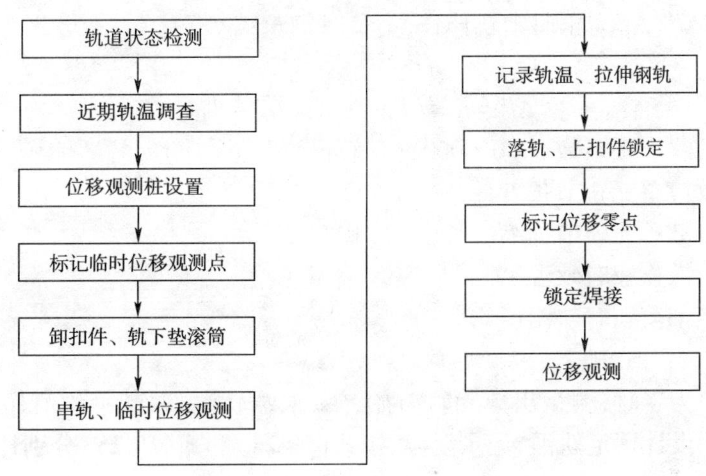

图 10-29　综合放散法施工工艺流程图

(1)轨道状态检测

在应力放散前应全面对轨道进行检测,检测项目有:轨道几何尺寸、轨面高程、线路中线位置、焊接质量、横向阻力等,通过全面的质量检测,确认线路已达到初步稳定,方可准备进行线路锁定施工。

(2)近期轨温调查

通过调查了解,了解近期轨温的变化情况,当地轨温的变化规律,确定应力放散与线路锁定的作业时间。

(3)位移观测桩设置

位移观测桩是无缝线路施工养护的重要标志桩,应满足牢固、可靠、易于对测和不易被破坏的要求,且必须在单元轨节应力放散前预先设置完毕。位移观测桩应采用混凝土预制桩,也可就近利用接触网基础、桥梁防护墙或凸形挡台等设置,但应与电务设备错开。位移观测桩宜成对设置并使其连线垂直于线路,区间按单线每 500m 设置 1 对,岔区按每副道岔 5 对设置。跨区间无缝线路的长轨条起、终点,距长轨条起始点 100m 位置各设 1 对位移观测桩。

(4)标记临时位移观测点

为检测应力是否放散均匀,在应力放散过程中应设置临时位移观测点,全过程观测钢轨的位移，以检验钢轨内部应力是否放散为零。在上一单元轨的伸缩区起终点设置观测点，并根据设置好的位移观测桩标记位移观测点，同时加密到每隔 100m 设 1 处临时位移观测点。

(5)卸扣件、顶起钢轨

在本次放散单元轨节和上一单元轨节 100m 范围内，将钢轨扣件全部卸除，每隔 10m 设置一滚筒，用起道机顶起钢轨落于滚筒上。

(6)串轨、临时位移观测

由于铺设长轨与正在进行的作业轨温不一致，卸除扣件、顶起钢轨后，钢轨可产生位移，但由于摩阻力的影响，此时钢轨内部应力仍不为零，可在单元轨节两端用拉轨器来回串动钢轨，观察钢轨的位移从起点向终点方向是否呈线性增长，若不呈线性增长则再次串动钢轨并在位移不均匀处辅以撞轨，观察位移直至基本呈线性增长，且单元轨节终点处实测的位移 Δl 与计算值 $\Delta l'$($\Delta l'$为正时钢轨伸长，为负时钢轨缩短)基本一致，此时钢轨内部应力可判定为零。

$$\Delta l' = \alpha \times (L_1 + L_2) \times (T - T_1) \tag{10-23}$$

式中：α——钢轨的线膨胀系数，取 0.0000118/℃；

L_1——本次放散单元轨节长度(m)；

L_2——上一放散单元轨节伸缩区长度，取 100m；

T——应力放散作业时轨温(℃)；

T_1——长轨换铺落轨时轨温(℃)。

(7)记录轨温、拉伸钢轨

钢轨内部应力为零时，测量出单元轨节始、中、末端轨温，取其平均值作为单元轨节的轨温。若此轨温低于设计锁定轨温，记录轨温，按式(10-24)和式(10-25)分别计算所需钢轨拉伸量 ΔL、锯轨量 ΔS。

$$\Delta L = \alpha \times (L_1 + L_2) \times (T_0 - T) \tag{10-24}$$

式中：α、L_1、L_2、T 的含义同式(10-23)；

T_0——设计锁定轨温(℃)。

锯轨量 ΔS 为：

$$\Delta S = \Delta L + \sum a - \sum b \tag{10-25}$$

式中：ΔL——钢轨的实际拉伸量(mm)；

$\sum a$——放散范围内预留轨缝总和(mm)；

$\sum b$——放散范围内原有轨缝总和(mm)。

拉伸钢轨时将单元轨节起点端用拉轨器固定，终点端按计算锯轨量锯轨后用拉轨器拉伸钢轨，并辅以撞轨器进行撞轨，使钢轨内应力分布均匀，直至实际拉伸量达到计算拉伸值。

(8)落轨、上扣件锁定

钢轨拉伸到位后，记录轨温和拉伸量，拉伸装置保持拉力，依次去除支垫在钢轨下的滚筒，将钢轨落槽，上好扣件，在拉轨器前后各 50m 范围内的钢轨锁定完成后，方可撤出拉轨器。

(9)标记钢轨位移零点

钢轨锁定后，立即进行位移零点的标记。在设有位移观测桩处的左右股钢轨轨头外侧面胶粘一段小钢尺，小钢尺刻度为 -50 ~ +50mm，零刻度与位移观测桩拉线竖向重合。

(10)锁定焊接

采用接触焊接工艺，将本次放散单元轨节与上一放散单元轨节焊连起来。

(11)位移观测

线路锁定后，应定期对钢轨的位移进行观测，放散之后第一个月内每一星期观测一次，以后每一个月观测一次。

无缝线路锁定质量控制要求如下。

①单元轨节长度应满足施工进度和铺设时应力放散最佳效果的要求，以 1000 ~ 2000m 为宜，最短不得小于 200m。

②无缝线路实际锁定轨温应控制在设计锁定轨温允许范围内。相邻单元轨节间的锁定轨温差不应大于 5℃，左右股钢轨的锁定轨温差不应大于 3℃，同一区间内单元轨节的最高与最低锁定轨温差不应大于 10℃。

③胶垫应方正无缺损，扣件安装齐全，扣压力符合设计要求。

④位移观测桩处换算 200m 范围内的相对位移量不得大于 10mm，任何一个位移观测桩处位移量不得超过 20mm，发现位移量超标者，应迅速查找原因，并对该单元轨重新进行应力放散及锁定。

7. 轨道整理

单元轨节锁定形成无缝线路后应进行轨道整理作业，以达到相应的高程、平面铺设精度、道床状态和道床厚度达标。

客运专线轨道作业控制标准及道床状态参数控制指标分别见表 10-3、表 10-4。

轨道作业控制标准　　表 10-3

项　目	高低(mm)	轨向(mm)	水平(mm)	扭曲(三角坑)	轨距(mm)
幅值	3	2	3	1‰(每 3m 测量基线)	±2

道床状态参数控制指标(平均值)　　表 10-4

阶　段	枕下道床密度(g/cm^3)	枕下道床刚度(kN/mm)	道床横向阻力(kN)	道床纵向阻力(kN)
初期稳定状态	—	≥70	≥7.5	—
最终稳定状态	≥1.70	≥100	≥10	≥12

8. 钢轨预打磨及轨道检测

线路验收前应对全线钢轨进行预打磨作业，打磨应采用打磨列车、钢轨波纹研磨机等机械。

使用打磨列车(图 10-30)对正线打磨时，根据轨面状态，可采用停车打磨、列车运行打磨、成形打磨等作业方式。道岔尖轨及可动心轨、辙叉和钢轨伸缩调节器尖轨，应用手工操作的钢轨波纹研磨机进行打磨，严禁用普通打磨列车打磨。

钢轨预打磨后应符合以下规定：

①消除钢轨微小缺陷及锈蚀等；

②消除钢轨在轧制过程中形成的轨面斑点及微小不平顺；

③消除轨头表面约0.3mm厚的脱碳层；

④钢轨表面应光滑、平顺、无斑点，使其适应列车速度，钢轨顶面平直度1m范围内的允许偏差为0～0.2mm；

⑤钢轨头部工作边实际横断面相对理论横断面允许偏差为±0.3mm。

图10-30 打磨列车打磨作业

复习思考题

1. 什么是无缝线路？无缝线路有哪些种类？

2. 什么是锁定轨温？锁定轨温在不同阶段有何不同含义？

3. 线路纵向阻力有哪些？产生原因和作用分别是什么？

4. 某地区铺设50kg/m钢轨混凝土枕无缝线路，$F=65.8\text{cm}^2$，接头阻力为450kN，$p=64\text{N/cm}$，最高轨温61.3℃，最低轨温−21℃，锁定轨温为20±5℃，构造轨缝18mm，试计算伸缩区长度和缓冲区预留轨缝值。

5. 影响无缝线路稳定性的因素有哪些？提高无缝线路稳定措施有哪些？

6. 单枕法施工主要工序流程和作业要点有哪些？

7. 什么无缝线路应力放散与锁定？其主要方法有哪些？需要哪些设备？

8. 简述综合放散法施工工艺流程及作业要点。

第十一章　轨道检测

教学目标

1. 了解轨道检测的方式及方法。
2. 了解轨道不平顺管理的意义。
3. 学会动检车(轨检车)波形判读及其运用。
4. 了解无缝线路检测的意义及方法。

轨道是铁路线路的重要组成部分,是铁路运输的基础设备,其性能直接关系到行车的舒适性和安全性,关系到铁路线路以及机车车辆的使用寿命。由于轨道设备经受着各种天气、气候等自然条件的考验和列车荷载的反复作用,因而轨道的几何尺寸不断变化,道床及基础结构不断产生变形,钢轨、轨枕、连接零件及其他设备等不断损坏,导致线路设备技术状态恶化。

通过轨道检测可以了解线路设备的技术状态和变化规律,及时发现问题,从而科学、合理地安排线路的养护和维修,确保线路处于良好质量状态,保证铁路运输的安全。

轨道检测按检测方式可分为静态检测和动态检测。静态检测是在轨道不行车时对轨道几何形位状态的检查。检查项目主要有高低、轨向、轨距、水平(扭曲)等轨道几何尺寸以及钢轨、连接零件、轨枕、防爬设备、道床和道岔等部件状态。动态检测是在行车条件下对轨道几何形位状态的检查。检测项目主要有高低、轨向、轨距、水平、三角坑、垂直加速度、水平加速度等项目。掌握动、静态检测原理及方法对做好轨道几何形位的维护十分重要。随着我国高速铁路的大面积建设,列车运行速度大幅提高,对行车的平稳性、舒适性要求更高,对轨道几何形位的控制标准要求更严,每一位工务人员掌握轨道检测的方法更有必要。

第一节　轨道质量静态检测

在轨道参数检查中,静态检测是线路日常养护的主要信息来源。静态检测以人工检查为主要手段。传统的静态检测是通过道尺、弦线和人工目视检查来进行。由于高铁轨道设备静态质量标准极高,涉及线路的线形线位,单凭以前的方法已满足不了要求,必须采用先进的轨道检测设备进行精密检测和传统的检查工具相结合的方式。因此,本节内容重点讲解高速铁路静态检测的主要标准及方法。

一、轨道不平顺管理

轨道变形分为弹性变形和永久变形，其表现为轨道不平顺。轨道不平顺是指轨道的几何形状、尺寸和空间位置相对其正常状态的偏差。凡是直线轨道不平、不直，对轨道中心线位置和高度、宽度正确尺寸的偏差；曲线轨道不圆顺，偏离正确的曲线中心线位置或正确的超高、轨距及顺坡变化数值，通称为轨道不平顺。

轨道不平顺对高速行车安全、车辆振动、噪声、轮轨作用力都有重要影响，是直接限制行车速度的主要因素。实践证明，只有高平顺的轨道才能确保列车高速、安全、平稳、舒适的运行。高速铁路运输要求轨道有别于一般铁路的主要特点即高平顺性。从这个意义讲，高速铁路轨道修理的核心就是解决高速铁路的平顺性问题。

1. 轨道不平顺种类

轨道几何不平顺的种类很多，可按其对机车车辆激扰作用的方向、荷载作用形式、不平顺的波长等分类。

(1)轨道不平顺对机车车辆在空间三维方向上的激扰作用，可分为垂向、横向和复合(垂向与横向复合)不平顺三类。如图 11-1 所示。

(2)按荷载作用方式可分为静态和动态不平顺。如图 11-2a)、b)所示。

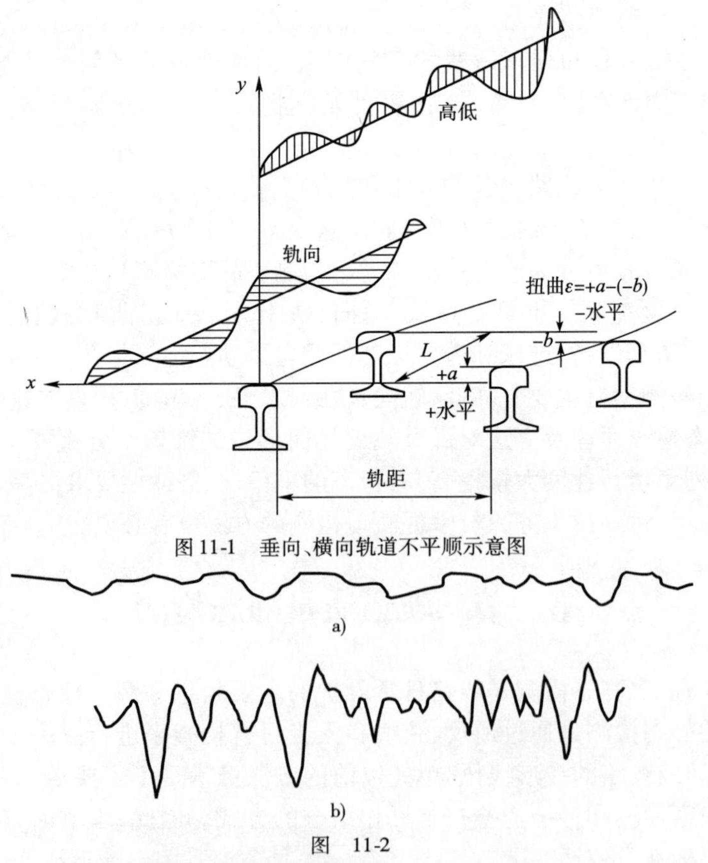

图 11-1　垂向、横向轨道不平顺示意图

图　11-2

a)轨道静态不平顺示意图；b)轨道动态不平顺示意图

(3)按不平顺的波长来分,可分为短波、中波和长波不平顺。不同的波长对列车的平稳性的影响不同。

2. 轨道不平顺对行车和轨道质量的影响

轨道不平顺会影响旅客乘坐的舒适度,严重时会增大列车脱轨系数,引起车辆产生振动和轮轨作用力,表 11-1 为各种不平顺对行车的影响。

轨道不平顺及其影响综述表　　表 11-1

影响 种类	车辆振动	轮轨力	危害		
			安全性	平稳舒适性	设备
高低	浮沉、点头	垂直力增减载	促发脱轨	垂直加速度大	寿命缩短
水平	侧滚	垂直力增减载	促发脱轨	侧滚加速度大	寿命缩短
扭曲	侧滚	垂直力增减载	引发悬浮脱轨	侧滚加速度大	寿命缩短
轨向	侧摆、摇头	横向力增大	引发爬轨脱轨	横向加速度大	状态恶化
轨距			引发落下脱轨		
轨向不平顺	侧摆、侧滚	横向力增大, 垂直力增减载	引发爬轨、 悬浮脱轨	垂向、横向 加速度增大	寿命缩短
短波不平顺	轮轨高频冲击振动	垂向冲击力增大	促发断轨断轴	噪声	伤损松动,道床恶化
轧制不平顺	周期性振动	周期性轮轨力增大		垂直加速度大	寿命缩短,道床恶化

根据国内外研究试验表明,轨道不平顺的波长、幅值、列车速度不同,对车辆的影响也不同,一般情况下短波不平顺影响机车车辆的簧下质量惯性力,中长波不平顺影响机车车辆簧上部分的惯性力。

短波不平顺(一般认为波长小于 1m),激振频率高,主要对轮轨相互作用力、轮轨噪声产生较明显影响,而对列车车体振动加速度及乘坐舒适性影响甚微。

中波不平顺(波长介于 1 ~ 30m)主要对列车运行平稳性及舒适性产生影响,而对行车安全性及轮轨作用力影响较短波不平顺小。

长波不平顺(波长介于 30 ~ 200m)则对高速列车运行舒适性产生重要影响。

根据相关研究证明,机车以 150km/h 的速度在直线轨道上运行时,如果线路不平顺波长为 1 ~ 20m,则车体振动主频主要集中在 2.20 ~ 4.00Hz,避开了人体正常敏感频率,平稳性指标为优级;如果不平顺波长为 20 ~ 30m,则车体振动主频降低至 1.50Hz 左右,正好处于人体敏感频率范围,乘坐舒适性大大降低。随着列车速度的提高,与车辆自振频率密切相关的不平顺波长中最不利波长也在增长,表 11-2 为日本根据新干线上运行列车得出的速度—不平顺波长表。表 11-3 为我国研究得出的高速行车条件下影响列车运行的敏感波长不平顺波长范围。

可见,传统静态检测作业时只采用 10m 弦 3mm 的轨向偏差来控制轨道不平顺只能解决线路的短波不平顺,对于轨道长波不平顺无法解决,因此高速铁路轨道静态检查中还必须使用线路长波检测设备。

速度—不平顺波长表(列车振动频率为1.0~1.5Hz)　　表11-2

列车速度(km/h)	不平顺波长(m)	列车速度(km/h)	不平顺波长(m)
70	13~19	210	39~58
90	17~25	240	44~67
110	20~31	270	50~75
130	24~36	350	56~83
160	30~44		

我国研究得出的高速行车条件下影响列车运行的敏感波长不平顺波长范围　　表11-3

	主频范围(Hz)	敏感波长及易产生的轨道周期性不平顺波长(m)			
		160km/h	200km/h	300km/h	350km/h
车体	1~2	22.0~44.0	27.8~55.6	41.5~83.0	48.5~97.0
转向架	8~12	3.5~5.0	4.6~7.0	6.9~10.4	8.1~12.1
轨道	30~60	0.7~1.4	0.9~1.8	1.4~2.8	1.6~3.2

二、高速铁路轨道静态几何尺寸容许偏差管理值

我国铁道部科技司、运输局于2008年3月颁布了"客运专线300~350km/h轨道不平顺动静态管理值",以确保轨道的平顺性和高速行车的舒适性。

1. 轨道静态几何尺寸容许偏差管理值

检查项目为轨距、高低、轨向、水平和扭曲五项,各项偏差又分作业验收、临时补修和限速200km/h三个等级,各级轨道静态几何尺寸允许偏差管理值如表11-4所示。

线路轨道静态几何尺寸容许偏差管理值　　表11-4

项　目	作业验收	计划维修	临时补修	限速200km/h
轨距(mm)	+1、-1	+4、-2	+5、-3	+6、-4
高低(mm)	2	4	7	8
轨向(mm)	2	3	5	6
水平(mm)	1	4	6	7
扭曲(mm/6.25m)	2	4	5	6

注:高低、轨向偏差为10m及以下弦测量的最大矢度值。

2. 正线道岔轨道静态几何尺寸容许偏差管理值

正线道岔轨道静态几何尺寸容许偏差管理值,如表11-5所示。

3. 曲线正矢容许偏差管理值

曲线正矢容许偏差管理值,如表11-6所示。

道岔静态几何尺寸容许偏差管理值 表 11-5

项　目		作业验收	计划维修	临时补修	限速 200km/h
轨距(mm)	岔区	+1、-1	+4、-2	+5、-2	+6、-4
	尖轨尖	+1、-1	+2、-2	+3、-2	
高低(mm)		2	4	7	8
轨向(mm)	直线	2	3	5	
	支距	2	3	4	
水平(mm)		1	4	6	7
扭曲(mm/6.25m)		2	4	5	6

注:①支距偏差为实际支距与计算支距之差;

②导曲线下股高于上股限值,作业验收为 0mm,计划维修为 2mm,临时补修为 3mm。

曲线正矢容许偏差管理值(单位:mm) 表 11-6

项　目	实测正矢与计算正矢差		圆曲线正矢连续差	圆曲线最大最小正矢差
	缓和曲线	圆曲线		
作业验收	1	2	2	3
计划维修	2	3	3	4
临时补修	3	4	5	6

注:曲线正矢用 20m 弦在钢轨踏面下 16mm 处测量。

4. 轨道静态几何尺寸长弦测量容许偏差管理值

轨道静态几何尺寸长弦测量容许偏差管理值如表 11-7 所示。

轨道静态几何尺寸长弦测量容许偏差管理值 表 11-7

项　目	弦长(m)	基长(m)	作业验收(mm)
高低	300	150	10
	30	5	2
方向	300	150	10
	30	5	2

轨道静态几何尺寸长弦测量原理见图 11-3。

三、高速铁路轨道质量静态检测方法

目前用于高速铁路轨道质量静态检测的主要有轨检仪、安伯格(GRP1000 型)轨检小车(精调小车),以及道尺和弦绳等辅助检测工具。精调小车主要应用于无砟轨道测量,其采用全站仪设站精细测量作业,对轨道进行空间精确定位。轨检仪和道尺、弦绳的检测主要是轨道几何尺寸的检测。

1. 电子道尺

电子道尺和普通道尺的使用方法一样,广泛运用于工班长线路检查中,可以检查轨道的轨距、水平指标。特点在于可以直接读数,消除了普通道尺的视觉误差,精度更高(水平测量精度 ±5mm、轨距测量精度 ±0.2mm);增加了工作效率,在曲线超高大地段不需要垫超高板也可以直接读出水平数值。如图 11-4 所示。

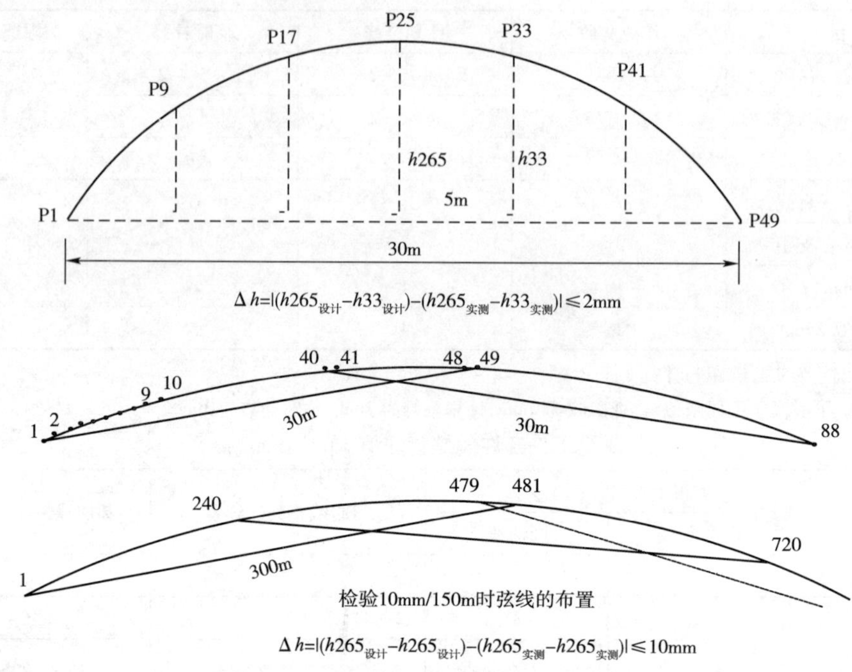

图 11-3　轨道静态几何尺寸长弦测量原理图

2. 轨检仪

1)轨检仪型号

轨检仪型号很多,按照其测量项目分类,轨检仪有以下几种型号:

H 形——具有左右轨双侧平顺性测量功能的轨检仪

T 形——只具有左轨或右轨单侧平顺性测量功能的轨检仪

S 形——仅包含轨距、超高测量功能的轨检仪

L 形——长激光弦轨道平顺性测量仪(需要具备轨距、超高测量功能)

目前国内有多个公司生产出便携式轨道平顺检测设备,最具代表性的是江西日月明公司的 GJY-H-5 轨道检查仪,如图 11-5 所示。目前国内生产的轨检仪均可以同步检测左右轨道的高低、轨向、正矢、轨距、水平、三角坑、轨距变化率和里程等参数,其基本原理均是基于 1m 左右弦线为检测基准,计算 10m 弦正矢。但这些设备都只能解决短波不平顺,无法测量波长较长

图 11-4　电子道尺

图 11-5　GJY-H-5 轨道检查仪

的不平顺。

2)激光长弦轨检仪

结合国内外的现状,中国铁路科学研究院铁道建筑研究所在多年使用激光准直技术的基础上自主研发了激光长弦检测仪,它可以直接检测线路的短波及长波不平顺,如图 11-6 所示。

图 11-6　激光长弦轨检仪进行线路检查作业

(1)激光长弦轨检仪的组成

它由激光发射小车和激光接收小车组成。在激光接收小车上有专用笔记本电脑配合软件进行数据的读取和保存,在激光发射小车安装了一台激光发射器,能发射出一束直径 10mm 的激光束。在激光接收小车上安装了一台两维 CCD 激光接收器。利用激光接收器直接测出轨道轴弦相对于基准弦水平和竖直方向的偏差。

(2)激光长弦轨检仪的特点

①可直接检测轨道短波和长波不平顺。采用激光准直技术,通过激光束直接测量轨道的轨向与高低,具有较高的测量精度。激光长弦的使用,能有效扩大测量基准弦的长度,能直接测量轨道的长波不平顺,真实反映轨道状态,可检测高质量的轨道几何形位,这是优越于手工弦线和其他短弦检测设备的最根本的特点。在条件允许时一次测量距离可达 200m。图 11-7 为激光长弦轨检仪在沪杭线上行 44km + 927 ~ 45km + 027 范围内检测得到的长弦轨向

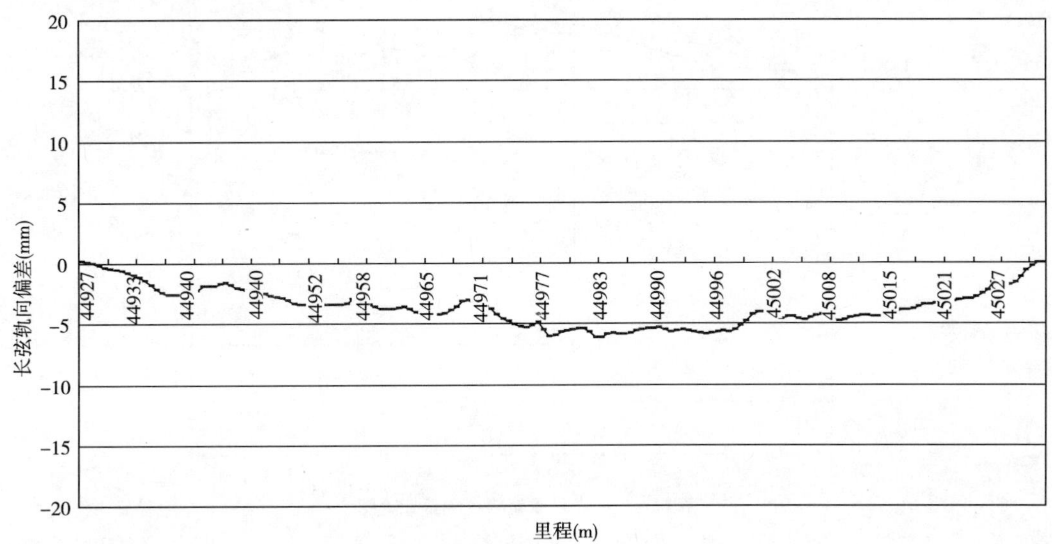

图 11-7　激光长弦轨检仪检测数据分析图表

偏差分析图表。

②可进行线路的绝对定位和三维坐标测量。在检测小车上配有用来检测固定点的全站仪,该全站仪控制利用激光束相对测量的外部尺寸,所以其精度等级及价格相对较低。

用全站仪来检测线路之外的固定点,从而定位测点相对于固定点的偏差情况。将激光发射器和接收初始位置置于这些固定点上进行的相对检测,由于激光弦的绝对定位便可进行线路的绝对定位。

利用线路的CPⅢ控制点,可以得到激光发射和接收初始位置的大地坐标值,再根据这两点定位的激光弦为基准进行的相对测量,从而计算出每一点的三维坐标,从而实现绝对坐标测量。

③可动态实时测量。检测小车可以进行动态测量,测量速度高。测量过程中即可实时测量轨道几何参数,测量速度可达到1m/s,并能将轨道的轴线偏差值实时显示在显示屏上,偏差超限具有自动报警功能。

④数据能直接指导捣固车作业。检测小车不但可以作为线路竣工验收的设备,同时其检测结果也可以直接用来指导有砟线路维护作业。测量出的轴线偏差数据可以直接以数字文件形式输出到捣固车,用来指导作业。也可以将检测装置适当改进直接安装于捣固车,将偏差信号作为前端偏差输入,这样可以同时消除轨道的长波和短波不平顺。

(3)激光长弦轨检仪测量原理

将激光长弦轨道检查仪的发射小车和接收小车分别固定在线路上的指定位置,由激光发射小车与激光接收小车之间的激光束建立"理论弦线"。在接收小车向发射小车推进的过程中,由安装在激光接收小车上的接收器检测出其相对于光束基准在横向和纵向上的偏差。结合里程测量、轨距测量和超高测量的数值便可检测出轨道的几何状态参数,测量系统原理示意如图11-8所示。

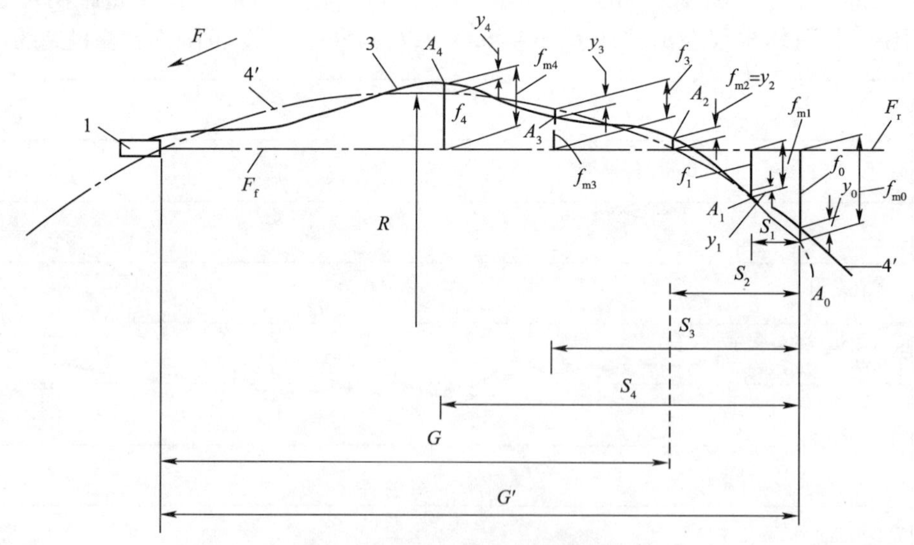

图11-8 激光长弦轨检仪测量原理图

1-激光发射器;3-线路;4′-理论曲线;F_r-激光束;R-曲线半径;G-最大测量间距;A_0,A_1,A_2,A_3,A_4-二维CCD接收器的测量点;S_1,S_2,S_3,S_4-测量间距

f_0、f_1、f_2、f_3、f_4 为理论曲线上的点到激光束 F_r 的距离，由计算机依据曲线方程及相关参数计算出。f_{m0}、f_{m_1}、f_{m_2}、f_{m_3}、f_{m_4} 为实际曲线上的点到激光束 F_r 的距离，由二维 CCD 接收器测得。y_0、y_1、y_2、y_3、y_4 为理论曲线上的点的偏差值。通过该方法，即可以进行激光发射点和激光接收点之间轨道几何参数的相对测量。

(4)激光长弦轨检仪使用方法

激光长弦轨道检查小车按以下顺序进行作业：

①分别组装轨道检查仪的发射小车与接收小车。

②电气系统检查，发射小车与接收小车的各个系统工作正常。

③测量激光发射小车和接收小车出的偏差。

④在理论位置固定发射和接收小车，并进行软件参数设置。

⑤自动对光操作。

⑥推行接收小车进行线路测量。

3. 安伯格(GRP1000 型)轨检小车

GRP 系列是由瑞士 Aberg 公司生产的一个集轨道几何形状测量与限界测量于一体的高效测量系统，能很好地满足高速铁路无砟轨道检测的要求。GRP 系列有以下三种标准型号：GRP1000 型、GRP3000 型、GRP5000 型，见图 11-9。

1)安伯格 GRP1000 型测量系统介绍

安伯格 GRP1000 型轨检小车主要用于轨道的相对测量和绝对测量。通过内置的轨距测量、超高测量和里程测量的传感器可以测量轨道的高低、轨向(短波及长波不平顺)、水平、轨距、里程、扭曲等相对参数；同时，轨检小车上还安置了反射棱镜，所以还可以在全站仪的辅助下，测量轨道中线坐标和轨面高程等绝对参数。在以上测量功能的基础上，GRP 内部控制软件还可以自动计算出轨道的轨向、高低以及纵坡。

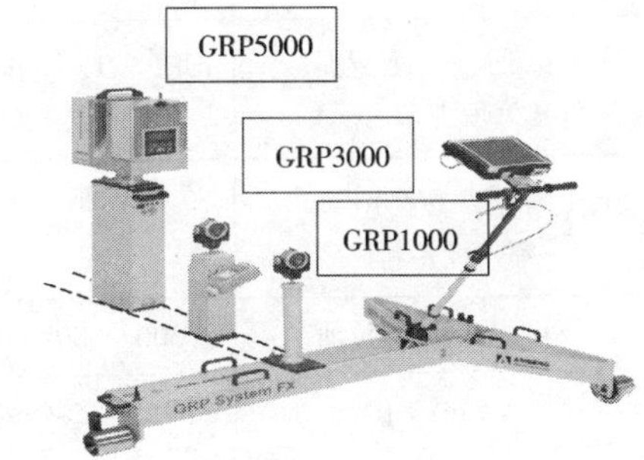

图 11-9　GRP 测量系统的手推式小车

GRP1000 型可提供轨道几何测量的综合报表，用户可定义报表的输出内容，根据需要输出轨道中线坐标、轨面高程、轨距、超高等几何参数。

GRP1000 型轨检小车在多个国家高速铁路施工、竣工验收及运营后日常检测中使用。表 11-8 为 GRP1000 型轨检小车在各个国家的使用情况。也用在我国京津城际及京沪高铁的建设及养护维修中，见图 11-10。

2)安伯格 GRP1000 型轨检小车测量原理

使用全站仪实测得轨检小车上棱镜的三维坐标，然后结合标定的轨检小车几何参数、小车的定向参数、水平传感器所测横向倾角及实测轨距，即可换算出对应里程处的实测平面位置和轨面高程，继而与该里程处的设计平面位置和轨面高程进行比较，得到其偏差，用于指导轨道调整，如图 11-11 所示。

(1)轨检车方向确定(图 11-12)

(2)符号法则

①超高测量符号法则，如图 11-13 所示。

图 11-10　GRP1000 型轨检小车

图 11-11　轨检小车测量

GRP1000/3000 高速铁路项目表　　表 11-8

项　　目	速　度	国别	时间	轨道类型	用　　途
纽伦堡—英格斯塔德	300～350km/h	德国	2004—2005	无砟轨道	轨道第三方检测及隧道竣工验收
马德里—巴拉多利德（瓜达马拉隧道南线）	正线 300～350km/h 隧道内 200km/h	西班牙	2007	无砟轨道	施工及竣工检测
马德里—巴塞罗那（巴塞罗那市内线）	正线 300～350km/h 市内线未知	西班牙	2007—2008	无砟轨道	施工及竣工检测
桑坦德—毕尔巴鄂—维多利亚	300～350km/h	西班牙	2007—2009	有砟轨道	施工及竣工检测
科尔多瓦—马拉加	300～350km/h	西班牙	2006—2007	有砟轨道	施工及竣工检测
大邱—釜山	300～350km/h	韩国	2007—2009	无砟轨道	施工及竣工检测
博洛尼亚—佛罗伦萨	300km/h	意大利	已完成	有砟轨道	既有线提速施工及竣工检测
米兰—都灵	300km/h	意大利	已完成	有砟轨道	既有线提速施工及竣工检测
罗马—那不勒斯	300km/h	意大利	已完成	有砟轨道	既有线提速施工及竣工检测
米兰—博洛尼亚	300km/h	意大利	2006—2008	有砟轨道	既有线提速施工及竣工检测
安卡拉—伊斯坦布尔	200～250km/h	土耳其	2007	有砟轨道	施工及竣工检测

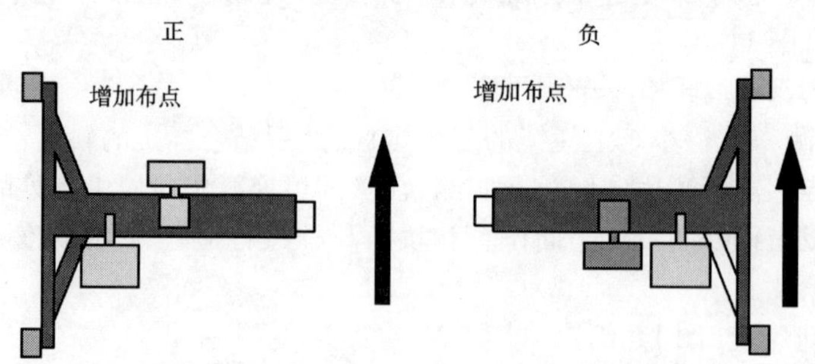

图 11-12　轨检车方向确定

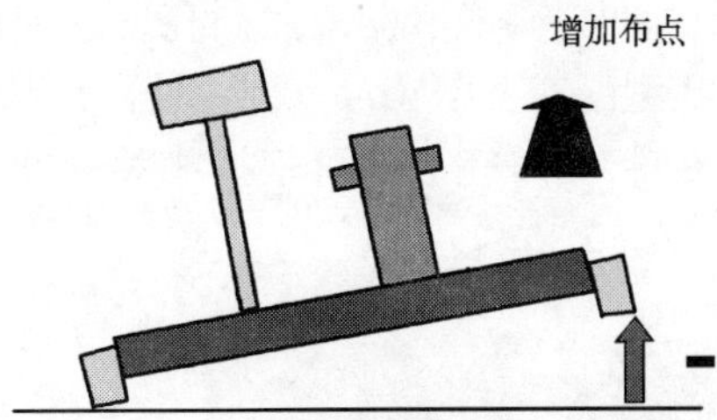

图 11-13　超高测量符号法则

②曲线测量符号法则,如图 11-14 所示。

3)安伯格 GRP1000 型轨检小车组成

安伯格 GRP1000 型轨检小车主要由硬件和软件两部分。硬件由以下几部分组成:

①TGS FX—手推式轨检小车。TGS FX—手推式轨检小车组成,如图 11-15 所示。

②GPC 100 棱镜柱。棱镜位置高于轨面约 60cm,以尽量降低大气折射的影响,如图 11-16 所示。

③全站仪(图 11-17)。

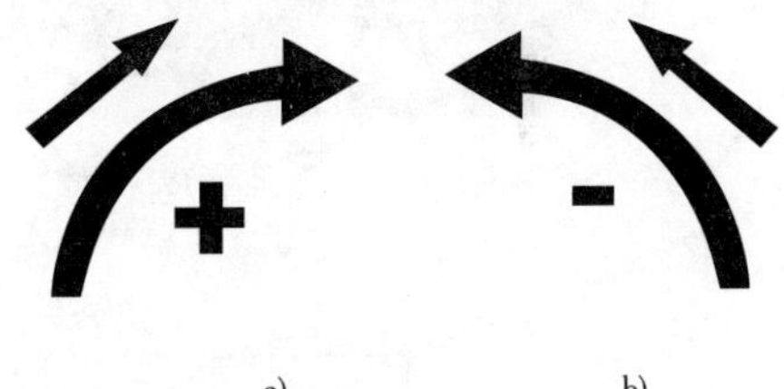

图 11-14　曲线测量符号法则

a)右手曲线;b)左手曲线

系统配合 LEICA TPS 全站仪工作,全站仪用于 GRP 型测量系统的绝对定位,两者之间可进行无线通信。适用的型号是有自动跟踪目标功能的 TPS1100/1200/2000 系列,可强力搜索目标棱镜,自动照准。轨检小车棱镜高于轨面 50cm 以上,以避免全站仪对棱镜的跟踪被阻断。

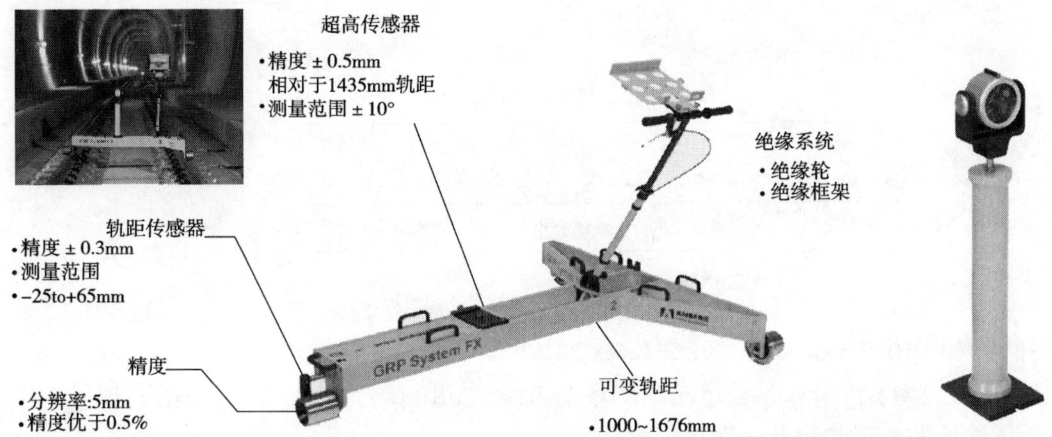

图 11-15　TGS FX—手推式轨检小车组成图

图 11-16　GPC 100 棱镜柱

④传感器(图 11-18)。

⑤工作计算机。

一台笔记本电脑,显示器采用高亮度触摸屏,操作便捷。配备读卡器,便于存储数据。

GRP1000 型配有 GRPwin5 软件系统,该软件系统可根据客运专线设计要求,导入或绘制设计线型等资料,测量完成后可根据相关标准对实际数据进行分析。数据处理流程如图 11-19 所示。

图 11-17　全站仪

图 11-18　传感器

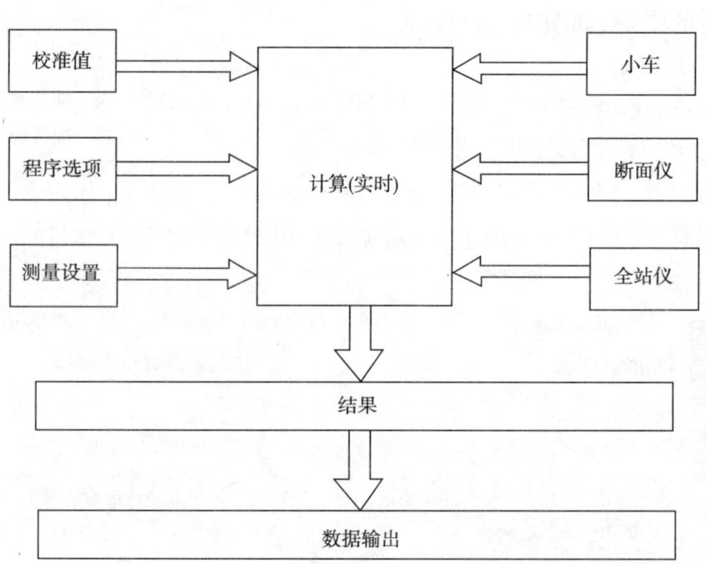

图 11-19　安伯格 GRP1000 型数据处理流程

4)安伯格 GRP1000 型轨检小车功能

①记录轨道线型。配合全站仪可精确测量轨道线型,并可将当前线型与原始设计进行比对,可以用于轨道的竣工验收及后期维护测量。

②轨道施工测量。在进行铺轨时可精确测量轨距、超高、中线、高程等轨道参数,并实时显示校正值,以指导施工人员对轨道进行调整。由于轨检小车测量精度很高,所以非常适合客运专线或高速铁路施工的需要。

5)GRP1000 型轨检小车的使用

①轨检小车自检。每次使用小车前都需要进行一次自检,操作很简单,只需将小车在轨道上的同一位置进行互换,用于检测小车本身的进度是否达到要求。

②安装棱镜。在小车前进方向两侧 CPⅢ点上各安装 4 个棱镜,棱镜方向于小车前进方向一致。

③全站仪的使用。将全站仪支在距小车前进方向 60~70m 的同一侧的线路中心,也就是一对相邻 CPⅢ点的距离,并将全站仪对中、调平。人工照准最远方的一对 CPⅢ点,仪器便可以自动照准剩余的 6 个 CPⅢ点,因为 8 个 CPⅢ点都为已知点,全站仪自带的程序会将刚才照准的 8 个 CPⅢ点进行误差分析,取其中的 6 个 CPⅢ点进行平差计算,最后确定自己的位置,也就是全站仪的坐标。这样全站仪就安放完成了。

④小车数据采集。小车的数据采集是一个相对比较轻松的过程,可以根据现场的需求安排数据采集的方式,通常情况下岔区和曲线地段可以采用每根轨枕都数据采集的方式,而直线地段则可以一块轨道板采集三个点(板的两头和板中)。

小车推到地点后,松开手闸小车便固定下来,操作小车上的电脑进行数据采集,全站仪会自动照准小车上的棱镜,并将采集的数据通过无线电传给电脑并储存。

⑤转站。当小车推到接近全站仪时,就需要转站了。首先将小车最后方的棱镜转到最前方,再将全站仪前移 60~70m,对中、调平,就可以继续上述③、④的操作了。

以上就是小车现场测量操作的大概步骤。

6)GRP1000 型轨检小车内业处理

内业处理是一项相当重要的工作,将采集回来的数据输入电脑,进行如下操作。

①程序的设定。自带的程序里需要将一些标准和已知的数据输入,比如轨距、水平的允许偏差,曲线头、尾、缓圆、圆缓点的坐标,全长,缓长等。

②数据校验。输入电脑的数据经过程序的处理计算输出轨距、水平、轨距变化率等需要的形势。程序可以将这些数据中的某一项以波形图的形式输出,这样便可以很直观的看到某一单项指标的状态,同时也可能发现一些变化很大的数据,原因可能是测量过程中的误差造成的,这些误差是不可避免的,要将这些误差较大的数据找出并分析原因,对不能用的数据进行删除,完成数据的校验。

③数据处理。对校验后的数据,再次用程序计算重新输出,再将输出的数据导出,形成很直观的表格形式,完成内业的处理。

以上,就是轨检小车使用的具体过程。

四、GRP1000 型轨检小车检测实例

工程名称:京津城际轨道验收静态检测

级别:右线

开始里程:72+006.1　　结束里程:82+002.4　　测量日期:2008.2.12—2008.2.20

开始板号:10765　　结束板号:12302　　提交日期:2008.2.23

静态检测数据分析表见表 11-9(部分)。

京津城际轨道验收静态检测表

表 11-9

轨枕编号	连续里程	绝对精度		相对精度										
		偏差		轨距	水平	扭曲	左轨轨向		左轨高低		右轨轨向		右轨高低	
		平面位置 max (10mm)	轨面高程 max (10mm)	偏差 max (1mm)	偏差 max (1mm)	6.25m max (2mm)	10m 弦 max (2mm)	150m 弦 max (10mm)	10m 弦 max (2mm)	150m 弦 max (10mm)	10m 弦 max (2mm)	150m 弦 max (10mm)	10m 弦 max (2mm)	150m 弦 max (10mm)
110765 - 1	72 +006.1	0.4	-2.4	1.6	0.0	0.1	0.3	-0.5	-0.2	-0.7	-0.7	-2.0	0.0	-0.7
210765 - 2	72 +009.3	0.0	-1.9	1.0	-0.3	0.2	-0.1	0.4	0.7	-0.4	-0.4	-0.5	0.7	-0.8
310765 - 3	72 +011.9	-0.5	-2.3	0.5	-0.3	0.3	0.0	0.8	0.2	-0.2	0.6	0.6	0.1	-0.9
410766 - 1	72 +012.6	-0.8	-2.3	0.4	-0.6	0.6	0.3	1.1	0.0	-0.2	1.0	1.0	-0.3	-1.1
510766 - 2	72 +015.8	-0.6	-2.8	0.5	-0.4	0.1	0.4	0.8	-0.6	-1.0	0.7	0.8	-0.7	-1.2
610766 - 3	72 +018.4	0.4	-2.3	0.9	-0.3	0.1	-0.4	-0.1	-0.1	0.5	-0.7	-0.2	0.1	0.2

第二节 轨道质量动态检测

动态检测主要有轨检车检查和线路检查仪检查。轨道检查车(track recording car)用来检测轨道动态几何状态和振动参数,借以评价轨道质量的特种车辆。它是保障行车安全、平稳、舒适和指导轨道养护维修的重要检测工具。根据轨检车的检测资料,可以发现轨道平顺状态不良的地点,以便采取临时补修或限速措施,并可作为确定应进行计划维修的地段及编制维修作业计划的依据。此外,也可以用以评定轨道的养护水平和整修作业质量。

线路检查仪分安装在机车(或动车)上的车载仪线路检查仪和人工添乘时携带的便携式线路检查仪两种。

一、轨道检查车发展概况

轨道检查车是检查轨道病害、指导轨道维修、保障行车安全的大型动态检测设备,也是实现轨道科学管理的重要手段,为此各国铁路都非常重视轨检车的开发和应用。

1)国外轨检车发展现状

国外轨道检测车(简称"轨检车")的发展已有100多年的历史,1877年第一辆简易轨检车诞生。在各种静态检测设备和手推式检测工具使用的基础上,20世纪40年代,瑞士、联邦德国、美国、法国、日本等国家相继研制开发了采用弦测法检测技术、接触式机械测量技术、检测速度为60km以下的轨道检测车。

70年代以来轨检车发展极快,欧美、日本等许多发达国家相继研究各种先进的轨道检测技术和新的测量原理,如:惯性原理、光电、电磁、电容等无接触传感器,伺服跟踪、自动补偿及修正技术在轨检车上广泛应用,车载计算机进行轨检数据处理,提高了检测精度和速度,增加了检测功能。

80年代以来,激光、数字滤波、图像处理等在轨检车上应用更加广泛。以计算机为中心,对轨检信号进行模拟及数字混合处理,保证轨检结果不受列车速度和运行方向的影响。采用数字滤波技术扩大了轨道不平顺可测波长的范围,改善了轨检系统的传递函数特性,大大提高了检测的精确性和可靠性。

国外轨道检测技术见表11-10。

2)国内轨检车发展现状

我国轨道检测技术紧跟国际轨道检测技术的发展方向,经过20多年的创新研究,已经形成了满足高速铁路、既有铁路和地铁、城市轻轨等多领域轨道检测需要的检测系统和分析处理系统,目前正在向更加高速、智能、高效、便携等方向发展。已初步形成了国内轨道检测技术体系,目前国内检测系统类型可划分为GJ-3、GJ-4、GJ-5三种类型,三种检测设备代表了我国不同时期的轨道检测技术发展水平,截止2008年全路共配套各种类型检测设备37辆,其中GJ-4、GJ-5型检测设备已成为我国既有线路轨道状态监控的主要手段,最高检测速度达到200km/h。如图11-20a)、b)、c)所示。

在CRH_2-010A型和CRH_2-061C型动检车上自主研究的轨道检测系统检测速度可分别达到250km/h和300km/h,目前CRH_2-010A型动检车承担着每月既有提速干线的检测任务。

国外轨道检测技术发展现状　　表 11-10

国家	检测原理	最高检测速度(km/h)	传感器安装方式	检 测 项 目	检测方式
美国	惯性基准法	250	转向架	轨道几何、钢轨断面、波浪磨耗、加速度(车体、构架、轴箱)	非接触测量
日本	弦测法	275	车体	轨道几何、轮轨力、加速度(车体、构架、轴箱)	非接触测量
法国	惯性法	320	转向架	轨道几何、钢轨断面、波浪磨耗、加速度(车体、构架、轴箱)	非接触测量
英国	惯性法基准	230	转向架	轨道几何、加速度(车体、构架、轴箱)	非接触测量
意大利	弦测法(低速) 惯性法基准(高速)	300	车体	轨道几何、钢轨断面、波浪磨耗、加速度(车体、构架、轴箱)	非接触测量

a)

b)

c)

图　11-20

a)GJ-3 型轨检车;b)GJ-4 型轨检车;c)GJ-5 型轨检车

通过集成创新研制的 0 号高速综合检测车的轨道检测系统目前承担着京津城际、京沪高铁等高速铁路的检查任务和部分提速干线检测任务,检测速度达到 250km/h。如图 11-21a)、b)所示。

a)

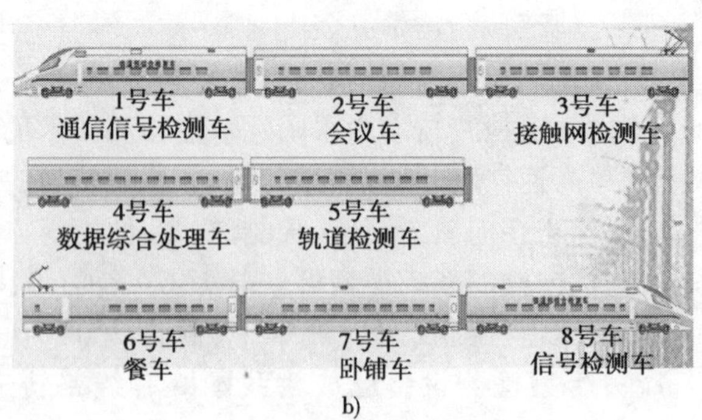

b)

图　11-21

a)0 号轨检车;b)0 号轨检车车编组图

二、动检车（轨检车）检测项目及说明

动检车（轨检车）检测项目包括高低（左右）、轨向（左右）、轨距、轨距变化率、水平（超高）、曲率、曲率变化率、水平加速度，水平加速度变化率、垂直加速度。

1）高低

高低指左右股钢轨顶面沿轨道纵向的凹凸不平。动检车（轨检车）的高低分为左高低和右高低。

动检车（轨检车）检测的不平顺分为短波不平顺和长波不平顺两种。短波不平顺的检测基长为1.5～42m，长波不平顺检测基长为1.5～70m。

波形图中零线以上的为高，零线以下的为低，如图11-22所示。

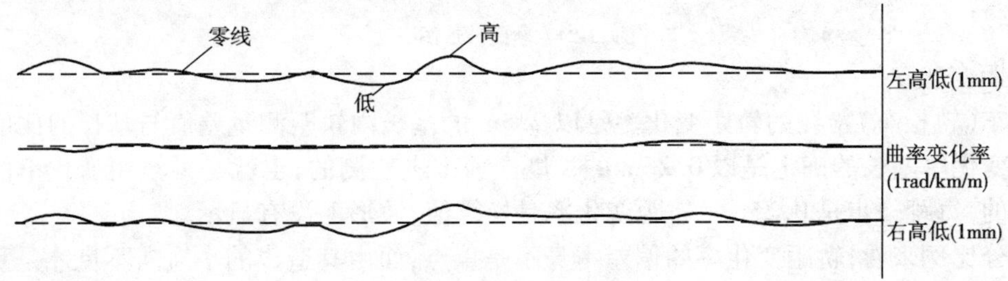

图11-22 高低波形图

2）轨向

轨向指左（或）右股钢轨轨距测量点平面位置沿轨道纵向的横向的凹凸不平。轨检车（动检车）检测的轨向分为左轨向和右轨向。

轨检车（动检车）检测的不平顺性分为短波不平顺（0～42m）和长波不平顺（0～70m）。

轨向向左（列车运行方向）凸处为正（前提是轨检车正方向行驶，否则相反）。

轨向和后述曲率有直接的对应关系，如图11-23所示。

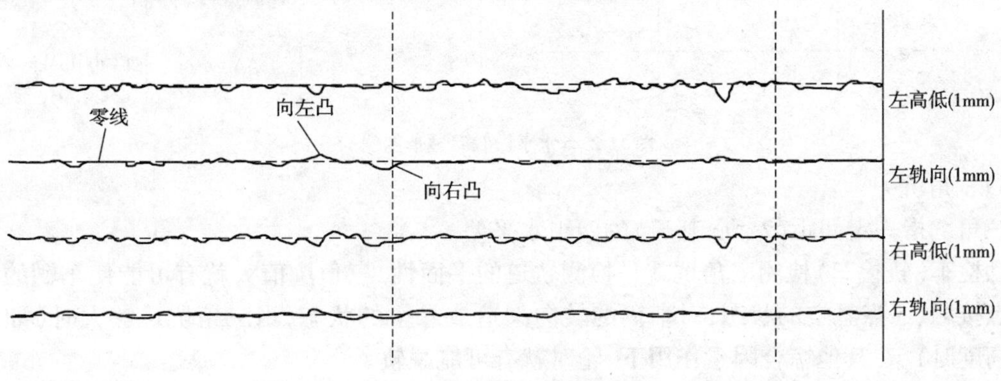

图11-23 轨向波形图

3）轨距

轨距指左、右股钢轨工作面下16mm范围内的距离。

轨距的检测受到侧磨的影响，有时候在波形图中会检测出假轨距，这就要求将波形图纸与现场实际结合起来分析，否则很容易得出错误的结论。

当轨检车检测到固定辙叉的有害空间时，会打印出一个假轨距和一个假轨向（可动心轨道岔不存在这个问题），如图11-24所示。

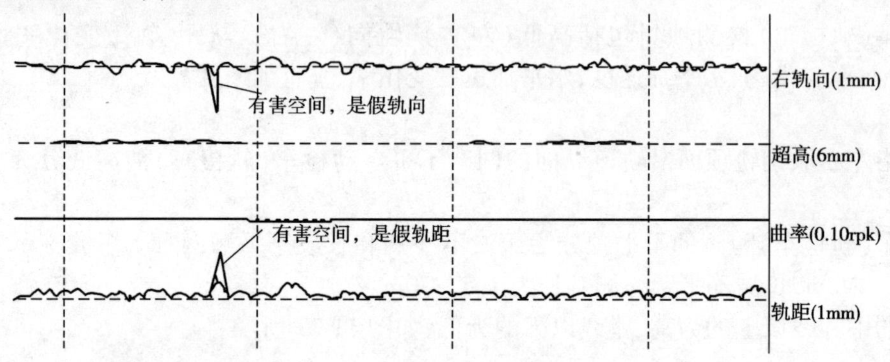

图11-24 轨距波形图

4）轨距变化率

动检车（轨检车）检测的轨距变化率是以2.5m的基长内轨距测量差值与基长的比值。

轨距变化率基长的确定是以0.25m的长度向前推进检测的，也就是说轨距变化率的检测是跳跃式的，每跳一步是0.25m。轨距变化率是换算值，波形上没有显示。

从扣分比例来看，轨距变化率的偏差本身不是重点，而由其造成的小轨向不良才是重点。

5）水平（超高）

水平指同一轨道断面内左、右股钢轨顶面的高差。曲线上的水平称为超高。

超高以左股为基准股，左股高为正，在零线以上（前提是轨检车顺方向行驶，动检车经常有逆方向行驶的情况，此时与上述正好相反），如图11-25所示。

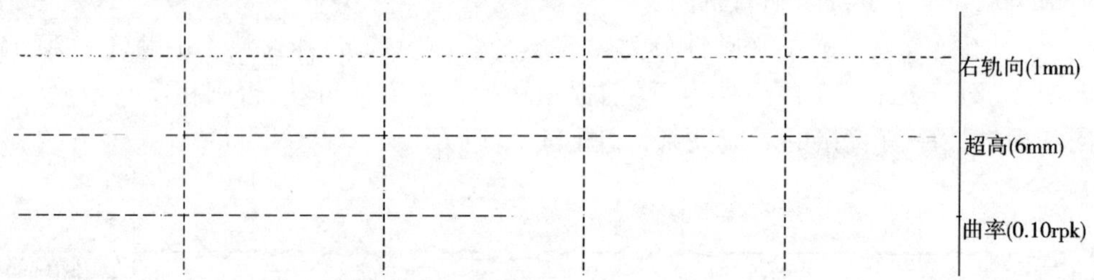

图11-25 水平（超高）波形图例

6）三角坑

三角坑指一定间距（2.5m基长）的两组水平差。

动检车（轨检车）检测三角坑就是检测轨道的平面性，三角坑值大就有可能使车辆的轮对呈三点接触、一点悬空的状态，对车辆的转向架造成悬空的状态，当三角坑足够大时（如大于轮缘高度时），在其他综合因素作用下，轮对就有可能脱轨。

三角坑三级偏差是现阶段动检车（轨检车）三、四级偏差出分主要项目之一，如图11-26所示。

7）曲率

曲率为一定弦长（L）曲线轨道对应的圆心率a（曲率可以简单的定义为半径的倒数，即曲率$=1/R$）。

曲率本来是针对曲线来说的，但是往往会看到曲率出现在直线段。如果波形显示直线段有曲率，则必然有矢度，也就必然有方向，说明此处存在碎弯、小方向或轨距递减不好。

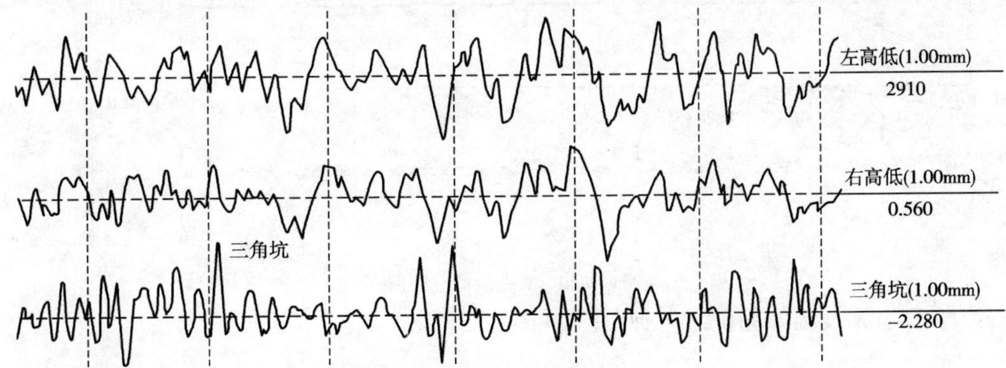

图 11-26　三角坑图例

轨检车通过曲线时，测量轨检车每通过 30m 后车体方向角的变化值，计算出轨检车通过 30m 后的相应圆心角的变化值。

根据曲率能正确判断曲线正矢连续差和曲线的圆顺度。

$$正矢 = 50 \times 曲率$$

如某曲线曲率为 0.38，则正矢 = 50 × 0.38 = 19mm，如图 11-27 所示。

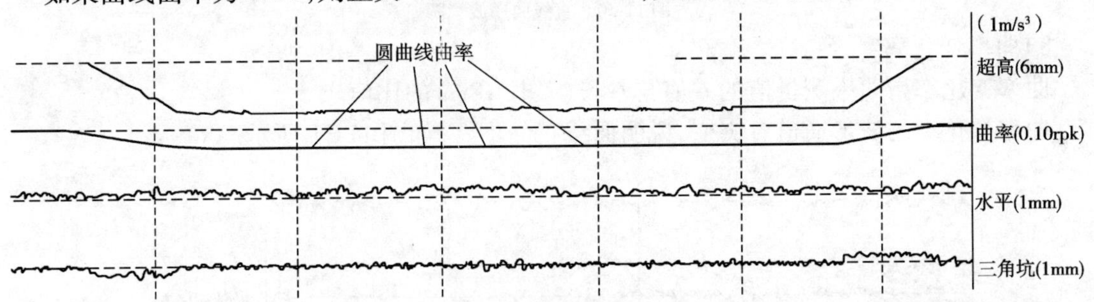

图 11-27　圆曲线上曲率图例

由图 11-27 可知：如果曲率定义成半径的倒数（$1/R$），那么圆曲线部分的曲率就是一个固定值。图例为某曲线线路，半径为 4km，其曲率是一个固定值 1/4 = 0.25。从图上可以很直观地看出来，圆曲线部分并不是一条平直的直线，而是一条中间有很多折点的折线。从电脑上可以量出圆曲线部分最大曲率为 0.29（反算半径为 3450m，则正矢为 14.5mm），最小曲率为0.20（反算半径为 5000m，则正矢为 10mm）所以可以计算出该曲线圆曲线部分最大、最小正矢差肯定大于等于 4.5mm（因为测点间可能有方向）。

将这个图上的曲率放大则可更加清楚直观地看出其曲率变化，如图 11-28 所示。

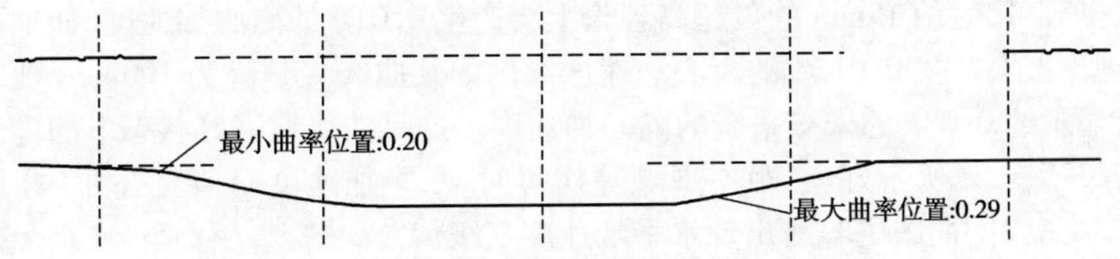

图 11-28　曲率放大图

直线段上的曲率波形图如图 11-29 所示。

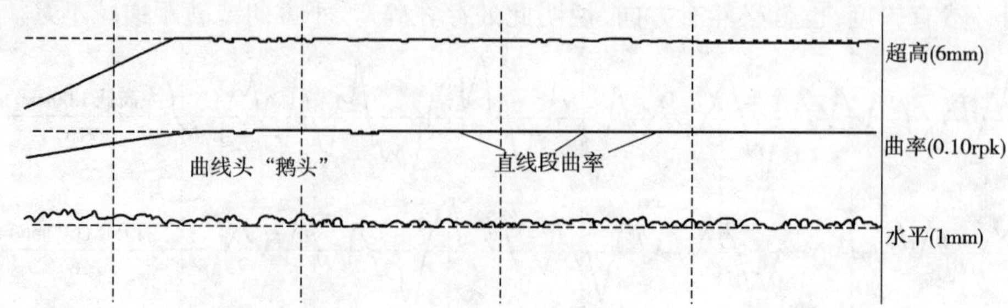

图 11-29 直线段曲率图例

直线段曲率放大图如图 11-30 所示。

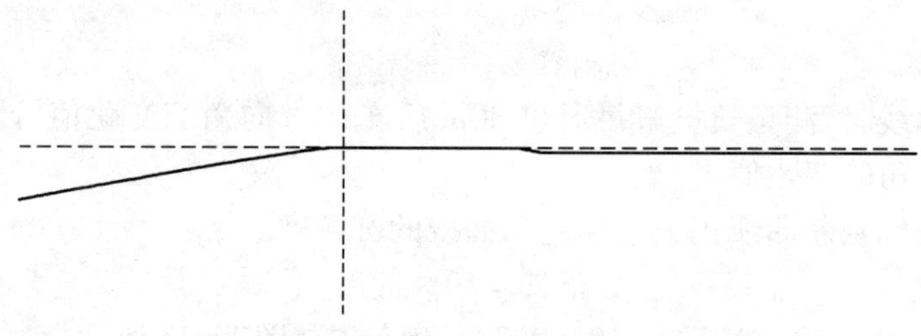

图 11-30 直线曲率放大图

8)曲率变化率

曲率变化率指曲率测量值的差值与基长(基长 18m)的比值。

曲率变化率的波形通道有突变,说明曲线正矢不好,如图 11-31 所示。

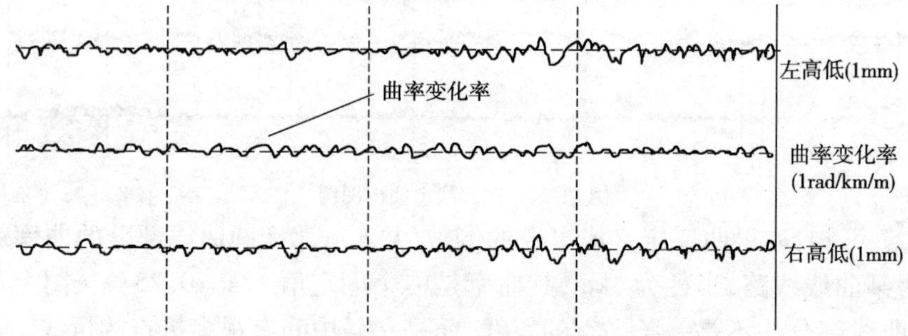

图 11-31 曲率变化率波形图

9)水平加速度

水平加速度分为直线段水平加速度和曲线上的水平加速度。直线上的水平加速度就是水平方向速度的变化和时间的比值。而在曲线上,存在过超高或欠超高,还要考虑离心加速度。

由公式推导可知:约 15mm 的欠超高理论上会产生 $0.01g$ 的离心加速度,如果再考虑车体弹簧压缩,理论上会产生 $0.012g$ 的离心加速度。例如某曲线欠超高为 100mm,则在轨检车的波形图上会显示约 0.08g 的未被平衡的离心加速度。这是曲线在完好状态下的理论值。如果曲线存在正矢不良、水平不好、轨距不平顺等病害时,水平加速度峰值会叠加(叠加会比较复杂),所以欠超高大的曲线更容易出现水平加速度三级偏差。

水平加速度由轮轨相互作用决定,轨道不平顺对其有严重的影响。

水平加速度无论是二级偏差还是三级偏差，水平加速度偏差扣分在动检车和轨检车中所占的比率都非常高（动检车约占 30%，轨检车约占 20%），是重点，如图 11-32 所示。

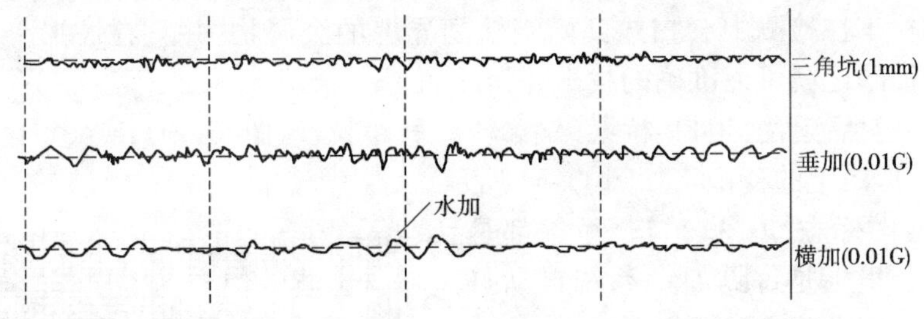

图 11-32　水平加速度波形图

10）水平加速度变化率

以 18m 基长车体水平加速度测量值的差值与车体通过基长所用的比值即为水平加速度变化率。既然与所用的时间有关系，那么与通过的速度就有关系。通过速度越快，所用时间就越短，水平加速度变化率就越大。

水平加速度变化受到轨向、高低、速度等综合因素的影响，所以影响水平加速度变化率的因素比较复杂。

水平加速度变化率和人体感觉晃车有关联。

由于水平加速度变化率在波形图中 X—Y 轴比例不合适。所以波形图上显示不明显。

11）垂直加速度

垂直加速度可以简单的定义为垂直方向上速度的变化和所用时间的比值。

引起垂直加速度的原因也有很多，高低、水平、三角坑、钢轨病害等都是出现垂直加速度的原因。相对水平加速度而言，垂直加速度要简单得多，在这里不作详细的解释，如图 11-33 所示。

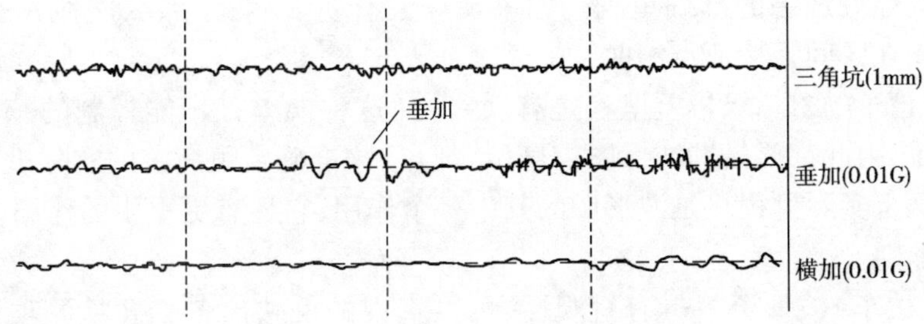

图 11-33　垂直加速度波形图例

三、现场复核病害方法

现场复核病害的三种常用方法是直接复核法、特征点复核法、参照复核法。

（1）直接复核法就是根据轨道状态波形图和二三级偏差里程，直接在现场复核。

这种方法最为常用，适用于现场病害明显、超限项目单一的偏差、工区可以直接按照里程消灭病害（注意：动检车、轨检车偏差里程是有误差的，具体误差值要根据波形图反算才可以准确定位）。

直接复核法的缺点是：如果偏差原因复杂，现场病害不明显，或是病害出现在道岔群或曲线上，无法直接判断时，直接复核法就很难及时找准、找对病因。

(2)特征点复核法是读图中最重要、最适用的一种方法。

轨检车、动检车在检测中会扫描到两钢轨间导电的金属物，并且在波形上会留下特征印记，根据这些特征印记就可以准确的找出并消除病害。

特征点主要包括：道岔、道口、桥梁(钢梁桥)、轨距拉杆、曲线(ZH、HY、YH、HZ 点)等。各种地面标志在波形图上的特征点如图 11-34 所示。

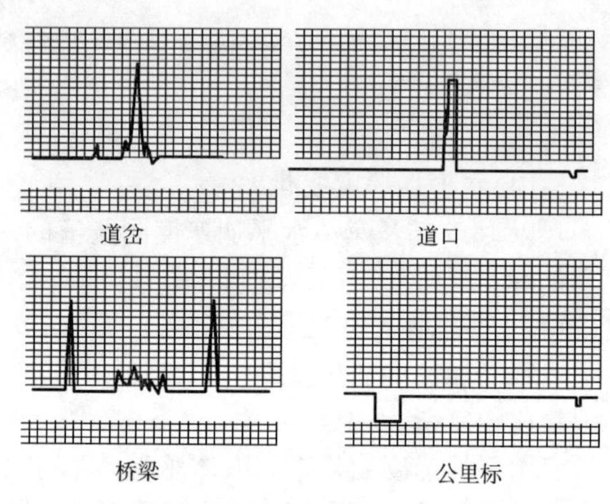

图 11-34　地面标志在波形图上特征点

以上四种地面标志，道岔、道口、桥梁都是现场实际位置，公里标是每隔 1km 系统自动打上去的，所以不一定准确。

还有一个重要特征就是曲线，包括 ZH、HY、YH、HZ 点的位置也是现场的实际位置。

实际运用时可找到一个或多个特征点位置，在波形图上量出病害点至特征点的距离，在现场找到对应的特征点后根据图上量出的距离可有效找到病害点，如图上病害点距某个曲线头 50m，那么先在现场找到曲线头，然后从曲线头出去找到距曲线头 50m 的位置，则是图上反映的病害点，一般来说特征点没有找错，病害点位置就能准确找到。

(3)参照复核法就是在现场复核病害时，先找到病害明显的、较大的、比较容易确定的病害点，在波形图上根据病害点之间的相对位置，在地面上查找其他病害。

这种方法运用的前提是：现场至少有 1 处及以上的明显病害可以很容易找到，才能根据此处病害推算到其他处病害的准确里程。如果现场没有明显病害，那么这种方法就很难奏效。这种方法通常用在区间无特征点的曲线上。

动检车、轨检车的二三级偏差里程是有误差的(这种误差是不能控制的)，不一定能找到病害的准确位置，因此都要借助波形图信息(特征点)来准确定位病害的实际里程。

准确定位病害实际里程只是波形图的其中一个作用，它还有更重要的作用，就是帮助工务人员分析病害原因。

动检车(轨检车)波形资料具有直观性，可以直观的反映出各主要检测项目超限幅值的大小及病害分布状况。通过波形资料可以准确的定位病害的位置，分析病害的原因。波形资料可以同时反映线路中某点的高低、水平、方向、轨距等几何状态，能直观的反映各几何尺寸的偏差对水平加速度和垂直加速度的影响。利用波形资料，可以最大限度地避免出现动检车(轨检车)三级偏差，在最短的时间里了解线路状况，对重点工作的安排具有较强的指导意义。

四、轨道动态不平顺管理

线路动态不平顺主要通过轨道检查车进行检测。不平顺管理主要有两种方法：峰值管理和均值管理。

1. 峰值管理(超限报告)

峰值管理是衡量轨道局部不平顺的方法。峰值管理分为四个等级：Ⅰ级为保养标准，每处扣1分；Ⅱ级为舒适度标准，每处扣5分；Ⅲ级为临时补修标准，每处扣100分；Ⅳ级为限速标准，每处扣301分。峰值管理运用于现场轨道几何状态控制的基本做法是通过处理和控制低一级的超限来达到控制高一级超限的目的，即消灭三级超限必须先控制一、二级超限，同时将一、二级超限资料作为现场编制静态养护计划的内容之一。

为有效防止综合检查车Ⅲ级病害的发生，日常养修生产中应对轨检(动检)车资料及时分析，有重点地对Ⅰ、Ⅱ级偏差尤其是横向加速度和三角坑偏差进行整治，在整治病害前要充分利用上述现场复核病害方法及波形图分析病害产生原因，查准现场病害，有效地检查消灭。轨道检查车检查轨道动态质量容许偏差管理值见表11-11。

2. 均值管理

均值管理是通过计算线路高低、轨向、轨距、水平、三角坑200m范围内的标准差及他们的代数和，即轨道不平顺质量指数(TQI)，衡量轨道区段的平顺性。

轨道质量指数是一种采用数学统计方法描述区段轨道整体质量状态的综合指标和评价方法，从轨道状态控制上来说是反映某一区段线路质量均衡程度。TQI是高低、轨向、轨距、水平、三角坑的动态检测数据的统计结果，该值的大小与轨道状态平顺性密切相关。其作用有两个，一是代表某一区段轨道的整体质量，不受检测标准和速度的影响，更能反映轨道的实际状态，作为衡量轨道质量的指标比扣分法更科学、合理。运用轨道质量指数使不同等级线路、不同检测标准的轨道质量具有可比性。二是代表轨道质量的综合反映，用于指导现场对某一区段进行综合养护。不同速度段的TQI管理值不一样，对TQI超限区段应合理安排维修。实际运用中TQI值高的地段有不少是在道岔区，对超过轨道质量指数管理限界值的地段要进行核查，确定综合养护地点。轨道质量指数由七项单项指数组成，即左高低、右高低、左轨向、右轨向、轨距、水平、三角坑，实际运用轨道质量指数指导综合养护前应分析轨道质量指数分项指数。若该区段大部分单项指数均较高，则对该区段需进行全项目的综合养护，若该区段仅有一项或某两项指数较高(如高低不良)，则只需对高低进行综合养护，如全起全捣。轨道质量指数(TQI)管理值见表11-12。

峰值管理法能够找出轨道的局部病害及病害的类型、发展程度和所在位置，用于指导现场作紧急维修养护非常实用，但是仅用超限点峰值的大小、超限的数量及扣分多少，还不能全面、科学、合理地评价轨道区段的平均质量状态。

峰值管理法的缺点：①轨道动态检查标准对检测结果的影响比较大；②三、四级超限扣分占的权重比较大；③检测系统误差的影响比较大；④不能反映超限长度的影响；⑤不能反映轨道不平顺变化率和周期性连续不平顺所产生的谐波的影响。

均值管理法的优点：①能真实全面反映轨道质量状态，准确反映轨道恶化程度，用数据明确表示各个区段的好坏；②可作为各级工务部门对轨道状态进行宏观管理和质量控制的依据，有利于编制轨道维修计划，指导养护维修作业；③TQI数值与轨道质量状态关系明确，易于被现场人员掌握和利用。但TQI数据人工无法适时编辑，分析时需要人工对检测设备故障或受雨水、阳光或过接触网电力分相干扰地段，以及设备固有病害，如普通岔区有害空间引起的轨距、轨向等地段的TQI应剔除。

轨道检查车检查轨道动态质量容许偏差管理值　　表 11-11

速度分级		300km/h≤v≤350km/h				200km/h≤v≤250km/h				160km/h < v < 200km/h				120km/h < v≤160km/h				v≤120km/h			
轨道超限		Ⅰ级	Ⅱ级	Ⅲ级	Ⅳ级	Ⅰ级	Ⅱ级	Ⅲ级	Ⅳ级	Ⅰ级	Ⅱ级	Ⅲ级	Ⅳ级	Ⅰ级	Ⅱ级	Ⅲ级	Ⅳ级	Ⅰ级	Ⅱ级	Ⅲ级	Ⅳ级
轨距		4	6	7	8	4	6	8	12	4	8	12	15	6	10	15	20	8	12	20	24
		-3	-4	-5	-6	-3	-4	-6	-8	-3	-4	-6	-8	-4	-7	-8	-10	-6	-8	-10	-12
水平(mm)		5	7	9	10	5	8	10	13	5	8	12	14	6	10	14	18	8	12	18	22
三角坑(基长 2.5m)(mm)		4	6	7	8	4	6	8	10	4	6	9	12	5	8	12	14	8	10	14	16
波长 ~	高低(mm)	5	8	10	11	5	8	11	14	5	8	12	15	6	10	15	20	8	12	20	24
	轨向(mm)	5	6	7	8	5	7	8	10	5	7	10	12	5	8	12	16	8	10	16	20
舒适性指标	车体垂向加速度(g)	0.1	0.15	0.2	0.225	0.1	0.15	0.2	0.25	0.1	0.15	0.2	0.25	0.1	0.15	0.2	0.25	0.1	0.15	0.2	0.25
	车体横向加速度(g)	0.06	0.09	0.15	0.175	0.06	0.1	0.15	0.2	0.06	0.1	0.15	0.2	0.06	0.1	0.15	0.2	0.06	0.1	0.15	0.2
	波长 ~ 高低(mm)	5	8	11	14	6	10	15													
	波长 ~ 轨向(mm)	5	7	8	10	6	8	12													
	轨距变化率(基长 2.5m)(‰)					1	1.2			1.2	1.5			1.5	2			2	2.5		
	曲率变化率(基长 18m)($1/m^2 \times 10^{-6}$)					1.2	2.0			2.0	2.5			3	4			5	6.5		
	车体横向加速度变化率(基长 18m)(m/s^3)					1.0	3.0			1.0	3.0			1	3			1	3		
扣分数/处(分)		1	5	100	301	1	5	100	301	1	5	100	301	1	5	100	301	1	5	100	301

轨道质量指数(TQI)管理值　　表11-12

项　目		高低	轨向	轨距	水平	三角坑	TQI
$v \leqslant 160$km/h		2.5×2	2.2×2	1.6	1.9	2.1	15
$v > 160$km/h		1.5×2	2.2×2	1.1	1.3	1.4	10
200km/h≤v≤250km/h	波长范围为1.5～42m	1.3×2	1.2×2	0.7	1.1	1.2	8.0
	波长范围为1.5～70m	2.8×2	2.0×2				

第三节　无缝线路检测

目前,世界各国铁路都在大力发展跨区间无缝线路,跨区间无缝线路一经锁定,只能进行局部调整,几乎无法进行整体应力放散,因此锁定轨温是否准确尤其重要。除在施工时严格控制锁定轨温外,还应通过爬行观测桩和标定轨长的观测与换算,分析研究锁定轨温有无变化、钢轨纵向力分布是否均衡。另外,无缝线路因升降温产生巨大的温度应力,若钢轨应力控制不好,则在高温时容易引起胀轨,低温时容易产生断轨。当存在隐患时,须对列车限速。因此对无缝线路轨温、位移及温度应力的检测具有十分重要的意义。

一、无缝线路锁定轨温的变化

无缝线路设计时,温度力分布理论上是均匀的直线。但实际上由于施工方法、线路阻力分布、运营期间车辆制动等都会造成长钢轨局部产生不均匀移动,导致局部温度力分布不均。

无缝线路的设计锁定轨温是指钢轨无温度应力状态下的轨温。但实践证明,无缝线路的实际锁定轨温常常低于设计锁定轨温。铁路工务部门曾经在既有铁路进行实测分析,发现经过运营一段时间的线路锁定轨温均降低。造成无缝线路实际锁定轨温低于设计锁定轨温的原因主要有几个方面:一是铺设阶段,钢轨在装卸及运输过程中、拨入线路与合拢时,都可能产生初始温度压力,导致实际锁定轨温降低;二是养护维修,一般认为在低温条件下养护因钢轨内略微存在一些拉力比较安全。但是低温条件下养护,整段长钢轨收缩,锁定后长钢轨没有完全回到初始长度,造成锁定轨温降低;三是运营期间列车不断在钢轨上行驶碾压,使钢轨产生塑性伸长,在原零应力轨温时仍存在压力,使实际锁定轨温降低。也有其他原因使锁定轨温降低,但也有一些因素会导致锁定轨温升高,比如插入短轨、车站前后频繁制动造成长钢轨局部拉力增加等。

不论无缝线路锁定轨温升高或降低,工务部门都需要得到准确的实际锁定轨温值,方便掌握实际锁定轨温变化幅度,防止无缝线路胀轨跑道、断轨、爬行等危及行车安全的事故发生,同时克服养护维修的难题。在锁定轨温不明、不准、不均匀的情况下,可用应力放散的方法检测原锁定轨温,并重新设定锁定轨温。但应力放散工作量大,需占用区间,不适于高速、高密度的铁路运输需求。需要一种既精确可靠、又便于对锁定轨温进行经常性检测的手段和方法,国内外一直进行研究和探索。

二、无缝线路检测方法

无缝线路检测方法主要分为两大类:应变法和应力法。

1. 应变法

应变法是根据钢轨温度和应变来推算无缝线路锁定轨温和变化规律。其基本原理是:

$$\Delta L = \alpha L(T_1 - T) \tag{11-1}$$

式(11-1)的物理意义是:长度 L、线膨胀系数 α 的轨道,轨温从 T 变为 T_1 时,长度变化为 ΔL。

式(11-1)可变换为:

$$T_1 = T + \Delta L/\alpha L \tag{11-2}$$

式(11-2)即为应变法测钢轨实际锁定轨温的理论公式。应变法测锁定轨温主要包括形变仪法、测标法、位移观测桩法。

1)形变仪法

通过首先在轨腰上粘贴两块标距 210mm 的支架,然后用由铟钢尺加千分表组成的形变仪卡在两支架间进行测距,将测得的数据进行理论计算得出实际锁定轨温的方法。由于形变仪和测点的接触无法固定,且户外测量有灰尘影响,再加上两次测量的间距时间很长,形变仪法测实际锁定轨温的最高精度只能达到4℃。目前,现场较少使用该法,有些科研部门正设法研制更为精确的形变仪。

2)测标法

用普通钢卷尺测得初设标距的变化,进而获取实际锁定轨温的方法。该方法要点是首先在焊轨厂的配轨车间设标。所谓设标是在标准长度钢轨(如 25m 钢轨)的非工作边做两个标记,标距间距离称为标距,标记可以采用直径不大于 0.5mm 的冲眼或其他形式。将设了标的钢轨按一定要求焊入长轨中,并每隔一定距离设标一组。现场铺设后,可用检定的钢尺定期测量标点距离,则可利用标距和尺长的差,结合沿线多组标记测量值推算实际锁定轨温和变化规律。考虑测量过程中的各种系统误差及偶然误差,测标法实际测定精度在 3℃左右。但测标法需要有严格的工艺流程和管理制度,对操作人员的技能熟练度和责任心有很强的要求,需要有专门的技术人员主持负责,该法仍处于研究使用阶段。

3)位移观测桩法

在无缝线路长轨条铺设锁定之前,在线路两侧同样里程处按照一定的原则布设观测点,称为位移观测桩。当长钢轨锁定时立即在钢轨与位移观测桩对应位置设标记。位移观测桩理论上不发生静态位移,长钢轨可能由于各种原因发生纵向位移,因此,可利用位移观测桩对长钢轨位移量进行测量,利用沿线长钢轨位移量掌握温度力分布、实际锁定轨温及其变化规律。位移观测桩法是当前我国规范所规定必须采用的检测无缝线路温度力分布和锁定轨温变化的重要手段。

2. 应力法

应力法的基本原理是采用各种物理办法,试验并标定某种物理量(应变除外)与应力之间的关系,然后通过测量该物理量的变化,来间接测量钢轨的温度应力。应力法包括 X 射线法、超声波法、磁弹性法等。从原理上讲,应力法可以测出无缝线路锁定轨温变化,但由于钢轨微观结构、残余应力和表层特性等原因,实际应用很难达到理想效果,现场检测很少采用。

三、位移观测桩法在高速铁路检测中的应用

1. 位移观测桩的设置

1）京津城际

在京津城际铁路建设时，考虑到高速铁路在我国刚刚起步，而且采用引进德国博格板式无砟轨道技术，位移观测桩法在高速铁路无缝线路检测中应用没有先例，设计院、施工单位、铁路局及咨询联合体相关人员召开专题会议，讨论位移观测桩设置方法。部分设置方法如下：

①采用准直仪观测方法，桥上在上下行线间埋设准直仪对中点，路基设在两侧路肩上，同时在上下行钢轨设观测标尺，同断面在两侧设对准点。

②正线观测桩间距按照《客运专线无砟轨道铁路工程施工质量验收暂行标准》（铁建设[2007]85 号）执行，路基上间距 100m 时，不设中心桩，当中心两端观测桩 >100m 时，设中心桩，上下行单元轨节起终点对应设置公用观测桩。

③桥梁在两侧防撞墙与轨道观测标尺同断面埋设直径 10mm、埋深深度≥30mm 的不锈钢对准点，高度 850mm ±50mm；两股道中间埋设直径 10mm、埋深深度≥30mm 的不锈钢对中点。

④路基地段有站台墙的设置方法同桥梁防撞墙；无站台墙的路基地段两侧埋设直径 100mm、深度≥600mm 混凝土桩，桥上设直径 10mm、埋深深度≥30mm 的不锈钢对准点。

⑤轨腰上的观测标粘贴标尺，桥梁地段上下行线贴在靠近两线中间的股道上，路基地段上下行线股道贴在同侧，全线统一，便于观测，避免频繁跨越股道。

⑥道岔区按照附件（北京局工务处无缝线路位移观测桩设置办法）执行。

对准点与对中点为位移观测桩。

以上设置位移观测桩方法与当时客运专线暂规相比较，有几点不同：

①区间位移观测桩间距由 500m 变为 100m，设置数量增多。

②桥梁上由于有防撞墙，详细规定在防撞墙设置对准点，且在线路中心设置对中点。

③在轨腰上粘贴标尺方法有较详细说明，要求全线统一。

2）京沪高铁

京沪高速铁路是京津城际铁路建设后又一重大项目，由于线路超长，施工和管理部门多，位移观测桩设置也有多种不同的方法，现以沧州至徐州段位移观测桩为例，简要介绍如下：

（1）采用准直仪观测方法，线路区间，钢轨伸缩调节器和道岔均按单元轨节设置位移观测桩，观测桩及标尺错开焊缝应大于 0.5m。

（2）无缝线路按单元轨节等距离设置位移观测桩，桩间距离 400 ~ 500m；当单元轨节不足 500m 整倍数时，可适当调整桩间距离。

（3）道岔位移观测桩设置：

①18 号道岔：每组道岔设置 5 对移观测柱，即岔前、岔后、尖轨跟端限位器及距离道岔前后 50 均设位移观测桩；

②42 号道岔：每组道岔设置 6 对位移观测柱，即岔前、岔心、岔后、尖轨跟端限位器及距离道岔前后 50m 均设位移观测柱；

③多组焊联道岔：位移观测柱设置与单组道岔相同。

两组道岔之间距离 >50m 时，应在中间设位移观测柱，<50m 时不可设。

(4)桥梁地段的位移观测桩应设置在桥梁固定支座附近,设置观测桩与焊缝纵向错动量应 >0.5m。上下行线原则上共用一对位移观测柱,上下行线观测桩间距 >30m 时,分别设置。

(5)单元轨节起、终点应设置位移观测柱,相邻两单元轨起点和终点处位移观测柱共用一对。

(6)特大桥,大桥的两端及长度 >1km 的隧道洞口前后 50 范围,若没有观测桩则增设一对。

(7)黄河特大桥主桥设置 7 对位移观测桩,分别设在伸缩调节器基本轨接头、距离伸缩调节器基本轨接头两侧各 100m 处、钢梁单元轨节中间。

长轨条铺设或放散到位锁定后,要立即在钢轨轨腰上设置位移观测标尺。标尺设好后,立即用准直仪测量该观测桩的“初始位移量”,并将“初始位移量”填入《无缝线路(道岔)位移观测桩统计表》,“初始位移量”要尽可能做成“0”。

观测桩编号与“初始位移量”要标注在标尺前方轨腰上。

观测桩编号为 4 级:“x-y-z-a”形式,x 为段内区间编号,y 为单元轨条编号,z 为单元轨节条的观测桩编号,a 为该观测桩的初始位移量,采用红底白字。

2. 通过观测到的位移计算锁定轨温

假设某长钢轨相邻两位移观测柱钢轨在一段时间发生 -6mm 的位移量,两位移观测柱间距 500m,长钢轨原锁定轨温为 23℃,则由式(11-2)计算该长钢轨实际锁定轨温为:

$$T_1 = 23 + (-6) \times 10^{-3} / (11.8 \times 10^{-6} \times 500) = 21.98℃$$

利用位移观测柱法测得的位移量,并根据位移量与轨温的变化关系,可为养护维修及巡道作业提供参考。对应不同的位移观测桩桩间距,若位移量超过一定值,如桩间距 500m 的跨区间无缝线路,若位移量 5.9mm 即代表实际锁定轨温变化 1℃;若位移量为 29mm,则实际锁定轨温已变化 5℃,需要引起重视,此外,要对比分析本次测量与上次测量的位移量差,对于位移量差别较大的应重点分析原因,查看是否是养护维修作业不当或是扣件扣压力不足等,并应加强巡视。

根据测得的实际锁定轨温,可以制定有效的养护维修计划,并预防胀轨跑道或是由温度力变化引起的断轨。位移观测桩法可以测得一定距离范围内因钢轨的伸缩位移引起的锁定轨温平均变化。

目前尚无一种无缝线路实际锁定轨温检测方法能在原锁定轨温不明、不准的情况下测得准确的实际锁定轨温。排除原锁定轨温不明、不准的影响,设计规范规定的位移观测桩法有其应用优势:原理简单,施工操作便捷,观测测量容易且便于对观测结果进行分析,非常适合施工单位和工务部门使用。但是,由于位移观测桩法是假定观测桩没有位移的,但在桥梁上尤其是钢桥上,观测桩是随着桥梁一起移动的,为避免位移观测桩移动,桥梁地段位移观测桩应尽量设置在桥梁固定支座处。无论如何位移观测桩法在设置环节,观测方法等还存在改进的空间。

复习思考题

1. 轨道不平顺的类型有哪几种?对行车和轨道质量有什么影响?
2. 高铁铁路轨道静态检测的方式主要有哪几种?
3. 轨道动态检测可检测哪些项目?
4. 轨道动态不平顺管理的方法有哪些?试分析各自的优缺点。
5. 无缝线路检测的方法有哪些?

参考文献

[1] 李成辉. 铁路轨道[M]. 北京:中国铁道出版社,2010.

[2] 王平. 铁路轨道施工[M]. 北京:中国铁道出版社,2010.

[3] 练良松. 轨道工程[M]. 上海:同济大学出版社,2006.

[4] 谷爱军. 铁路轨道[M]. 北京:中国铁道出版社,2011.

[5] 安宁. 城市轨道交通工程[M]. 北京:人民交通出版社,2008.

[6] 韩清强,武勇. 轨道几何形位静态检查原理及应用[J]. 铁道标准设计,2005(8):105-107.

[7] 高春雷,王发灯. 利用激光准直技术检测线路的长波不平顺[J]. 铁道建筑,2009(1):81-85.

[8] 胡庆丰. 安博格 GRP1000 轨检小车进行无碴轨道检测的作业方法[J]. 铁道勘察,2008(3):17-19.

[9] 郭丽娜. 无缝线路检测方法浅谈[J]. 山西科技,2012,27(2):77-78.

[10] 侯文英. 客运专线Ⅲ型枕制造技术条件与存在问题[R].

[11] 王丹. 广州地铁二号线浮置板轨道振动特性分析[D]. 成都:西南交通大学,2005.

[12] 丁静波. 城市轨道交通高架线道床结构设计方法探讨[J]. 铁道标准设计,2011(7):21-23.

[13] 汪加蔚,谢永江. 中国铁路混凝土制品居国际前列[R]. 中国铁道科学研究院铁道建筑研究所. 2010.

[14] 高云锋,岳渠德,岳帅庆. 青岛岩层地铁减振轨道结构选型研究[J]. 青岛理工大学学报. 2011,32(3):97-102.

[15] 张明,张峰. 城市轨道长枕埋入式无砟道床施工工法[J]. 轨道交通. 2007(2):62-67.

[16] 马全明. 城市轨道交通工程精密施工测量技术的应用与研究[J]. 测绘通报,2010(11):41-45.

[17] 秦长利. 城市轨道交通工程测量技术现状和发展[R]. 北京:北京城建勘测设计研究院有限责任公司,2010.

[18] 秦长利. 城市轨道交通工程测量[M]. 北京:中国建筑工业出版社,2008.

[19] 中华人民共和国国家标准. GB 50157—2003 地铁设计规范[S]. 北京:中国计划出版社,2003.

[20] 景琦. 铁路隧道弹性整体道床施工流程与工艺要点[J]. 铁道建筑技术,2011(10):39-43.

[21] 杨银辉. 高速铁路客运专线无砟轨道测量技术[J]. 国防交通工程与技术,2011(3):39-43.

[22] 卢建康. 论我国高速铁路精密工程测量技术体系及特点[J]. 高速铁路技术,2010(1).

[23] 安国栋. 高速铁路精密工程测量技术标准的研究与应用[J]. 铁道学报,2010,32(2):98-104.

[24] 付建斌,刘成龙,卢建康,等. 基于自由测站的高速铁路 CPⅢ高程控制网建网方法研

究[J]. 铁道工程学报,2010(11):32-37.

[25] 蔡成标,徐鹏. 弹性支承块式无砟轨道结构参数动力学优化设计[J]. 铁道学报,2011,33(1):69-75.

[26] 林红松,赵坪锐,刘学毅. 弹性支承块式无砟轨道无缝线路更换支承块系统的力学分析[J]. 铁道建筑,2008(10):104-106.

[27] 李君. 减振型无砟轨道合理刚度的动力学分析[D]. 成都:西南交通大学,2010.

[28] 杨宝锋,车彦海. 混凝土短轨枕式整体道床施工工艺及其改进[J]. 城市轨道交通研究,2007,10(6):60-63.

[29] 练松良,刘加华. 城市轨道交通减振降噪型轨道结构的选择[J]. 城市轨道交通研究,2003,6(3):35-41.

[30] 中华人民共和国铁道部. TB 10601—2009 高速铁路工程测量规范[S]. 北京:中国铁道出版社,2009.

[31] 中华人民共和国铁道部. TB 10621—2009 高速铁路设计规范[S]. 北京:中国铁道出版社,2009.

[32] 刘学毅. 铁路工务检测技术[M]. 北京:中国铁道出版社,2011.

[33] 何华武. 无砟轨道技术[M]. 北京:中国铁道出版社,2005.

[34] 宋友富. 线路工(普速)[M]. 北京:中国铁道出版社,2010.

[35] 宋友富. 线路工(高速)[M]. 北京:中国铁道出版社,2010.